基礎の基礎から
よくわかる

はじめての果樹

仕立て方と実をつけるコツ

野田勝二 監修

ナツメ社

わが家の庭やベランダで

おいしい果実を収穫しよう

果樹を育てる一番の喜びは
わが家でとれたての完熟《かんじゅく》果《か》が味わえること。
市販の果実とは比べものにならない
本物の味と香りが楽しめます。

早春の芽吹きや美しい花、初夏の新緑、
小さな果実がふくらんでいく感動、

秋の紅葉や黄葉、すっきりした冬の株姿も
果樹を育てている人だけが味わえる喜びです。

本書ははじめて果樹を育てる人が、
わが家でおいしい果実を収穫するために
パート1で知っておきたい果樹栽培の基本を、
パート2で果樹別の仕立て方や実をつけるコツ、
失敗しない剪定の方法を
やさしくていねいに解説しています。

ぜひお気に入りの果樹を見つけて
四季折々の変化や作業を楽しみながら
じっくり果樹を育ててください。

50音順　果樹INDEX

はじめての果樹

仕立て方と実をつけるコツ

目次

パート1

果樹栽培の基礎知識

果樹は草花や野菜に比べると生長が緩やかですが、
数十年にわたってつき合うことができます。
長いつき合いだからこそはじめに知っておきたい、
果樹ならではの性質や生育サイクル、
管理・作業の基本を紹介します。

果樹栽培を成功させる7つのコツ

コツ 1 接《つ》ぎ木苗を入手する

おいしい果実を確実に収穫するには、丈夫で育てやすい台木に接いだ、品種名のわかる接ぎ木苗を植えましょう。

↓p16

コツ 2 日当たりと風通しの良い環境で栽培する

しっかり光合成をさせることで樹が丈夫に育ち、おいしい果実が実ります。適度な通風が病害虫の発生を防ぎます。

↓p15

コツ 3 2〜4年は樹作りを優先する

果樹は寿命が長いので、幼木や若木の間は樹作りを優先して、本格的な収穫は成木になってから楽しみましょう。

↓p10

コツ 4 管理しやすい樹形に仕立てる

果樹の性質や栽培場所に合わせて樹形を決め、幼木や若木のうちに骨格を作りましょう。骨格ができたら収穫や剪定で手が届くサイズを維持します。

↓p26

コツ 5 花や実のつき方に合った剪定をする

果樹や品種ごとの花芽がつきやすい位置を把握して、剪定でできるだけ花芽を切り落とさないようにしましょう。

↓p36

コツ 6 人工授粉《じゅふん》、摘果《てきか》、袋かけをする

果樹特有のこれらの作業をすることで、おいしい大きな果実を収穫することができます。作業のタイミングやコツを覚えましょう。

↓p40

コツ 7 早期に病害虫に対処する

薬剤の使用をできるだけ減らし、安心安全な果実を収穫するために、日頃からよく観察して早期発見、早期防除を心がけましょう。

↓p192

STEP 1

果樹の種類を知ろう

育てたい果樹の特性を理解しよう

果樹は落葉の有無や**樹高**、**生育サイクル**（⇒p12）、耐寒性などから、大きく3つに分けられます。

①**落葉果樹**　寒さに強く、北海道地方から九州地方まで栽培できます。ただし、一定期間低温に当たらないと花が咲かず、実がつかないため、暖地では栽培できない種類もあります。

種類が多く、樹高や枝の形から、

①**高木性**（樹高2.0m前後～）
②**低木性**（樹高0.2m～3.0m程度）
③**つる性**（つる状の枝が広がる）

の3つにさらに分類できます。

高木になるものも多いので、好みに加えて、栽培場所の広さや環境も考えて果樹を選びましょう。

②**常緑果樹**　冬にも落葉せず一年中葉が茂っています。代表的なのは柑橘《かんきつ》類で、温暖な気候を好み、主に関東地方以南の温暖な地域で栽培されます。標高の高い地域や東北地方以北では、鉢植えにして冬は室内に取り込むか、温室での保温や加温が必要です。

③**熱帯果樹**　熱帯・亜熱帯地域が原産です。寒さに弱く、九州地方南部や沖縄地方以外では冬は室内で管理します。環境さえ整えば、年中果実がなり、周年収穫できるものもあります。最近は多種多様な種類が流通し、温暖化の影響もあって、人気が高まっています。

たわわに実ったウンシュウミカンの樹。温暖な気候を好む。果樹の性質を理解して、栽培場所に適した育てやすい果樹を選ぼう。

◎果樹の分類

分類	樹の性質	果樹名	特徴
①落葉果樹	高木性	アンズ、イチジク、ウメ、カキ、カリン、クリ、クルミ、サクランボ（オウトウ）、ザクロ、ジューンベリー、スモモ、ナシ、プルーン、ポポー、マルメロ、モモ、リンゴなど	庭植えの場合は広い場所が必要。収穫しやすい高さに樹高を抑える。落葉期の冬は採光が良い。
	低木性	クコ、グミ、クランベリー、スグリ、フサスグリ、ブラックベリー、ブルーベリー、ラズベリー、ユスラウメなど	狭い場所でも栽培できる。鉢でも育てやすい。落葉した状態で冬を越す。
	つる性	アケビ、キウイフルーツ、ブドウなど	棚仕立てやあんどん仕立てなど、構造物につるを誘引して栽培する。冬は葉が落ちる。
②常緑果樹	高木性	オリーブ、柑橘類、ビワなど	一年中葉があるので目隠しになるが、周囲に日陰を作る。オリーブやビワは放置すると高木になる。
	つる性	ムベなど	
③熱帯果樹		アボカド、パッションフルーツ、フェイジョア、マンゴーなど	耐寒性がないので、冬越しできない地域では鉢で栽培して冬は室内に取り込む。

STEP 2

じっくり育てよう 果樹の一生

例：リンゴ

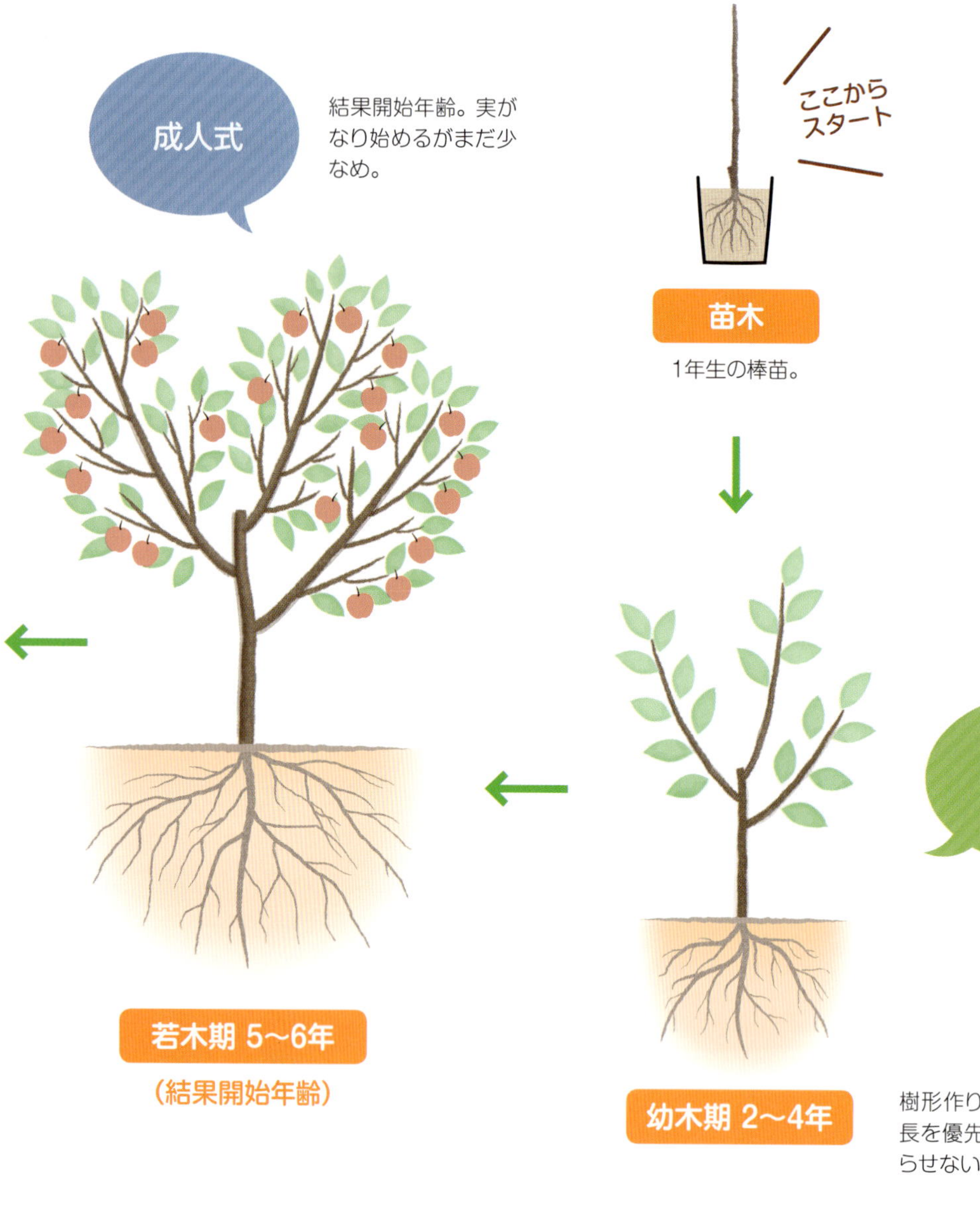
体作り
樹形作りと枝葉の伸長を優先して実はならせない。

幼木期、若木期は樹作り、成木期が収穫のピーク

果樹栽培は、種類によっても異なりますが、苗木を植えつけてから収穫開始まで、少なくとも3年くらいかかります。タネまきや定植から1年以内に収穫できる野菜などに比べ、栽培に時間はかかりますが、適切な管理をすれば長期間収穫を楽しむことができます。苗木から老木に至るまで、果樹の一生をみてみましょう。

■**苗木**　移植するために育てられた木。1年生の**棒苗**（⇒p16、18）が一般的ですが、2〜5年育成した幼木や若木も流通します。

■**幼木期**　枝葉や根を生長させ、樹作りを行う時期。幼木期に実をつけると樹に負担がかかるので、摘蕾《てきらい》や摘花《てきか》（果《か》）をして花や実をつけないようにします。

■**若木期**　花が咲き実を結びますが、枝葉の生長が盛んで、収穫量は少ない状態です。実がなり始める年齢（**結果開始年齢**）は、果樹の種類や品種によって異なります。

■**成木期（成果期）**　枝葉が十分

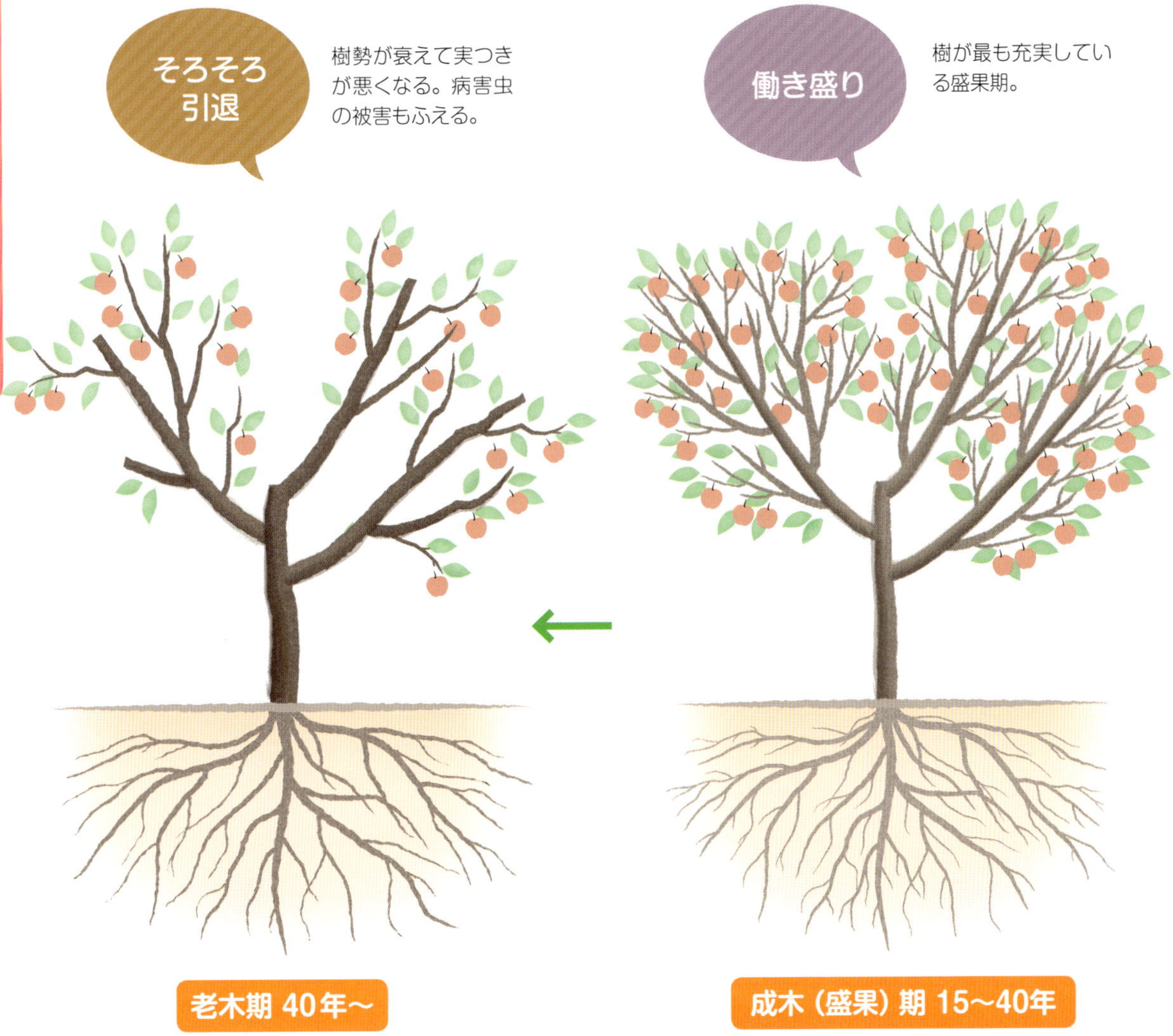
そろそろ引退
樹勢が衰えて実つきが悪くなる。病害虫の被害もふえる。
働き盛り
樹が最も充実している盛果期。
老木期 40年～
成木（盛果）期 15～40年

に広がり、毎年一定した果実を実らせる盛果期。成木になるまでの期間は果樹の種類や品種で異なり、台木（⇒p205）や環境、管理の方法によっても変わります。

■**老木期**　盛果期をすぎて枝葉の伸びが悪くなり、結実が少なくなります。枝が枯れたり、病害虫の被害を受けやすくなるので、新しい苗木に植え替えて更新します。

◎主な果樹の収穫が楽しめる期間

種類	若木期（結果開始年齢）	成木期（成果期）
イチジク	3～4年	8～25年
ウメ	3～4年	10～30年
カキ	4～6年	15～40年
キウイフルーツ	4～5年	10～30年
クリ	3～4年	10～30年
サクランボ（オウトウ）	4～5年	10～25年
セイヨウナシ	5～6年	15～30年
ナシ（ニホンナシ）	3～4年	10～30年
ビワ	4～5年	12～30年
モモ	2～3年	8～20年
リンゴ	5～6年	15～40年
ミカン類（ウンシュウミカン）	4～5年	15～40年
ブドウ	2～3年	8～25年

STEP 3

生育サイクルに合った管理をしよう

剪定と施肥のタイミングを理解しよう

果樹は毎年同じような生育サイクルをくり返します。**落葉果樹**と**常緑果樹**（⇒p9）では生育サイクルがやや異なります。それぞれの生育サイクルを知ることで、どの時期にどんな管理が必要か、その理由とタイミングを理解することができます。適期の適切な管理が、おいしい果樹をたくさん実らせる秘訣です。

■**落葉果樹**　春から夏に枝葉と根が生長し、春に結実して、夏から秋に果実を収穫します。冬は葉を落として休眠します。

　枝葉が旺盛に茂る初夏から夏は、不要な枝を間引く程度にします。樹の骨格作りや良い実をつけるための枝を作る剪定は、花や実ができる生育期を避け、休眠期の冬季に行うのが基本です。

落葉果樹の1年
例：リンゴ

12〜2月
【生育状態】休眠
【管理】冬季剪定
剪定で樹形の骨格と良い実をつける枝を作る。

3〜5月
【生育状態】芽吹き、開花
【管理】元肥
一年の生育の基礎になる肥料を与える。

5〜7月
【生育状態】果実の肥大、生理落果
【管理】追肥、摘果
樹勢が弱い場合は追肥をする。生理落果後に実の数を減らして残した実に養分を集中させる。

1月　2月　3月　4月　5月

常緑果樹の1年
例：ウンシュウミカン

1〜3月
【生育状態】休眠〜芽吹き
【管理】剪定
極寒期をすぎたら新芽が動く前に前年に伸びた新しい枝（夏秋梢）を切り返す。

4〜5月
【生育状態】春枝が伸びる、開花
【管理】元肥
一年の生育の基礎になる肥料を与える。

休眠中のウンシュウミカンの幼木。常緑果樹は休眠しているかどうか、見た目ではわかりにくい。

■常緑果樹　一年中青々とした葉が茂り、春から秋に枝葉や根が生長し、春に結実して、秋から翌春に果実を収穫します。冬の間も落葉しませんが、休眠状態にあります。ただし、落葉果樹に比べて寒さに弱いため、枝葉を減らす剪定は、厳寒期がすぎてから新芽が発芽するまでの間に行います。

■施肥のタイミング　落葉果樹、常緑果樹とも芽吹きの前に**元肥**《もとごえ》、収穫後に**礼肥**《れいごえ》を与えて樹勢を維持します。樹の状態を見て勢いが弱ければ、新梢が伸び出す頃に**追肥**《ついひ》を与えてもよいでしょう（⇒p43）。

秋空に映える青リンゴ「王林」の果実。

7〜8月

【生育状態】新梢が勢いよく伸びる
【管理】夏季剪定

不要な枝を間引き、新梢の先端を切り返す。日当たり、風通しをよくして病害虫の発生を防ぐ。

9〜11月

【生育状態】果実の肥大、成熟
【管理】収穫、礼肥

収穫後に礼肥を与えて樹勢を回復させる。

11〜12月

【生育状態】紅葉、落葉、休眠
【管理】冬季剪定

落葉したら年内に冬季剪定してもよい。

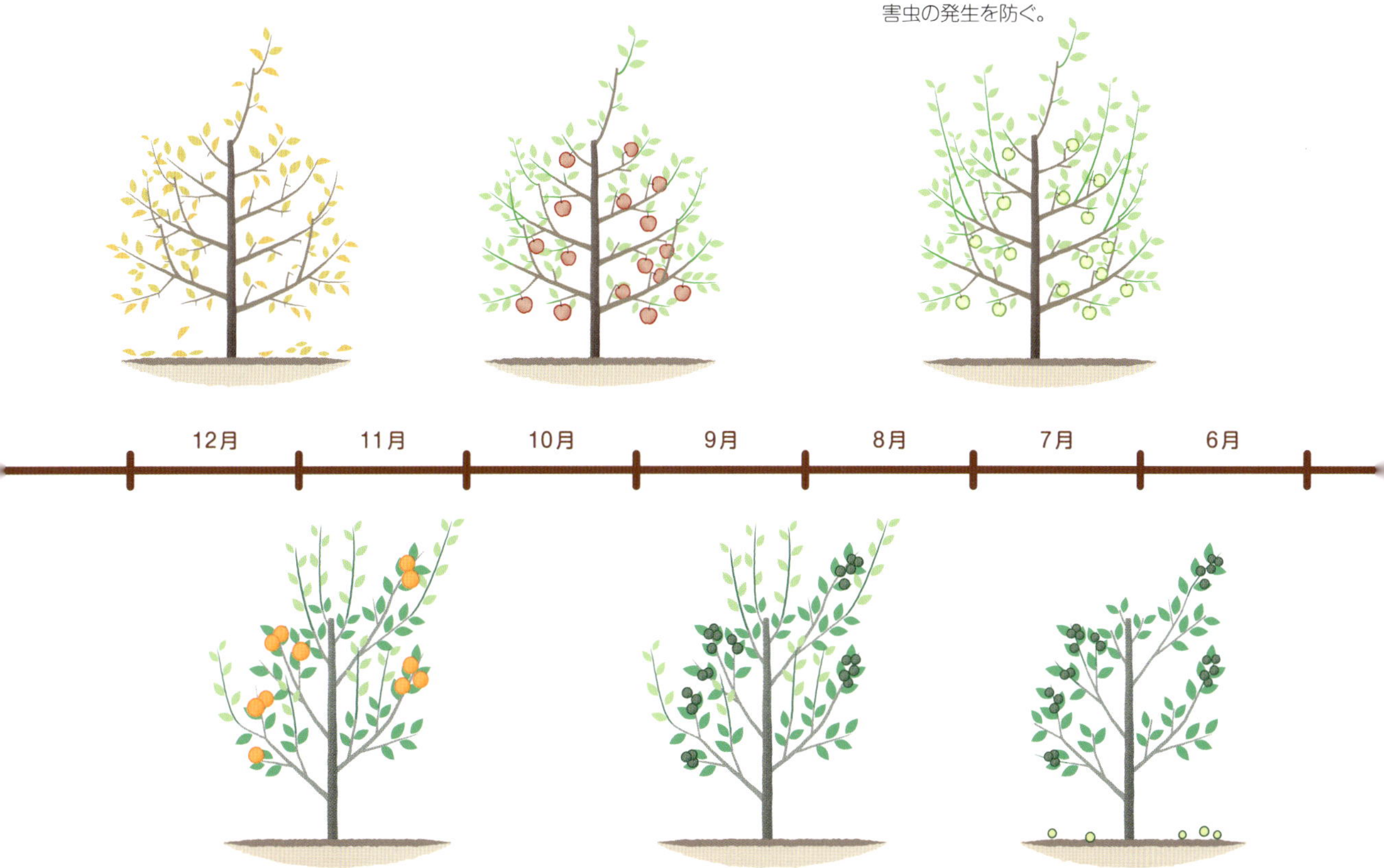

6〜7月

【生育状態】果実の肥大、生理落果
【管理】追肥

樹勢が弱い場合は追肥をする。

7〜9月

【生育状態】夏秋梢が伸びる
【管理】摘果、枯れ枝切り

生理落果後に実の数を減らして残した実に養分を集中させる。枯れ枝があれば取り除いて病気の発生を防ぐ。

10〜12月

【生育状態】果実の肥大、成熟
【管理】収穫

収穫後に礼肥を与える。

STEP 4

わが家にぴったりの果樹を選ぼう

育てたい果樹の生育適温を調べよう

果樹には生育に適した気温があります。果樹選びでは、まず自分が住む地域の年平均気温と最低気温を調べ、栽培したい果樹の**生育適温**と合っているか確認します。

落葉果樹の花が咲くには、一定期間低温に当たる必要があり、平均気温の高い地域では条件を満たせず、春に花が咲かない場合があります。

一方、平均気温が低い地域では、発芽や開花の早い果樹は、遅霜《おそじも》の被害を受けやすくなります。また、春から秋の低温は、樹は枯れなくても生育や果実の品質に悪影響を与え、冬の低温では凍害で枯れてしまう場合もあります。とくに苗木や幼木、若木は寒さに弱いため、平均気温が適していても冬場は注意が必要です。

適地適作が成功のカギ

出典：気象庁ホームページ（1981～2010年）

栽培場所の気温を知るには？

年平均気温や最低気温は、気象庁のホームページで最寄りの観測地点のデータを調べることができます。ただし、日照条件や風通し、標高などによっても異なるので、一日の最高気温と最低気温が測定できる「最高最低温度計」で栽培場所の気温を測り、記録をつけてみましょう。

◎主な果樹の生育適温

果樹の種類	年平均気温	生育最低温度
リンゴ	6～14℃	－25℃
ウメ	7℃以上	－20℃
ナシ	7℃以上※1	－20℃
ブドウ	7℃以上	－20℃※2
スモモ	7℃以上	－18℃
モモ	9℃以上	－15℃
サクランボ	7～14℃	－15℃
クリ	7℃以上	－15℃

果樹の種類	年平均気温	生育最低温度
カキ	甘ガキは13℃以上、渋ガキは10℃以上	甘ガキは-13℃、渋ガキは-15℃
キウイフルーツ	12℃以上	－7℃
柑橘類	15～18℃	－5℃
ビワ	15℃以上	－5℃

※1　セイヨウナシは6～15℃
※2　欧州種は-15℃

STEP 5　日当たりの良い場所を確保しよう

果樹は日光が大好き

果樹は日当たりの悪い場所では光合成で十分な養分を作ることができず、気温も低くなるので、生育が悪くなって花芽がつきにくくなり、良い果実ができません。収穫量も減ってしまいます。

できるだけ長い時間日が当たる南～東向きの庭やベランダなど、日をさえぎるものがない場所で栽培しましょう。庭植えの場合は、周辺の木で日がさえぎられないようにします。果樹を2本以上植える場合も、将来的な樹高や枝張りを考えた株間にします。

果樹の種類によって必要な日照時間は異なりますが、落葉果樹と常緑果樹（⇒p9）は、最低でも半日以上の日当たりを確保します。熱帯果樹は、できるだけ一日中日が当たる場所に鉢を置きます。

◎半日以上日が当たる場所に植えつける

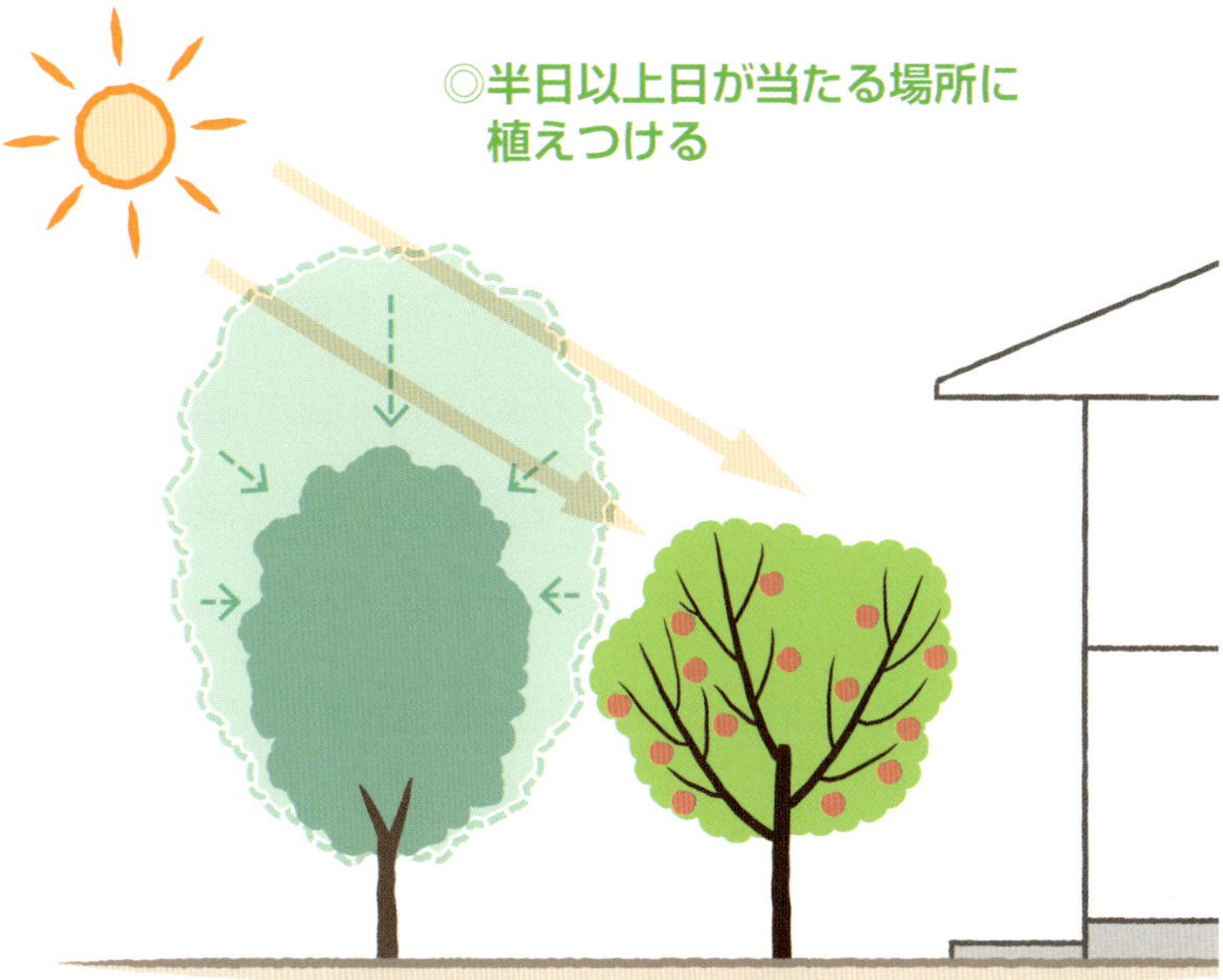

庭植えでは周囲の庭木の枝葉を剪定するなどして、半日以上日当たりを確保する。

◎生長したときの大きさを考え株間に余裕を持たせる

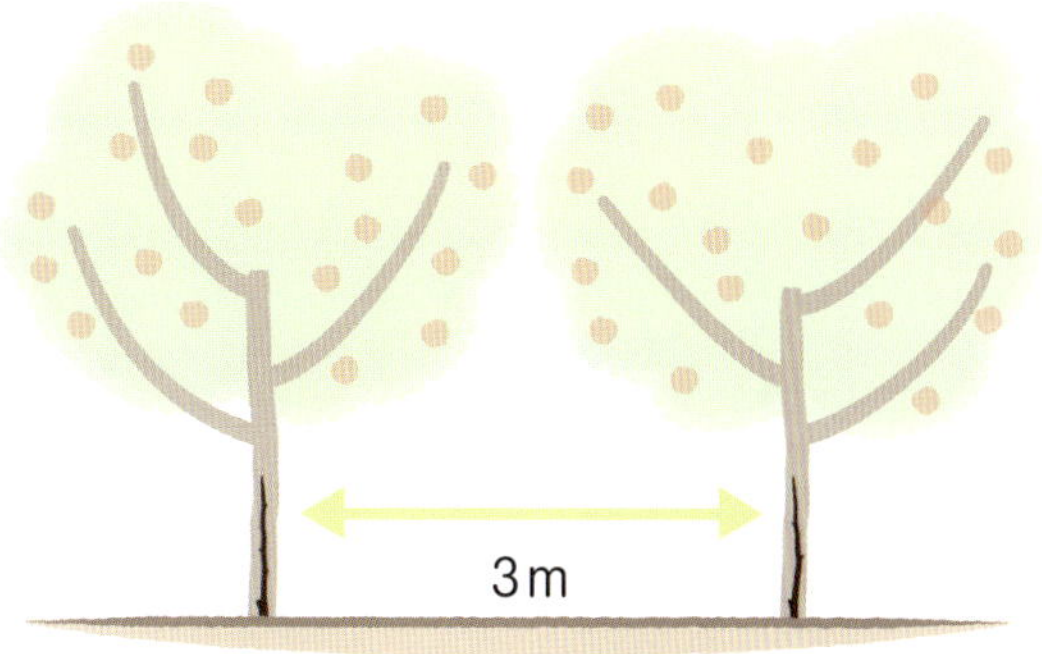

互いに日陰を作らないように、将来の樹高と枝張りを予測して植えつける。果樹や仕立て方によっても異なるが、苗木を植えつけるときに3m以上離すとよい。

ステップアップ

アルミの保温シートで光を反射させる

日当たりの悪いベランダなどでは、少しでも光を集めるために、床面にアルミの保温シートのようなシルバーのシートを敷くと生育の助けになります。

100円ショップなどで売っている保温シートでよい。

STEP 6

苗木を入手しよう

品質が安定した接ぎ木苗が主流

果樹の苗木は接《つ》ぎ木が一般的です。果樹は雑種性（⇒p204）が強く、タネから育てると親品種と同じ果実はなりません。そのため、親と同じ形質を受け継ぐように、親木から切り取った枝（穂《ほ》木《ぎ》）を、丈夫で育てやすい別の個体（台木《だいぎ》）に接いで苗木を作ります（⇒p202）。

接ぎ木苗のメリットは、

①根の丈夫な台木に活着させるので、発根しにくい果樹でもふやすことができる

②タネから育てた実生《みしょう》苗より早く実がつく

③病害虫に強い台木を使うことで、被害を減らすことができる

④寒さ、乾燥、過湿などへの耐性が高まる

⑤木の大きさをコンパクトにしたり、隔年結果《かくねんけっか》（⇒p204）が抑えられる

などがあります。

親木と同じ形質を持つ挿し木苗

親木から切り離した枝を土に挿して発根させた苗木です（⇒p201）。挿《さ》し木でふやせる果樹は限られ、一部の果樹（イチジク、ブドウ、ブルーベリーなど）を除いてあまり流通していませんが、親木と同じ性質を持つ苗木を簡単にたくさん作ることができます。

タネから育てた実生苗

果樹は雑種性が強いため、一部の果樹（ポポー、ムベ、熱帯果樹など）を除いて、実生《みしょう》苗はあまり市販されていません。

◎苗木の種類

ポポーの実生苗。雑種や品種名がわからないものも多い。

フサスグリとも呼ばれるレッドカラントの挿し木苗。

アーモンドの接ぎ木苗。主幹のみの棒苗とも呼ばれる状態。

おいしい果実を実らせたり、変わった性質を持ったものが生まれる可能性もあるので、安定した品質を求めなくてもよい趣味の果樹栽培なら、実生栽培を楽しむのもよいでしょう（⇒p203）。

目的に合った苗木を選ぼう

苗木はさまざまな状態で流通しています。植えつけ場所や時期に合わせて、適切なものを選びましょう。

■裸《はだか》苗（素掘り苗）　畑から掘り上げた状態の、根がむき出しのままの苗木で、ほかの苗木より根が充実しています。根の生長が止まっている休眠期のみ流通します。

■ポット苗　ポリポットに培養土で植えつけられた苗木で、裸苗を移植したものや、ポットにそのまま挿し木をしたものがあります。運搬や管理がしやすく、通年流通します。量販店での取り扱いも多く、入手が容易です。

■鉢苗　数年間鉢で育てられた大きな苗木（幼木や若木）。プロが管理して樹形が作られているため、

◎苗木の状態

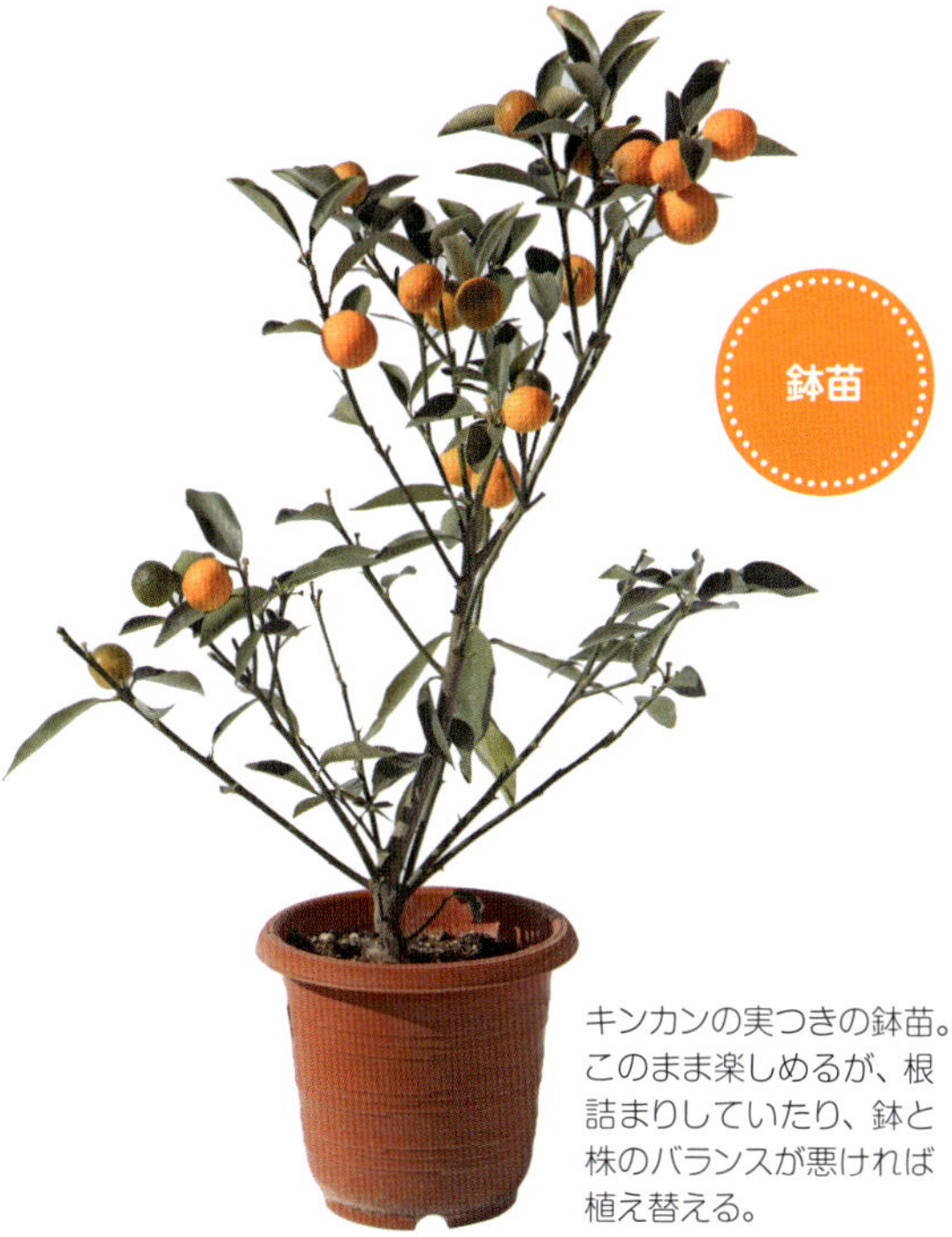

キンカンの実つきの鉢苗。このまま楽しめるが、根詰まりしていたり、鉢と株のバランスが悪ければ植え替える。

甘ガキのポット苗。1年生の棒苗と呼ばれる状態。

ネクタリンの裸苗。土を落としてあるので、入手したらすぐに植えつける。

苗木の見分け方は？

苗木が接ぎ木か挿し木、実生かわからない場合は、株元を見てみましょう。

接ぎ木苗は台木に穂木を接いだ跡があり、接ぎ木部に段差があったり、接ぎ木テープが巻かれていたりします。

挿し木苗は、穂木の一番上の芽から、主幹になる新しい枝が伸び出しています。

実生苗は株元に接ぎ木部や穂木を切断した跡がなく、株元から直接主幹が伸びています。

実生苗
株元に接ぎ木部や穂木の切断部がない。

挿し木苗
短い穂木の頂芽から新しい芽（主幹）が伸びている。

接ぎ木苗
株元に台木と穂木の接ぎ木部がある。

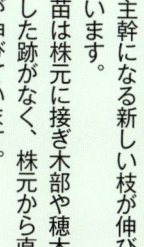

すぐに収穫を楽しめるものもあります。買ってきた鉢のまま育てることもできますが、株が大きくなったら植え替えます。

良い苗木を見極めよう

果樹の苗木は園芸店やホームセンター、苗木業者の通信販売などで入手できます。一年を通してさまざまな苗木が流通しますが、植えつけ適期に購入するのがよいでしょう。落葉果樹や温暖地なら冬、常緑果樹や寒冷地なら春がおすすめです。

苗木の良し悪しはその後の生育に大きく影響します。長く楽しむ果樹だからこそ、良い苗木を選びましょう。

ホームセンターなどで苗木を購入する場合は、品質がまちまちだったり、古い苗木が残っていたりすることがあるので、よく確認しましょう。苗木業者の通信販売は品質がよく、珍しい品種も購入できますが、量販店に比べると価格が高く、送料もかかります。

◎棒苗《ぼうなえ》（接ぎ木苗）のチェックポイント

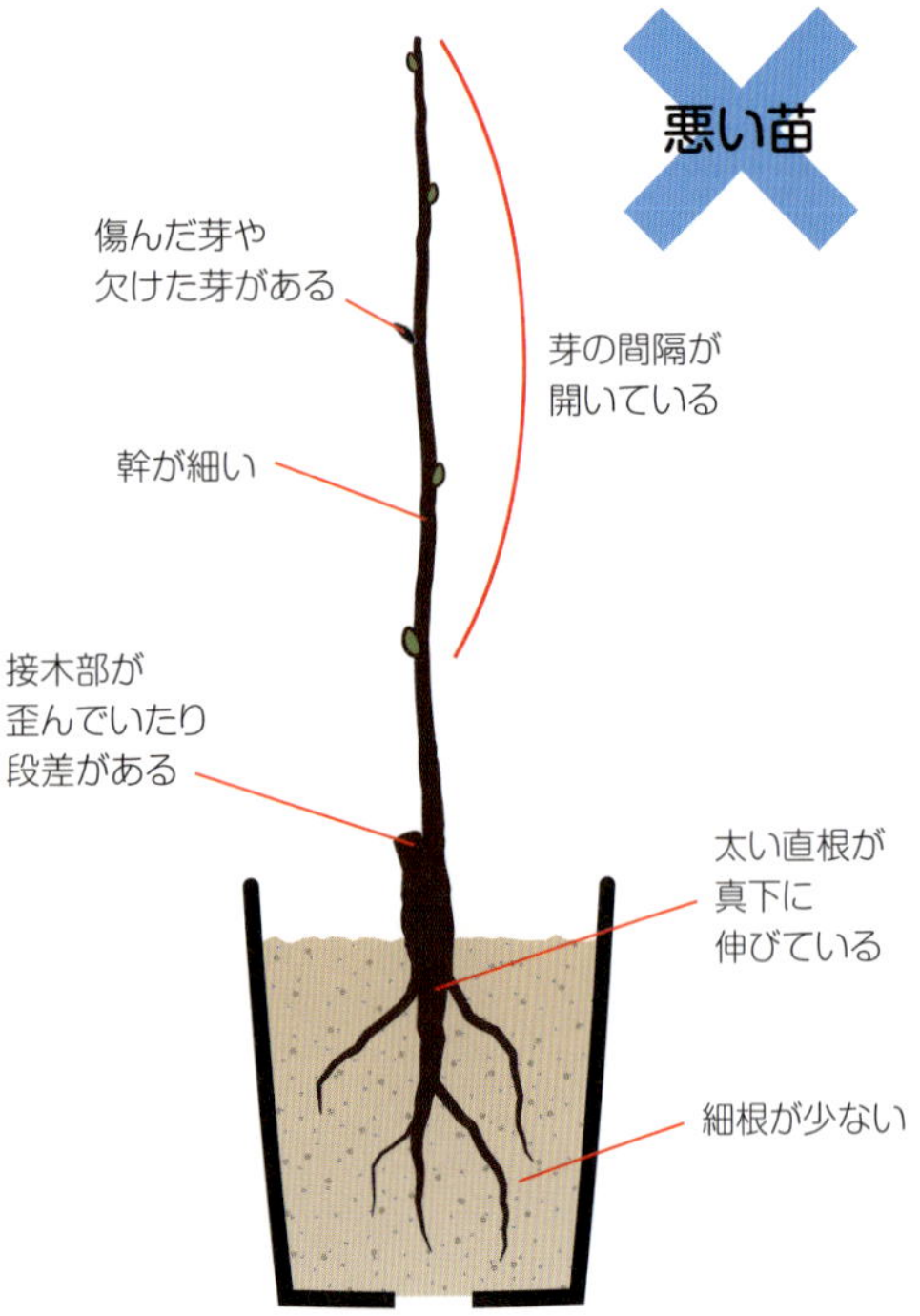
悪い苗
傷んだ芽や
欠けた芽がある
芽の間隔が
開いている
幹が細い
接木部が
歪んでいたり
段差がある
太い直根が
真下に
伸びている
細根が少ない

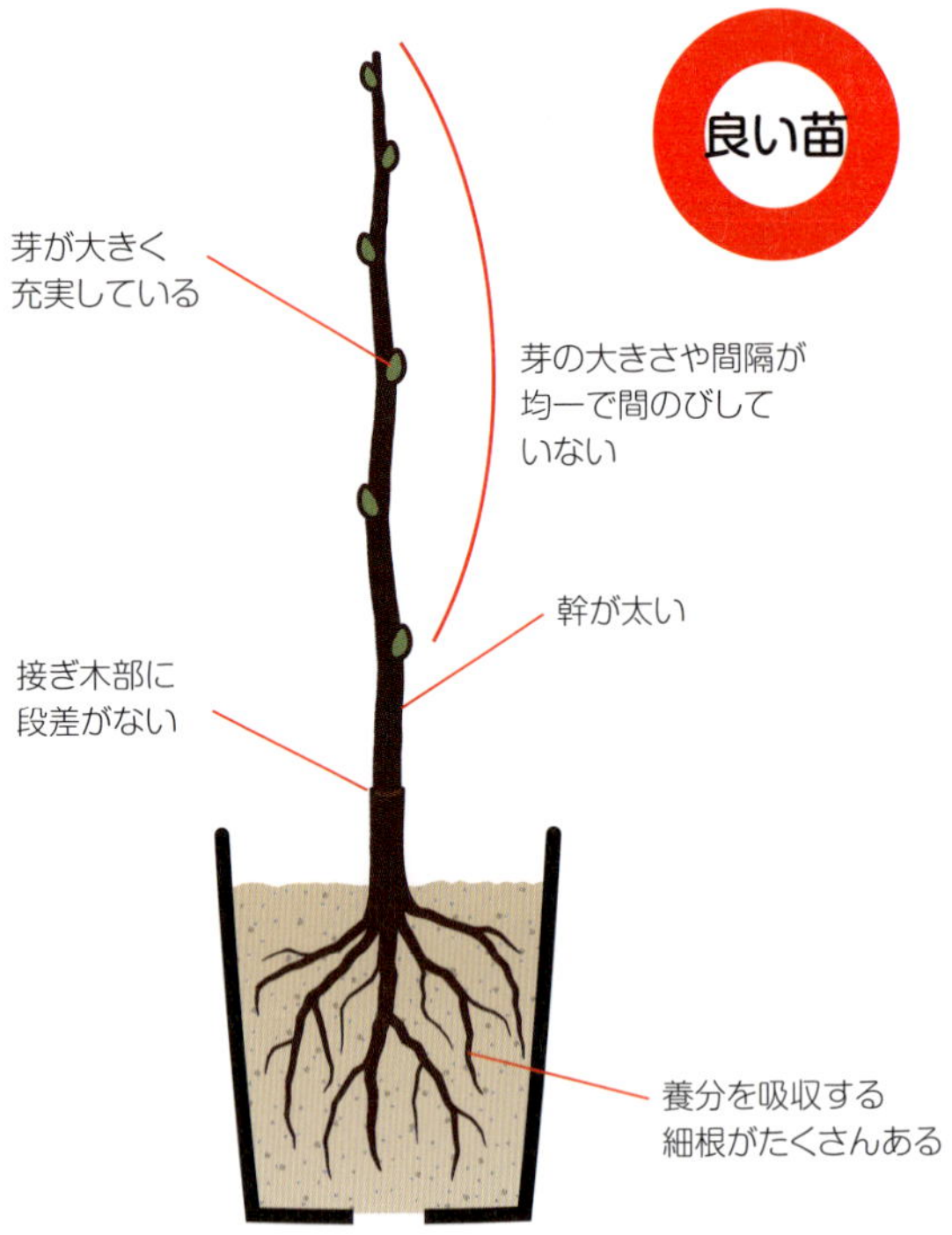
良い苗
芽が大きく
充実している
芽の大きさや間隔が
均一で間のびして
いない
幹が太い
接ぎ木部に
段差がない
養分を吸収する
細根がたくさんある

苗木にも年齢があるの？

台木に接ぎ木をして一年育てた苗を1年生苗と呼びます。2年生苗はもう一年、3年生苗はさらに一年育てた苗です。

1年生苗は棒苗とも呼ばれ、主《しゅ》幹《かん》のみの一本棒で、枝は発生していません。裸苗やポット苗で流通する苗木の多くが1年生苗です。

2年生苗以降は、一本棒ではなく枝が発生しています。柑橘《かんきつ》類などのポット苗では、2年生苗も多く流通します。年数を重ねた苗ほど枝や根は充実していますが、植えつけるときに根を傷めないようにします。

1年生苗
主幹のみの一本棒で枝がない。写真はネーブルオレンジ。

3年生苗
枝が発生している。1年生苗に比べると値段が高い。写真はキンカン。

重要

1本では実がつかない果樹がある

開花期が同じ別品種を2本以上植えよう

果樹のなかには1本では実がなりにくいものがあります。この性質を**自家不和合性**《じかふわごうせい》（⇓p204）といい、自分（同一品種）の花粉が雌しべについてもなかなか結実しません。

自家不和合性の果樹は、開花の時期が同じ別の品種を近くに植える必要があります。特にリンゴ、ナシ、スモモなどのバラ科の落葉果樹に多くみられます。品種間の相性もあるので、よく調べて苗木を購入しましょう。

また、1本で実がつく性質（**自家和合性**⇓p204）を持つ果樹でも、別の品種が近くにあるとより実つきがよくなります。収穫量をふやしたい場合は、2品種以上植えるとよいでしょう。

栽培場所に余裕がない場合は、実の収穫が目的の品種を庭植えにして、受粉用にはあまり大きくならない性質の品種を選んだり、鉢植えにする方法もあります。受粉樹は、花粉の量が多い品種を選ぶのがコツです。

キウイフルーツには雌木と雄木がある

キウイフルーツは**雌雄異株**《しゆういしゅ》（⇓p204）といって木に性別があり、やはり1本では結実しません。雄花《おばな》が咲く雄木《おすぎ》の品種と、雌花《めばな》が咲く雌木《めすぎ》の品種を近くに植える必要があります。雄品種には花は咲いても実がいっさいなりません。

自家不和合性、雌雄異株の果樹とも、自然の状態では花粉を風や虫が運んでくれますが、確実に結実させるために、人工授粉を行いましょう（⇓p40）。

◎2品種以上植えたほうがいい果樹

果樹名	
ウメ	マルメロ
クリ	リンゴ
サクランボ（オウトウ）	オリーブ
スモモ	ブルーベリー（ラビットアイ系）
セイヨウナシ	アケビ
ナシ	アボカド
ポポー	フェイジョア

※品種によって1本で実がつくものもある。

◎雌木と雄木が必要な雌雄異株

キウイフルーツの雄木（左）と雌木（右）の苗木。実をならせるには、必ず雌木と雄木を用意する。

？品種間の相性があるのはなぜ？

実をつけさせるために2品種以上必要な果樹は、開花期が合うものをそろえるだけでなく、品種間の相性も重要です。

異なる品種で人工授粉しても結実しない性質を他家不和合性《たかふわごうせい》とよび、品種改良の際に親として使用した品種など、遺伝的に近い品種の間で起こります。これは、近親交配を防いで環境適応力のある子孫を残すための生存戦略です。

最近は多種多様な品種があるので、苗木を購入する前に相性（和合性）をよく確認しましょう。

STEP 7

果樹がよく育つ土作り

果樹が好きなのはどんな土?

果樹は同じ場所で長年栽培するため、土質の影響を大きく受けます。果樹がよく育つ土とは、主に次の4点を兼ね備えています。果樹が育ちにくい土質の場合は、苗木を植えつける前に土の改良を行いましょう。

①土の柔らかさ　果樹は根を深く広く伸ばすため、柔らかい土の層が深く広くあるほど生育がよくなります。

②水はけと水もち　水はけの良い土は、根が水浸しになるのを防いで呼吸がしやすく、適度な水分を保持する水もちの良い土は、根が水不足になるのを防ぎます。

③肥料もち　肥料の養分を土の中で保持できる性質のことで、肥料もちのよい土は肥料の効果が長く続きます。

◎有機質の土壌改良材

堆肥《たいひ》

動物性の牛ふん堆肥、馬ふん堆肥、植物性のバーク堆肥などがある。未熟な堆肥は根を傷めるので、完熟したものを使用する。

腐葉土

堆積した落ち葉を発酵させたもの。葉の形がそのまま残っている未熟なものは根を傷めるので使用しない。

◎pHを調整する土壌改良材

苦土《くど》石灰《せっかい》

マグネシム（苦土）と石灰を混ぜたもの。アルカリ性で、酸性に傾いた土を弱酸性に調整する。まきすぎると土がアルカリ性に傾く。

pH未調整ピートモス

ミズゴケなどが堆積して腐植したもの。酸性が強く、ブルーベリーのように酸性の土を好む果樹を栽培するときに使用する。

④pH《ペーハー》（土壌酸性度） 土が酸性かアルカリ性かを示す数値で、栽培に適したpH（**好適pH**）は果樹ごとに異なりますが、pH5.5～6.5の弱酸性の土ならどの果樹でも育ちます。

有機物の働きによる土壌の改良

固くてやせた土や、水が抜けない土、すぐに乾燥してしまう土は、苗木を植えつける前に堆肥《たいひ》や腐葉《ふよう》土《ど》などの有機質の土壌改良材を入れて改良します。有機物に集まる微生物の働きで空気をたくさん含んだ柔らかい土に構造が変化して、水はけと水もち、肥料もちがよくなります。

苦土石灰などでpHを調整する

生育に適したpHは果樹によって異なり、pHが合わないと一部の養分が吸収できなくなって生長が衰えます。pHを測定し、最適pHより1.0以上離れている場合は改良材を土に混ぜ込んで調整します。

◎pHの測定と調整

pH測定器などで苗木を植えつける場所のpHを測り、必要に応じて調整する。植えつけ時に調整しても雨などで徐々に酸性《さんせい》に傾くので、2年に1回程度pHを再調整する（⇒p200）。

［酸性よりの場合］

pHを1.0上げるのに1㎡あたり100～200gの苦土石灰をよく土に混ぜる。

［アルカリ性よりの場合］

pHを0.2下げるのに、土に対して3割程度pH無調整ピートモスを混ぜる。

◎主な果樹の好適pH

pH	果樹
5.0以下	ブルーベリー、クランベリー
5.0～6.0	ウメ、カキ、クリ
6.0～6.5	ウンシュウミカン、キウイフルーツ、スモモ、ナシ、モモ、リンゴ
6.5～7.0	イチジク、ブドウ

◎有機物による土壌改良

植えつける苗木の根鉢の倍の大きさの植え穴を掘る。

掘り上げた土に堆肥や腐葉土を混ぜて埋め戻す。栽培中も2年に1回を目安に有機物を入れて土壌改良をする（⇒p200）。

STEP 8

苗木を植えつけよう

庭への植えつけ

適期
落葉果樹：冬の休眠期
常緑果樹：春の生育期

庭土に土壌改良材、元肥を混ぜて植えつける

苗木の植えつけは、落葉果樹は冬の休眠期、常緑果樹は春の生育期に行うと根に負担が少なくてすみます。

元肥に熔成《ようせい》リン肥（⇒p43）を入れると根の張りがよくなります。植えつけ直後の根に触れないように穴の底に入れ、**根鉢**《ねばち》の下に堆肥《たいひ》を混ぜた土を敷いて植えつけます。

用意するもの

- 苗木（写真は甘ガキの「富有柿」の棒苗）
- 完熟牛ふん堆肥
- 速効性化成肥料（N-P-K＝8-8-8など）または熔成リン肥
- スコップ
- 土入れ
- 箕《み》
- バケツ
- ハサミ
- 支柱
- 麻ひも
- ジョウロ

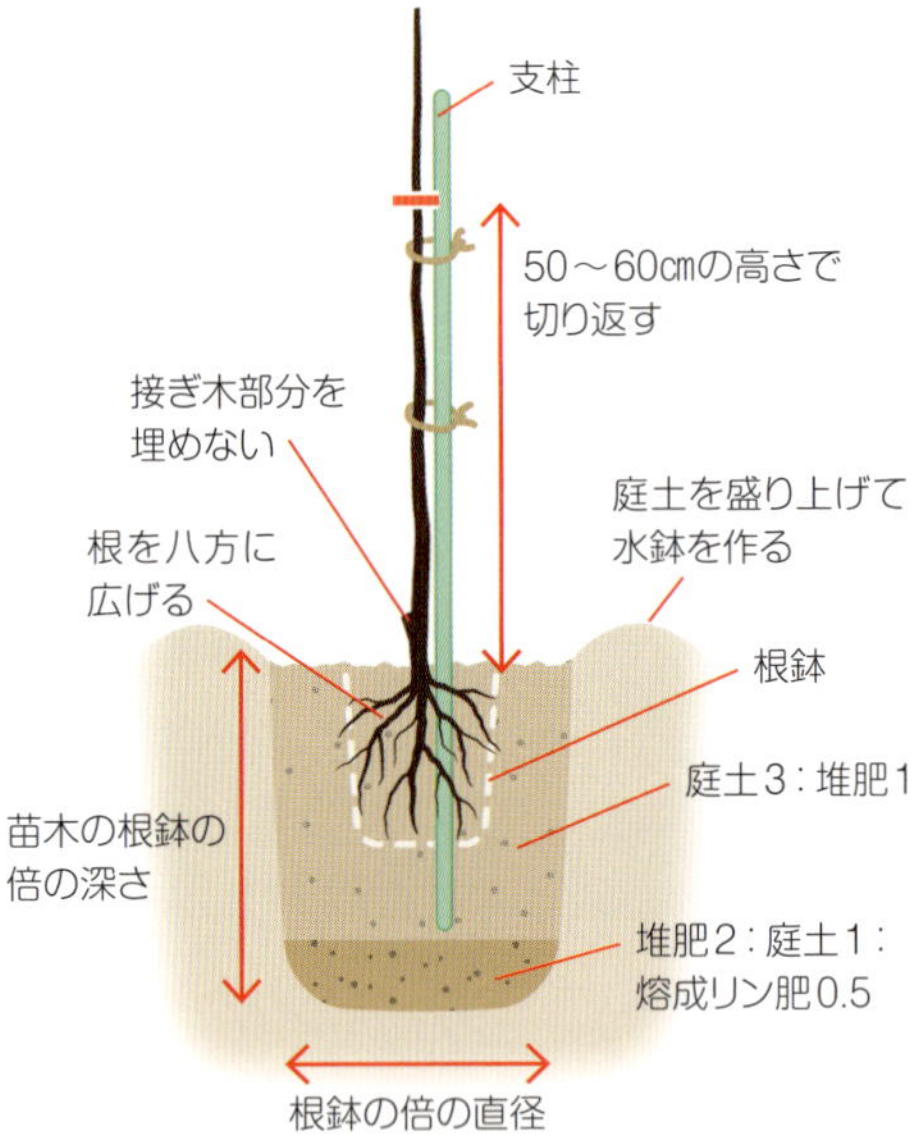

スコップで根鉢（⇒p205）の倍の直径と深さの植え穴を掘る。苗木をポットのまま穴の中に置いて大きさと深さを確認する。

堆肥2：掘り上げた庭土1：熔成リン肥0.5の割合でよく混ぜる。

2を植え穴の底に敷き、苗木をポットのまま置いて高さを調整する。接ぎ木苗は、接ぎ木部が土に埋もれないようにする。

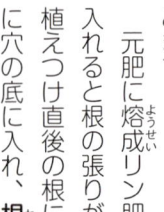

苗木をポットから出し、根を傷めないように土を落とす。30分程度水に浸けると根の乾燥を防いで活着がよくなる。

掘り上げた残りの庭土3：堆肥1の割合でよく混ぜる。

根鉢の下に**5**の土を2〜3cm敷く。根を八方に広げて穴の中心に苗木を置き、**5**の土を入れて植えつける。

土を盛り上げて水鉢（⇒p205）を作る。支柱を立て、水鉢にたっぷり水をため、根と土の間に泥水を流し込んで密着させる。50〜60cmの高さで先端を切り返して終了。

ステップアップ

根域制限で樹形をコンパクトに抑える

庭植えで樹をあまり大きくしたくない場合は、大きな鉢などで根の張りを制限する「根域《こんいき》制限」をすると高さや枝張りが抑えられます。使用する鉢は通気性の良い素焼き鉢か不織布ポットなどがよいでしょう。大木になりやすい果樹におすすめです。

鉢の高さより5cm程度深い穴を掘り、穴に鉢を入れる。掘り上げた庭土に堆肥と肥料を混ぜ、庭植えと同じ手順で鉢の中に苗木を植えつける。

周囲に土を盛り上げて水鉢を作る。鉢の中にたっぷり水やりをして作業終了。庭植えより乾燥しやすいので水切れに注意して管理する。

鉢への植えつけ

適期
落葉果樹：冬の休眠期
常緑果樹：春の生育期

鉢底に赤玉土を敷いて元肥入りの培養土を入れる

鉢への植えつけは市販の元肥《もとごえ》入りの培養土を利用すると、土壌改良材や肥料を別に用意したり、混合したりする手間が省けます。

通気性と水はけをよくするために、鉢の底に赤玉土大粒や軽石などを敷いてから培養土を入れましょう。

用意するもの

- 苗木（写真はキンカン「大実金柑」のポット苗）。
- 鉢（二回り程度大きな深鉢）
- 市販の元肥入り培養土
- 赤玉土大粒
- 土入れ　・バケツ
- ハサミ　・ジョウロ

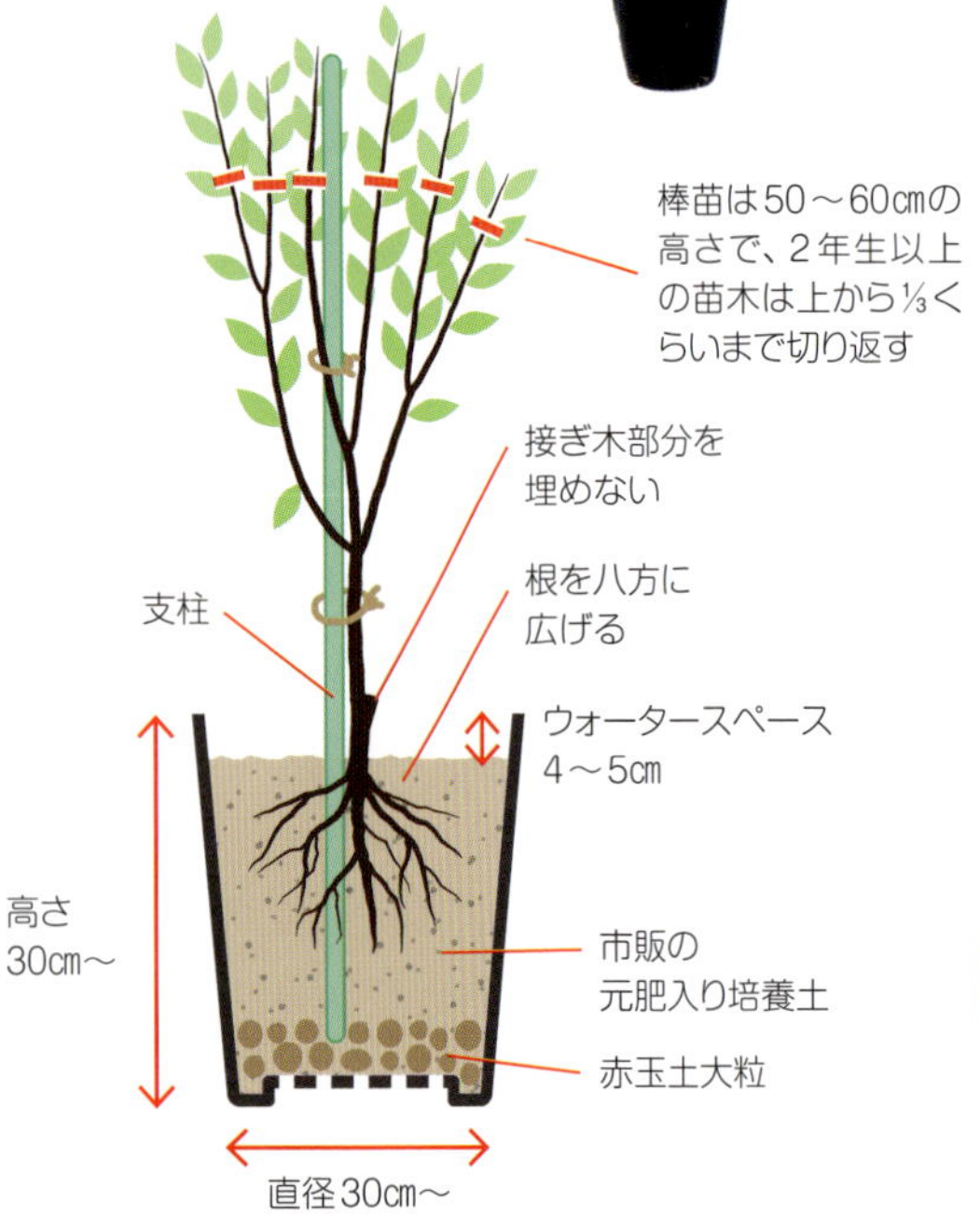

ポットから苗木を取り出し、根を傷めないように根鉢の土を落とす。

？ どんな鉢を選んだらいい？

鉢は根鉢より二回り程度大きなものを選びましょう。果樹は樹高が高くなるので、口径より高さのある深鉢だと重心が安定し、根も深く張ることができます。

素材は通気性の良い素焼き鉢、軽くて扱いやすいプラスチック鉢のほか、両方の利点を兼ね備えたファイバークレイも人気です。

素焼き鉢
通気性、デザイン性にすぐれる。大鉢はかなり重量があるので移動や植え替えが不便。

プラスチック鉢
軽量で扱いやすいが通気性に劣る。鉢底穴が多いもの、側面にスリットが入ったものがよい。

ファイバークレイ
通気性、デザイン性にすぐれ、軽量で扱いやすい。

30分程度たっぷりの水に浸ける。

鉢底に赤玉土大粒を2～3㎝程度敷く(鉢底がメッシュ状でない鉢は鉢底穴をネットでふさぐ)。乾燥を好む果樹の場合は厚めに敷く。

鉢に苗木を入れ、植えつけの高さを確認する。接ぎ木部が土に埋もれないようにする。

根を八方に広げ、**4**で確認した高さになるように培養土を入れて植えつける。

鉢底から水が流れ出るまでたっぷり水やりをして植えつけ終了。枝が発生している2年生以上の苗は、先端から⅓程度枝を切り返す。風が強い場所では支柱を立てる。

なぜ枝を切り返すの?

常緑樹の場合は、植えつけ後に枝を切り返して葉を減らし、葉からの水分の蒸散量を抑えて、植えたての根への負担を軽くします。

STEP 9

管理しやすい樹形に仕立てよう

将来の樹形をイメージして骨格を作る

果樹にはそれぞれ枝の出方や実のつき方に合った樹形があります。樹形を整えることで管理作業がやりやすくなり、樹を元気に保つことができます。栽培場所の広さや作業の効率などを考えて、幼木のうちに将来どんな樹形にしたいかを決め、剪定と誘引で骨格を作っていきましょう。

庭植えは根が深く広く伸び、放任すると木が大きくなります。元気な枝を2～3本残し、管理しやすい高さで主幹を切り詰めた2本仕立てか3本仕立てがおすすめです。樹種によっては1本仕立て、一文字仕立て、株仕立てなども向きます。つる性果樹は、大きく仕立てたい場合は棚仕立て、小さな庭や鉢植えではトレリス仕立てやあんどん仕立てにします。

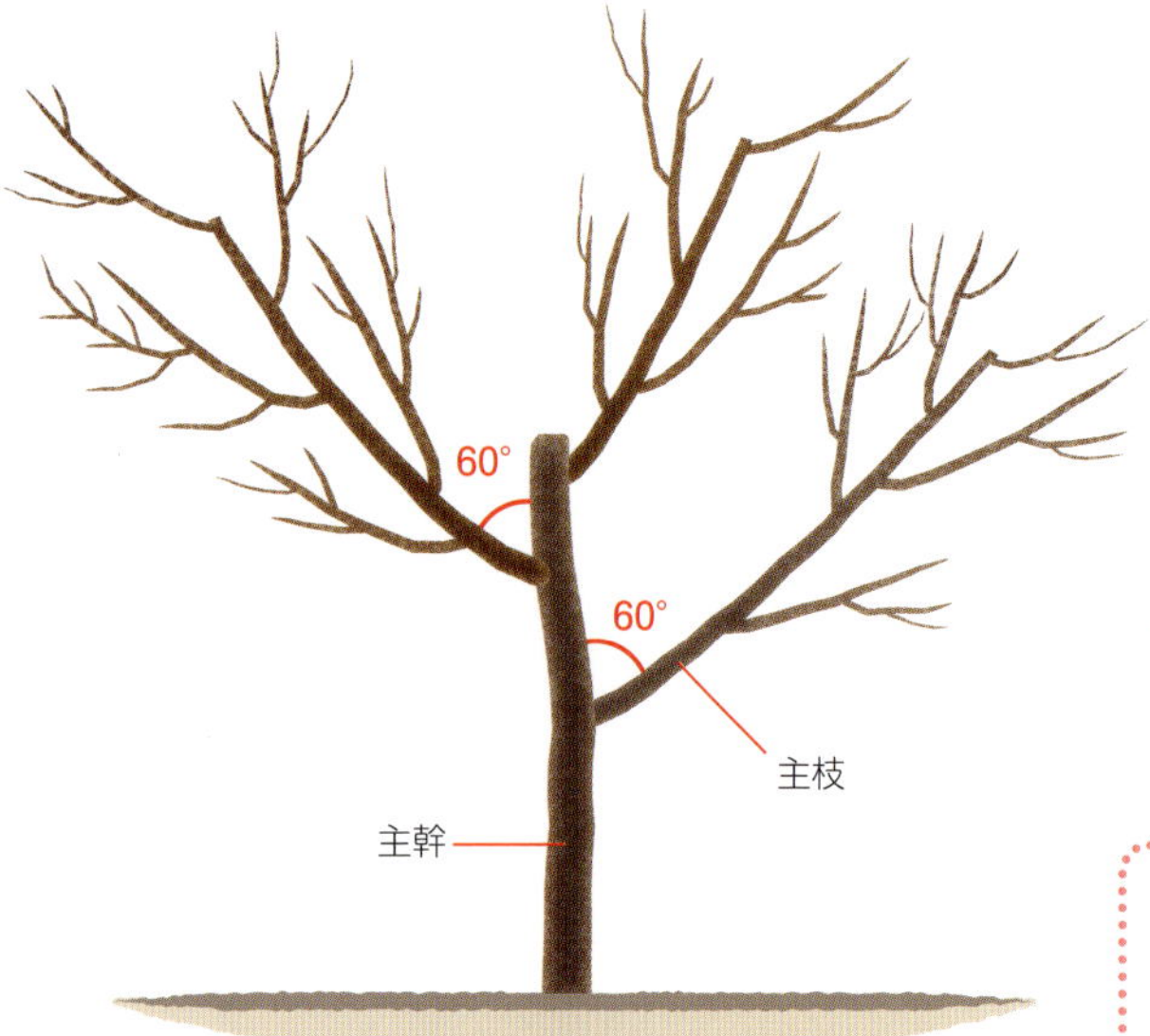

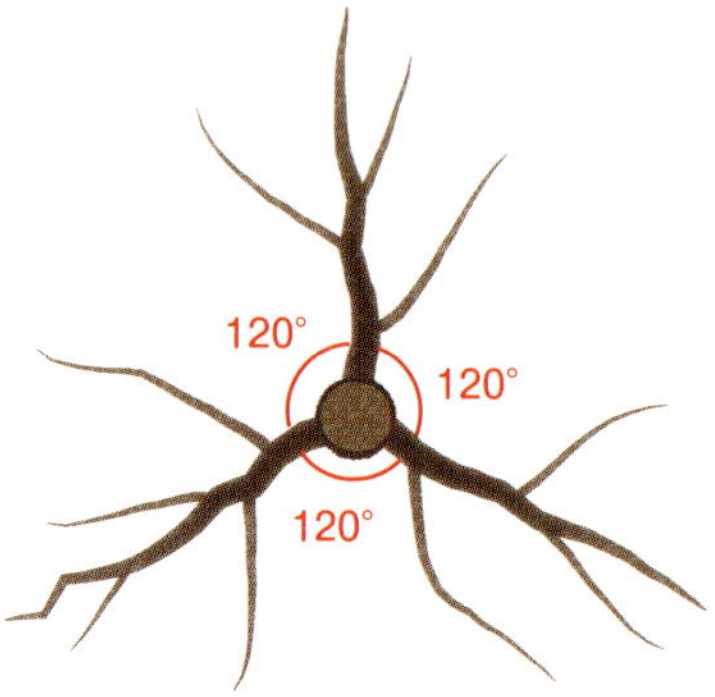

真上から見たところ。主枝の間隔が120°になるように誘引で枝を広げる。

3本仕立て（変則主幹形）

主幹を管理しやすい高さで切り詰め、元気のよい枝3本で、枝の分岐角度が60°、枝同士の間隔が120°を目安に骨格を作る。適度な収穫量を保ち、管理作業がしやすい。株の内側の日当たりや風通しも良く、病害虫の発生を軽減できる。
【適した果樹】つる性以外の果樹

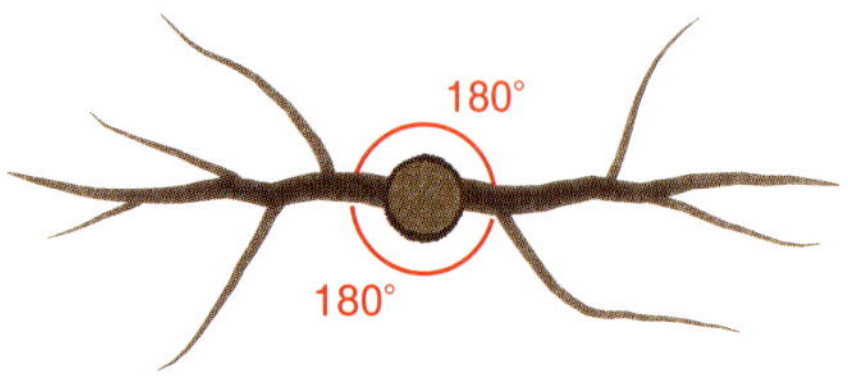

上から見たところ。できるだけ一直線になるように誘引で左右に主枝を広げる。

2本仕立て（Y字仕立て）

栽培場所に奥行きがなかったり、複数の果樹を密に植えたい場合は、主枝2本の2本仕立てがおすすめ。主幹を管理しやすい高さで切り詰め、正面から見てY字になるように90°を目安に左右に主枝を広げる。
【適した果樹】つる性以外の果樹

株仕立て

株立ちになりやすい果樹は、株元から5～10本枝を出した樹形に仕立てる。勢いのない古い枝は、元から切り取って新しい枝に更新する。

【適した果樹】ジューンベリー、スグリ、ブルーベリー、ラズベリー、ブラックベリーなど

1本仕立て（主幹形、自然樹形）

シンボルツリーなど樹形の美しさも観賞したい場合は、1本立ちの自然樹形でもよい。ただし、樹が高くなりすぎたり、枝が多くなりすぎたりすると、剪定や収穫がしづらくなったり、周囲に日陰を作ったり、病害虫が発生しやすくなったりする。

【適した果樹】クルミ、ジューンベリー、リンゴなど

トレリス仕立て（垣根仕立て）

トレリスやフェンスにつる性果樹や半直立性の果樹を誘引して、コンパクトに仕立てる。

【適した果樹】アケビ、ムベ、ブラックベリー、ラズベリーなど

一文字仕立て

主枝2本を左右に誘引して低く仕立てた樹形。フェンスやトレリス、垣根などに沿わせてもよい。剪定や収穫などの作業がしやすく、奥行きや高さのない場所でも果樹栽培が楽しめる。

【適した果樹】イチジク、セイヨウナシ、リンゴなど

あんどん仕立て

つる性果樹をあんどん支柱に誘引して仕立てる樹形。鉢栽培に向く。コンパクトな樹形を維持しながら、ある程度の収穫量が確保できる。

【適した果樹】アケビ、ムベ、キウイフルーツ、ブドウ、ラズベリー、ブラックベリーなど

棚仕立て

高さ2m程度の棚を組み、つる性果樹などを誘引する。広い栽培場所が必要だが、剪定や誘引、収穫などの作業がしやすい。日当たりや風通しも良いので病害虫の発生も軽減できる。

【適した果樹】アケビ、ムベ、キウイフルーツ、ブドウ、ナシなど

STEP10

3本仕立てを作ってみよう

幼木、若木のうちに骨格を作る

枝3本で骨格を作る**3本仕立て**は、観賞向きの樹形ではありませんが、管理作業がしやすく、果樹栽培に最も適した樹形です。

幼木や若木のうちから骨格作りをして、ぜひ挑戦してみましょう。枝が1本少ない2本仕立てや一文字仕立てにも応用できます。

■**幼木期、若木期の作業**　枝葉や根の生長が旺盛なので、花や実をつけさせることよりも、骨格になる枝作りを優先します。充実した3本の枝で**主枝**（⇒p204）を作り、**側枝**（⇒p205）、実がつく枝（**結果枝**⇒p204）を発生させ、枝の強さが主枝→側枝の順になるようにします。

水を入れた500㎖のペットボトルを下げたり、ひもなどで誘引して、枝と主幹の角度は60度を目

◎生育ステージ別　3本仕立ての剪定と誘引

3本仕立てのリンゴ。樹高を低く抑えることができるので、管理作業や収穫がしやすい。

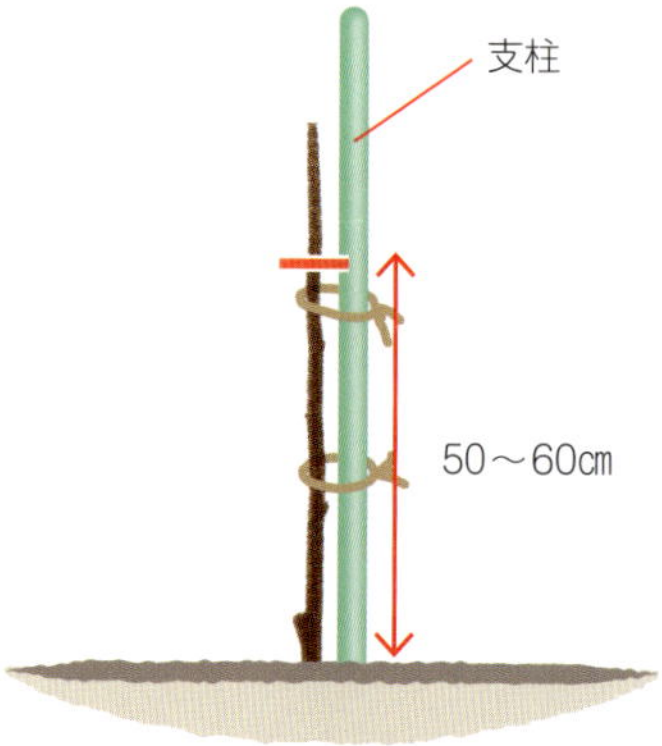

幼木（1年）

植えつけた苗木（棒苗）を50～60㎝の高さで切り返し、主枝の候補になる枝を発生させる。

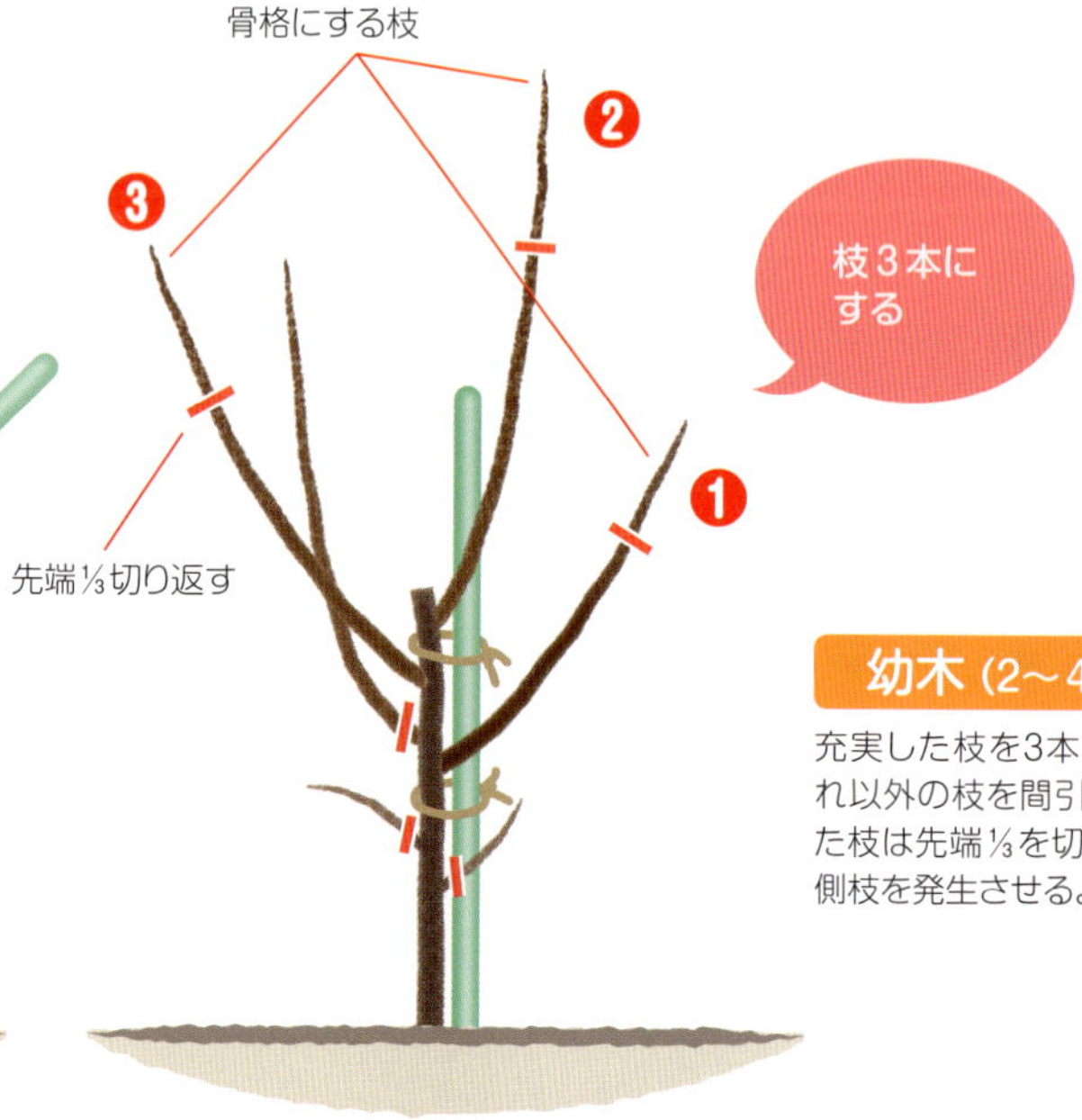

幼木（2～4年）

充実した枝を3本残し、それ以外の枝を間引く。残した枝は先端⅓を切り返して側枝を発生させる。

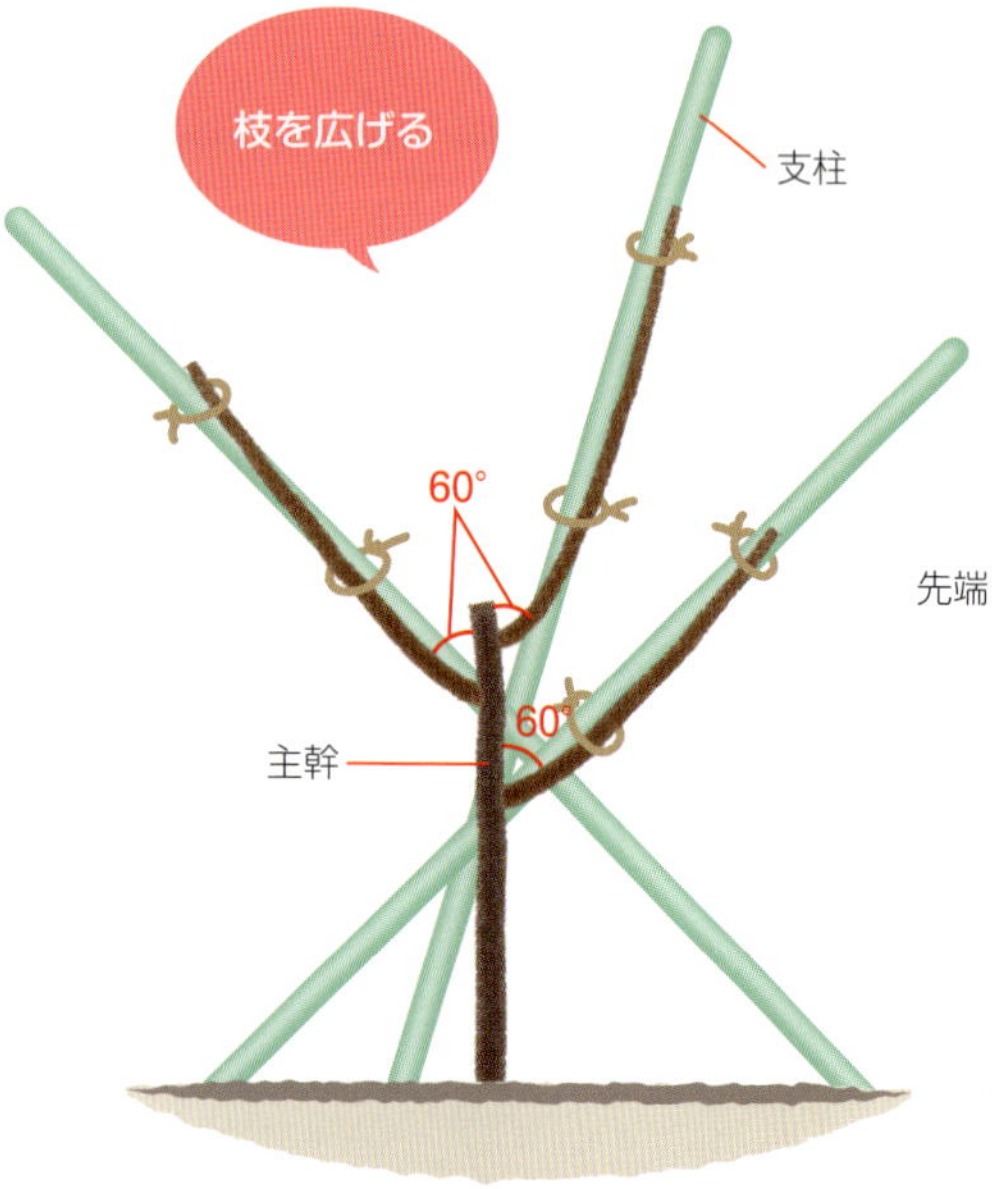

主幹に対して分岐角度が60°、枝同士の間隔が120°になるように誘引する（⇒p26）。

安に広げます。角度が小さいと枝が太くなったときに裂けやすくなってしまうためです。

■**成木期の作業**　枝葉、根、花芽の生長のバランスが良く、果実が安定してなります。樹勢や枝の伸び方に合わせた剪定と誘引で、樹形と収穫量を維持しましょう。

主枝は管理しやすい高さや長さで止め、側枝を切り返して実がつく枝を発生させます。弱い枝や不要な枝（⇒p32）、古い枝は元から間引き、充実した新しい枝に更新します。間引き剪定は日当たりと通風をよくする効果もあります。

さらに、誘引して枝を横に倒すと枝の伸びが抑制され、花芽が多くついて収穫量がふえます。

■**老木期の作業**　枝葉や根の生長が衰え、樹勢が弱くなります。切り返し剪定（⇒p31）は強めに、古い枝は間引いて新しい枝の発生を促します。花芽や実の数を減らしたり、夏季剪定（⇒p34）を控えて枝葉を多く残したりするのも樹勢の維持に効果的です。

若木（5～14年）

不要な枝（⇒p32）を間引き、1 ～ 3の剪定・誘引で実がつく枝（結果枝）を発生させる

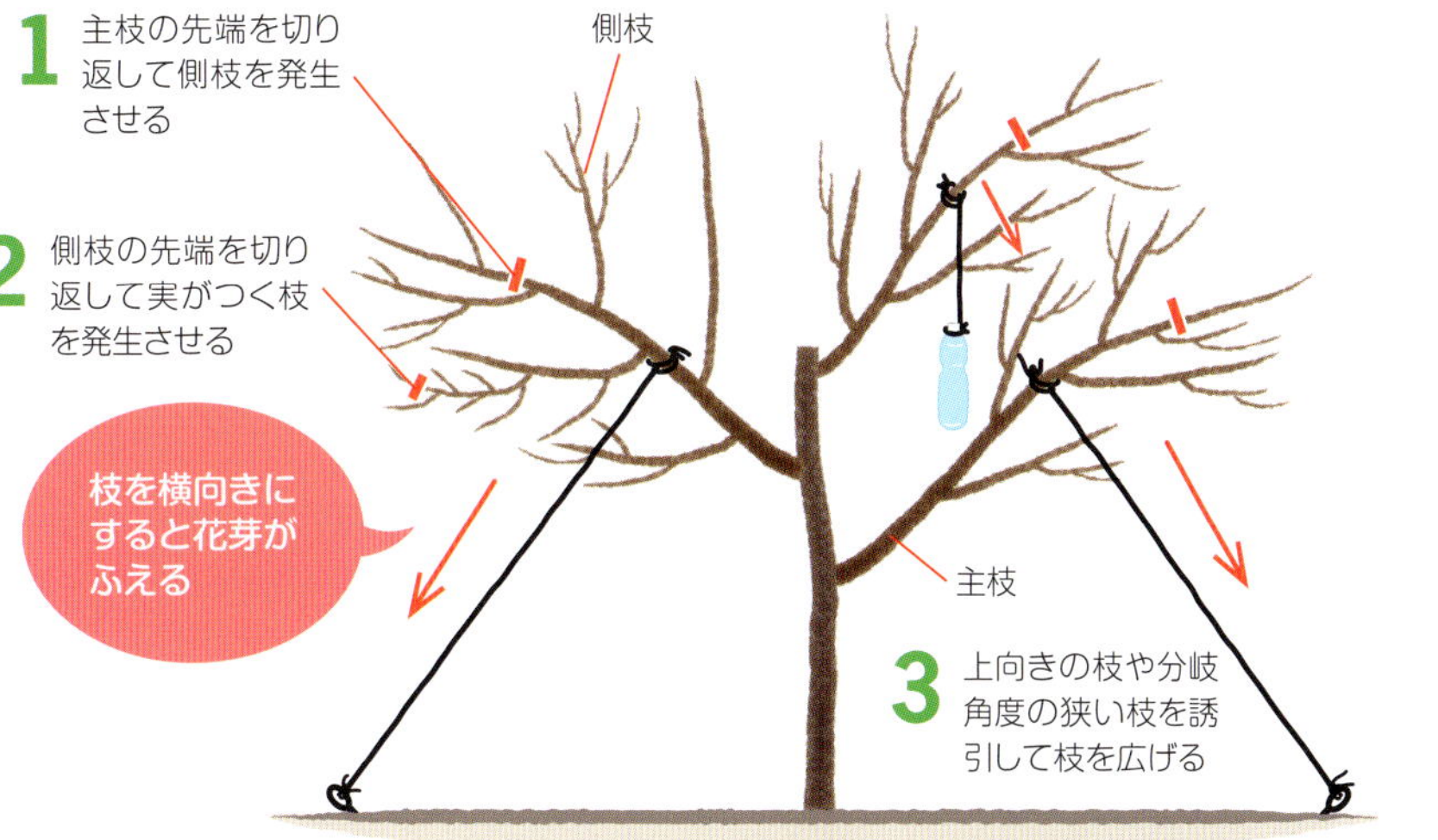
1 主枝の先端を切り返して側枝を発生させる
側枝
2 側枝の先端を切り返して実がつく枝を発生させる
枝を横向きにすると花芽がふえる
主枝
3 上向きの枝や分岐角度の狭い枝を誘引して枝を広げる

［方法1］ひもで誘引する
［方法2］500mℓのペットボトルに水を入れて枝に下げる

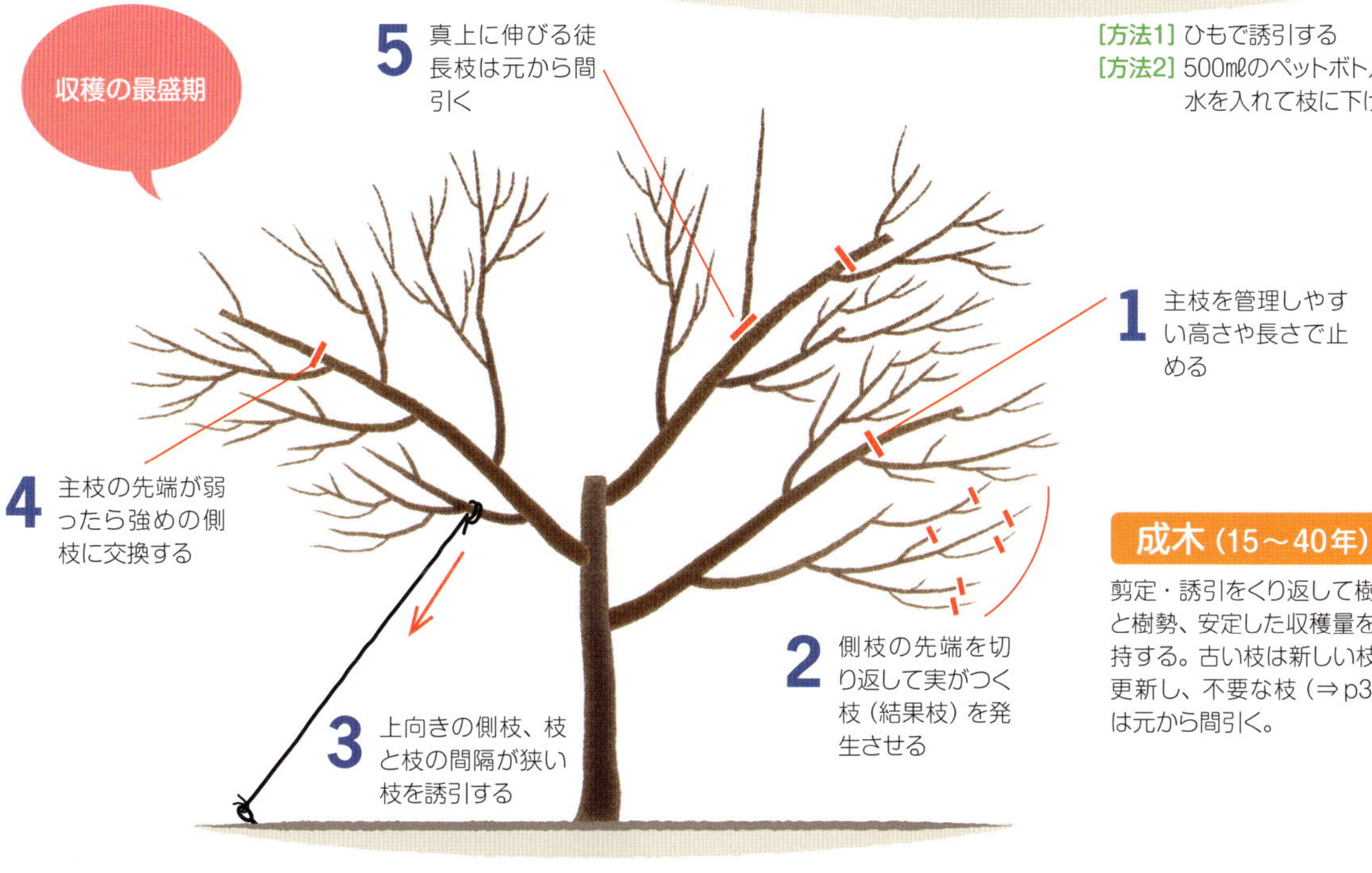
収穫の最盛期
5 真上に伸びる徒長枝は元から間引く
1 主枝を管理しやすい高さや長さで止める
4 主枝の先端が弱ったら強めの側枝に交換する
2 側枝の先端を切り返して実がつく枝（結果枝）を発生させる
3 上向きの側枝、枝と枝の間隔が狭い枝を誘引する

成木（15～40年）

剪定・誘引をくり返して樹形と樹勢、安定した収穫量を維持する。古い枝は新しい枝に更新し、不要な枝（⇒p32）は元から間引く。

STEP11

剪定の基本をマスターしよう

なぜ剪定が必要なの？

おいしい果実を毎年安定して収穫するためには、剪定が欠かせません。剪定には、主に次の4つの目的があります。

①管理しやすい樹形を作る　樹高が高すぎたり、枝数が多すぎたりすると、人工授粉や摘果、収穫などの作業が大変です。果樹の種類や栽培場所に合った管理しやすい樹形を決め、幼木のうちから剪定や誘引で少しずつ骨格を作ります。

②収穫量と樹勢を保つ　剪定で古い枝を落とし、実がつきやすい若い枝（結果枝）を育てることで、枝葉の生長と実の量のバランスをとります。毎年安定して果実が収穫でき、盛果期を長く維持することができます。

③おいしい果実を作る　余分な枝を除き、枝葉が重ならないようにすることで、樹全体に光が行きわたり、光合成が盛んになります。葉が十分な養分を作ることで、おいしい果実がなります。

④病害虫の発生を防ぐ　病気や害虫の被害を受けた枝を取り除いて、病害虫の越冬を防ぎます。さらに、日当たりと風通しがよくなることで、病害虫の発生を抑える効果もあります。

剪定で不要な枝を間引いて樹のバランスを整えることで、安定した収穫量が維持できる。写真はウメ。

◎樹のつくりと枝の名称

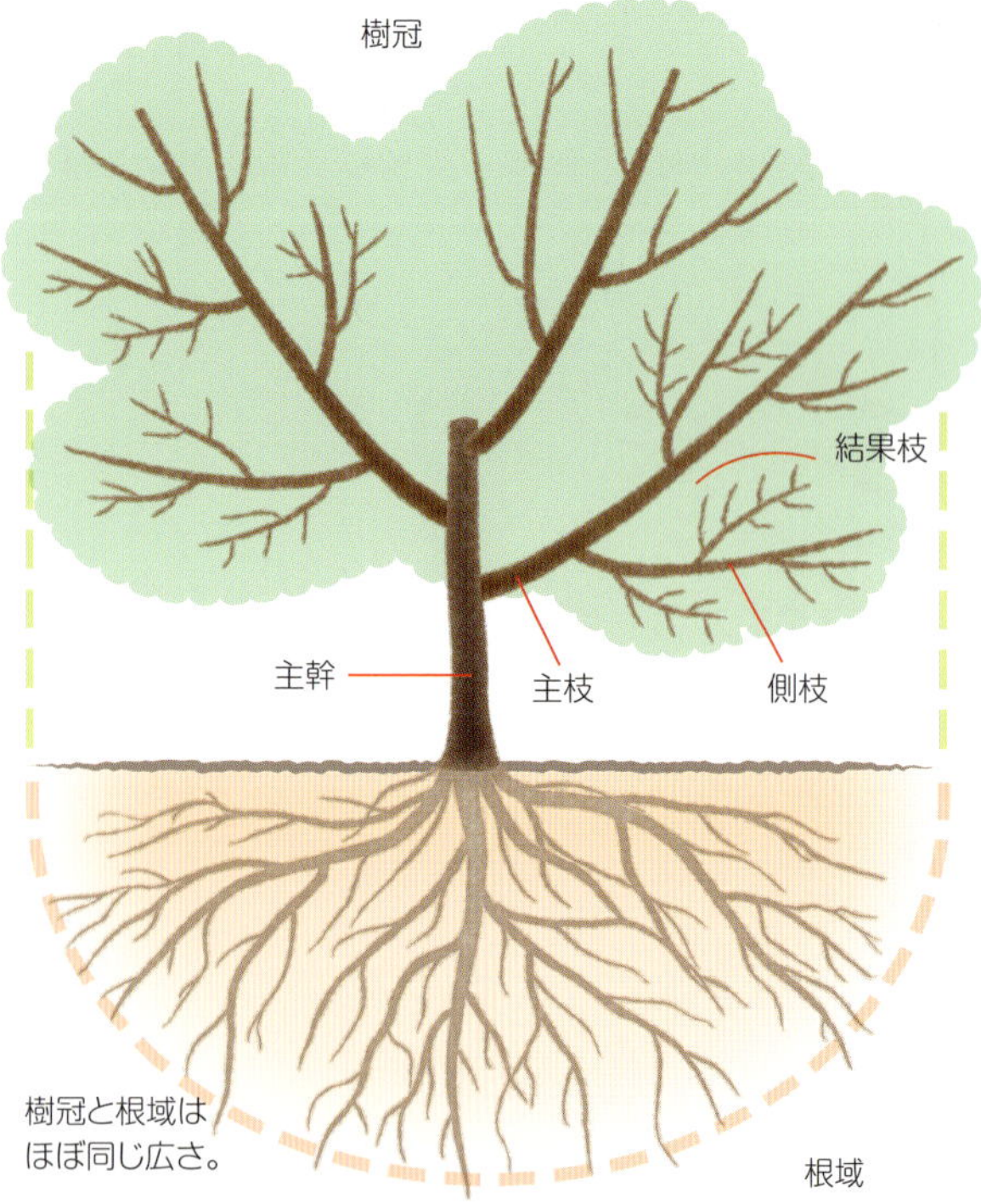

◎実がつく枝の名称（カキ）

切り返し剪定と間引き剪定

剪定には大きく分けて、**切り返し剪定**と**間引き剪定**の2種類があります。生かしたい枝には切り返し剪定、不要な枝（⇒p32）には間引き剪定を行います。先端に花芽がつくタイプの果樹（⇒p36～37）は、切り返し剪定を行うと実がなくなるので、間引き剪定を中心に行います。

■**切り返し剪定**　枝の途中で切り、新梢の生育を促します。主に冬季剪定で、樹の骨格を作る枝を育成したり、側枝や実がつく枝を発生させたいときなどに行います。

■**間引き剪定**　不要な枝を元から切り取り、養分の分散を防いだり、残す枝に光を当てて花芽や実のつきをよくします。基部を残すと切り跡から芽が出てくるので、徒長枝などは元からきれいに切り取ります（⇒p35）。ただし、新しい枝が欲しい場合はあえて切り残しを作ります。太い枝を間引いたら切り口に癒合剤《ゆごう》（⇒p35）を塗り、乾燥や病原菌の侵入を防ぎます。

？先端の枝が長く伸びるのはなぜ？

芽には頂芽優勢《ちょうがゆうせい》といって、先端の上向きの芽に養分が集中して強い枝が出る性質があります。切り返し剪定は、どこに強い枝を出したいかをイメージしながら作業しましょう。

◎切り返し剪定

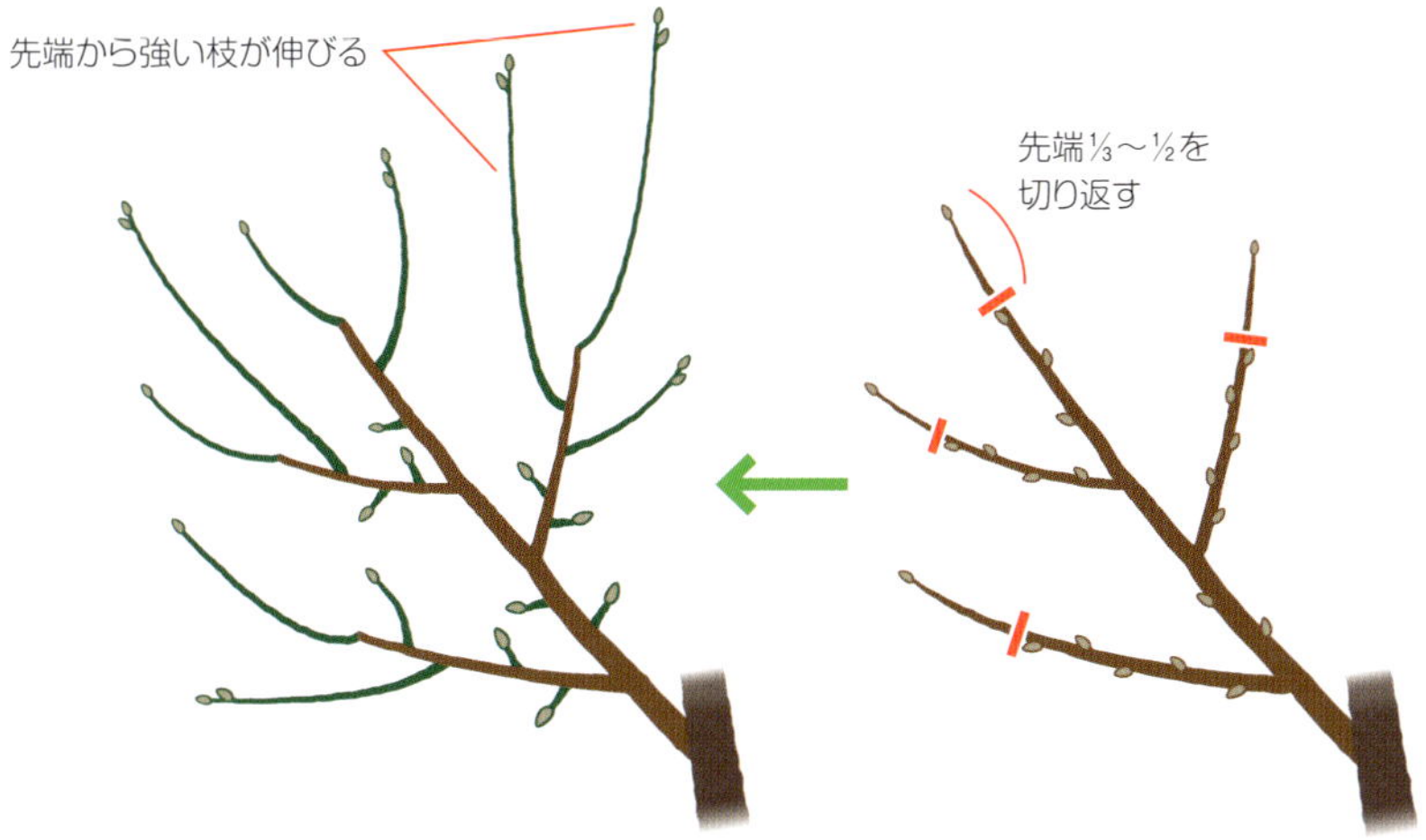
先端から強い枝が伸びる
先端$\frac{1}{3}$～$\frac{1}{2}$を切り返す

枝先を$\frac{1}{3}$～$\frac{1}{2}$程度切り返し、実をつける枝（結果枝）を発生させる。

切り返し剪定後に新梢が発生した枝。先端から勢いよく伸びる枝は結果母枝、中間から伸びる中くらいの枝や短い枝は結果枝になりやすい。

◎間引き剪定

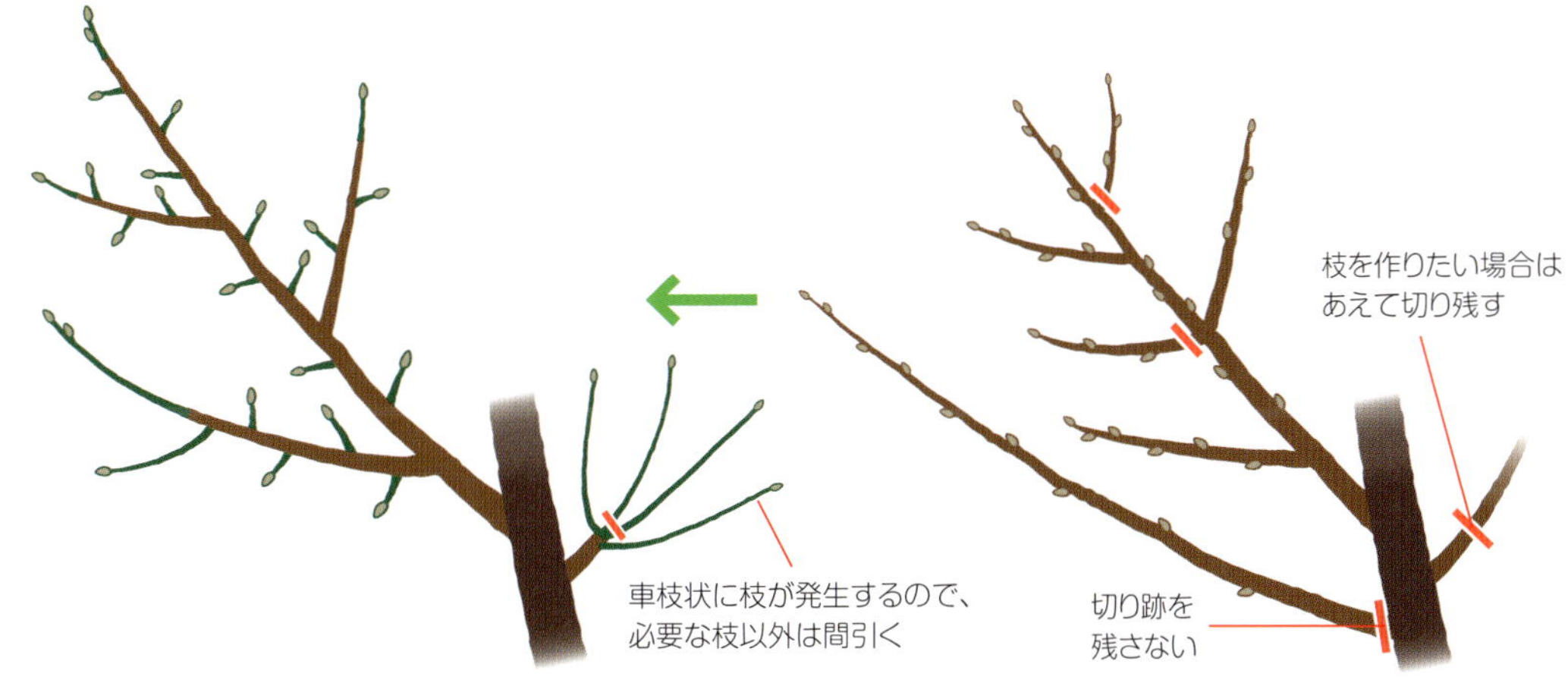
枝を作りたい場合はあえて切り残す
切り跡を残さない
車枝状に枝が発生するので、必要な枝以外は間引く

不要な枝をハサミやノコギリで元から切り取る。

不要な枝を間引いたことで枝葉が混み合わず、日当たりや風通しが改善されて樹の健康を保つことができる。

重要

不要な枝を見分けよう

間引き剪定をしてから切り返し剪定をする

剪定を行うときは、不要な枝を間引いてから切り返し剪定を行います。ボリュームやバランスがよく見えるようになるので、樹形を整えやすく、切りすぎなどの失敗も少なくなります。

不要な枝にはいろいろな種類がありますが、どの果樹でもほぼ共通です。必要な枝と不要な枝を見分ける目を養いましょう。

交差する枝はどちらか一方の枝を元から間引く。

◎不要な枝の種類

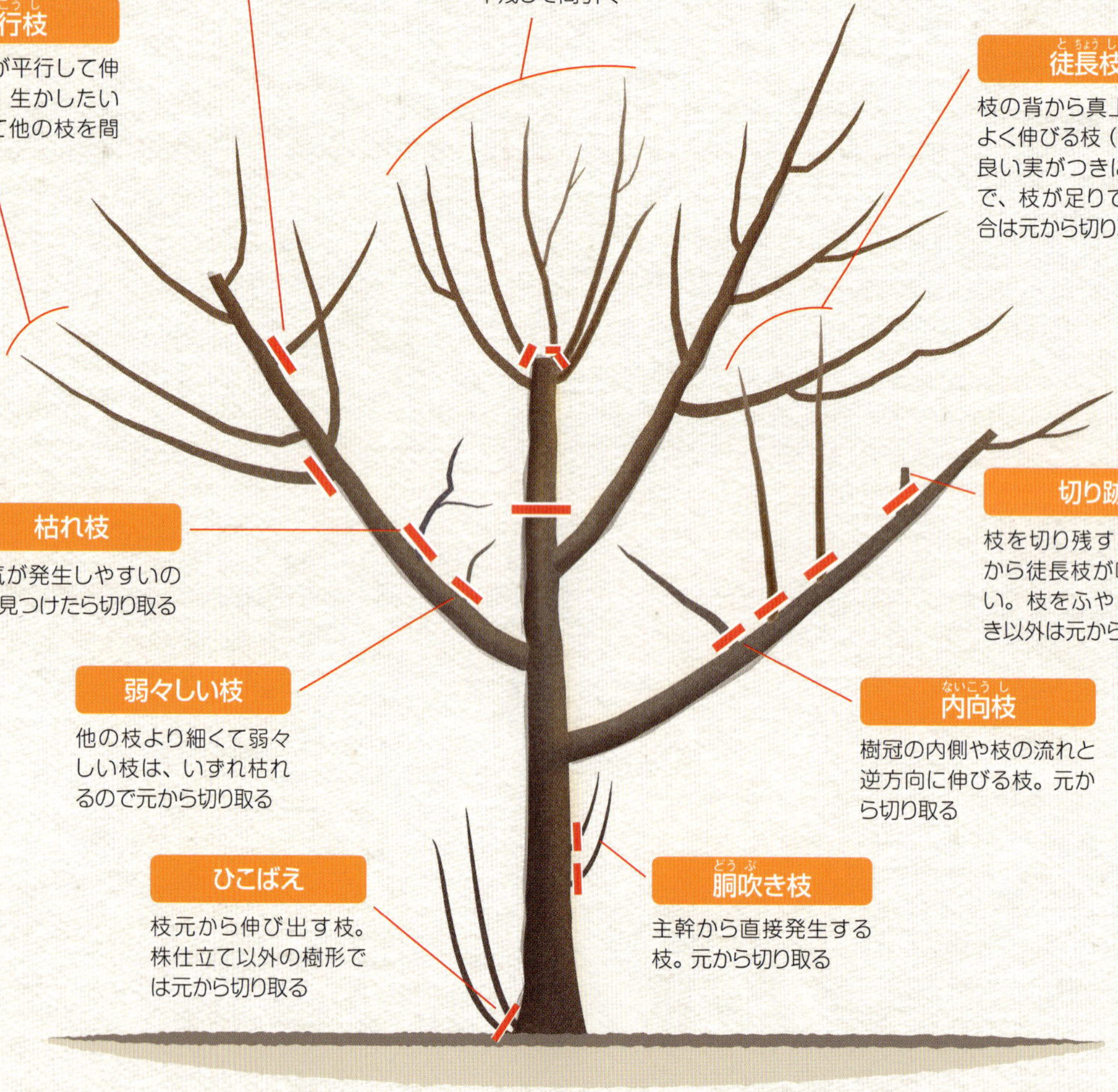

交差枝《こうさえだ》
枝同士が交差した状態。生かしたい枝を残してどちらか1本を間引く

車枝《くるまえだ》
太い枝の切り跡などから複数の枝が車輪状に発生した状態。不要な場合は元から切り取る。枝を生かしたい場合は、1〜2本残して間引く

平行枝《へいこうし》
複数の枝が平行して伸びた状態。生かしたい枝を残して他の枝を間引く

徒長枝《とちょうし》
枝の背から真上に勢いよく伸びる枝（⇒p88）。良い実がつきにくいので、枝が足りている場合は元から切り取る

枯れ枝
病気が発生しやすいので、見つけたら切り取る

切り跡
枝を切り残すと、切跡から徒長枝が吹きやすい。枝をふやしたいとき以外は元から取る

弱々しい枝
他の枝より細くて弱々しい枝は、いずれ枯れるので元から切り取る

内向枝《ないこうし》
樹冠の内側や枝の流れと逆方向に伸びる枝。元から切り取る

ひこばえ
枝元から伸び出す枝。株仕立て以外の樹形では元から切り取る

胴吹《どうぶ》き枝
主幹から直接発生する枝。元から切り取る

切り返し剪定の強剪定と弱剪定

切り返し剪定は、枝を切る深さで**強剪定**と**弱剪定**に分かれます。深めに切るのが強剪定、浅く切るのが弱剪定です。生育ステージや樹勢、剪定の目的に合わせて、強弱をつけて剪定しましょう。

■強剪定　残された芽に養分が集中し、長くて太い新梢が出やすいので、枝を伸ばしたいときや樹勢を回復させたいときに行います。

一方、新梢の伸びに養分が使われるため、花芽の形成や果実の太りは悪くなります。根の生長も悪くなるので、若木のうちに毎年続けると樹が衰えます。

■弱剪定　芽が多く残り、養分が分散されるため、短い新梢が多く出ます。新梢の伸びが早く止まり、葉数もふえるので、光合成でできた栄養分が早く蓄積されて、花芽や実がつきやすくなります。

一方、枝が混み合うと日当たりが悪くなったり、老木では樹勢が衰えたりします。

2年目の枝
弱剪定したことで、実がつきやすい短い枝（結果枝）が多く発生している
弱剪定
強剪定
前年に伸びた枝

ウメの枝。前年に伸びた枝（右）を弱剪定すると、左の枝のように花芽がつきやすい短い枝が多く発生して収穫量がふえる。

◎強剪定

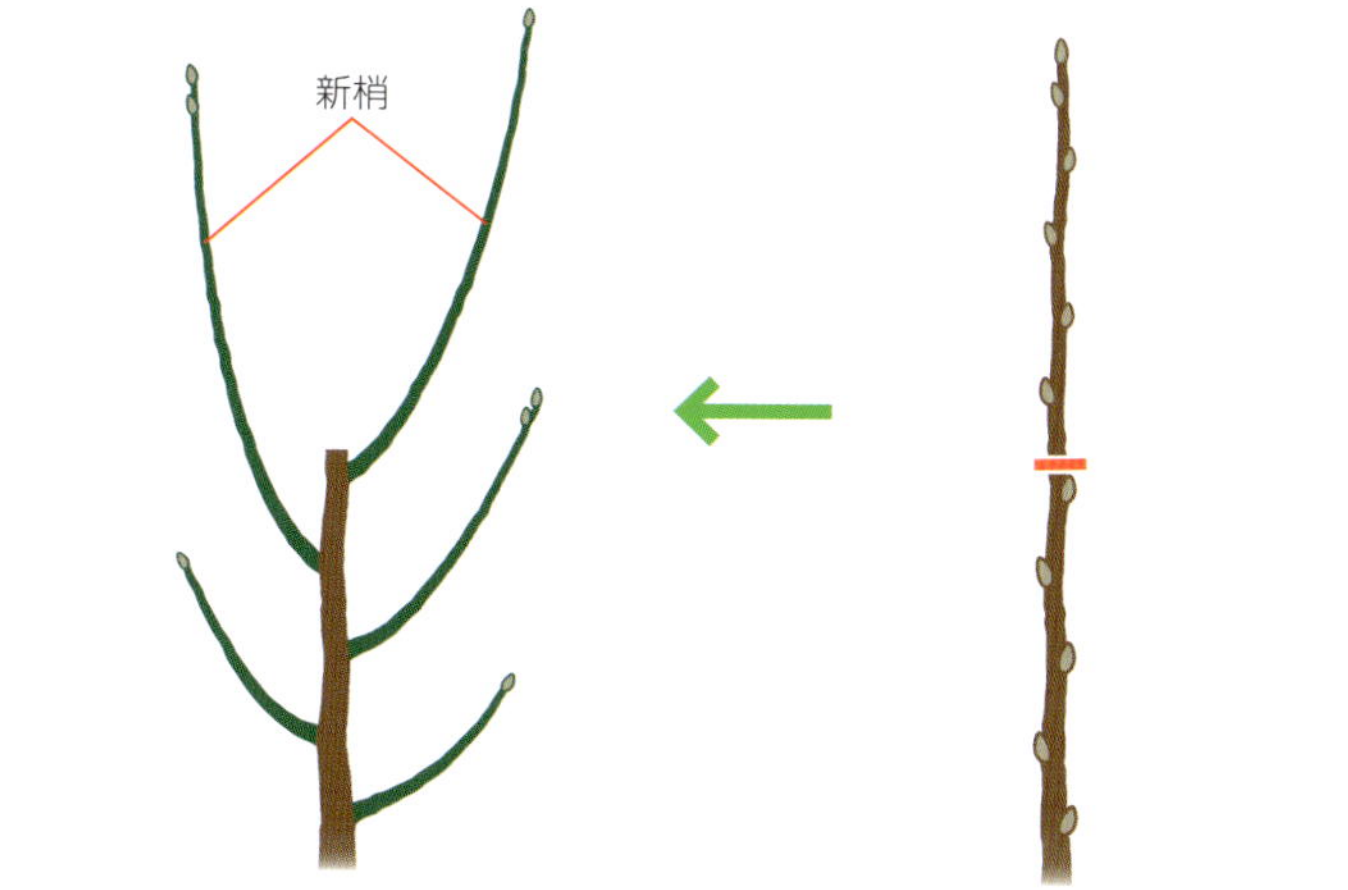
新梢

深めに剪定すると芽の数が少なくなる。

養分が集中して強い新梢が発生する。骨格になる充実した枝を作るときに有効。

◎弱剪定

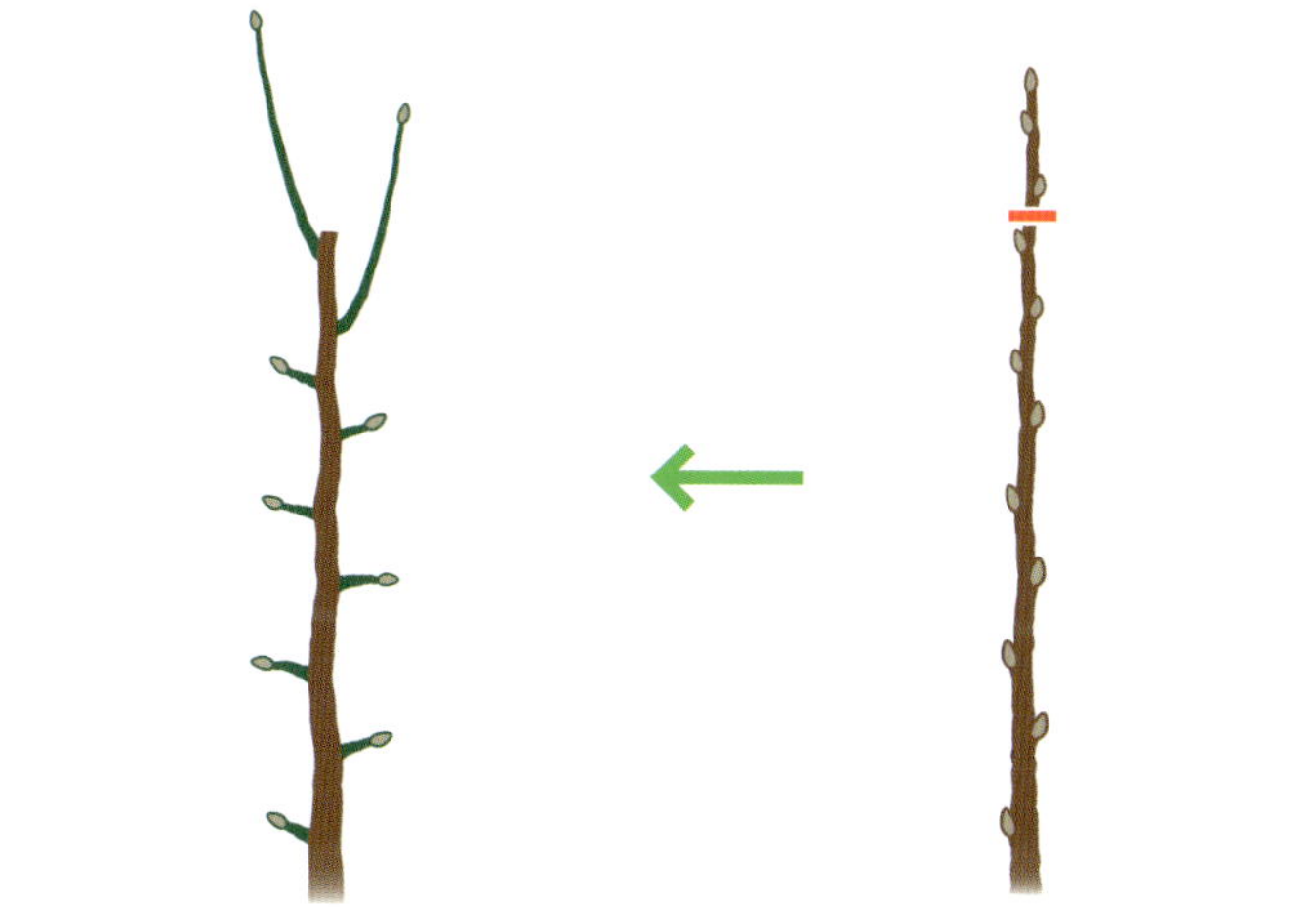

浅く剪定すると残る芽の数が多くなる。

養分が分散されて実がつきやすい短い新梢が多く出る。たくさん実をならせたいときに有効。

冬季剪定と夏季剪定

果樹栽培では年に2回剪定を行います。冬に行う剪定を**冬季剪定**、初夏から夏に行う剪定を**夏季剪定**と呼びます。それぞれの適期と目的を理解しましょう。

■**冬季剪定**　落葉果樹は落葉して芽の活動が停止している休眠期に、寒さに弱い常緑果樹は寒害を避けるため3月に行います（⇒p12）。樹への負荷が少ない冬季剪定で、樹形の骨格作りや実のつく枝の育成をします。

■**夏季剪定**　生育期に行う剪定で、新梢の生長が旺盛な5～8月に行います。ただし、枝葉を減らしすぎると樹勢が衰えるので、冬季剪定の作業を補ったり、日当たりや風通しをよくする程度にします。枝の背から勢いよく真上に伸びる徒長枝（⇒p88）やひこばえ（⇒p32）は、養分を浪費して果実の太りや品質を悪くするので元から切り取ります。

◎冬季剪定

枝の先端を切り返して、実がつきやすい枝の発生を促す。写真はウメ。

不要な太い枝を間引いて管理しやすい高さに樹高を抑えたり、樹形のバランスを整える。写真はカキ。

◎夏季剪定

株仕立て以外は、株元から出るひこばえを間引いて養分の分散を防ぐ。写真はリンゴ。

混み合った部分や不要な枝を元から間引き、日当たりや風通しを改善する。写真はスモモ。

基本

剪定の道具と使い方

安全な使い方と作業のコツ

果樹の剪定は、手の大きさに合った使いやすい剪定バサミと園芸バサミ、剪定用のノコギリ、癒合《ゆごう》剤があれば今すぐ作業ができます。高い位置の枝の剪定には、ハシゴか脚立が必要です。

道具の使い方のコツを覚えて正しく使えば、少ない力で樹にダメージを与えずに剪定することができます。

◎ハサミの使い方

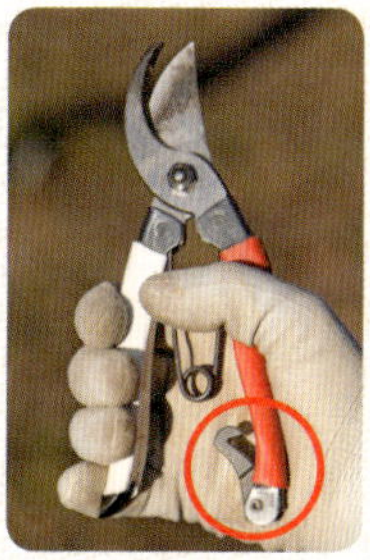

握ったときに手をはさまないように、留め金を内側に入れて作業する。

◎切り返し剪定

細い枝

刃先で切る。園芸バサミを使用してもよい。

太い枝

刃を奥まで入れて切る。切り残す側に切り刃を当てる。

◎間引き剪定

枝の基部を残さないように元から切る。

基部を残すと切り跡から徒長枝が発生する。

◎ノコギリと癒合剤の使い方

直径2㎝以上の太い枝はノコギリで切る。引くときに力を入れる。太い枝を剪定したら切り口に癒合剤を塗って保護する。

◎脚立の使い方

脚立をまたいで足をかける。

最上段には乗らない。安定が悪く危険!

STEP12

花芽と実のつき方を知ろう

タイプ別 剪定のコツを覚えよう

果樹栽培では**花芽**（⇒p38）がどの枝のどの位置につき、果実がどのようになるかを知ることが大切です。この性質を**結《けっ》果《か》習性《しゅうせい》**といい、果樹ごとに異なります。結果習性を無視して剪定を行うと、花芽を切り落として実がつかなくなってしまうことがあります。

剪定を行う際は、次の2つの結果習性を意識しましょう。

①どの枝（**前《ぜん》年《ねん》枝《し》**、**新《しん》梢《しょう》**）に花芽、実がつくか

②花芽と実が枝のどの位置（枝の先端付近、中間、先端と中間の両方）につくか

結果習性は①と②の組み合わせで大きく5つのタイプ（A～E）に分かれ、タイプごとに剪定のコツが異なります。

◎結果習性の主な５つのタイプ

【 前年枝に花芽と実がつく果樹 】

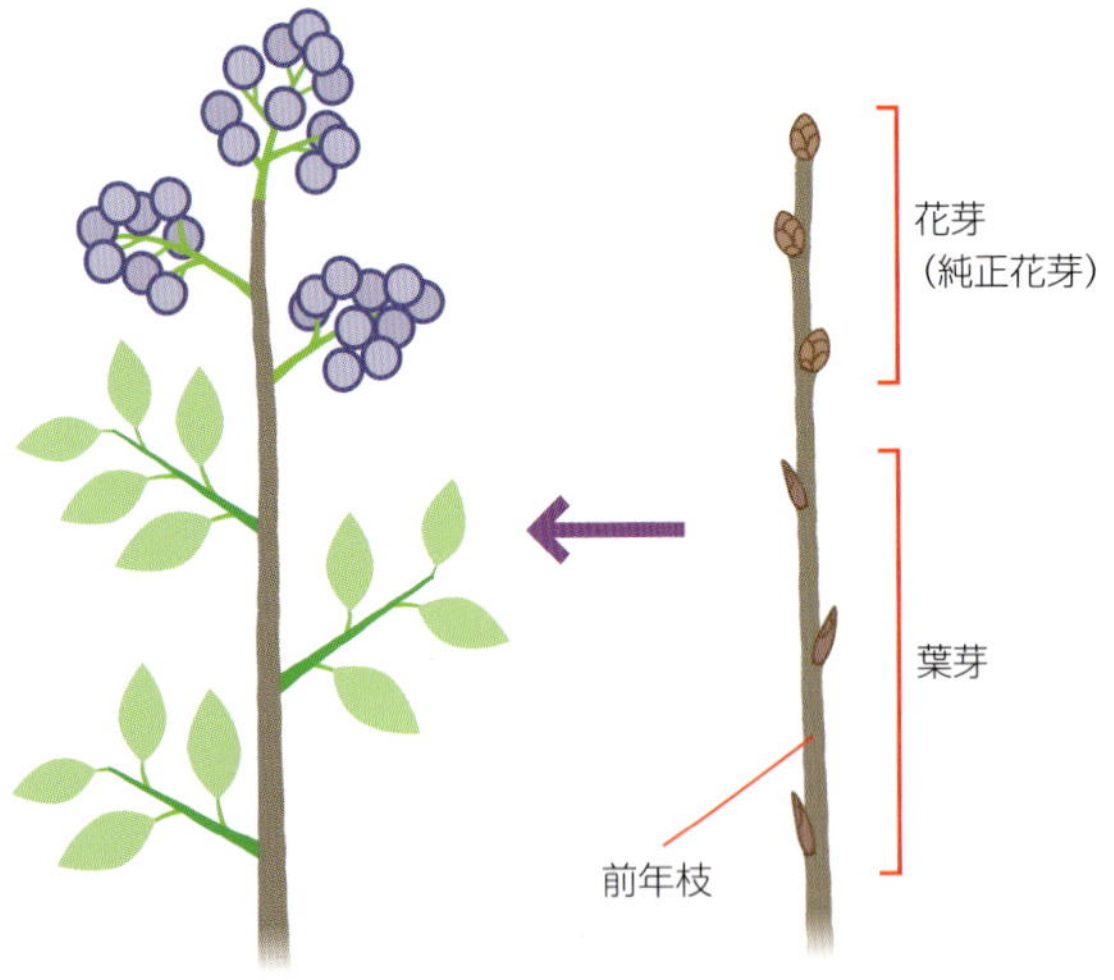

Aタイプ

前年枝の先端付近についた花芽（純正花芽）が良い花と実になりやすい。

【主な果樹】ビワ、ブルーベリーなど
【剪定のコツ】切り返し剪定をすると花芽を落とすため、間引き剪定を中心に行う。

Bタイプ

前年枝の中間についた花芽（純正花芽）が良い花と実になりやすい。

【主な果樹】ウメ、クルミ（雄花）、サクランボ（オウトウ）、スグリ、スモモ、ネクタリン、プルーン、ポポー、モモなど
【剪定のコツ】枝の中間に花芽がつくため、多少切り返しても花芽が残る。

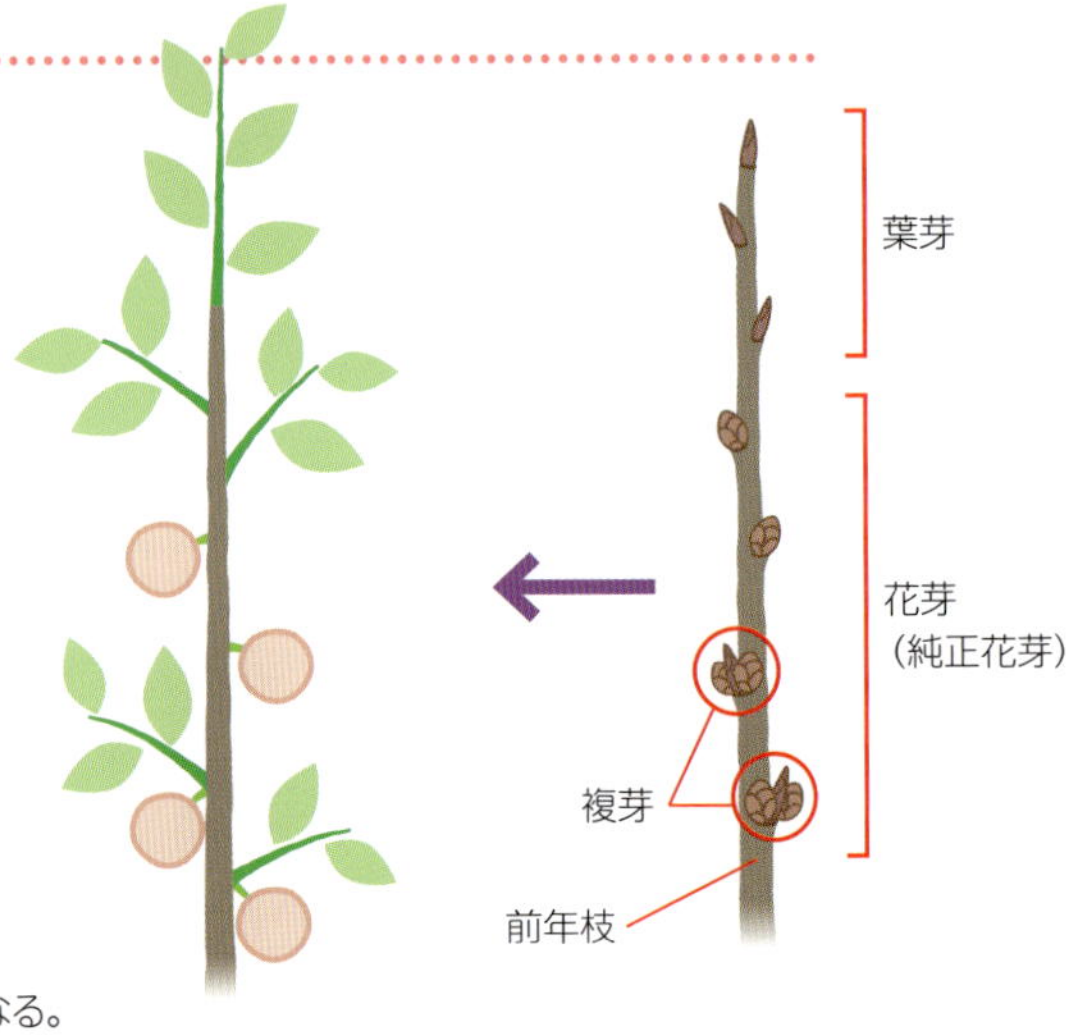

※モモの場合は花芽と葉芽がセットになった複《ふく》芽《が》になる。

【前年枝に花芽、新梢に花と実がつく果樹】

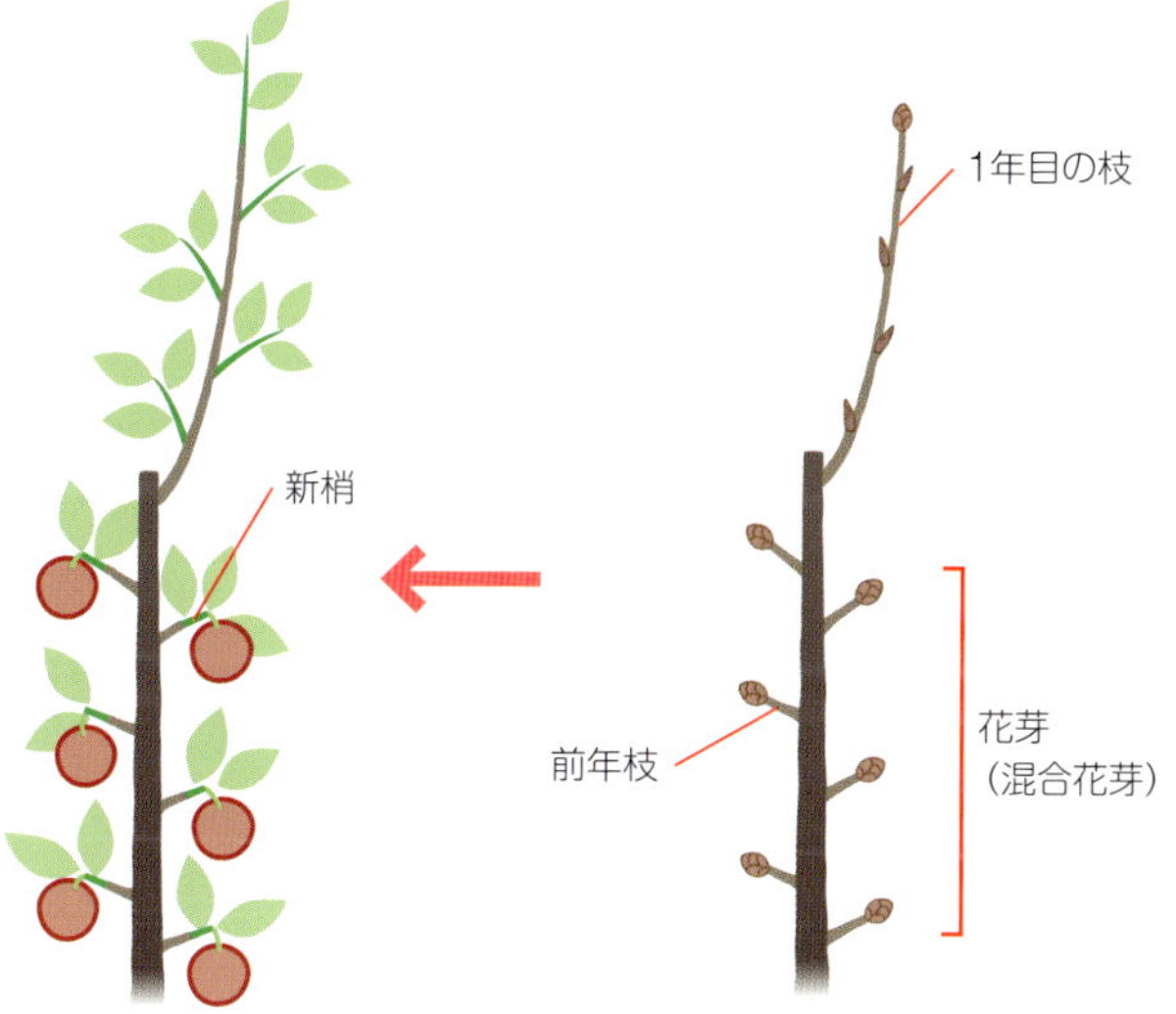

Cタイプ

前年枝の先端付近の花芽（混合花芽）から新梢が伸び、その先端付近に花と実がつくことが多い。

【主な果樹】アボカド、カリン、クルミ（雌花）、ザクロ、ジューンベリー、セイヨウナシ、ナシ、マルメロ、リンゴなど
【剪定のコツ】花芽がついた前年枝は、混み合った部分以外は剪定しない。

Dタイプ

前年枝の先端と中間につく花芽（混合花芽）から新梢が伸び、その先端または中間に花と実がつくことが多い。

【主な果樹】カキ、柑橘《かんきつ》類、クリ、ブラックベリー、ラズベリーなど
【剪定のコツ】切り返し剪定はあまり行わず、不要な枝の間引き剪定を中心にする。

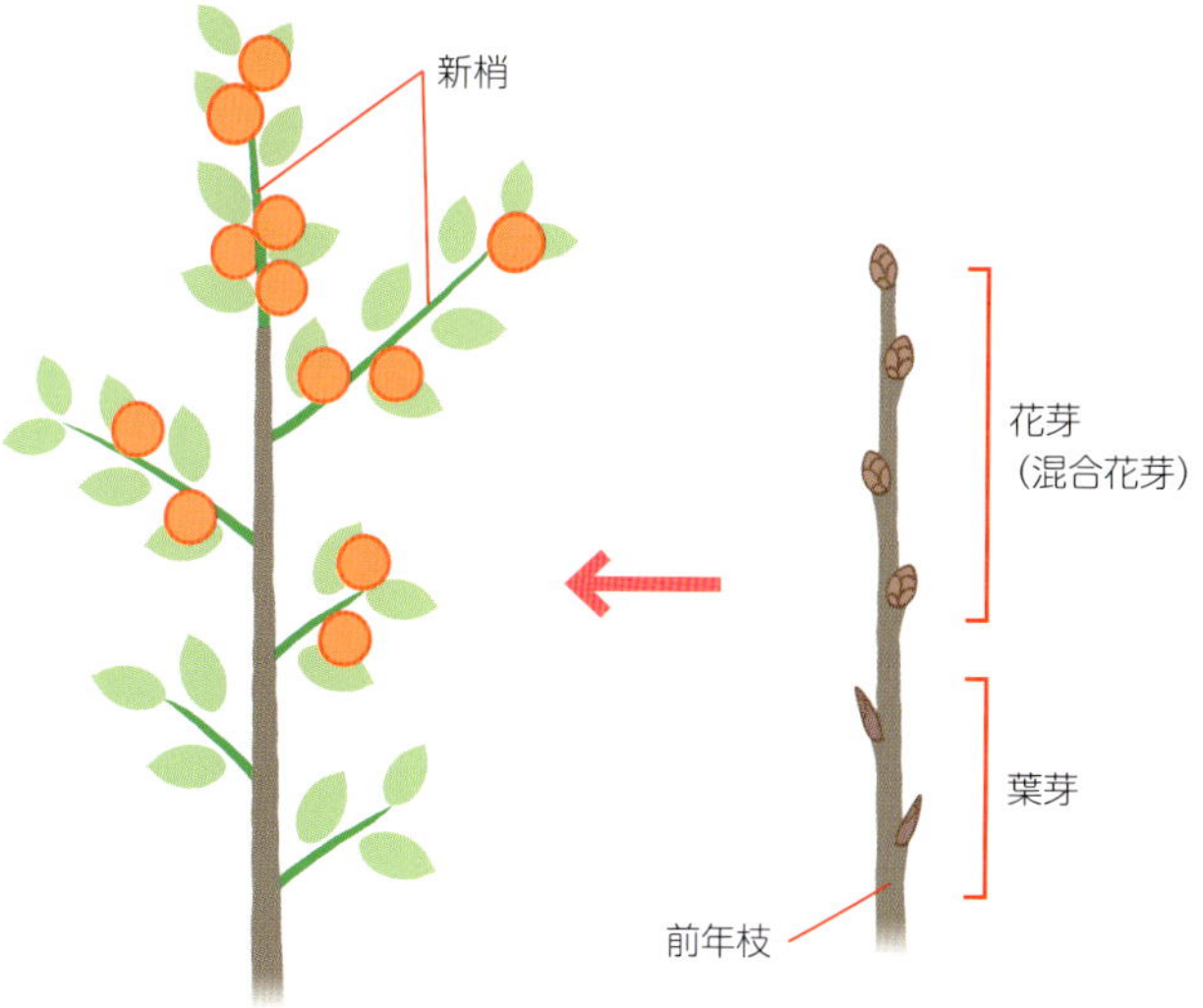

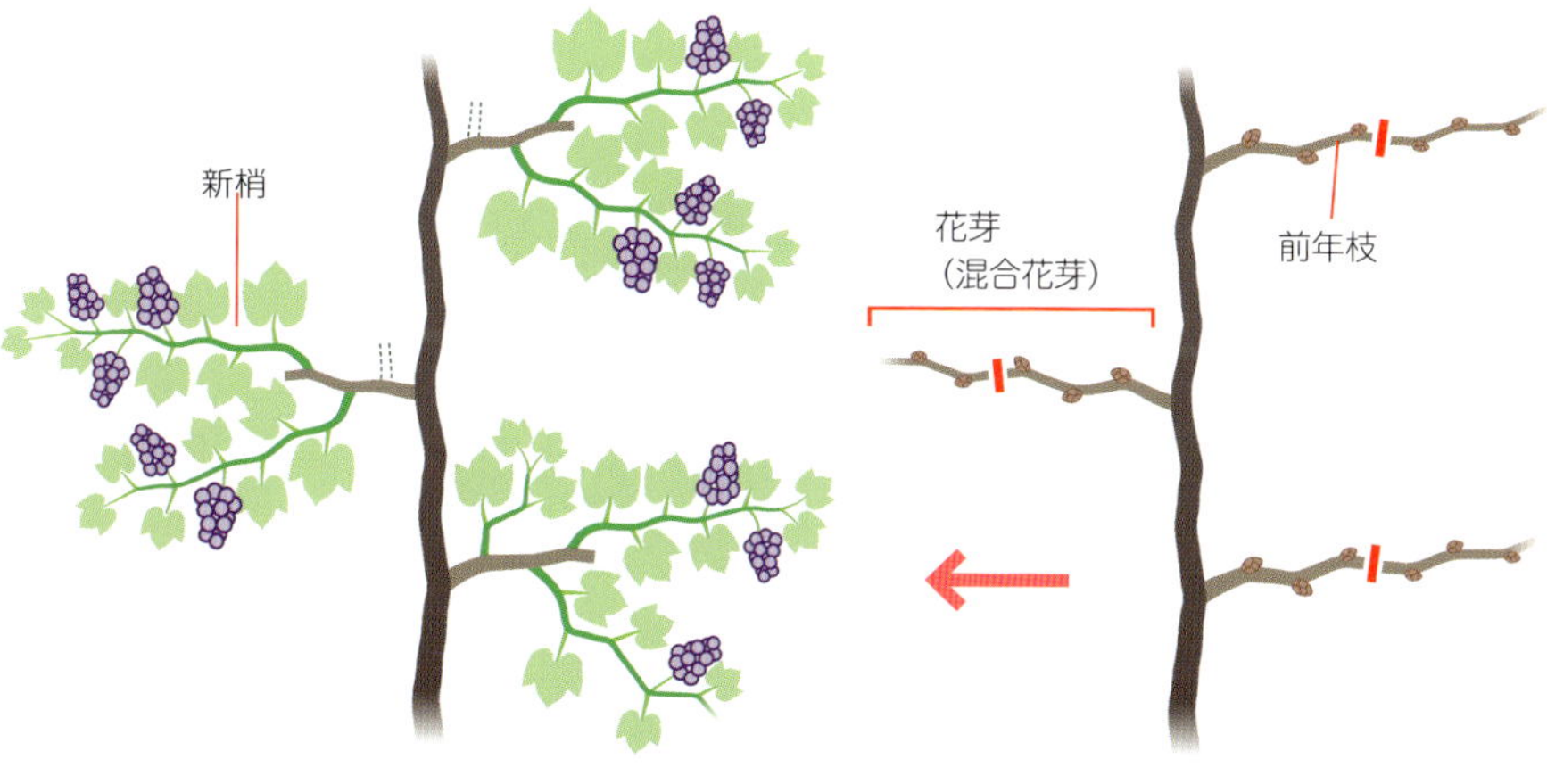

Eタイプ

前年枝の中間についた花芽（混合花芽）から新梢が伸び、その中間に花と実がつくことが多い。

【主な果樹】アケビ、イチジク（秋果）、キウイフルーツ、パッションフルーツ、ブドウなど
【剪定のコツ】前年枝を短く切り返しても、新梢に花と実がつく。

基本

芽の種類と名称を覚えよう

花芽《かが》と葉芽《はめ》の違い、花芽の位置を確認しよう

芽には、花や実のもとになる**花芽**と、葉や枝になる**葉芽**があります。さらに花芽は、花と実のみになる**純正花芽**と、花、実、葉、枝になる**混合花芽**があります。

花芽がつく位置は果樹ごとに異なります。また同じ果樹でも、品種や樹齢、日照条件、栄養状態によっても異なる場合があります。そのため、剪定を行う際は、実際に芽を確認しながら作業することが大切です。

落葉果樹（⇒p9）の**花芽分化**《かがぶんか》の初期は花芽と葉芽の違いがはっきりしませんが、次第に特徴が現れてきます。一般に花芽のほうが大きくて丸く、葉芽は小さく尖っているので見分けることができます。

◎芽の種類

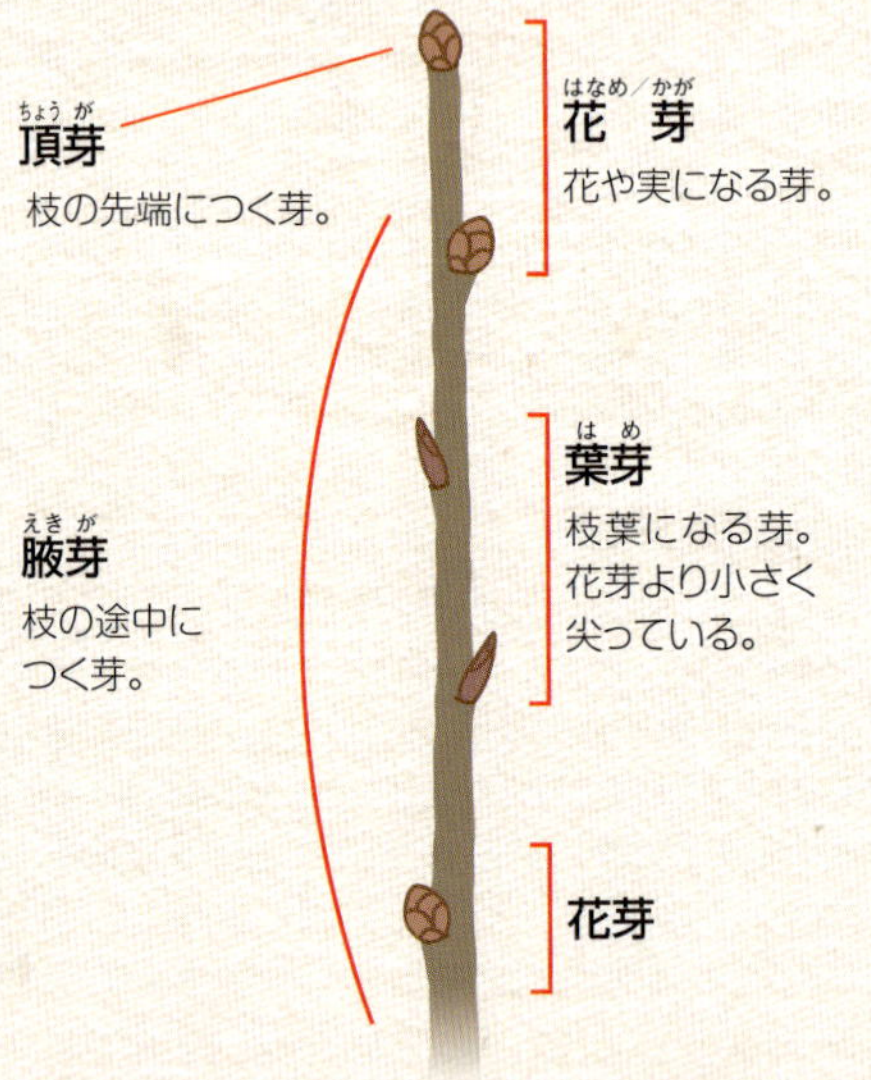

頂芽《ちょうが》
枝の先端につく芽。
腋芽《えきが》
枝の途中につく芽。
花　芽《はなめ／かが》
花や実になる芽。
葉芽《はめ》
枝葉になる芽。花芽より小さく尖っている。
花芽

？花芽はいつできるの？

花芽は実がつく樹齢（結果開始年齢⇒p11）にならないと作られません。

また、どの芽が葉芽と花芽になるかは、はじめから決まっていません。一般的には新梢の伸びが止まる頃、一部の芽が葉芽とは異なる構造に変化します。この仕組みを花芽分化《かがぶんか》と呼び、落葉果樹は6～8月頃、柑橘類（ウンシュウミカン）は11～2月頃に始まります。

目に見えなくても樹の中では準備が始まっているので、適期以外に剪定をして、花芽を減らしてしまわないようにしましょう。

◎花芽のつく位置

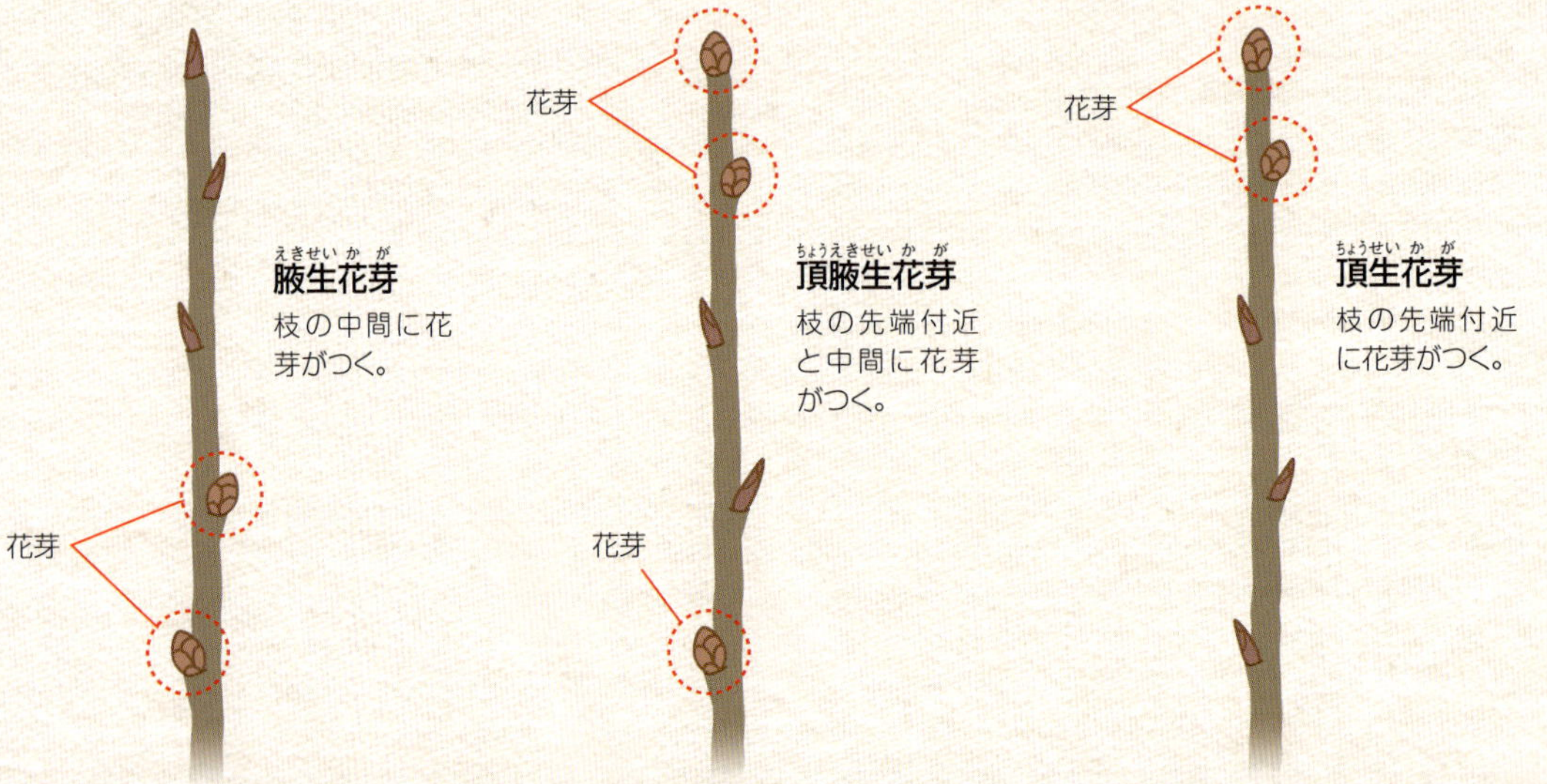

花芽
腋生花芽《えきせいかが》
枝の中間に花芽がつく。
花芽
花芽
頂腋生花芽《ちょうえきせいかが》
枝の先端付近と中間に花芽がつく。
花芽
頂生花芽《ちょうせいかが》
枝の先端付近に花芽がつく。

◎いろいろな芽

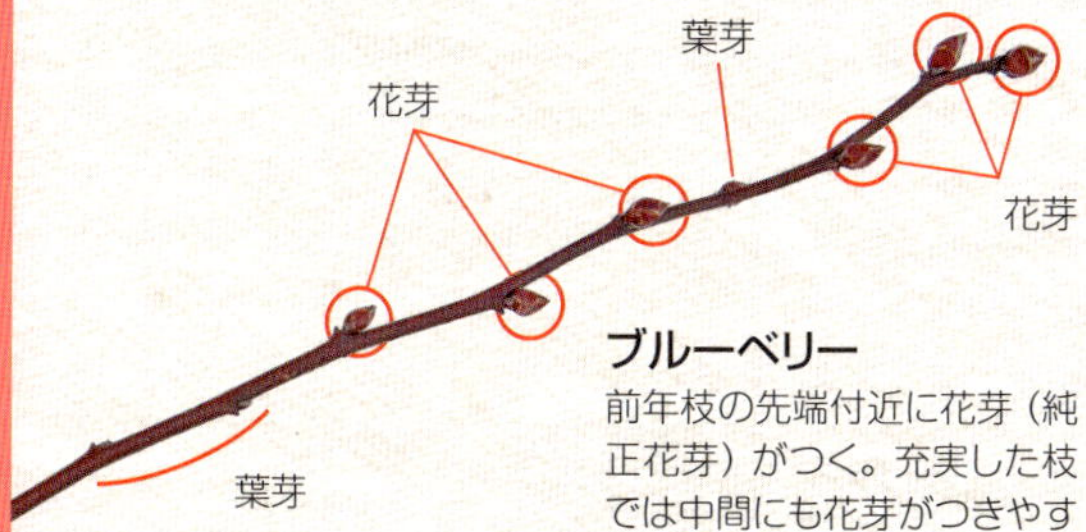

ブルーベリー
前年枝の先端付近に花芽（純正花芽）がつく。充実した枝では中間にも花芽がつきやすい。(⇒p36　Aタイプ)

ウメ
短い前年枝（短果枝）の中間に花芽（純正花芽）がつきやすい。先端にも花芽がつくことがある。(⇒p36　Bタイプ)

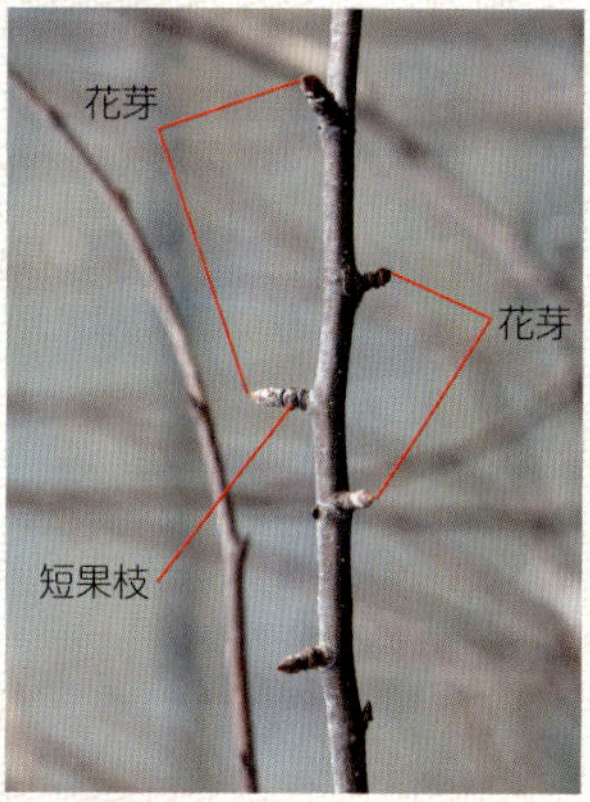

セイヨウナシ
短い前年枝（短果枝）の先端に花芽（混合花芽）がつきやすい。花芽から伸びる新梢に花と実がつく。(⇒p37　Cタイプ)

イチジク（秋果）
前年枝の先端に葉芽、中間に花芽（混合花芽）がつく。花芽から伸びる新梢に花と実がつく。(⇒p37　Eタイプ)

◎花芽の種類

純正《じゅんせい》花《か》芽《が》
前年枝についた花芽から花と実がつく。

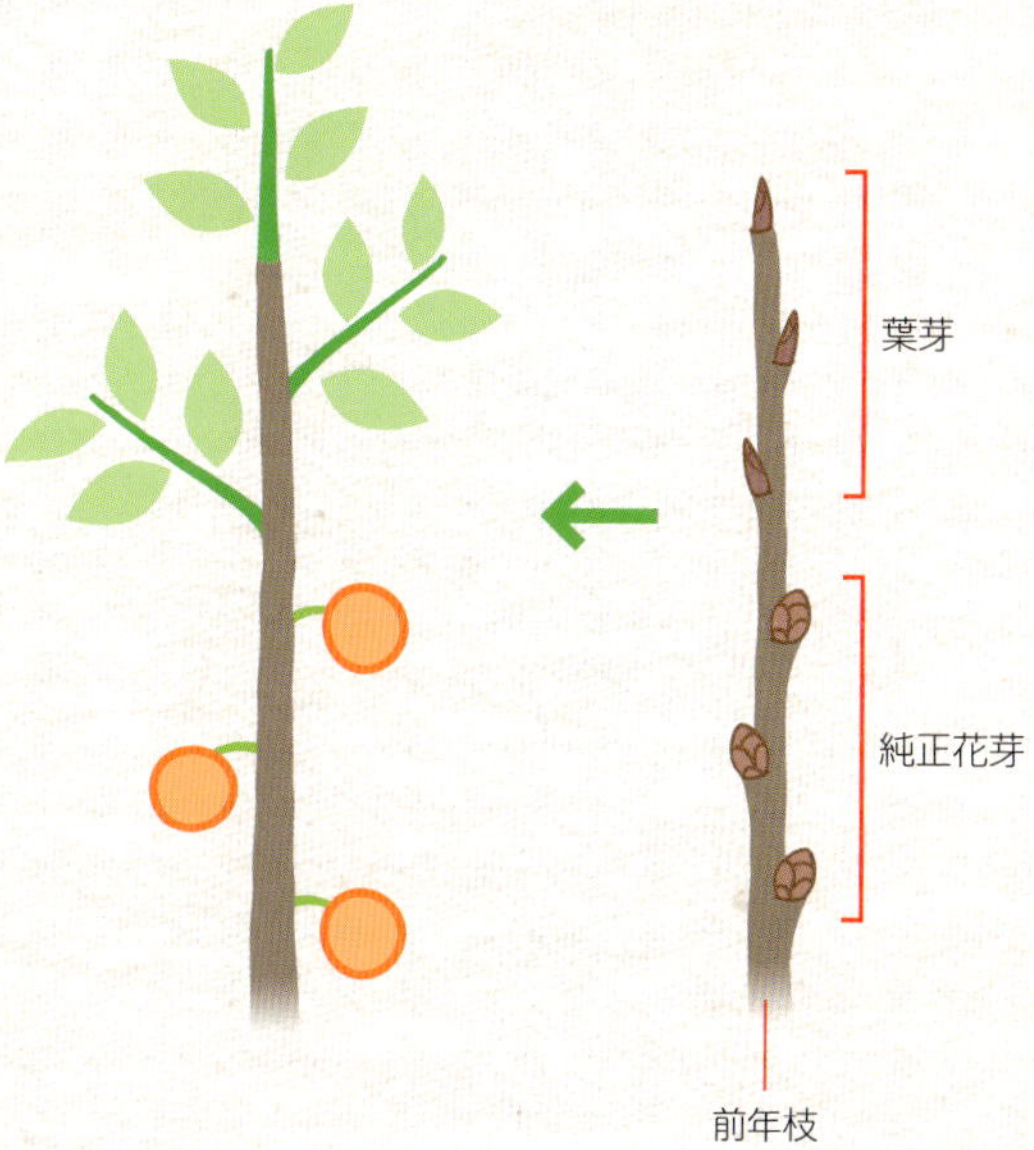

混合《こんごう》花《か》芽《が》
前年枝についた花芽から新しい枝（新梢）が伸びて花と実がつく。

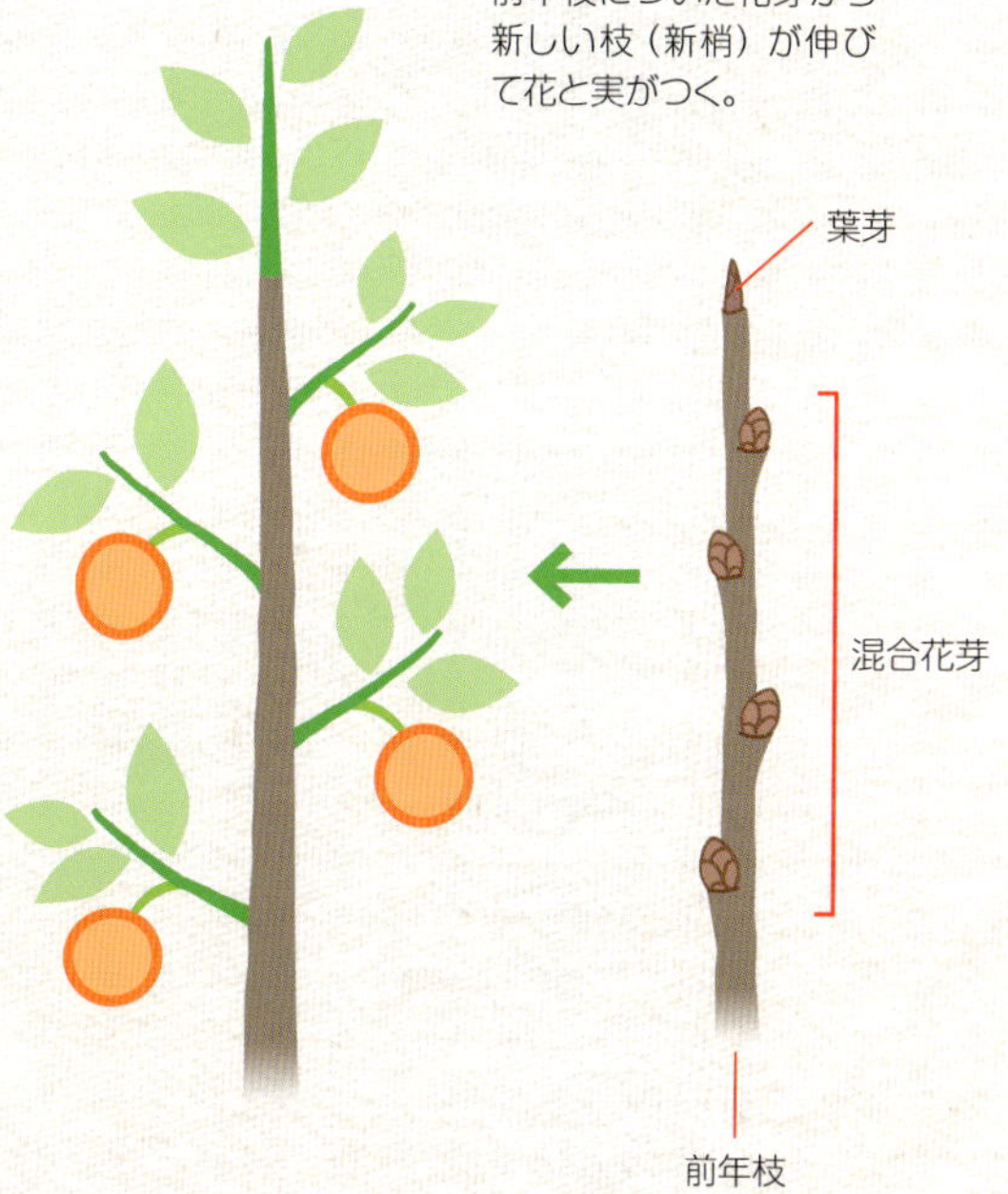

STEP13

良い実をならせる作業

人工授粉で確実に実をつけよう

果樹（品種）のなかには、1本では実がつかない自家不和合性《じかふわごうせい》（⇒p19）、雄木と雌木に分かれた雌雄異株《しゆういしゅ》（⇒p19）、一つの株に雄花と雌花が分かれて咲く雌雄異《しゆうい》花《か》などの性質を持つものがあります。これらの果樹は**人工授粉**を行って受粉を助けます。

1本でも実がつく自家和合性の果樹も、低温や雨、強風などで受粉を助けるミツバチなどの虫があまり活動しなかったり、花粉が飛ばなかったりすると、受粉がうまくいかず、実つきが不安定になることがあります。その場合も人工授粉を行うとよいでしょう。

授粉作業は開花後2～3日以内に行います。全体の7～8割が開花した満開の少し前が作業の適期です。

◎人工授粉の方法

花粉を集めて筆か梵天《ぼんてん》などで雌しべにつける。写真はブルーベリー。

花の粉が出ている花の花弁をはずし、雌しべの柱頭《ちゅうとう》に花粉をこすりつける。写真はナシ。

〔上〕ウメの花。品種間の相性の良し悪しがある。花粉の量が多い小ウメが受粉樹に向く。
〔左〕スモモの花。モモ、ウメ、アンズの花粉でも受粉できる。

？受粉樹はどうやって選んだらいい？

自家不和合性の果樹の受粉樹は、実をつけたい品種とは別品種で、開花期が同じものを選ぶのが基本です。花粉の量が多い受粉樹向きの品種もあります。

バラ科のウメ、アンズ、スモモ、モモなどは、他樹種でも互いに授粉が可能なものもあります。また、ハナウメ、ハナモモ、ヒメリンゴなどの観賞用の品種も受粉樹になります。品種間の相性の良し悪しもあるので、よく調べて苗木を入手しましょう（⇒p19）。

摘果《てきか》（摘蕾《てきらい》、摘花《てきか》）で良い実をつけよう

果樹は適正な量以上に実をつける性質があります。そのままにすると果実同士が養分を奪い合い、実が小さくなったり、品質が悪くなったりします。また、花や実の生長に養分を使いすぎると枝葉や根の生長が劣り、樹勢が衰えて花芽がつきにくくなったり、なり年と不なり年が交互にくる**隔年結果《かくねんけっか》**を起こしたり、老木では枯死したりすることもあります。

適正な量に実の数を調整するために、実がついたのがはっきりわかった頃に、果実を減らす**摘果《てきか》**作業を行いましょう。できるだけ早く除いたほうが樹に負担がかからないため、確実に実をつけない部分は蕾や花のうちに摘み取ったほうが効果的です（**摘蕾《てきらい》**、**摘花《てきか》**）。樹の生長を優先する幼木期も、蕾や花がついたら摘み取ります。

◎摘蕾・摘花

ビワの摘蕾。花や実が多くつくため、そのままにすると実が小さくなる。蕾のうちに数を減らす。

◎摘果

ナシの摘果。一か所に複数の実がつくので、摘果をして1個に減らす。

袋かけで美しい実に仕上げる

袋かけは、ナシやブドウでは病害虫の防除、ビワでは葉ずれの防止、リンゴでは色づきをよくしたり、外観を保護するためなどに行います。色、素材、厚みなどさまざまな専用の袋がホームセンターなどでも市販されています。

作業適期は果樹の種類や品種によって異なりますが、摘果、摘粒《てきりゅう》後に行うのが一般的です。

ナシの袋かけ。防水性のある専用の袋が市販されている。ホームセンターや通信販売などで購入できる。

？ 生理落果ってなあに？

生理落果は、受精（⇒p204）が不完全だったり、枝葉の生長が強すぎて幼果《ようか》（⇒p205）に十分な養分が供給されなかったりして、自然に果実が落ちる現象です。一般的には受精直後から幼果期に多く、6月頃に多く発生します。

剪定で枝の長さと数を整えて日当たりをよくしたり、人工授粉で確実に受精させたり、摘蕾や摘果をして幼果同士の競合を避けたりすることで、生理落果を少なくすることができます。

生理落果したサクランボ（「暖地桜桃」）の幼果。

STEP14

肥料を使いこなそう

不足する養分を肥料で補う

果樹の生長に必要な養分は土の中に多く含まれますが、果樹が吸収したり、化学変化したり、雨で流れたりして、次第に減っていきます。特に**三大栄養素**と呼ばれる**チッ素**（N）、**リン酸**（P）、**カリウム**（K）と、カルシウム、マグネシウムなどの養分は多く消費されるため、不足分を肥料で補う必要があります。養分が不足すると、枝葉の伸びが悪くなったり、花数が減ったりして、果実の収穫量や品質にも影響します。

ただし、肥料を多く与えればその分育つわけではなく、肥料を与えすぎると、根を傷めたり、病害虫の被害を受けやすくなったり、吸収しきれずに流れてしまったりして逆効果です。施肥はタイミングと適量を守ることが大切です。

◎三大栄養素の働き

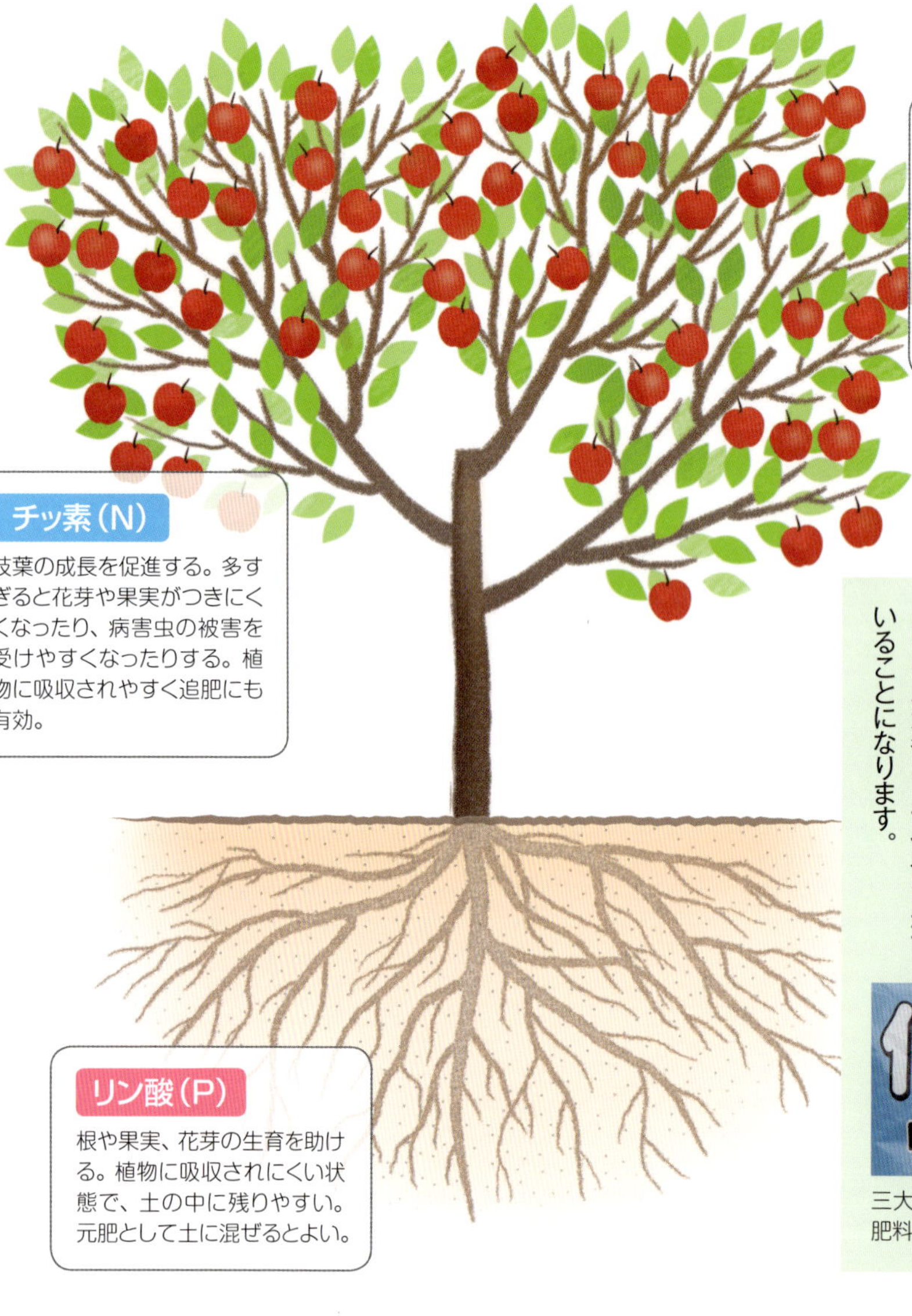
カリウム（K）
開花を促進して果実を太らせる。元肥、追肥に用いられる。過剰に与えるとカルシウムやマグネシウムの吸収を阻害するので、チッ素と同量か少なめにする。

？ 肥料袋の数字の意味は？

肥料の袋に記載されている数字は、肥料の中に各要素が何％入っているかを示した成分表示です。例えば8-8-8の場合は、100g中にチッ素、リン酸、カリウムが各8gずつ含まれていることになります。

三大栄養素が等量ずつ含まれた化成肥料。

生育ステージや生育サイクルで肥料を使い分ける

肥料には大きく分けて、すぐに効果の出る速効性タイプと、ゆっくり効果があらわれる緩効《かんこう》性タイプがあります。また、原料によって、肥料分を化学合成した化学肥料と、自然由来のものから作られた有機質肥料に分けられます。

化成肥料は速効性タイプから緩効性タイプなど種類が多く、粒状のものは水で溶け出た養分が根から吸収されます。液体肥料はあらかじめ養分が水に溶けているので、粒状よりも速く吸収されます。水やりを兼ねて施肥できるので、鉢栽培の追肥に向きます。

有機質肥料は、土の中の微生物に分解されることで少しずつ養分が土に供給される緩効性タイプが中心で、有機物による土壌改良効果（保肥性、排水性など）も期待できます。動物性、植物性の堆肥や油かす、鶏ふん、骨粉などを混合した有機配合肥料が使いやすいでしょう。

◎施肥のタイミングと使い分け

礼肥《れいごえ》

果実の収穫後すぐに樹へのお礼として与えます。消耗した樹勢をじっくり回復させ、葉や根を充実させて、来春のための養分を蓄積させます。

緩効性タイプの有機配合肥料。施肥の方法は追肥と同じ。速効性の化成肥料でもよい。

元肥《もとごえ》

苗木の植えつけ時や、休眠明けの芽が動き始める前に与えます。芽吹きを促進するために、速効性タイプの化成肥料が効果的です。

速効性タイプの化成肥料。

追肥《ついひ》

6月頃の生育期に枝の伸びや葉の色が悪い場合に与えます。速効性タイプの化成肥料、緩効性タイプの有機質肥料、どちらでも構いません。鉢栽培では液体肥料も効果的です。与えすぎると徒長枝が多く発生し、枝の伸長に養分が使われて果実が太らなくなります。礼肥と時期が重なる場合は省略します。

鉢植えは水やりを兼ねて液体肥料を与えてもよい。

庭植えでは樹冠に沿って株の周りに肥料をまく。

ステップアップ

植えつけ時の元肥に熔成《ようせい》リン肥を入れる

熔成リン肥は、リン酸とマグネシウムなどを混合した緩効性タイプの化成肥料です。水に溶けにくく土の中に長く留まるので、植えつけ時の元肥におすすめです（⇒p22）。アルカリ性肥料でpH《ペーハー》（⇒p21）を高める効果もあります。粉末状で針状の突起物がまじっているため、施肥の際は軍手などを着用します。

熔成リン肥。植えつけ時に元肥として土に混ぜるとよい。

ページの見方

栽培データ

日なた　日照条件

-18℃ 耐寒性　数字は最低生育温度

普 耐暑性　夏の高温への耐性

栽培適地

戸外で栽培した場合の栽培適地

実がなるまで

結果開始年齢　⇒p11

受粉樹

1本で実がつかない自家不和合性の果樹は受粉樹が必要　⇒p19

花芽・実のつき方

結果習性のタイプ　⇒p36-37

品種や樹齢、枝の古さ、位置、生育状態によって異なる場合もある

隔年結果

なり年と不なり年が交互にくる隔年結果しやすい果樹は、摘果をして収穫量を安定させる　⇒p41

主な仕立て方

果樹の性質に合った栽培しやすい樹形　⇒p26-27

作業適期

鉢栽培のコツ

どの果樹も鉢でも栽培できる。基本的な栽培方法は庭植えと同じ。庭植えより収穫量は少なくなる

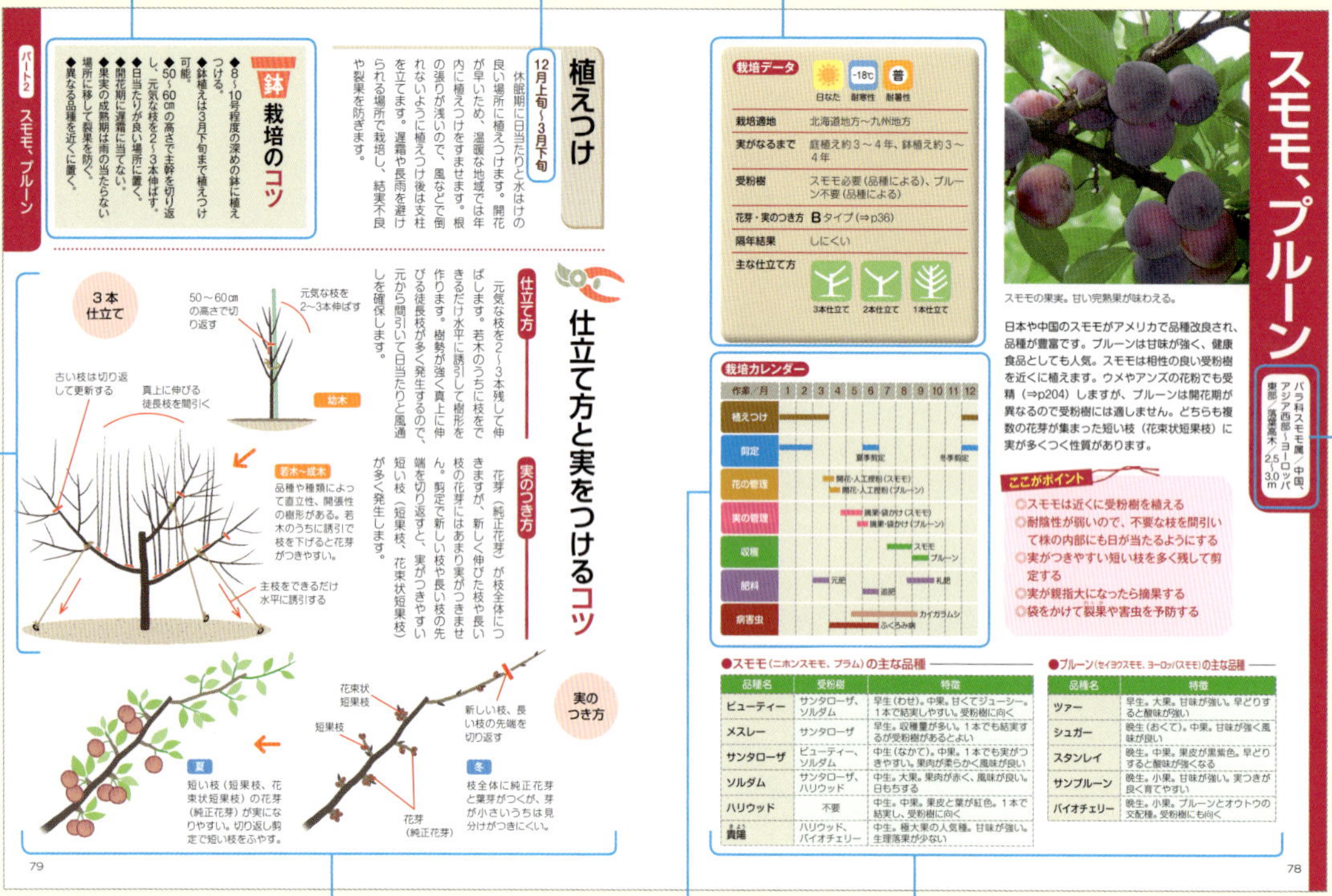

スモモ、プルーン

バラ科スモモ属／中国、アジア西部～ヨーロッパ東部／落葉高木／2.5～3.0m

スモモの果実。甘い完熟果が味わえる。

日本や中国のスモモがアメリカで品種改良され、品種が豊富です。プルーンは甘味が強く、健康食品としても人気。スモモは相性の良い受粉樹を近くに植えます。ウメやアンズの花粉でも受精（⇒p204）しますが、プルーンは開花期が異なるので受粉樹には適しません。どちらも複数の花芽が集まった短い枝（花束状短果枝）に実が多くつく性質があります。

栽培データ　日なた　-18℃ 耐寒性　普 耐暑性

栽培適地	北海道地方～九州地方
実がなるまで	庭植え約3～4年、鉢植え約3～4年
受粉樹	スモモ必要（品種による）、プルーン不要（品種による）
花芽・実のつき方	Bタイプ（⇒p36）
隔年結果	しにくい
主な仕立て方	3本仕立て　2本仕立て　1本仕立て

栽培カレンダー

ここがポイント

◎スモモは近くに受粉樹を植える
◎耐陰性が弱いので、不要な枝を間引いて株の内部にも日が当たるようにする
◎実がつきやすい短い枝を多く残して剪定する
◎実が親指大になったら摘果する
◎袋をかけて裂果《れっか》や害虫を予防する

●スモモ（ニホンスモモ、プラム）の主な品種

品種名	受粉樹	特徴
ビューティー	サンタローザ、ソルダム	早生（わせ）。中果。甘くてジューシー。1本で結実しやすい。受粉樹に向く
メスレー	サンタローザ	早生。収穫量が多い。1本でも結実するが受粉樹があるとよい
サンタローザ	ビューティー、ソルダム	中生（なかて）。中果。1本でも実がつきやすい。果肉が柔らかく風味が良い
ソルダム	サンタローザ、ハリウッド	中生。大果。果肉が赤く、風味が良い。日もちする
ハリウッド	不要	中生。中果。果皮と葉が紅色。1本で結実し、受粉樹に向く
貴陽《きよう》	ハリウッド、バイオチェリー	中生。極大果の人気種。甘味が強い。生理落果が少ない

●プルーン（セイヨウスモモ、ヨーロッパスモモ）の主な品種

品種名	特徴
ツアー	早生。大果。甘味が強い。早どりすると酸味が強い
シュガー	晩生（おくて）。中果。甘味が強く風味が良い
スタンレイ	晩生。中果。果皮が黒紫色。早どりすると酸味が強くなる
サンプルーン	晩生。小果。甘味が強い。実つきが良く育てやすい
バイオチェリー	晩生。小果。プルーンとオウトウの交配種。受粉樹にも向く

78

植えつけ　12月上旬～3月下旬

休眠期に日当たりと水はけの良い場所に植えつけます。開花が早いため、温暖な地域では年内に植えつけをすませます。根の張りが浅いので、風などで倒れないように植えつけ後は支柱を立てます。遅霜や長雨を避けられる場所で栽培し、結実不良や裂果を防ぎます。

鉢栽培のコツ

◆8～10号程度の深めの鉢に植えつける。
◆鉢植えは3月下旬まで植えつけ可能。
◆50～60㎝の高さで主幹を切り返し、元気な枝を2～3本伸ばす。
◆日当たりが良い場所に置く。
◆開花期に遅霜に当てない。
◆果実の成熟期は雨の当たらない場所に移して裂果を防ぐ。
◆異なる品種を近くに置く。

仕立て方と実をつけるコツ

仕立て方　元気な枝を2～3本残して伸ばします。若木のうちに枝をできるだけ水平に誘引して樹形を作ります。樹勢が強く真上に伸びる徒長枝が多く発生するので、元から間引いて日当たりと風通しを確保します。

実のつき方　花芽（純正花芽）が枝全体につきますが、新しく伸びた枝や長い枝の花芽にはあまり実がつきません。剪定で新しい枝や長い枝の先端を切り返すと、実がつきやすい短い枝（短果枝、花束状短果枝）が多く発生します。

パート2　スモモ、プルーン

79

仕立て方

苗木から育てた場合の主な樹形の仕立て方のコツ

実のつき方

花芽や実のつき方を知ると、剪定で花芽をふやしたり、知らずに花芽を切り落としてしまう失敗を防ぐことができる

栽培カレンダー

関東地方以西の平野部で庭植えにした場合。地域や標高、品種によってずれが生じる場合もある

品種

苗木が入手しやすく育てやすい家庭向きの品種

●科名属名
●原産地
●分類
●樹高
家庭用果樹として栽培した場合の高さ

パート2

人気果樹の
育て方

古くから家庭で栽培されている定番果樹と柑橘《かんきつ》類、
気軽に楽しめる人気のベリー類や小果樹、
棚や支柱に仕立てて楽しむつる性果樹、
種子を食べるナッツ類、鉢で育てる熱帯果樹の栽培のコツを
果樹別に紹介しています。

イチジク

クワ科イチジク属／南西アジア／落葉小高木／2.0〜3.0m

「桝《ます》井《い》ドーフィン」。食用部分は正確には小《しょう》果《か》と花《か》托《たく》。

日本で栽培される品種は１本で結実するので受粉樹は不要です。前年に伸びた枝に実がつく夏果専用品種、その年に伸びた枝に実がつく秋果専用種、夏秋兼用種があります。夏果専用種は梅雨で実が傷みやすく、家庭用には夏秋兼用種か秋果専用種がおすすめです。樹の寿命は短く10〜15年が目安です。

栽培データ

日なた　耐寒性　耐暑性

栽培適地	関東地方以西（耐寒性の高い品種なら東北以南でも庭植え可）
実がなるまで	庭植え約２〜３年、鉢植え約２年
受粉樹	不要
花芽・実のつき方	**A**タイプ（夏果）**E**タイプ（秋果）（⇒p36〜37）
隔年結果	しにくい
主な仕立て方	一文字仕立て　3本仕立て　2本仕立て

一文字仕立て　3本仕立て　2本仕立て

栽培カレンダー

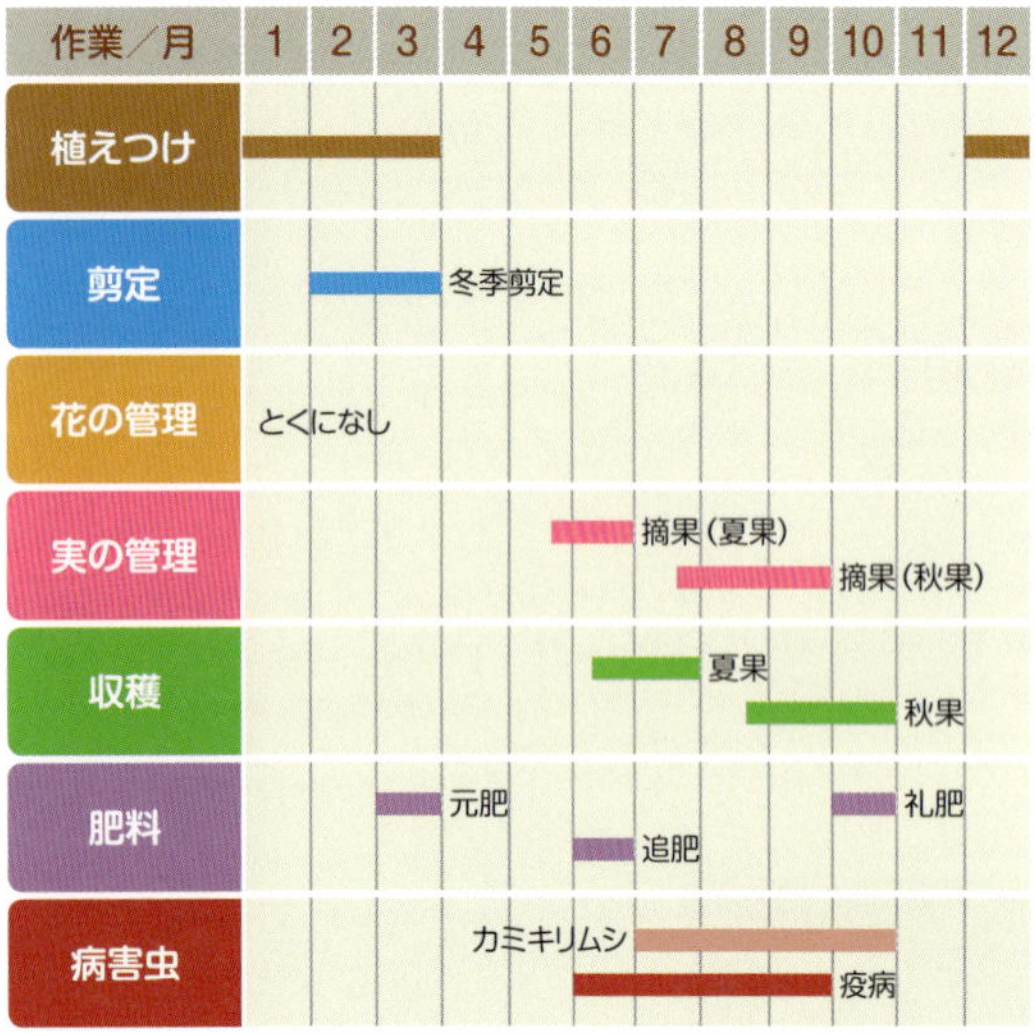

ここがポイント

- ◎過湿に弱いが、葉が大きいので夏は水切れに注意する
- ◎実のつき方（品種）によって剪定の方法を変える
- ◎一文字仕立てなどで樹高を低く抑える
- ◎生長が早いので肥料が不足しないようにする
- ◎株元や枝から木くずが出ていたらカミキリムシ対策をする（⇒p192）

●夏秋兼用種

品種名	特徴
桝《ます》井《い》ドーフィン	大果。実つきの良い人気種。果皮は紫色で果肉は紅色。寒さに弱い
バナーネ	大果。甘味が強くねっとりした食感。果皮は茶褐色で果肉は紅色
ホワイト・ゼノア	中果。実つきが良く皮ごと食べられる。果皮は緑色で果肉は白。寒さに強い
ブラウン・ターキー	中果。樹形がコンパクトで家庭果樹向き。欧米で人気。寒さに強い
アーテイナ	小果。実つきが良く家庭果樹向き。甘味、香りが強い。果皮は黄緑色

●秋果専用種

品種名	特徴
ゼブラ・スイート	黄緑色と白の縞模様がユニークなフランス産イチジク。ほどよい甘味
ネグロ・ラルゴ	中果。コンパクトに育つ。果皮は紫黒色で皮ごと食べられる
蓬莱柿《ほうらいし》（早生日本種）	大果。在来種。果皮は薄紫色で果肉は桃色。懐かしい味。寒さに強い

●夏果専用種

品種名	特徴
ビオレ・ドーフィン	大果。果皮が赤紫色で皮ごと食べられる。成熟期は雨よけをするとよい
ザ・キング	甘味が強く肉質がなめらか。完熟しても果皮は黄緑色で果肉は赤

一文字仕立て

50〜60㎝の高さで枝を切り返し、元気な枝を2本伸ばして主枝にする。主枝2本を左右に誘引する。

植えつけ

12月上旬〜3月下旬

根が過湿に弱く、水はけの良い肥沃な土地に植えつけます。風で葉が傷みやすく、強風が吹きつける場所は避けます。

植えつけ後に50〜60㎝の高さで切り返して発芽を促します。冬の最低気温がマイナス9℃を下回る地域では、鉢植えにして冬は室内に取り込みます。

仕立て方と実をつけるコツ

仕立て方

生育が旺盛で、放任すると枝が広がって大きな葉で周囲に日陰を作ります。枝の柔らかさを利用して一文字仕立てにすると、奥行きのない場所でもコンパクトに栽培できます。

実のつき方

夏果専用種は前年枝の先端付近、秋果専用種は新梢に実がつきます。夏秋兼用品種は夏果が前年枝に、秋果が新梢につきます。冬に前年枝を切り返す一文字仕立ては夏果専用種には向きません。

実のつき方

夏秋兼用種

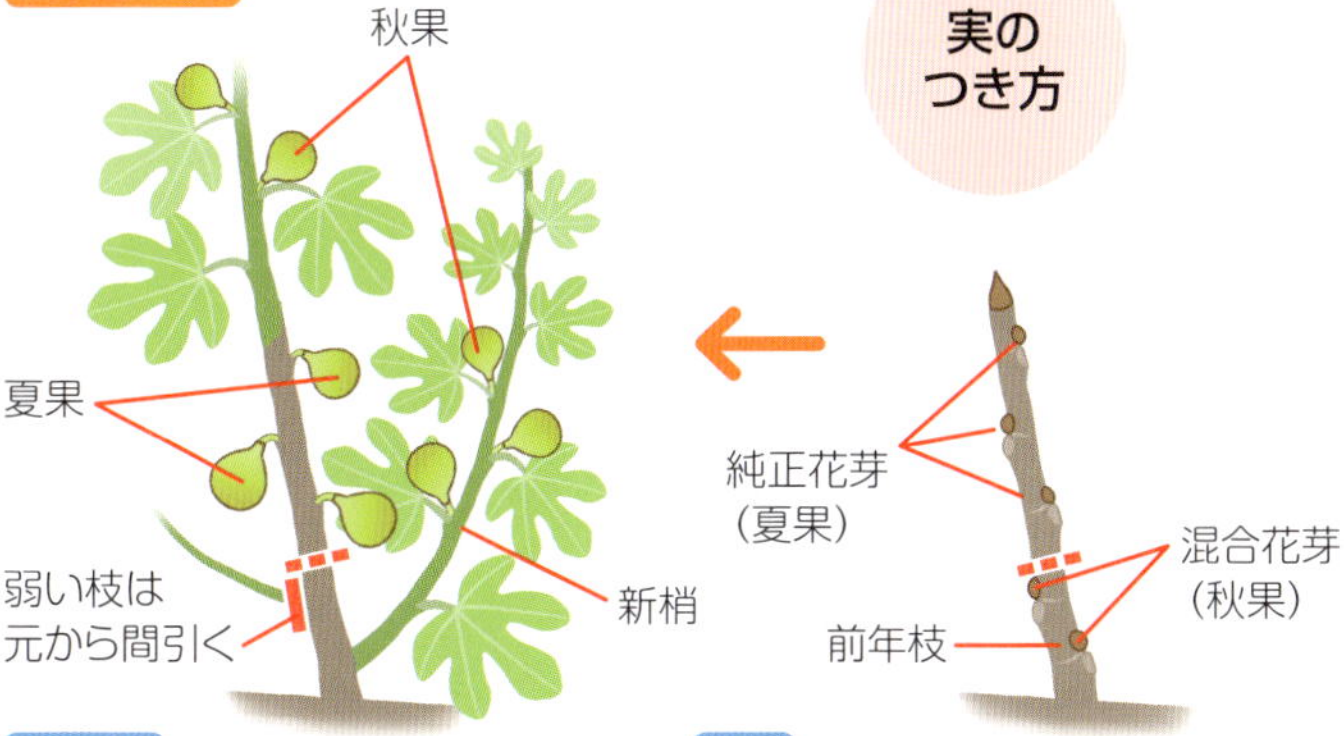

夏〜秋
前年枝に夏果、新しく伸びた枝に秋果がつく。冬に前年枝を切り詰めた場合は秋果を収穫する。

冬
一文字仕立ては、冬に1〜2芽残して前年枝を切り返して樹高を抑える。前年枝を剪定すると夏果はつかないが、秋果が収穫できる。

夏果専用種

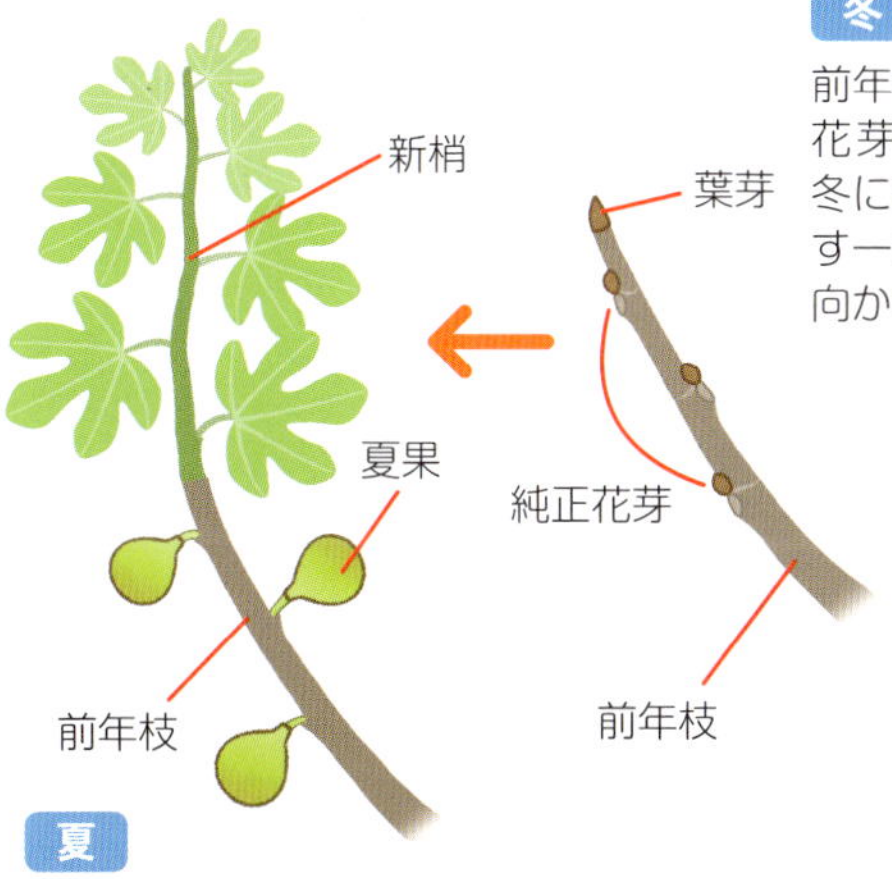

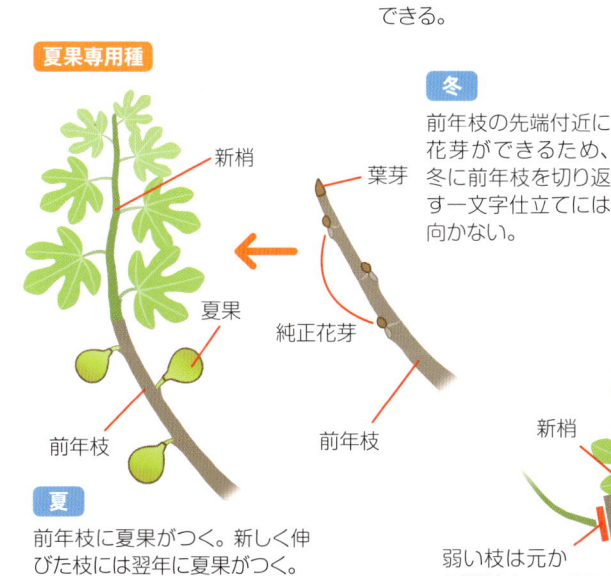

冬
前年枝の先端付近に花芽ができるため、冬に前年枝を切り返す一文字仕立てには向かない。

夏
前年枝に夏果がつく。新しく伸びた枝には翌年に夏果がつく。

秋果専用種

弱い枝は元から間引く

秋
新しく伸びた枝に秋果がつく。弱い枝を間引くと充実した果実がなる。

冬
冬に1〜2芽残して前年枝を切り返すと樹高が抑えられる。

冬季剪定

2月上旬～3月下旬

新しく伸びた枝に実がつく夏秋兼用種、秋果専用種は、休眠期に枝のつけ根から1～2芽残して前年枝を短く切り返し、コンパクトな樹形を維持します。

前年枝に実がつく夏果専用種は、徒長枝や不要な枝（⇒p32）だけ間引き剪定して、全体の半分程度の枝を切らずに残します。

夏秋兼用品種の一文字仕立て。前年枝に収穫しなかった秋果がついている。

1～2芽残して前年枝を切り返したところ。夏果はつかないが、樹形を維持することができる。残した芽から伸びた新梢に秋果がつく。

前年に伸びた枝を切り返す

1～2芽残してすべての前年枝を切り返す。

前年枝を切り返したところ。2芽残した場合は、6月上旬に弱いほうの新梢を元から切って1本にすると実が充実する。

複数の枝が出ていたら？

1か所から複数の枝が出ている場合は、どの枝も1芽ずつ残して切り返しておいて、新梢が伸びてから元気がいい枝を1本残して他を間引きます。

切り跡から複数の枝が吹き出した状態。

1芽ずつ残して切り返したところ。寒さなどで芽が傷むこともあるので、新梢が出てから良い枝を選んで1本にすれば失敗がない。

摘果はしなくていいの?

イチジクは冬にしっかり剪定さえすれば、夏季剪定や人工授粉、摘果などの作業が不要な省力果樹です。

葉1枚につき1個実がつくので、基本的には摘果の必要はありません。実を大きくしたい場合は、小さな実や形の悪い実、病害虫の被害にあった実を摘果して、1枝につき3～5果に減らしてもよいでしょう。

収穫

夏果：5月下旬～6月下旬
秋果：7月下旬～9月下旬

日もちが悪く傷みやすいので、市販の果実は早どりしたものが流通します。完熟果が味わえるのは、家庭果樹ならでは。

下から順に熟した実から手でもいで収穫します。果柄から出る白い乳液が皮膚につくとかゆくなることがあるので、触らないようにします。実が雨に当たると裂けたりカビが生えたりするので、梅雨時に収穫する夏果専用種はとり遅れないようにします。

完熟すると果実が下垂する。手で果実を持ち上げると簡単に枝から離れる。完熟果に集まるアリやハチに注意する。

鉢　栽培のコツ

◆12月上旬～3月下旬の休眠期に8号以上の鉢に植えつける。
◆寒冷地では3月に入ってから植えつけ、冬は室内に取り込む。
◆水切れすると果実が割れる。特に秋果は夏の乾燥に注意する。
◆2本か一文字に仕立てると狭い場所でも栽培できる。
◆2年に1回植え替えをする。

仕立て直しと植え替え

10年以上経って実つきが悪くなった株。元気なひこばえを利用して株を更新する。何年も植え替えていない場合は根詰まりしているので、剪定後に植え替えもする。

1 実つきが悪くなった古い株を元から切る。幹が太い場合はノコギリで切って切り口に癒合剤（⇒p35）を塗る。

2 できるだけ等間隔になるように元気なひこばえを2～3本残して他を元から切り取る。

3 鉢から株を抜き、根鉢を一～二回り小さくする。根がハサミで切れない場合はノコギリを使用する。鉢を大きくしたくない場合は、同じ鉢に新しい用土で植え直す。

新しいひこばえ3本に更新したところ。春に速効性タイプの化成肥料か液体肥料を与えて芽吹きを促すとよい。

ウメ、アンズ

バラ科サクラ属／アジア東部／落葉高木／2.5～3.0m

収穫適期のウメ。

ウメは他の果樹に先がけて気温が低いうちから花を咲かせ、未熟な果実を梅酒など、完熟果を梅干しなどに加工します。果実を楽しむ実ウメと花を観賞する花ウメがあるので、実ウメ品種を選びます。受粉樹には花粉の多い小ウメ品種などが向きます。アンズは東亜系と欧州系があり、東亜系のほうが病気に強く栽培が容易です。

栽培データ

日なた　-20℃ 耐寒性　普 耐暑性

栽培適地	北海道地方～九州地方（開花期に－8℃以下、幼果期に－4℃以下にならない地域）
実がなるまで	庭植え約3～4年、鉢植え約3年
受粉樹	ウメ必要（品種による） アンズ不要（品種による）
花芽・実のつき方	Bタイプ（⇒p36）
隔年結果	しにくい
主な仕立て方	 3本仕立て　1本仕立て

ここがポイント

◎ウメは開花期の近い2品種以上を近くに植える

◎夏季剪定で徒長枝を間引く

◎冬季剪定で長い枝を切り返し、実がつきやすい短い枝を多く発生させる

◎ケムシの発生に注意し、集団でいる幼虫のうちに枝ごと処分する

栽培カレンダー

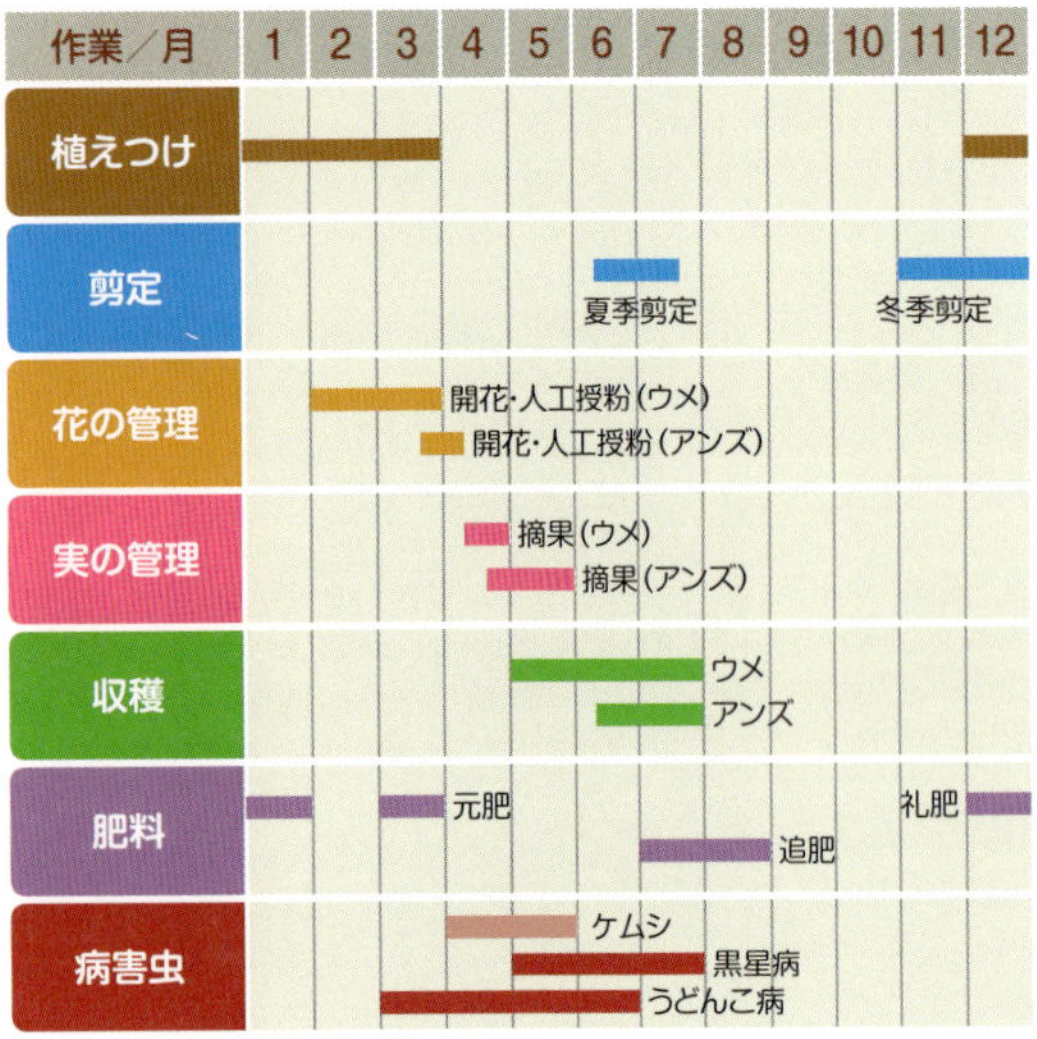

●ウメの主な品種

品種名	受粉樹	特徴
甲州小梅《こうしゅうこうめ》	不要	小果。早生（わせ）。収穫5～6月。受粉樹にも向く。梅酒、梅干し
花香実《はなかみ》	不要	中果。中生（なかて）。収穫6月。ピンクの八重咲き。梅干し、ジャム
南高《なんこう》	必要	大果。晩生（おくて）。収穫6月。実つきが良い梅干し用の人気種
白加賀《しろかが》	必要	大果。晩生。収穫6月。花粉が少ない。梅干し、梅酒、ジュース
豊後《ぶんご》	あるとよい	大果。晩生。収穫6月。アンズとの雑種。寒冷地向き。梅酒、ジュース
露茜《つゆあかね》	必要	大果。晩生。収穫7月。ウメとスモモの雑種。梅酒、シロップ

●アンズの主な品種

品種名	受粉樹	特徴
山形3号	不要	東亜系。中果。早生。収穫6～7月。花粉が多く受粉樹にも向く
信州大実《おおみ》	不要	東亜系。大果。晩生。収穫6～7月。栽培しやすく香り、味が良い
ゴールドコット	不要	欧州系。中果。晩生。収穫6～7月。裂果少ない。甘味が強い
ハーコット	不要	欧州系。中果。晩生。収穫6～7月。裂果少ない。生食向き
チルトン	不要	欧州系。小果。晩生。収穫7月。甘味が強い。栽培容易
おひさまコット	不要	東亜系と欧州系の交雑種。大果。晩生。収穫6月。生食向き

※アンズは1本で実がつくが、他品種が近くにあると実つきが良くなる。

植えつけ

12月上旬～3月下旬

冬の休眠期に日当たりと水はけの良い場所に苗木を植えつけます。寒冷地では芽が出る前の3月が適期です。

ウメは根の張りが浅く、通気性と水はけの良い土を好みます。植えつけ前に深く耕し、水はけが悪い土質の場合は腐葉土などを多めに入れて改良しましょう。

鉢栽培のコツ

◆休眠期に8～10号程度の大きめの鉢に植えつける。

◆水はけの良い土を使用する。市販の培養土が便利だが、水はけが悪い場合は腐葉土などを入れて改良する。

◆日当たりの良い場所に置く。

◆過湿に弱いので乾かし気味に管理する。水やりは土が乾いてからたっぷりやる。

◆3本仕立てか1本仕立てにする。

仕立て方と実をつけるコツ

仕立て方

ウメ、アンズとも3本仕立てにして樹高を抑えると管理や作業がしやすくなります。狭い場所や樹形も楽しみたい場合は、1本仕立てもよいでしょう。幼木のうちから樹形作りをします。

実のつき方

30㎝以上の長い枝には実がつきにくく、10～15㎝程度の短い枝（短果枝）によく実がつきます。夏に新しく伸びた枝に花芽（純正花芽）がつき、翌春に開花、結実します。

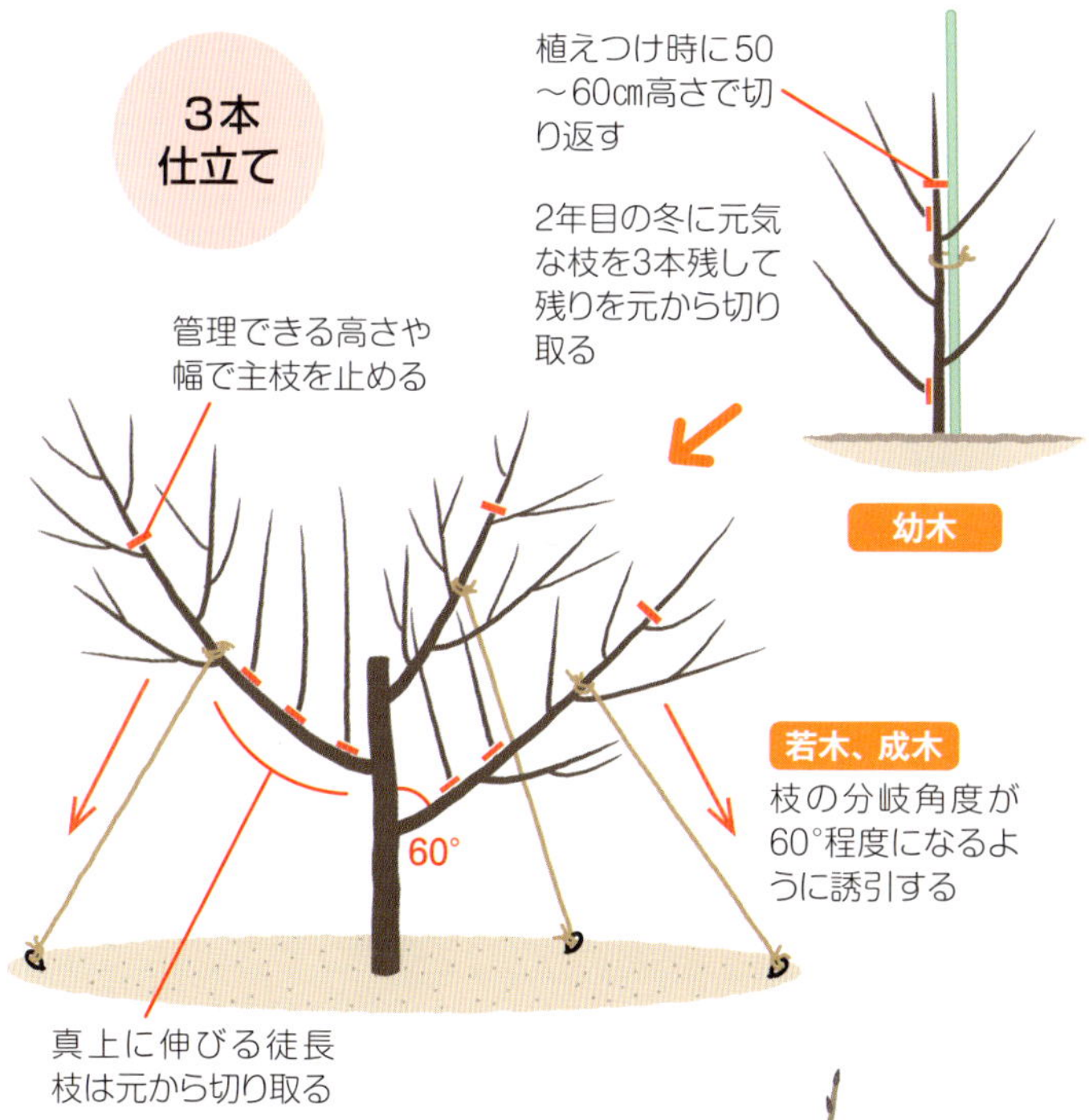
3本仕立て
植えつけ時に50～60㎝高さで切り返す
2年目の冬に元気な枝を3本残して残りを元から切り取る
幼木
管理できる高さや幅で主枝を止める
若木、成木
枝の分岐角度が60°程度になるように誘引する
60°
真上に伸びる徒長枝は元から切り取る

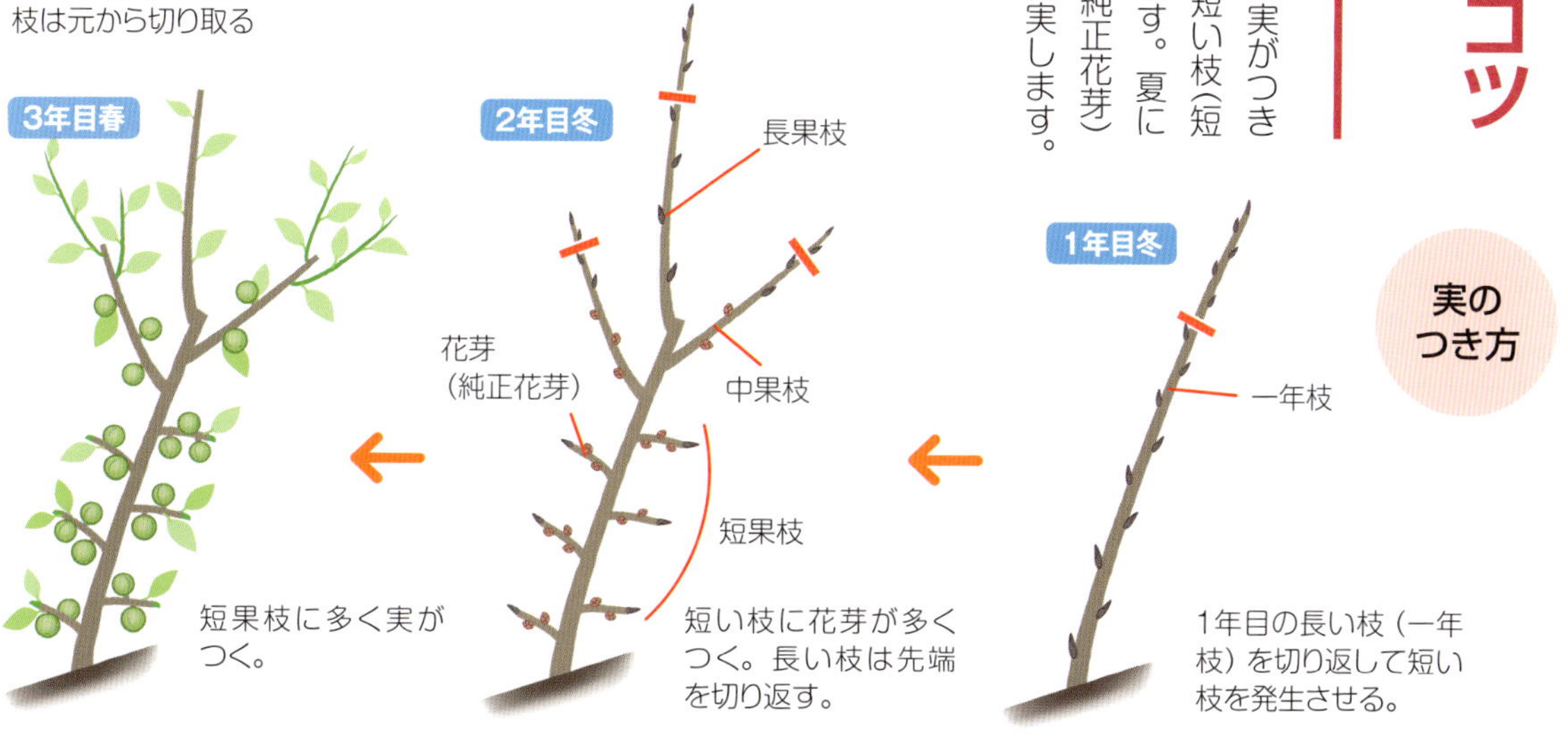
実のつき方
1年目冬
一年枝
1年目の長い枝（一年枝）を切り返して短い枝を発生させる。
2年目冬
長果枝
花芽（純正花芽）
中果枝
短果枝
短い枝に花芽が多くつく。長い枝は先端を切り返す。
3年目春
短果枝に多く実がつく。

夏季剪定

6月中旬～7月中旬

枝の背から真上に勢いよく伸びる徒長枝（⇒p88）にはあまり実がつきません。放置すると養分を奪ったり、混み合ったりして日当たりや風通しが悪くなります。病害虫の予防も兼ねて元から間引きます。

冬季剪定

11月上旬～12月下旬

徒長枝や内向枝、古枝、枯れ枝などの不要な枝（⇒p32）を間引き、栽培場所の広さや管理しやすい高さに枝を切り返して樹形を整えます。

長い枝は先端を⅓程度切り返し、実がつきやすい短い枝の発生を促します。夏の間に花芽ができているので、短い枝は混み合ったところを間引くだけにします。

剪定バサミで切り口を残さないように徒長枝を元から切り取り、日当たりと風通しをよくする。

樹形を整える剪定

1 徒長枝を間引く

枝の背から真上に伸びる徒長枝（⇒p88）を、切り跡を残さないように元から間引く。太い枝はノコギリを使用する。

? 切り跡から吹いた枝はどうする?

剪定で切り跡を残すと複数の枝が吹き出します。混み合って日当たりや風通しが悪くなるだけでなく、養分を消費して樹が弱るので、元から切り取りましょう。ただし、枝が少ない場所では、1～2本残してほかの枝を元から切り取ります。

1 切り跡から複数の枝が吹き出した状態。

2 ノコギリが入りやすいようにハサミで枝を整理し、元から切り取る。

3 切り跡から病原菌が侵入しないように癒合剤を塗る（⇒p35）。

2 内向枝を間引く

株の内部に向かって伸びる枝を元から間引く。

3 張り出した枝を切る

新しい枝のあるところで、栽培場所の広さに合わせて横に張り出した枝を切り詰める。

ポイント
太い枝の切り口に癒合剤を塗る

枝を切り詰めたところ。隣の株との間にすき間ができ、日当たりや風通しが改善されて病害虫の予防になる。切り口には傷口をふさいで雨水や病原菌の侵入を防ぐ癒合剤を塗る。

ステップアップ

古い枝を新しい枝に更新する

枝葉の少なくなった古い枝には実があまりつきません。思い切って剪定して近くの新しい枝に更新すると、樹勢が回復します。

1 太くて勢いのない古い枝（奥）をノコギリで切り落とし、手前の新しい枝に更新する。

2 新しい枝3本のうち2本を間引いて1本にする。枝の向きが良いものを残す。

3 枝の更新をしたところ。新しい枝が充実したら先端を切り返し、実がつく短い枝を発生させる。

実をならせる剪定

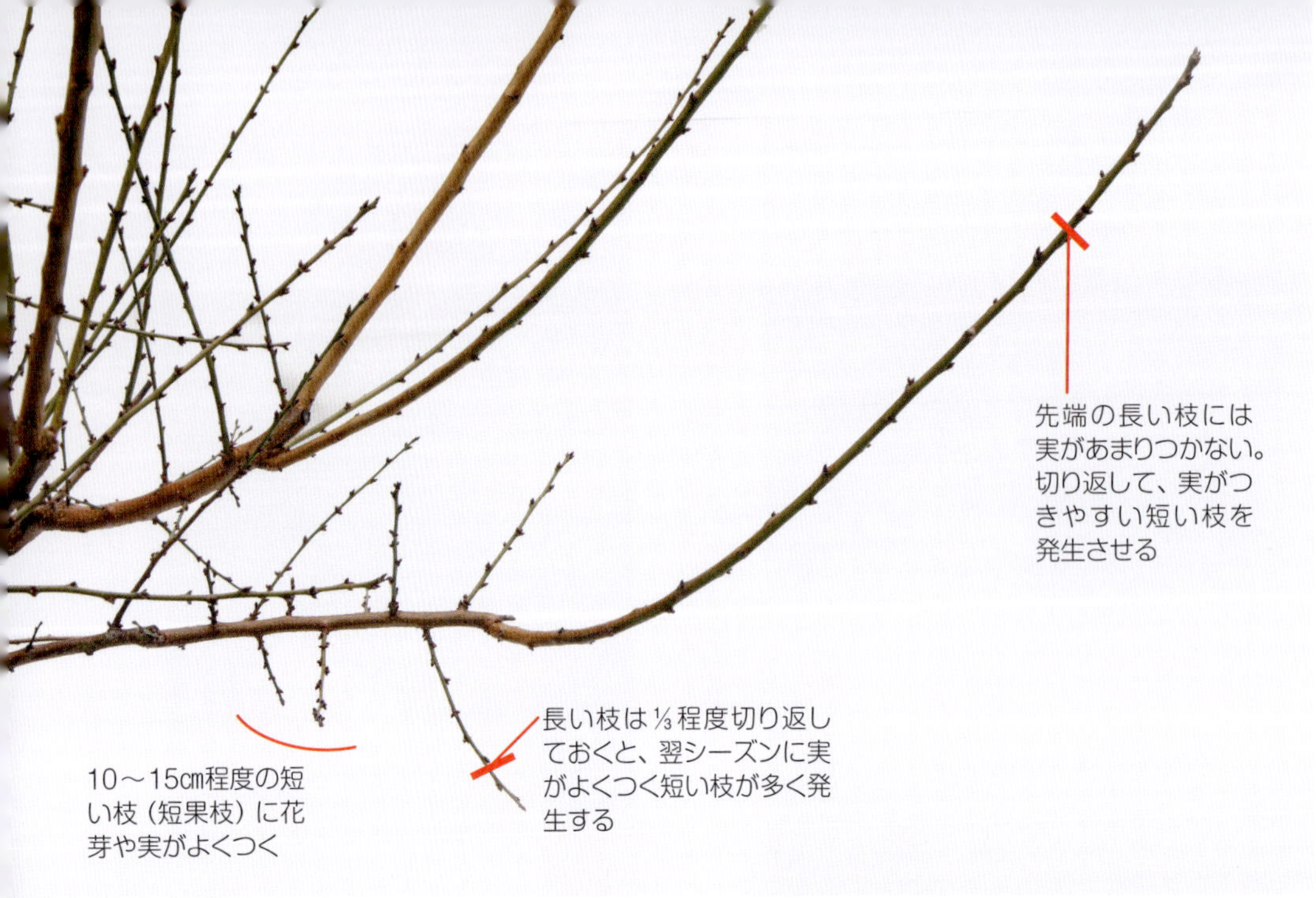
先端の長い枝には
実があまりつかない。
切り返して、実がつ
きやすい短い枝を
発生させる
長い枝は⅓程度切り返し
ておくと、翌シーズンに実
がよくつく短い枝が多く発
生する
10～15㎝程度の短
い枝（短果枝）に花
芽や実がよくつく

1 先端の枝を切り返す

先端の長い枝は、翌シーズンのために⅓程度切り返して短い枝を多く発生させる。

2 長い枝を切り返す

30㎝以上の枝も先端から⅓程度まで切り返す。

ステップアップ

混み合った短果枝を間引く

短い枝（短果枝）には実がよくつきますが、少し間引くと日当たりや風通しがよくなって良い実が収穫できます。

短い枝が混み合った部分は少し間引く。

冬剪定が終わったところ。徒長枝など余分な枝を間引いたことで日当たりと風通しが良くなり、病害虫が発生しにくくなる。毎年長い枝を切り返して短い枝を発生させることで、安定した収穫量が確保できる。

人工授粉

ウメ：2月上旬〜3月下旬
アンズ：3月下旬〜4月上旬

1本で結実しにくい品種は、相性のよい他品種を3m程度離して植えます。虫が受粉を媒介しますが、虫が少なかったり、花粉が少ない品種は、人工授粉をすると確実です。開花後3日以内の晴れた日に花と花をこすりあわせるか、筆や毛羽ばたきなどで他品種の花粉をつけます。

品種に相性はあるの？

受粉樹は、開花期が合うものにします。ただし、開花期が同じでも、品種間の相性が悪いものもあります（⇒p19）。とくにウメは相性の良し悪しがあり、苗木を購入するときに確認が必要です。

相性がよい例
- ○花香実×南高
- ○南高×花香実、白加賀
- ○露茜×花香実

相性がよくない例
- ×白加賀×豊後

短果枝に咲いたウメの花。

収穫

ウメ：5月上旬〜7月下旬
アンズ：6月中旬〜7月下旬

利用法によって収穫のタイミングが異なります。

■ウメ　梅酒やシロップ、ジュースなどにする場合は、肥大が止まった固くて青い未熟果を収穫します。梅干し、ジャム用は黄色い完熟果を収穫します。落ちた実も利用できます。

■アンズ　ジャムや生食用は、全体が黄色くなった完熟果を収穫します。ドライフルーツやシロップ煮にする場合は、柔らかくなる前に収穫します。

摘果

ウメ：4月中旬〜下旬
アンズ：4月下旬〜5月下旬

ウメの摘果は不要ですが、多くなりすぎた場合は生理落果（⇒p41）が終わったころに、5〜10cmに1個（葉15枚に1個）を目安に小さな実や形の悪い実、病害虫の被害を受けた実を摘み取ります。アンズは7cmに1個（葉20枚に1個）を目安に摘果します。

ウメは5〜10cmに1個に摘果をすると充実した実になる。

ウメ未熟果の収穫。手で実を持ち上げて摘み取る。

アンズの完熟果の収穫。

カキ

カキノキ科カキノキ属／中国中南部、日本／落葉高木／2.5～3.0m

収穫期を迎えた人気の甘ガキ「富有《ふゆう》」。

一つの株の中で雌花《めばな》と雄花《おばな》が別々に咲き、それぞれ開花期が異なります。雌花だけで結実する性質（単為結果性《たんいけっかせい》⇒p205）が強いものの、甘ガキはやや実をつけにくい品種もあるので、雄花の多い受粉樹を近くに植えると確実です。渋ガキの多くは受粉樹が不要です。甘ガキは成熟期に気温が低いと甘くならないので、関東地方以西での栽培が向きます。

栽培データ

日なた　-13℃ 耐寒性　普 耐暑性

栽培適地	甘ガキは関東地方以西、渋ガキは東北地方以南
実がなるまで	庭植え約4～5年、鉢植え約3～4年
受粉樹	不要（品種による）
花芽・実のつき方	Dタイプ（⇒p37）
隔年結果	しやすい
主な仕立て方	3本仕立て　1本仕立て

栽培カレンダー

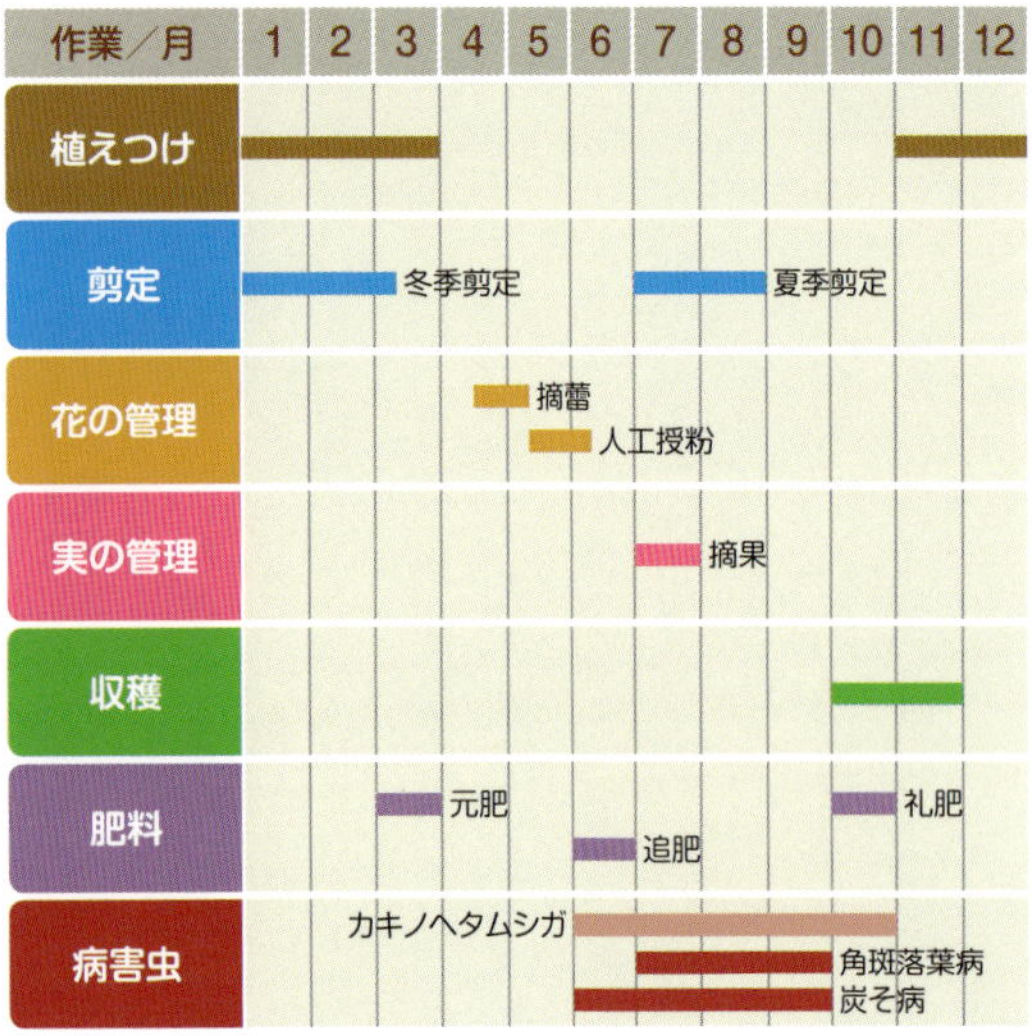

ここがポイント

◎1本で結実しにくい品種は近くに受粉樹を植える
◎摘果を行って隔年結果を防ぐ
◎高木になるので主幹を切り下げて樹高を抑える
◎カキノヘタムシガ、落葉病、炭そ病対策をする（⇒p193）

●甘ガキの主な品種

品種名	受粉樹	特徴
富有《ふゆう》	あるとよい	甘味が強い甘ガキの代表的な品種。禅寺丸などを近くに植えるとよい
次郎	不要	実が扁平で十字の溝が入る。果肉が密で甘味が強い。裂果しやすい
いさはや	不要	花つきが良く大果になる。生理落果が多い
太秋《たいしゅう》	不要	大果で味が良く日もちもする。枝が折れやすい。受粉樹にも向く
禅寺丸《ぜんじまる》	不要	人工授粉をすると甘味がます。雄花が多く受粉樹にも向く
西村早生《にしむらわせ》	不要	人工授粉を行うと甘味がます。果肉が硬く日もちする。受粉樹向き
筆柿《ふでがき》	不要	筆のように細長い形の小果。皮ごと食べられる。受粉樹に向く
早秋《そうしゅう》	あるとよい	極早生（わせ）。日もちが良い。受粉樹があると生理落果が減る

●渋ガキの主な品種

品種名	受粉樹	特徴
平核無《ひらたねなし》	不要	渋ガキの定番品種。タネができにくく渋も抜けやすい。干し柿向き
富士	あるとよい	別名百目、蜂屋。実が大きく乾燥が早い。干し柿、アンポ柿に利用
愛宕《あたご》	あるとよい	晩生（おくて）。渋抜きして生食も。近くに禅寺丸を植える。暖地向き

植えつけ

11月上旬～3月下旬

地域に適した品種を選び、休眠期に日当たりの良い場所に苗木を植えつけます（⇒p22）。寒冷地では極寒期を避けた2月下旬～3月が植えつけの最適期です。

細根が多く乾燥に弱いため、乾燥しやすい場所では株元に敷きワラなどのマルチング（⇒p205）をして保湿すると効果的です。

鉢栽培のコツ

◆休眠期に8～10号程度の大きめの鉢に市販の培養土で植えつける。
◆接ぎ木部分から50㎝程度の高さで切り返し、支柱を立てる。
◆苗木の根の量が少ないと1年目は生育が悪い。乾燥させせないように管理を続ければ2年目以降に生育する。
◆元気のよい枝を3本残して3本仕立てにする。

仕立て方と実をつけるコツ

仕立て方

「桃栗三年、柿八年」といわれるように初期の生育はゆっくりですが、放任すると高木になって管理や収穫がしにくくなります。1本仕立てもできますが、主幹を低くした3本仕立てがおすすめです（⇒p26～27）。

実のつき方

前年枝の先端付近に混合花芽がつき、そこから伸びた新梢に花と実がつきます。花芽を落とさないように間引き剪定を中心に行いますが、前年に実がついた枝や徒長枝には花芽がつかないので切り返し剪定ができます。

3本仕立て

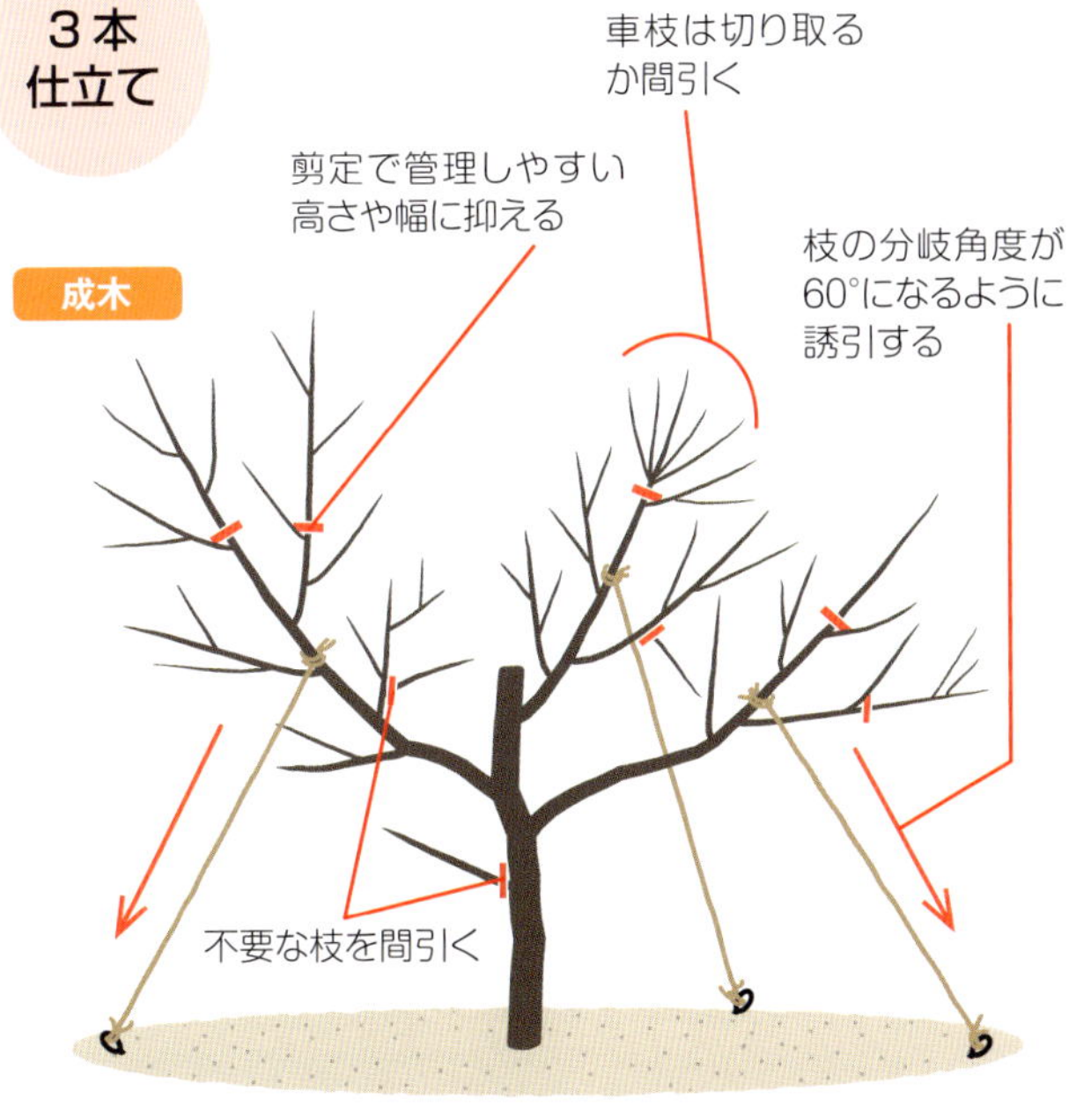

実のつき方

混合花芽から伸びた新梢の2～5節目の葉腋に花、実がつく。

前年に実がついた枝には花芽がつかない

先端に花芽がある枝はできるだけ切り返さない。前年に実がついた枝（なり跡のある枝）は花芽がつかないので切り返してよい。

夏季剪定

7月上旬～8月下旬

カキは6月に花が咲き、7月に結実します。枝葉が混み合っていたら、実がついていない枝を見分けて元から間引き、日当たりや風通しを改善すると、病害虫の発生を予防したり、花つきや実の色づきをよくする効果があります。

冬季剪定

1月上旬～3月上旬

枝の先端付近に花芽がつくので、花芽を切り落とさないように、不要な枝や枯れ枝などの間引き剪定を中心に行います。

前年に実がついた枝や徒長枝には花芽がつきにくいので、切り返して分枝させると翌年の収穫量がふえます。

樹高が高くなって作業や収穫がしにくい状態。枝数も多く日当たりや風通しの改善が必要。

↓

上に伸びた枝を切り返して樹高を抑えた。不要な枝や弱い枝などを間引いたことで、株の内側に光や風が入るようになった。

重要

カキの剪定は間引きを中心に行う

○ 間引き剪定

不要な枝や花芽がつかない枝を元から切って減らす。

× 切り返し剪定

切り返し剪定をすると、先端の花芽を落として実がつかなくなる。

1 真上に伸びる枝を間引く

上に伸びる強い枝は元から抜く。枝が太い場合はノコギリで切り跡を残さないように切る。

枝を抜いたところ。切り口には癒合剤（⇒p35）を塗る。

2 車枝を間引く

1か所から複数の枝が出る車枝は元から全部切り取るか、1～2本残して間引く。

ポイント
枝が欲しい方向に伸びる充実した枝を残す

1本残して他の枝を間引いたところ。

3 交差枝を間引く

どちらか1本を元から切り取る。株の外側に伸びる枝（内向枝にならない枝）や、枝が少ない部分を埋める枝を残す。

4 内向枝を間引く

株の内側に向かって伸びる枝を元から切る。

5 平行枝を間引く

枝が平行している部分は、どちらかを元から切って1本にする。

6 下向きの枝を間引く

真下に向って伸びる枝を元から切る。

7 胴吹き枝を間引く

幹や太い枝から吹く弱い枝を元から切り取る。

ステップアップ

樹形を維持する切り返し剪定

カキの剪定は間引き剪定が基本ですが、横に張り出した枝などは切り返して樹形の広がりを抑えます。

充実した枝のあるところで切り返す。

ステップアップ

摘蕾《てきらい》：4月中旬～5月上旬
人工授粉：5月中旬～6月上旬

カキは生理落果（⇒p41）が多く、いい実を確実につけたい場合は、摘蕾や人工授粉を行うと安定します。受粉を助ける虫が少ない場所でも人工授粉が効果的です。人工授粉は筆先に雄花の花粉をつけて、雌花の花の中でかき混ぜて受粉させます。

摘蕾

充実した蕾《つぼみ》が1枝1個になるように雌花《めばな》の蕾を摘み取る。葉のつけ根に1個ずつつくのが雄花《おばな》の蕾、雄花の蕾は1か所に2～3個つく。

雄花

スズランのようなベル形の花が1か所に2～3個咲く。萼も小さい。

雌花

萼《がく》が雄花より大きい。

摘果

7月上旬～下旬

7月ごろに幼果が肥大を始め、枝の伸びが止まったら、何回かに分けて摘果を行います。

摘果をすることで隔年結果（⇒p204）を防ぎ、実を大きくすることができます。

実が大きくなったときにぶつからないように、ハサミで切り取って数を減らす。充実した実をできるだけ交互に残す。葉20～25枚に1果か1枝1果にするとよい。

収穫

10月上旬～11月下旬

品種ごとの色に完全に色づいた果実からハサミで切って収穫します。

干し柿にする場合は、吊るしやすいように枝ごと切り取ります。

他の果実を傷つけないように果柄を短く切り直す（二度切り）。いつまでも樹に果実をつけておくと、養分を消費して翌年の実つきが悪くなる。完全に落葉する前に実を全部収穫する。

燃えるような紅葉も楽しみの一つ。

カリン

バラ科カリン属／中国／落葉高木／3.0〜3.5m

黄色く熟した果実。香りも良い。

古くから庭木や盆栽としても親しまれています。香りの良い大きな果実は生食できませんが、果実酒や砂糖漬け、ハチミツ漬けなどに利用します。春から初夏に咲く紅色の花や、美しい木肌も楽しめます。樹形は直立性で、放任すると高木になります。いくつか系統はありますが、特に品種はありません。病害虫に強く無農薬栽培が可能です。

栽培データ

日なた　強 耐寒性　強 耐暑性

栽培適地	北海道南部以南（夏に涼しい気候を好む。温暖地では大木になり生理落果がふえる）
実がなるまで	庭植え約４〜５年、鉢植え約３〜４年
受粉樹	不要
花芽・実のつき方	Cタイプ（⇒p37）
隔年結果	しやすい
主な仕立て方	

ここがポイント

◎3本仕立てにして樹高を抑える
◎長い枝の先端1/3を切り返して実がつく短果枝を多く発生させる
◎摘果をして隔年結果を抑える
◎モモシンクイガの被害が多い場合は果実に袋をかける

栽培カレンダー

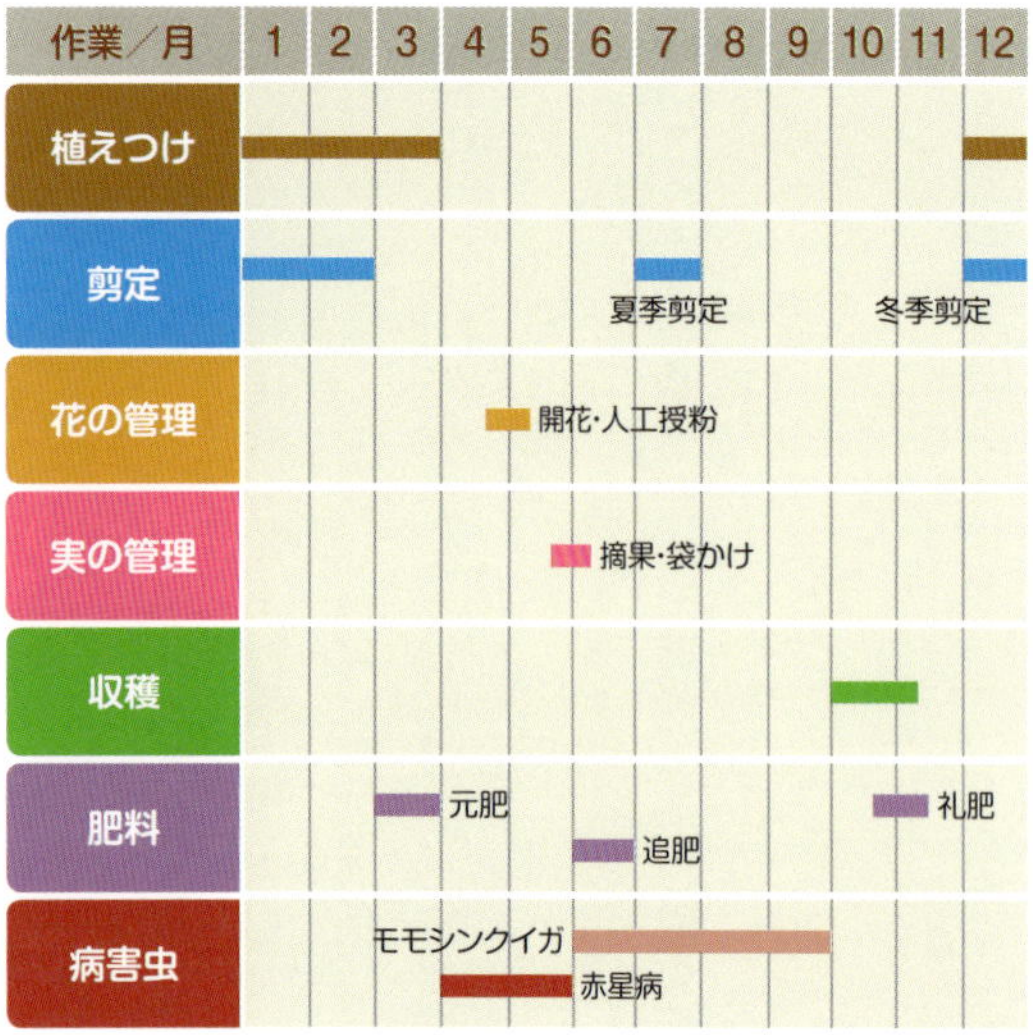

植えつけ

12月上旬〜3月下旬

日当たり、風通しが良く、夏できるだけ涼しい場所で、水はけと水もちの良い土に植えつけます。自分の花粉で受粉するので1本で実がつきます。

根が乾燥に弱く、植えつけ後はたっぷりと水やりをします。乾燥する場所では株元を敷きワラなどで覆います。

鉢栽培のコツ

◆8号程度の大きめの鉢に市販の培養土で植えつける。
◆敷きワラなどで土の表面を覆ってマルチング（⇒p205）をする。
◆高さ50〜60㎝で切り返して3本仕立てにする。
◆新梢の先端を切り返して短果枝を多く発生させる。
◆収穫は3〜4年後から。実がついたら1株2〜3果を目安に摘果する。

仕立て方と実をつけるコツ

仕立て方

直立性（⇒p205）で、放任すると10ｍ近い高木になります。幼木や若木のうちに管理しやすい高さで主幹を止め、主枝3本の3本仕立てにすると、あとの作業や収穫がしやすくなります。シンボルツリーにするなら1本仕立てでもよいでしょう。

実のつき方

前年に伸びた短い枝（短果枝）の先端付近に花芽（混合花芽）がつき、そこから伸びた新梢の先端付近に花や実がつきます。冬季剪定で長い枝の先端⅓を切り返すと、短果枝が多く発生して収穫量がふえます。

短果枝から伸びた短い新梢の先に実がつく。

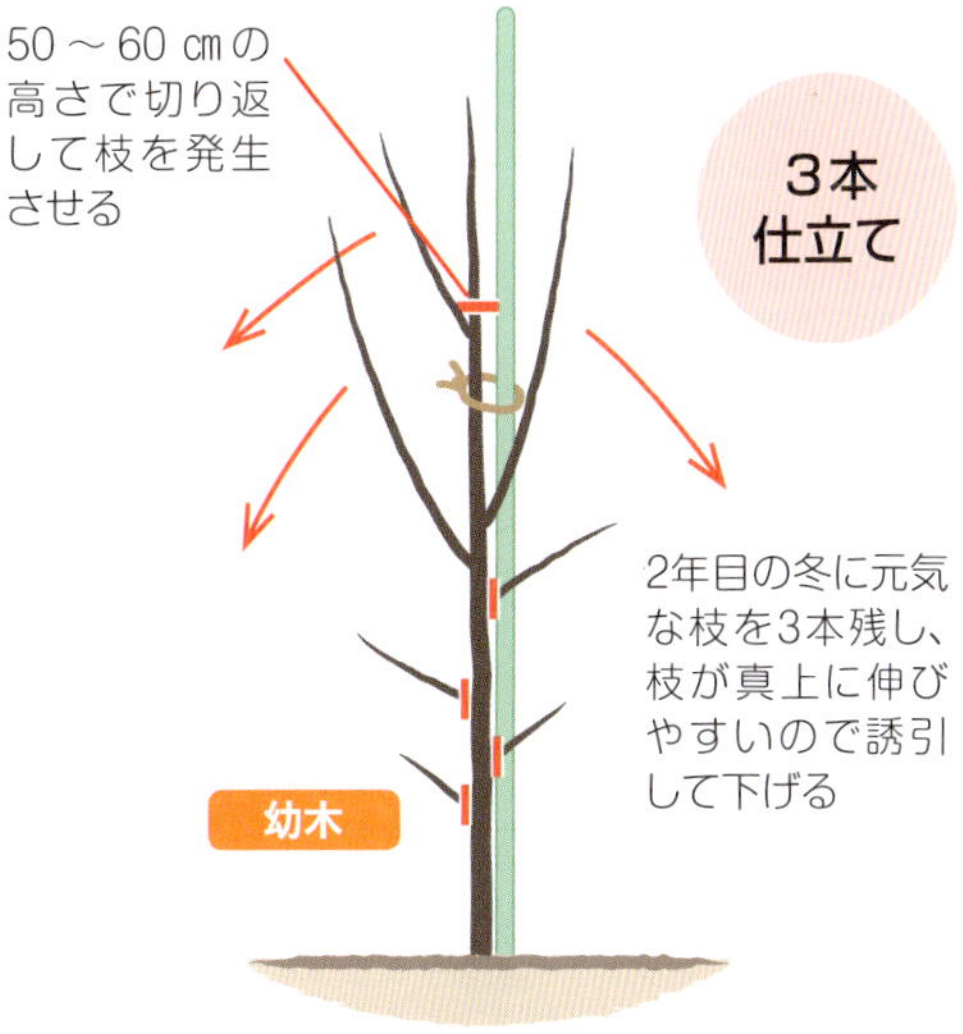
3本仕立て
50～60㎝の高さで切り返して枝を発生させる
2年目の冬に元気な枝を3本残し、枝が真上に伸びやすいので誘引して下げる
幼木

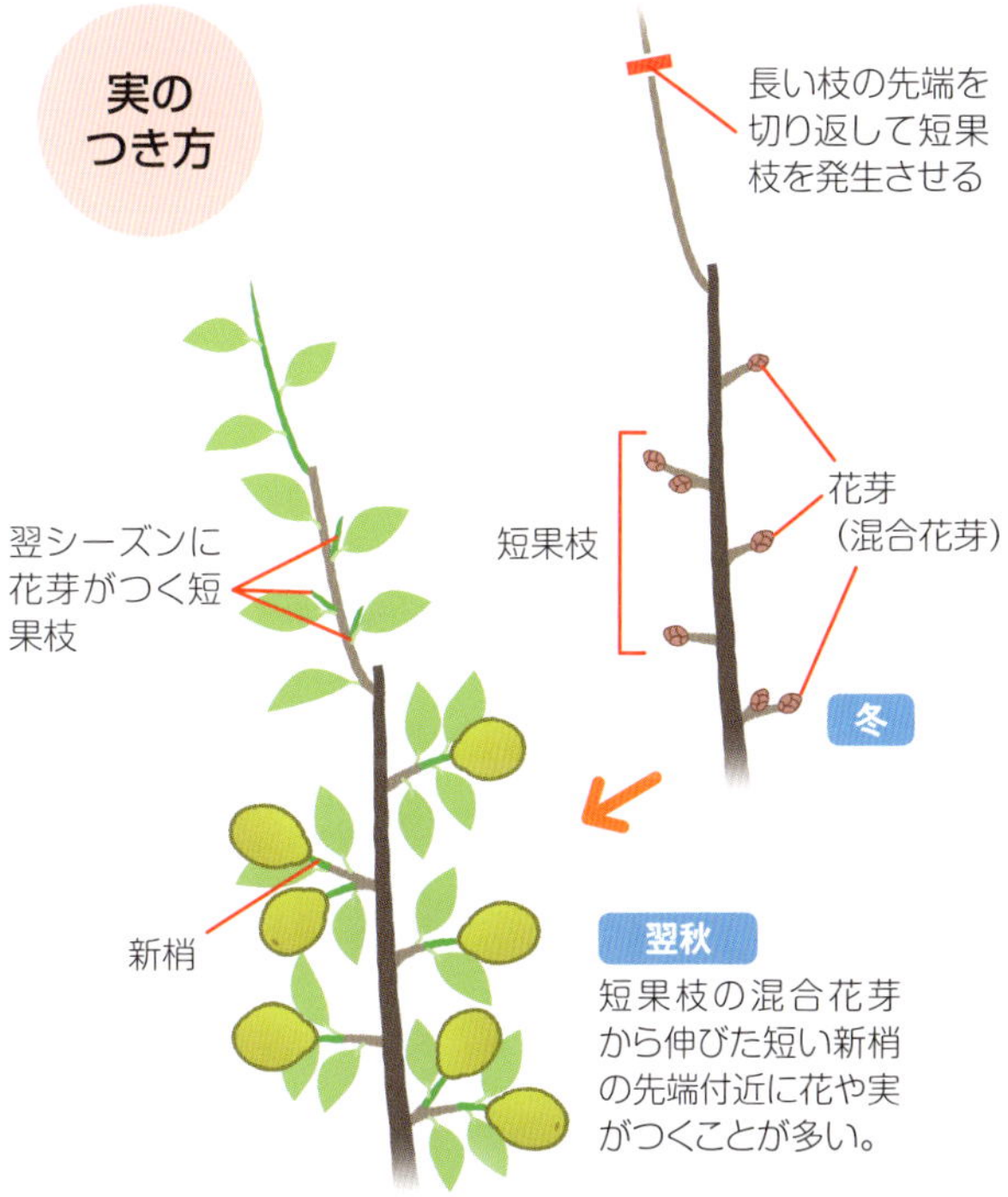
実のつき方
長い枝の先端を切り返して短果枝を発生させる
花芽（混合花芽）
短果枝
冬
翌シーズンに花芽がつく短果枝
新梢
翌秋
短果枝の混合花芽から伸びた短い新梢の先端付近に花や実がつくことが多い。

夏季剪定

7月上旬～下旬

不要な枝を整理して樹勢を抑えると実つきがよくなります。徒長枝やひこばえ、内向枝、枯れ枝などは元から切り取ります。生かしたい徒長枝は先端を⅓程度切り返し、短果枝を発生させて実をならせる枝として利用します。

ひこばえ

株元のひこばえを元から切り取る。

内向枝

株の内側に向って伸びる枝（内向枝）を元から切り取る。

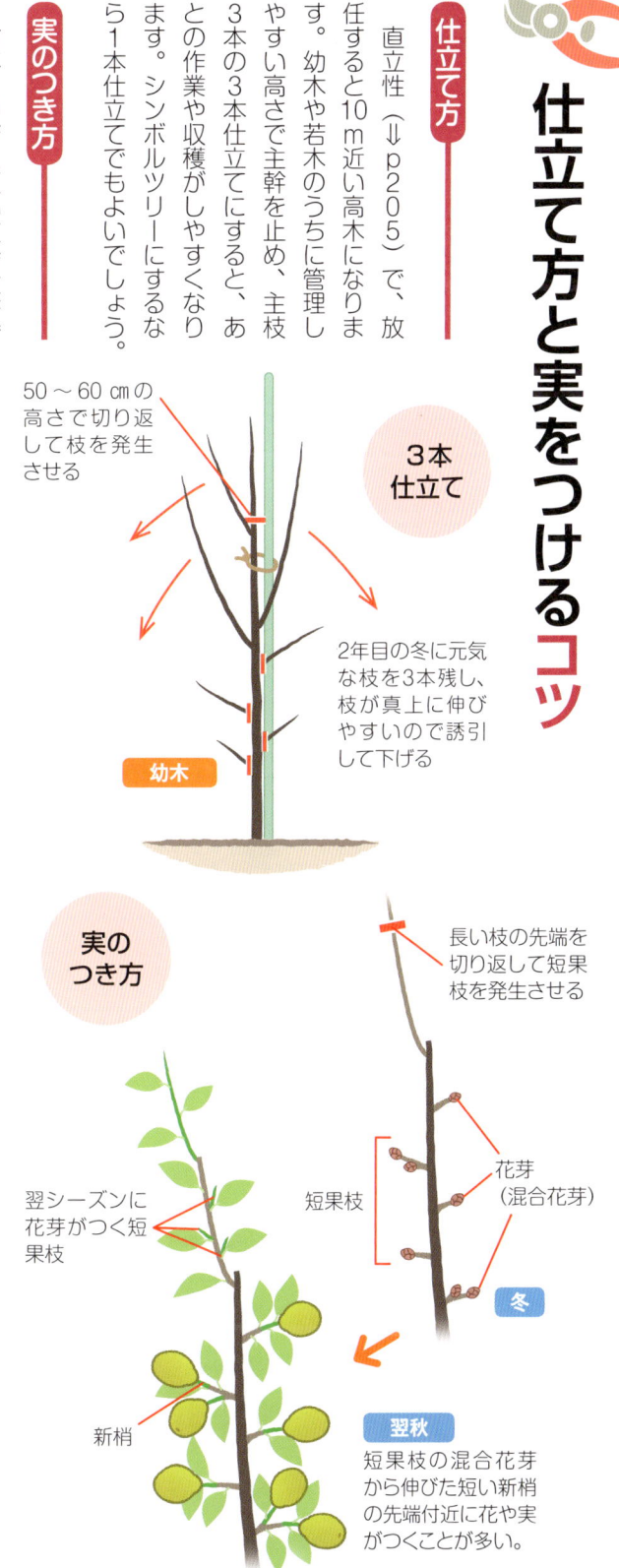

冬季剪定

12月上旬～2月下旬

カリンは樹勢が強く、徒長枝が多く発生します。生理落果（⇒p41）の原因にもなるので、枝の背から真上に伸びる徒長枝（⇒p88）は元から間引きます。他の不要な枝も間引いて日当たりや風通しを改善します。

長い枝は先端⅓程度を切り返すと、花芽がつきやすい短果枝が多く発生して実がふえます。

徒長枝が多く発生して枝が混み合っている。徒長枝や他の不要な枝を間引き、日当たりと風通しを改善する。長い枝は先端を切り返して短果枝を発生させる。

樹形を整える剪定

1 徒長枝を間引く

真上に伸びる徒長枝は元から切り取る。枝が太い場合はノコギリで切り、切り口に癒合剤（⇒p35）を塗る。

2 内向枝を整理する

株の内側に伸びる枝は元から切り取るか、日当たりや風通しをさえぎらないところまで切り返す。写真の場合は短果枝もある充実した枝なので、短く切り返して生かす。

3 弱い枝を間引く

他の枝より細くて弱い枝には良い花や実がつかない。元から切り取って日当たりや風通しを改善する。

4 2本の枝を1本に間引く

1か所から枝が2本出ているところは、どちらか1本を元から間引く。残した枝は先端⅓程度を切り返す。

実をならせる剪定

ポイント
先端⅓を切り返して短果枝を発生させる

長い枝の先端を⅓程度切り返すと短果枝が出やすい。

先端に花芽がついた短果枝。翌春この枝から伸びる新梢に花や実がつく。

人工授粉

4月下旬～5月上旬

4月にボケに似たピンク色の美しい花が咲きます。花も観賞価値が高く、昔から庭木や盆栽でも楽しまれています。

1本で実がつきますが、人工授粉をすると生理落果が減ります。筆先を花の中でかき混ぜるようにして受粉を助けます。

摘果・袋かけ

5月下旬～6月上旬

着果数が少なければ行わなくてもよいですが、実が多くついたら摘果をして隔年結果（⇒p204）を防ぎます。

開花の約30日後に小さな実や形の悪い実を摘み取ります。摘果後に袋かけをすると病害虫の予防になります。

カリンの未熟果。20～25枚に1果を目安に摘果すると、毎年安定して収穫できる。

収穫

10月上旬～11月上旬

実が黄色くなって香りがしてきたら収穫します。完熟果は果皮に油が浮いてツヤが出ます。

早めに収穫した場合は風通しの良い日陰の涼しい場所で追熟させます。生食はできないので、カリン酒やシロップ漬け、砂糖漬けなどに利用します。

カリンの完熟果。新聞紙で包んで冷暗所に置けば、冷蔵庫に入れなくてもしばらく保存できる。

クリ

ブナ科クリ属／日本、朝鮮半島南部／落葉高木／3.0～4.0m

イガが裂けた収穫適期のニホングリ。

縄文時代から栽培されています。現在流通するのは、国内に自生するシバグリを改良したニホングリが主流です。大木になりやすいので、剪定で樹高を低く抑えます。枝が横に広がる開張性の品種を選べば樹高が抑えられます。１本では実つきが悪く、異なる品種を近くに植えます。クリタマバチやモモノゴマダラノメイガの被害に注意が必要です。

栽培データ

日なた　-15℃ 耐寒性　強 耐暑性

栽培適地	北海道地方～九州地方 年平均気温7℃以上
実がなるまで	庭植え約３～４年、鉢植え約３年
受粉樹	必要
花芽・実のつき方	Dタイプ
隔年結果	しにくい
主な仕立て方	3本仕立て

3本仕立て

栽培カレンダー

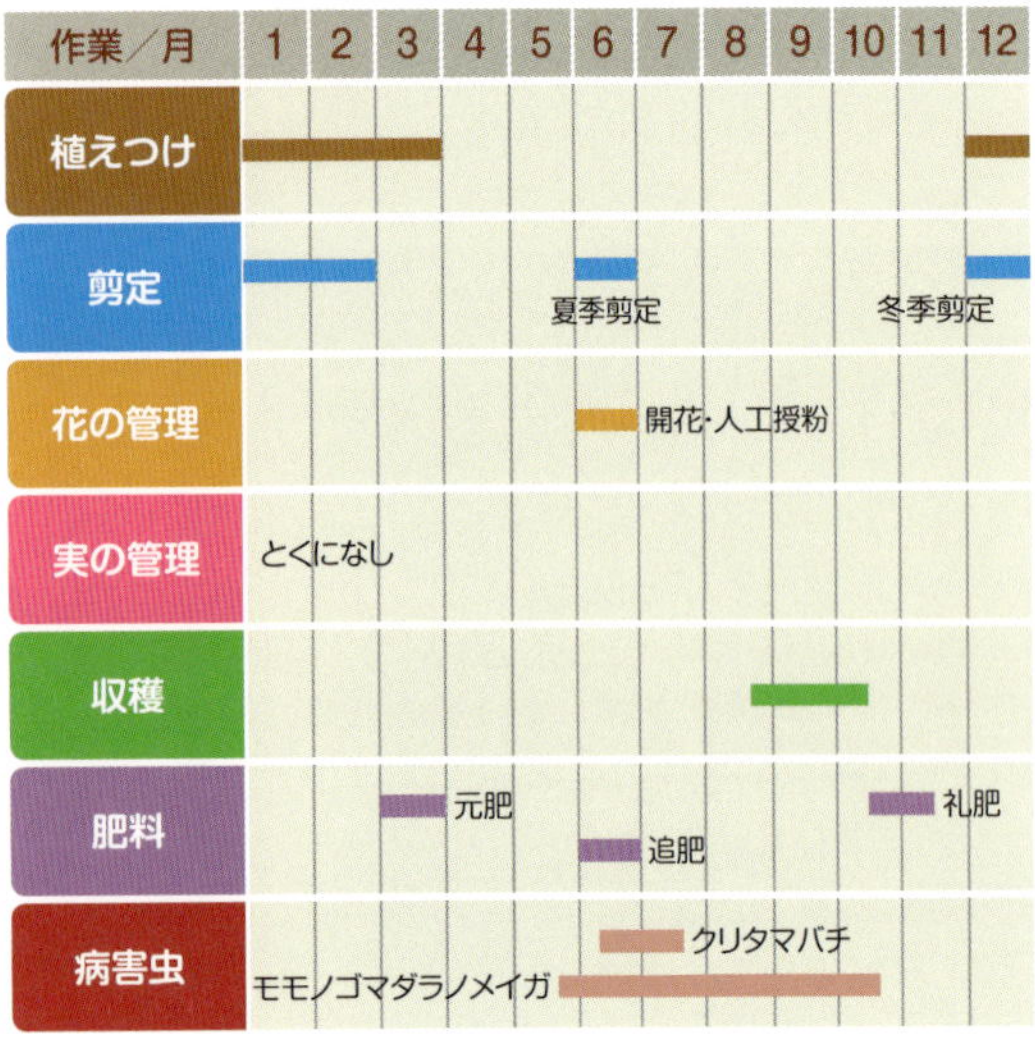

ここがポイント

◎日陰を嫌う。日当たりの良い場所に植えつける
◎前年枝の先端1～3芽に雌花《めばな》の花芽がつくので先端を切り返さない
◎不要な枝を間引き、樹の内側に日を当てて太い枝をふやす
◎クリタマバチ抵抗性の強い品種を選ぶ

●クリの主な品種

品種名	特徴
森早生《もりわせ》	早生（わせ）。直立性で矮（わい）性。甘味は中くらい。クリタマバチ抵抗性やや強い
丹沢	早生。樹勢が強く、やや開張性でコンパクト。クリタマバチ抵抗性普通
国見《くにみ》	早生。やや開張性。粒が大きく品質が良い。クリタマバチ抵抗性強い
筑波	中生（なかて）。やや直立性。豊産性で味も良い。クリタマバチ抵抗性普通
銀寄《ぎんよせ》	中生。やや開張性。甘味と香りが強い。クリタマバチ抵抗性強い
高見甘早生《たかみあまわせ》	チュウゴクグリの系統の早生種。異品種が近くにあると実つきが良い。粘質で甘味が強い

品種名	特徴
利平栗《りへいぐり》	中生。直立性と開張性の中間。チュウゴクグリとの交配種。甘味強い。クリタマバチ抵抗性普通
ぽろたん	中生。やや直立性。粒が大きく加熱すると渋皮が簡単にむける。クリタマバチ抵抗性強い
とげなし栗	中生。直立性。イガのトゲが短く収穫しやすい。味も良い。クリタマバチ抵抗性強い
中国栗《チュウゴクグリ》※	中生。渋皮がはがれやすく焼栗でおなじみ。ニホングリと混植すると皮がはがれにくくなる
石鎚《いしづち》	晩生（おくて）。やや開張性。品質が良く実つきも良い。クリタマバチ抵抗性強い
美玖里《みくり》	晩生。直立性。粒が大きく味も良い。「ぽろたん」の受粉樹にも。クリタマバチ抵抗性強い

※中国原産のクリの総称。シナグリ。

植えつけ

12月上旬～3月下旬

日陰では枝が細って実がつきにくくなります。日当たりの良い広い場所で、水はけと水もちの良い有機質の多い土に植えつけます。風で落果しやすいので、強風が吹く場所は避けます。植えつけ後にたっぷり水やりをし、根を乾燥させないように管理します。異なる品種を近くに植えると実つきが良くなります。

鉢栽培のコツ

◆8～10号程度の深めの鉢に植えつける。
◆50～60㎝の高さで切り返し、元気な枝を3本伸ばして3本仕立てにする。
◆日当たりの良い場所に置く。
◆水切れさせないように管理する。ただし過湿にはしない。
◆混み合った枝を間引いて株の内側にも光が当たるようにする。
◆異なる品種を近くに置く。

仕立て方と実をつけるコツ

仕立て方

クリは生長が早く数年で高木になります。幼木や若木のうちに主幹を止め、3本仕立てにします。日当たりが悪いと枝が太らず実つきが悪くなります。間引き剪定を主体に行い、株の内側にも光が届くようにします。

実のつき方

クリは雄花と雌花が分かれて咲く雌雄異花《しゆういか》です。前年に伸びた枝の先端付近の花芽（混合花芽）から新梢が伸び、そこに咲く雄花の基部に雌花がつきます。このため、冬季剪定で枝の先端を切り返すと実がつかなくなります。

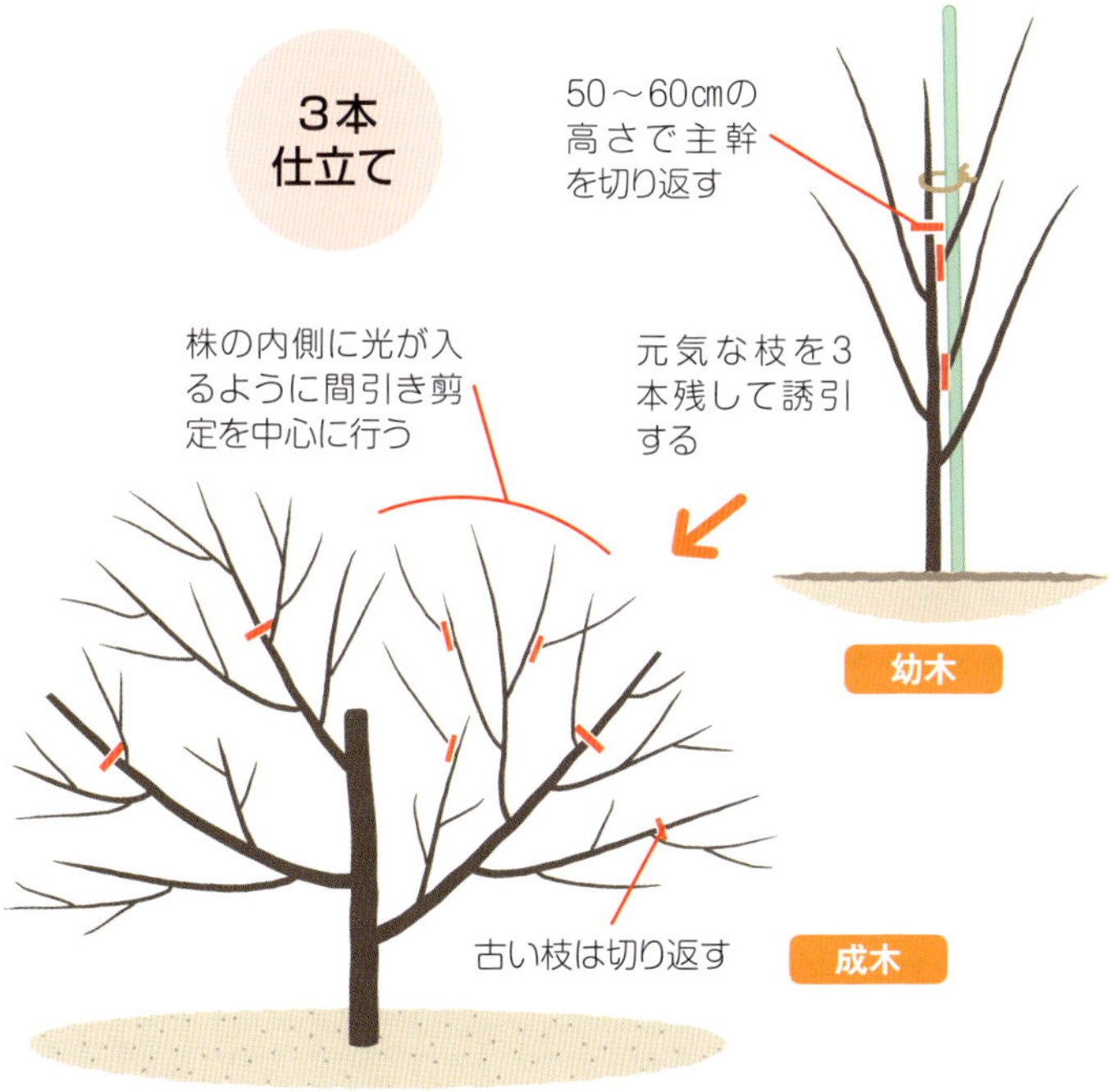
3本仕立て
50～60㎝の高さで主幹を切り返す
元気な枝を3本残して誘引する
幼木
株の内側に光が入るように間引き剪定を中心に行う
古い枝は切り返す
成木

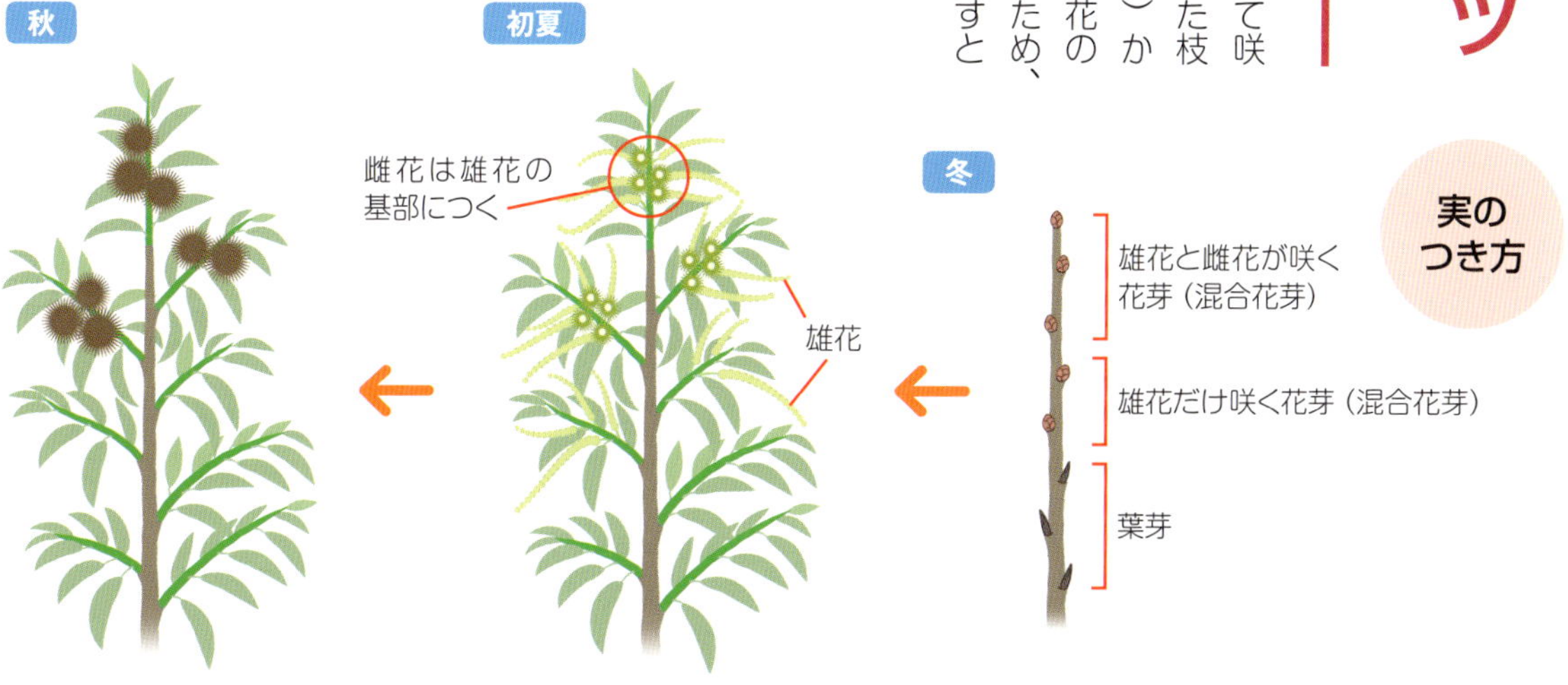
実のつき方
冬
雄花と雌花が咲く花芽（混合花芽）
雄花だけ咲く花芽（混合花芽）
葉芽
初夏
雌花は雄花の基部につく
雄花
秋

夏季剪定

6月上旬～下旬

春以降に新しく伸びた枝が混み合っていたら、元から間引いて株の内部への日当たりや風通しをよくします。

©PIXTA

開花期のクリ。株の内部まで光が届くように不要な枝を間引く。

冬季剪定

12月上旬～2月下旬

落葉して休眠したら冬季剪定を行います。クリは間引き剪定を中心に行うのが基本です。日当たりが悪いところは枝が細って花芽がつかず、やがて枯れ込みます。徒長枝や弱い枝、分枝した枝、枯れ枝などの不要な枝や古くなった枝を間引き、株の内部まで光が入るようにします。

切り返し剪定をすると実になる花芽を落としてしまいますが、樹勢が衰えた株や全体を小さく仕立て直したい場合は、思い切った切り返し剪定が効果的です。

枝先が分かれている場合は、1～2本を間引いて互いに日陰を作らないようにする。

中央の枝を間引いたところ。このように間引きを中心に行って枝数を減らす。

実がつく花芽
ポイント
先端を切り落とすと実がならない

枝先の花芽に実がつくので、切り返すと実がつかなくなる。

？ 新芽にコブのようなものができたのは？

クリタマバチ（⇒p195）の虫こぶです。一つの虫こぶの中に1～10匹以上の幼虫が寄生し、虫こぶのできた芽は枝葉が伸びなくなったり、花が咲かなくなったりします。薬剤が効きにくいので、抵抗性のある品種を選ぶとよいでしょう。

クリタマバチの虫こぶ。光沢のある緑色から赤色になる。

クリの花。初夏にいっせいに咲く白い花穂は雄花。雌花は雄花の花穂の基部にあり、目立たない。

人工授粉

6月上旬～下旬

毎年生理落果（⇒p41）が多く、実がつきにくい場合は人工授粉を行うとよいでしょう。別な品種の雄花の花粉を雌花につけて確実に受精（⇒p204）させます。摘果は不要です。

肥大が始まった夏の幼果。

雌しべに雄花の花粉をつけて人工授粉をする。花が咲いても受精しないと8月に青いイガのまま落ちる（生理落果）。

収穫

8月下旬～10月中旬

桃栗3年といわれるように、苗木を植えつけて3年目くらいから収穫できます。

夏に青いイガの肥大が始まり、成熟すると褐色に変色します。イガが裂けて落果したものを拾って収穫します。長い棒などで叩き落としてもよいですが、未成熟な果実は味が悪く日もちもしません。

靴でイガを開いて実を取り出すとトゲに刺されない。

落果した実。一つのイガに3個ずつ実が入る。

ステップアップ

冷蔵庫で保存すると甘味が3倍になる

クリの実は高温に弱く傷みやすいので、収穫後はすぐに冷蔵庫に入れましょう。

じつは、新鮮なとれたての実よりも、冷蔵庫（0℃）で1か月間程度保存した実のほうが、糖分が高まって甘味が3倍程度増します。こうして糖分を上げてから冷凍すれば、翌年の収穫まで、食べたいときにいつでも甘くておいしいクリを味わうことができます。

サクランボ（オウトウ）

バラ科サクラ属／西アジア、黒海沿岸地方／落葉高木／3.0～4.0m

サクランボ（桜ん坊）はサクラ類の果実の総称。

一般にはサクランボと呼ばれますが、正式な植物名はオウトウ。日本で栽培される主な品種はほとんどが甘果桜桃《かんかおうとう》です。１本では実がつきにくく受粉樹が必要ですが、結実しにくい組み合わせもあるので、相性の良い品種をそろえましょう。最近は１本で実がつく「暖地桜桃《だんちおうとう》」（中国原産の中国実桜《しなのみざくら》の品種）も人気です。

ここがポイント

◎大木になりやすいのでコンパクトに仕立てる。根域《こんいき》制限をしてもよい（⇒p23）
◎収穫期に果実に雨が当たると裂果《れっか》しやすい。袋をかけるか雨よけをする
◎梅雨時に発生する灰星《はいほし》病（⇒p195）に注意。被害がひどい場合は殺菌剤を散布する

栽培データ

日なた　-15℃ 耐寒性　普 耐暑性

栽培適地	中部地方以北（実が成熟する６～７月に雨が少なく涼しい地域が向く）
実がなるまで	庭植え約４～５年、鉢植え約２～３年
受粉樹	必要
花芽・実のつき方	Bタイプ（⇒p36）
隔年結果	しにくい
主な仕立て方	3本仕立て　2本仕立て　1本仕立て

栽培カレンダー

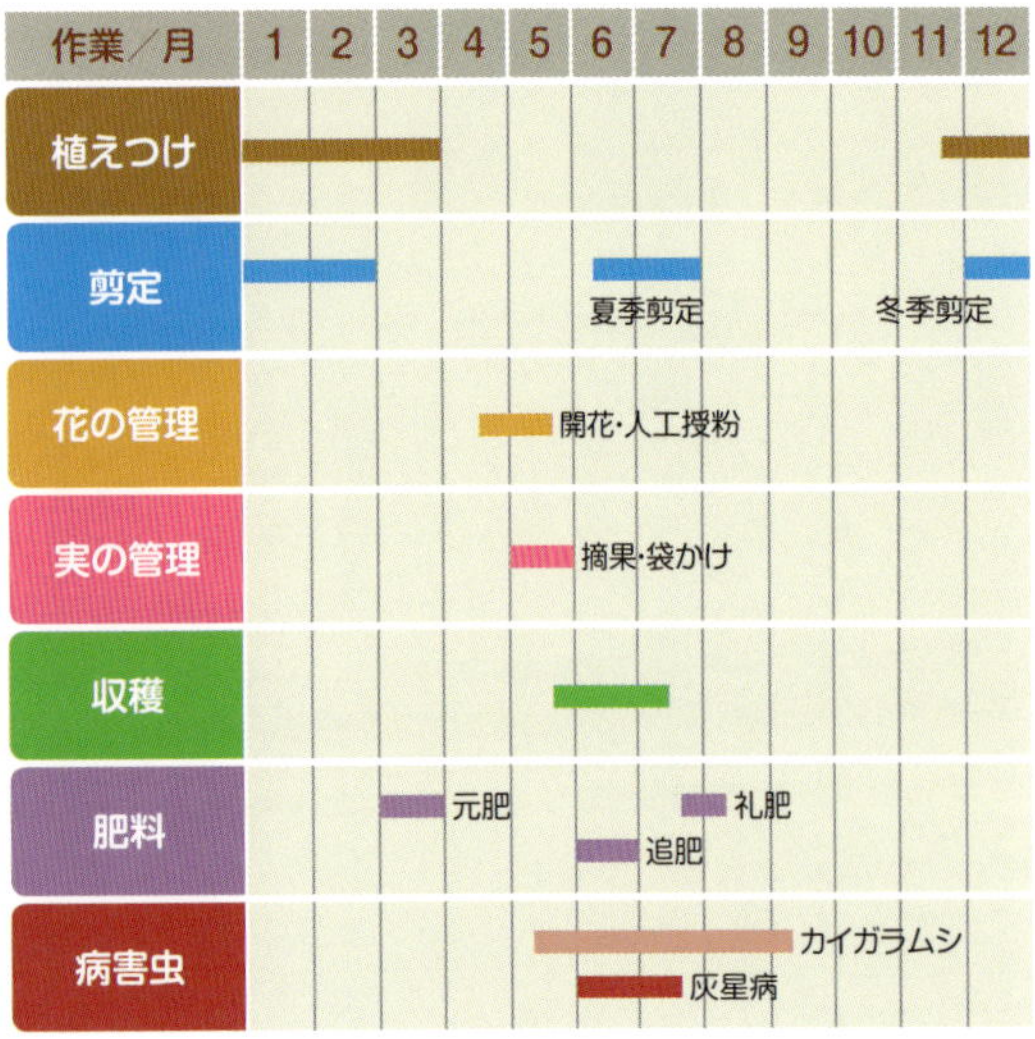

相性がよい例

結果樹×受粉樹
○香夏錦×佐藤錦
○高砂×佐藤錦
○佐藤錦、南陽×高砂
○ナポレオン×高砂、佐藤錦

1本でも実がつく品種

○暖地桜桃
ほかのサクランボ（オウトウ）より開花が早く小ぶりの実がなる。1本で実がつき丈夫で家庭向き。とくに暖地で実つきが良い。
△紅きらり

●サクランボの主な品種

品種名	特徴
香夏錦《こうかにしき》	早生（わせ）。生理落果が少なく暖地でもよく実がつく。酸味が少ない
高砂《たかさご》	早生。豊産性。酸味が強い。暖地向き
佐藤錦《さとうにしき》	中生（なかて）。品質の良い最高品種。結実はやや不安定で、熟しすぎると味が落ちる
紅きらり	中生。１本で結実しやすい新品種。酸味が少なく味が良い
南陽《なんよう》	中生。大粒で甘みが強く品質が良い
ナポレオン	晩生（おくて）。大粒で香りが良くジューシー。酸味が強い

植えつけ

11月下旬～3月下旬

日当たりと風通しが良い、真夏に西日が当たらない場所に植えつけます。寒冷地では3月の植えつけがよいでしょう。大木になりやすいので、コンパクトに仕立てたい場合は根域制限（⇒p23）が効果的ですが、水切れさせないように水管理に注意が必要です。

鉢栽培のコツ

◆10号程度の深めの鉢に植えつける。
◆50～60㎝の高さで切り返し、元気な枝を2～3本伸ばす。
◆過湿にしない。ただし夏は水切れに注意する。
◆果実の成熟期は雨の当たらない場所に移して裂果を防ぐ。
◆異なる品種を近くに置いて人工授粉をする。

仕立て方と実をつけるコツ

仕立て方

コンパクトに仕立てるなら、3本仕立てか2本仕立てにします。枝が上に向きやすいので、幼木や若木のうちに水平に誘引すると樹高が抑えられ、花芽がつきやすくなります。根域制限した場合は水切れに注意します。

実のつき方

花芽は短い枝（短果枝）に多くつきます。冬季剪定で長い枝を切り返すと短果枝が多く発生します。夏季剪定でも新梢の先端を摘心（⇒p205）すると、複数の花芽が集まった花束状《かそくじょう》短果枝がふえて実つきが良くなります。

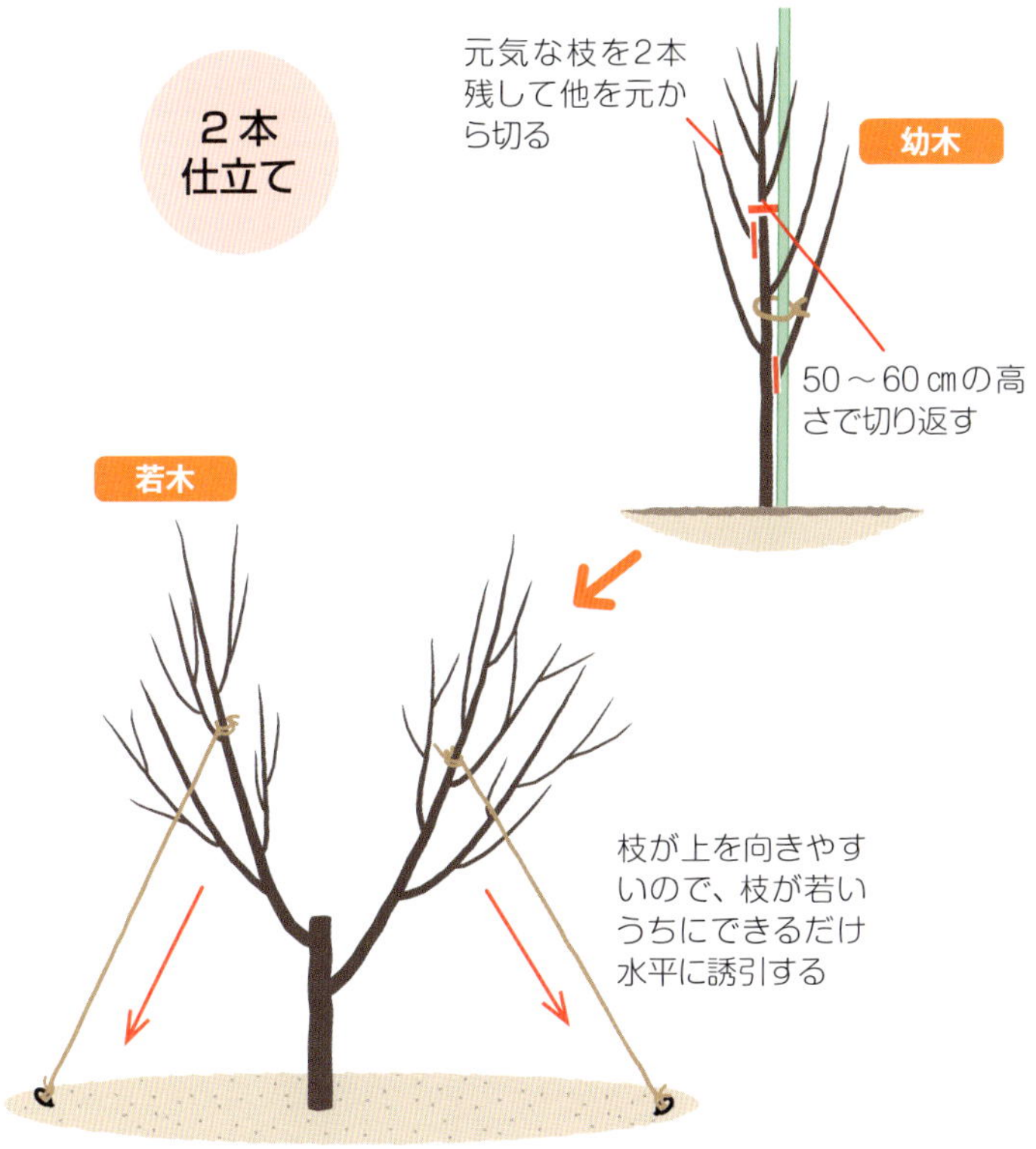
2本仕立て
幼木
元気な枝を2本残して他を元から切る
50～60㎝の高さで切り返す
若木
枝が上を向きやすいので、枝が若いうちにできるだけ水平に誘引する

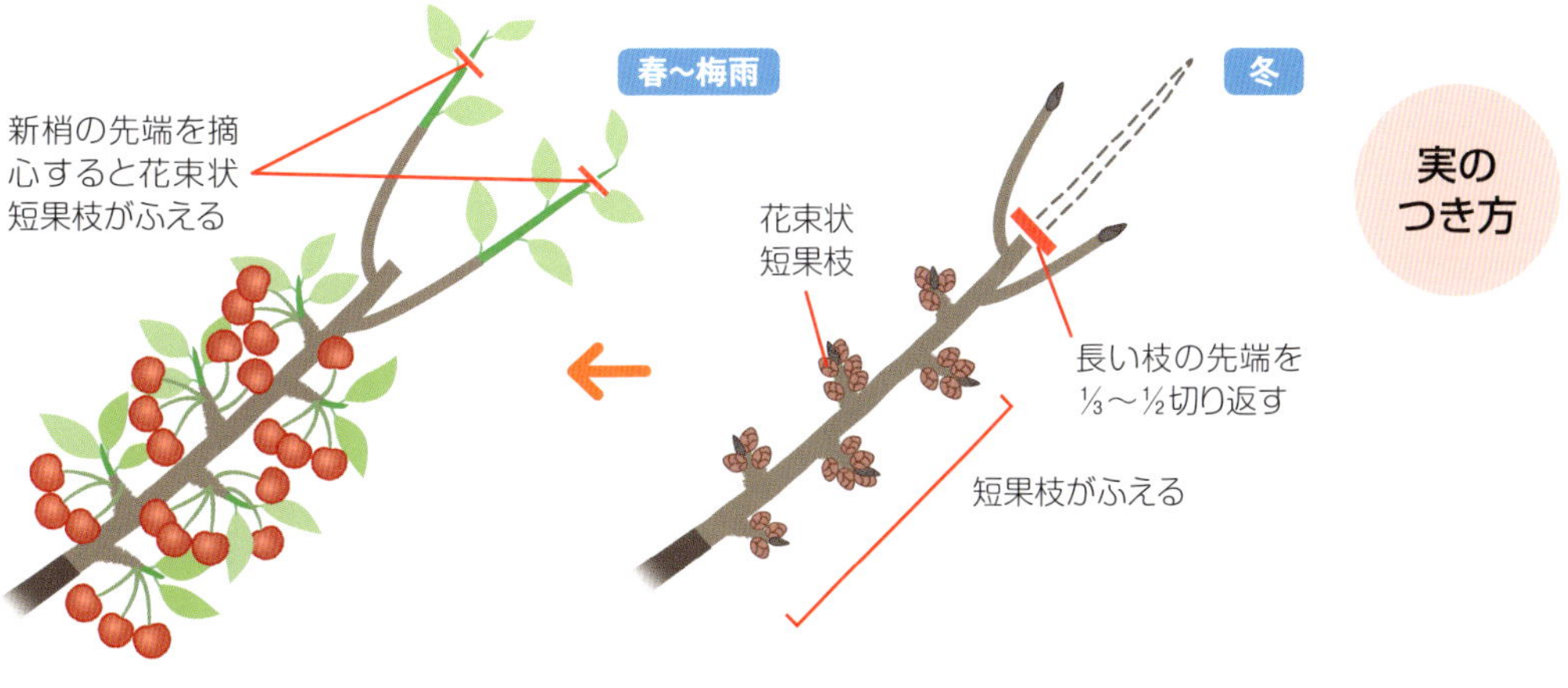
実のつき方
冬
花束状短果枝
長い枝の先端を⅓～½切り返す
短果枝がふえる
春～梅雨
新梢の先端を摘心すると花束状短果枝がふえる

夏季剪定

6月中旬～7月下旬

樹勢が強く春から夏にかけて新梢が多く伸びます。放任すると日当たりや風通しが悪くなり、病害虫が発生したり、花芽がつきにくくなったりします。混み合った徒長枝を元から間引き、残す枝は先端を切り返すと花芽がつきやすくなります。

樹冠から飛び出した徒長枝は元から間引くか切り返す

新梢の先端を切り返す

初夏の状態。不要な枝を間引いて日当たりと風通しを改善する。新梢の先端を切り返すと花芽がつきやすい。

新梢の先端を切り返す。

株元からひこばえが発生していたら元から切り取る。

冬季剪定

12月上旬～2月下旬

徒長枝や内向枝などの不要な枝を間引いて樹形を整え、長い枝の先端を⅓～½程度切り返して花芽がつきやすい短果枝を発生させます。

長い枝の先端を切り返し、実がつきやすい短果枝をふやす。

2本仕立ての若木。まだ枝数は多くないが、樹形を乱す徒長枝や内向枝、交差枝は放任せずに整理する。

不要な枝を整理したので、枝葉が茂っても株の内部まで光や風が入る。長い枝の先端を切り返して短果枝を多く発生させると収穫量がふえる。

樹形を整える剪定

1 徒長枝を間引く

不要な徒長枝を間引く。写真の枝は株の内側に向かって伸びる内向枝でもある。

2 交差枝を間引く

枝同士が交差しているところは、どちらか一方を元から間引く。

実をならせる剪定

長い枝の先端を切り返す

前年に伸びた長い枝には花芽がつきにくい。先端を⅓～½切り返すと短果枝が発生しやすくなる。

ポイント
花束状短果枝をふやすと実の数がふえる

摘果・袋かけ

5月上旬～下旬

花後に受精（⇒p204）しなかった花は落花します。摘《てき》果《か》は必ず行う作業ではありませんが、生理落果（⇒p41）が止まった後に実が多くついていたら、1か所2～3果に摘果すると大きな実になります。

摘果後に袋をかけると、雨による裂《れっ》果《か》や鳥の被害を防ぐことができます。

人工授粉

4月中旬～5月中旬

1本では実がつきにくいため、相性の良い異なる品種の花を摘み、直接雌《め》しべに花粉をこすりつけるか、筆先に花粉をつけて雌しべをなぞって受粉させます。

人気の「暖地桜桃」の花。1本でも実がつくが、実つきが悪い場合は人工授粉をするとよい。

収穫

5月下旬～7月中旬

色づいて熟した果実から軸を持ち上げて摘み取ります。袋をかけていない場合は、ネットで株ごと覆って鳥対策をするとよいでしょう。

収穫適期の「暖地桜桃」。ほかのサクランボに比べて粒が小さい。

ザクロ

ザクロ科ザクロ属／西アジア／落葉高木／3.0～4.0m

赤く色づいた果実。

樹勢が強く、寒さ暑さ、乾燥、病害虫に強い栽培しやすい果樹です。１本でよく実がつくので受粉樹は不要です。果実用の実ザクロと花を観賞する花ザクロがあり、実ザクロは在来種と欧米種があります。果実があまり流通しないので、家庭果樹ならではの味が楽しめます。生食のほか、果実酒やジャム、ソースやシロップ、ジュースなどに利用できます。

栽培データ

日なた　耐寒性：強　耐暑性：強

栽培適地	北海道地方南部以南
実がなるまで	庭植え約５～６年、鉢植え約４～５年
受粉樹	不要
花芽・実のつき方	Cタイプ（⇒p37）
隔年結果	しにくい
主な仕立て方	株仕立て　3本仕立て

栽培カレンダー

作業／月	1	2	3	4	5	6	7	8	9	10	11	12
植えつけ	■	■	■									■
剪定	■	■				■ 夏季剪定						■ 冬季剪定
花の管理					■	■ 開花・人工授粉						
実の管理						■	■ 摘果					
収穫									■	■		
肥料			■ 元肥							■	■ 礼肥	
病害虫				■	■ カイガラムシ							

ここがポイント

◎実ザクロの苗木を入手する

◎株仕立てか3本仕立てにすると管理がしやすい

◎チッ素肥料（⇒p42）を与えすぎると枝葉が茂って花つきが悪くなる

◎枝の先端に花芽がつくので、間引き剪定を主体にする

鉢栽培のコツ

◆苗木の大きさに合わせて6～10号鉢に植えつける。

◆株状や主枝が分枝した苗木が多いので、元の樹形を生かして株仕立てか3本仕立てにする。

◆間引き剪定を中心に行う。

◆ひこばえが出たら切り取る。

◆肥料を与えすぎない。

◆開花期、成熟期は雨の当たらない場所に鉢を移す。

◆2年に1回植え替えをする。

●ザクロの主な品種

品種名	特徴
大実《おおみ》ザクロ	代表的な在来種。甘味があり、生食のほか果実酒にも向く。病害虫に強い
大実水晶ザクロ	中国のザクロ。実が巨大。花、果皮、果実が黄色がかった白。生食に適した甘味
カリフォルニアザクロ	欧米種。実が巨大。酸味が少なく甘味がある。病害虫に強い
ルビーレッド	欧米種。実が巨大。鮮やかな赤紫色の大きな実がなる
ペルシャブラック	欧米種。果肉が黒または濃紫色。コクがありジュースに向く
スイートハニー	「タネなしザクロ」と呼ばれタネが気にならない。実が大きく酸味も少ない

植えつけ

12月上旬～3月下旬

実ザクロと観賞用の花ザクロがあるので、実ザクロの苗木を入手して日当たりの良い場所に植えつけます。日陰では花つきが悪くなります。水はけと水もちがよければ土質は特に選びませんが、乾燥に強い分、過湿を嫌います。1本で実がつくので、異なる品種を近くに植える必要はありません。

肥料を与えすぎると実がつかない?

ザクロは樹勢が強く肥料をよく吸収するので、肥料を多く与えすぎると枝葉の伸長に養分が回り、花や実がつかなくなることがあります。

特に花芽ができる6月中旬～下旬は、チッ素分の多い肥料の与えすぎに注意しましょう。花つき、実つきをよくしたい場合は、リン酸分やカリ分の多い肥料を与えるようにします（⇒p42）。

仕立て方と実をつけるコツ

仕立て方

勢いのあるひこばえを3本程度残して株仕立てにするか、分枝した元気な枝を利用して3本仕立てにします。放任でも実はつきますが、伸びすぎた枝を切り返して収穫しやすい高さに樹高を抑えます。

実のつき方

前年に伸びた枝の先端付近に花芽（混合花芽）がつき、そこから伸びた新梢の先端に花と実がつきます。切り返し剪定をすると花芽を落として実がつかなくなるので、剪定は不要な枝の間引きを中心に行います。

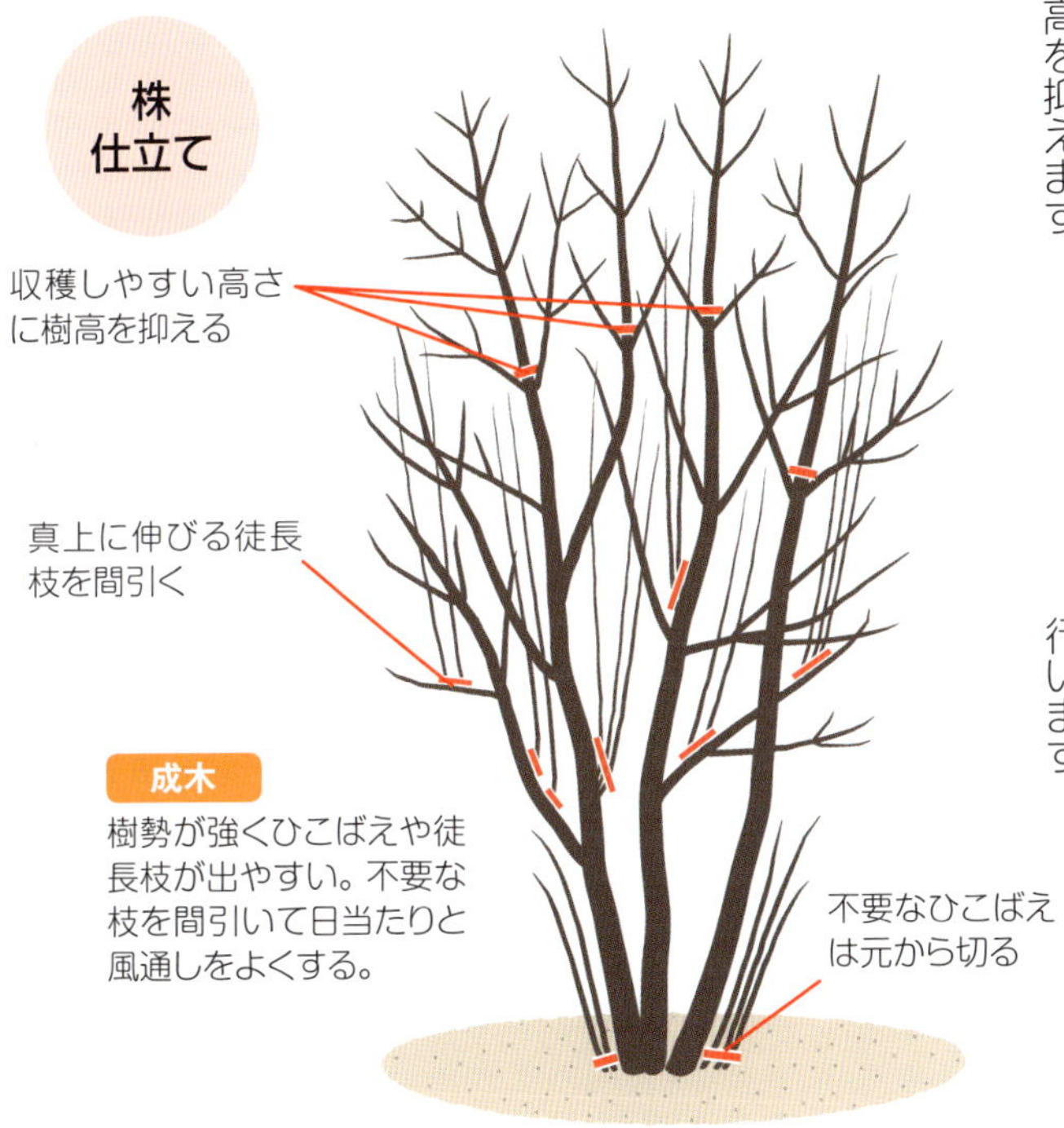
株仕立て
収穫しやすい高さに樹高を抑える
真上に伸びる徒長枝を間引く
成木
樹勢が強くひこばえや徒長枝が出やすい。不要な枝を間引いて日当たりと風通しをよくする。
不要なひこばえは元から切る

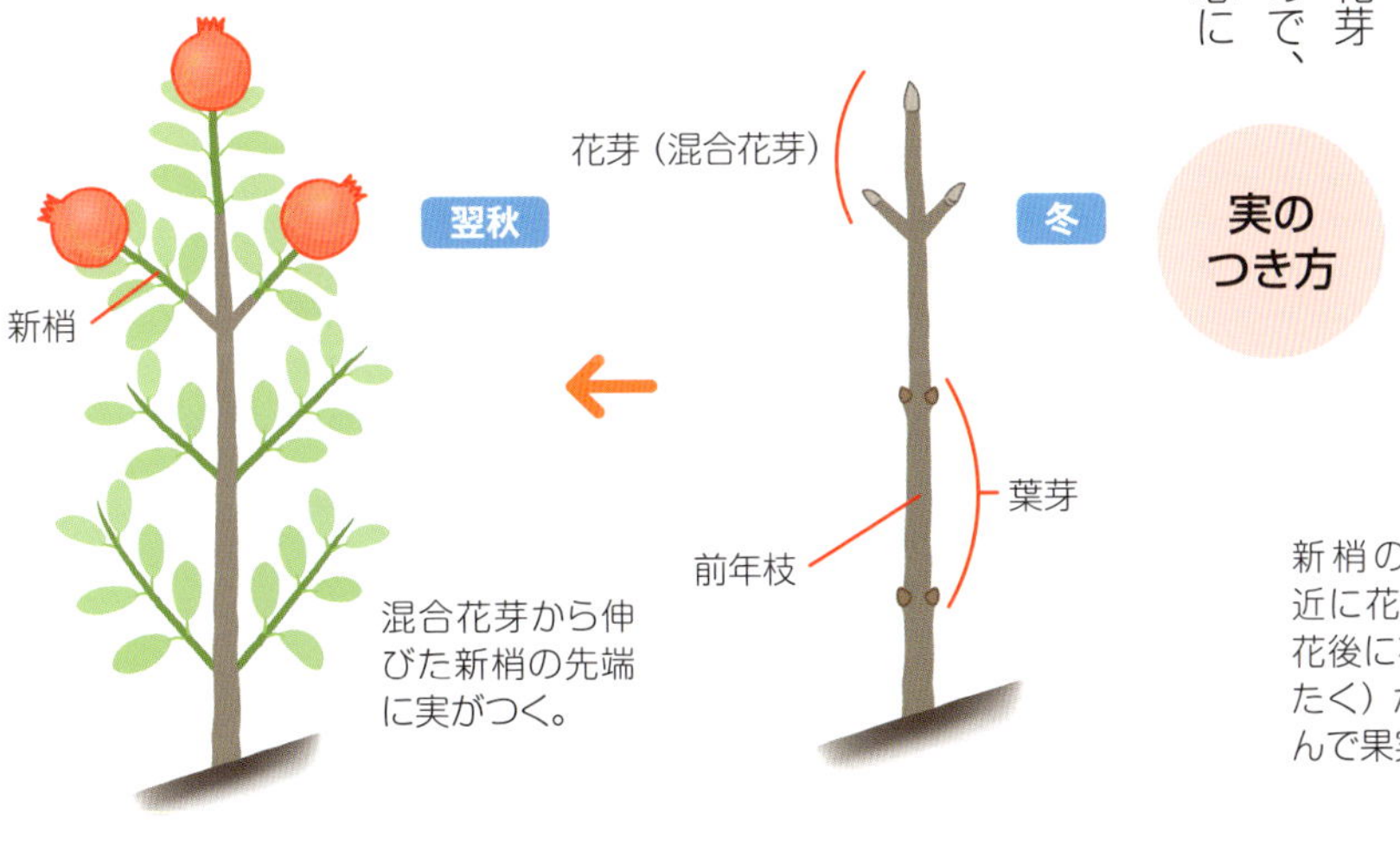
実のつき方
冬
花芽（混合花芽）
葉芽
前年枝
翌秋
新梢
混合花芽から伸びた新梢の先端に実がつく。

©PIXTA

新梢の先端付近に花がつき、花後に花托（かたく）がふくらんで果実になる。

夏季剪定

6月上旬～下旬

混み合った徒長枝や胴吹き枝、ひこばえ、枯れ枝などの不要な枝（⇒p32）を間引いて日当たり、風通しをよくします。枝の先端の花芽を切り落としてしまうため、基本的には切り返し剪定は行いません。

株元付近から吹き出す徒長枝や胴吹き枝、ひこばえには実がつかない。すべて元から切り取る。

↓

剪定後。日当たり、風通しがよくなり、病害虫の予防になる。

冬季剪定

12月上旬～2月下旬

樹勢が強く放任すると枝が無数に吹き出して混み合います。枝の背から真上に伸びる太い徒長枝（⇒p88）や細い枝には実がつかないので間引きます。株元のひこばえも切り取ります。株が古くなって実つきが悪くなったら、元気なひこばえと更新してもよいでしょう。

真上に伸びる太い徒長枝は元から切る。太い枝を切ったら切り口に癒合剤（⇒p35）を塗る。細くて弱い枝も間引く。

ひこばえを元から切り取る。将来的に枝を更新する場合は、元気なひこばえを数本残しておく。

人工授粉

5月下旬～7月上旬

1本で実がつくので基本的には不要ですが、開花期が梅雨時に当たるため、花が雨に濡れるとうまく受粉しないことがあります。雨が続く場合は、晴れた日に筆先で花の中をかき混ぜて人工授粉をすると実がつきやすくなります。

初夏に咲く元気な赤い花も人気。

摘果

6月中旬～7月下旬

ザクロは花のつけ根の部分(花托《かたく》)がふくらんで実になります。花托が小さいものは良い実にならないので早めに取り除きます。また、1か所に複数の実がついたら、生長の良い実を1つ残して摘果をすると実が大きくなります。

花托がふくらみ始めた未熟果。花托が充実していないものは摘み取る。

1か所に2～3個実がついた場合は、摘果して1果にすると大きな実が収穫できる。

収穫

9月下旬～10月下旬

ザクロは果実が色づいて熟すと裂果します。樹上で完熟させた果実は甘味と酸味のバランスが良く、家庭果樹ならではの味です。ただし、裂果した実に雨がしみ込むと腐ることがあるので、裂果する直前か、わずかに裂果したころに収穫します。すぐに収穫しない場合は、果実にビニール袋などをかけて雨よけするとよいでしょう。

裂果した完熟果。雨に当たると腐るので早めに収穫する。

果実が色づいたら裂果のサイン。ただし、欧米種は熟しても裂果しない。

スモモ、プルーン

バラ科スモモ属／中国、アジア西部～ヨーロッパ東部／落葉高木／2.5～3.0m

栽培データ

-18℃ 普

日なた 耐寒性 耐暑性

栽培適地	北海道地方～九州地方
実がなるまで	庭植え約3～4年、鉢植え約3～4年
受粉樹	スモモ必要(品種による)、プルーン不要(品種による)
花芽・実のつき方	**B**タイプ(⇒p36)
隔年結果	しにくい
主な仕立て方	 3本仕立て 2本仕立て 1本仕立て

栽培カレンダー

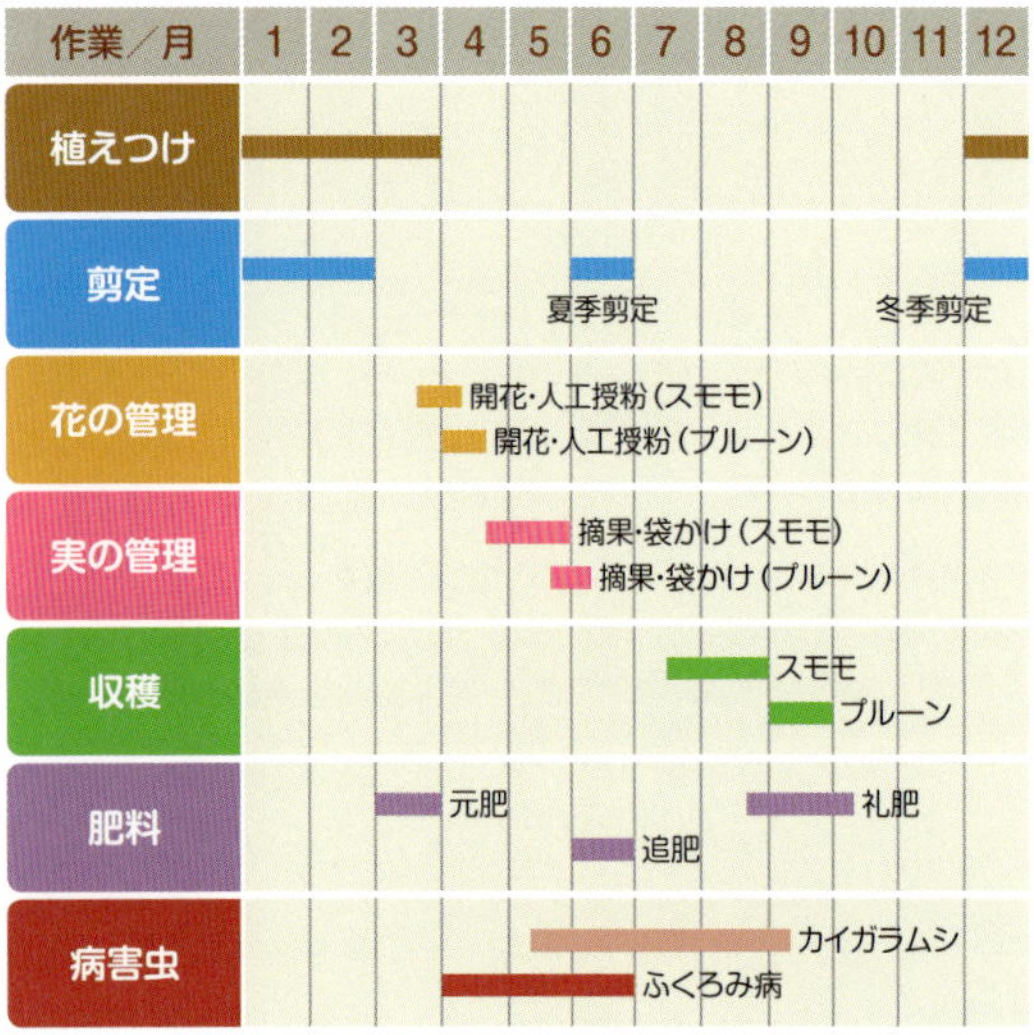

スモモの果実。甘い完熟果が味わえる。

日本や中国のスモモがアメリカで品種改良され、品種が豊富です。プルーンは甘味が強く、健康食品としても人気。スモモは相性の良い受粉樹を近くに植えます。ウメやアンズの花粉でも受精(⇒p204)しますが、プルーンは開花期が異なるので受粉樹には適しません。どちらも複数の花芽が集まった短い枝(花束状短果枝)に実が多くつく性質があります。

ここがポイント

◎スモモは近くに受粉樹を植える
◎耐陰性が弱いので、不要な枝を間引いて株の内部にも日が当たるようにする
◎実がつきやすい短い枝を多く残して剪定する
◎実が親指大になったら摘果する
◎袋をかけて裂果《れっか》や害虫を予防する

●スモモ(ニホンスモモ、プラム)の主な品種

品種名	受粉樹	特徴
ビューティー	サンタローザ、ソルダム	早生(わせ)。中果。甘くてジューシー。1本で結実しやすい。受粉樹に向く
メスレー	サンタローザ	早生。収穫量が多い。1本でも結実するが受粉樹があるとよい
サンタローザ	ビューティー、ソルダム	中生(なかて)。中果。1本でも実がつきやすい。果肉が柔らかく風味が良い
ソルダム	サンタローザ、ハリウッド	中生。大果。果肉が赤く、風味が良い。日もちする
ハリウッド	不要	中生。中果。果皮と葉が紅色。1本で結実し、受粉樹に向く
貴陽《きよう》	ハリウッド、バイオチェリー	中生。極大果の人気種。甘味が強い。生理落果が少ない

●プルーン(セイヨウスモモ、ヨーロッパスモモ)の主な品種

品種名	特徴
ツァー	早生。大果。甘味が強い。早どりすると酸味が強い
シュガー	晩生(おくて)。中果。甘味が強く風味が良い
スタンレイ	晩生。中果。果皮が黒紫色。早どりすると酸味が強くなる
サンプルーン	晩生。小果。甘味が強い。実つきが良く育てやすい
バイオチェリー	晩生。小果。プルーンとオウトウの交配種。受粉樹にも向く

植えつけ

12月上旬～3月下旬

休眠期に日当たりと水はけの良い場所に植えつけます。開花が早いため、温暖な地域では年内に植えつけをすませます。根の張りが浅いので、風などで倒れないように植えつけ後は支柱を立てます。遅霜や長雨を避けられる場所で栽培し、結実不良や裂果を防ぎます。

鉢栽培のコツ

◆8～10号程度の深めの鉢に植えつける。
◆鉢植えは3月下旬まで植えつけ可能。
◆50～60㎝の高さで主幹を切り返し、元気な枝を2～3本伸ばす。
◆日当たりが良い場所に置く。
◆開花期に遅霜に当てない。
◆果実の成熟期は雨の当たらない場所に移して裂果を防ぐ。
◆異なる品種を近くに置く。

仕立て方と実をつけるコツ

仕立て方

元気な枝を2～3本残して伸ばします。若木のうちに枝をできるだけ水平に誘引して樹形を作ります。樹勢が強く真上に伸びる徒長枝が多く発生するので、元から間引いて日当たりと風通しを確保します。

実のつき方

花芽（純正花芽）が枝全体につきますが、新しく伸びた枝や長い枝の花芽にはあまり実がつきません。剪定で新しい枝や長い枝の先端を切り返すと、実がつきやすい短い枝（短果枝、花束状短果枝）が多く発生します。

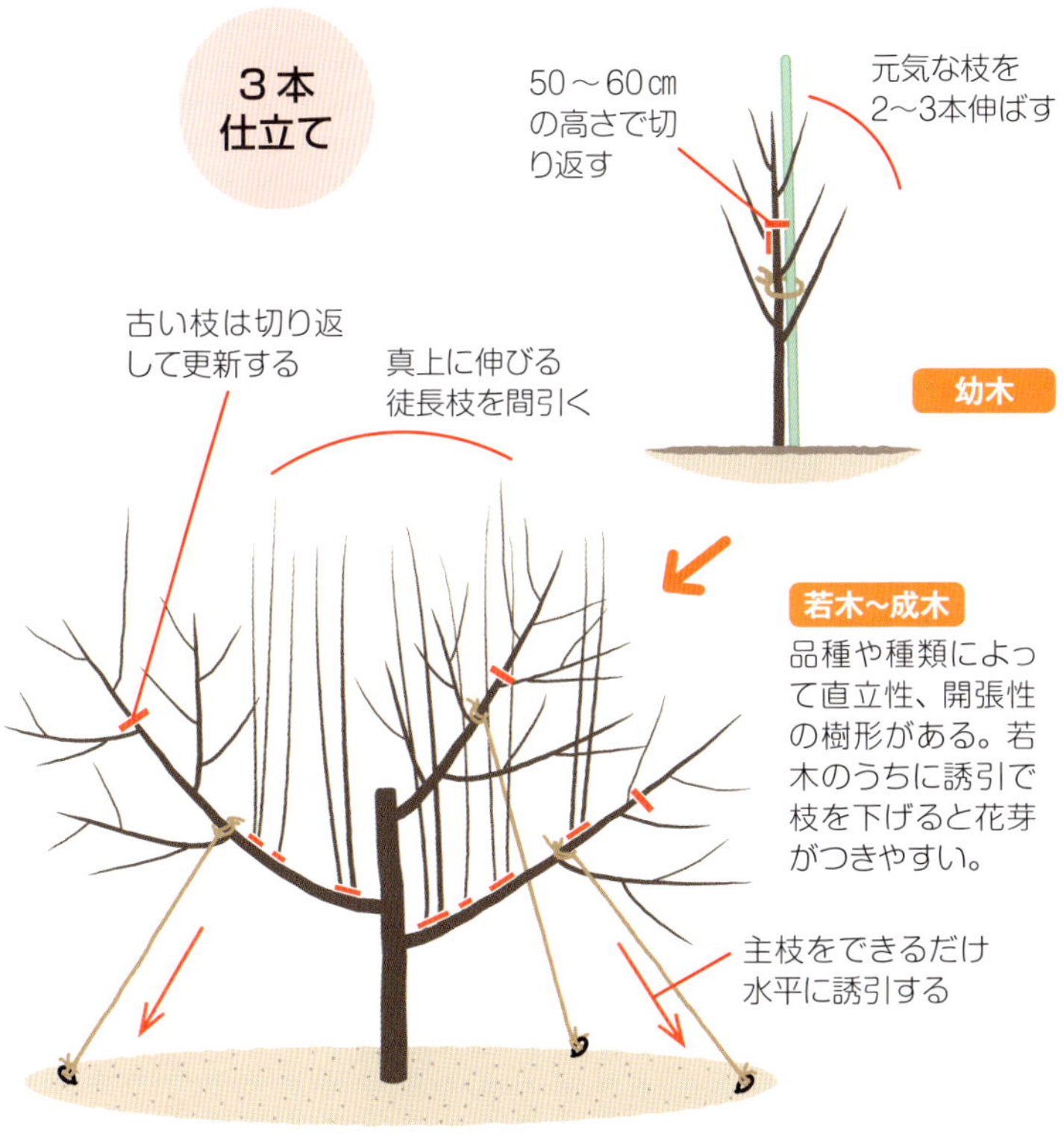

品種や種類によって直立性、開張性の樹形がある。若木のうちに誘引で枝を下げると花芽がつきやすい。

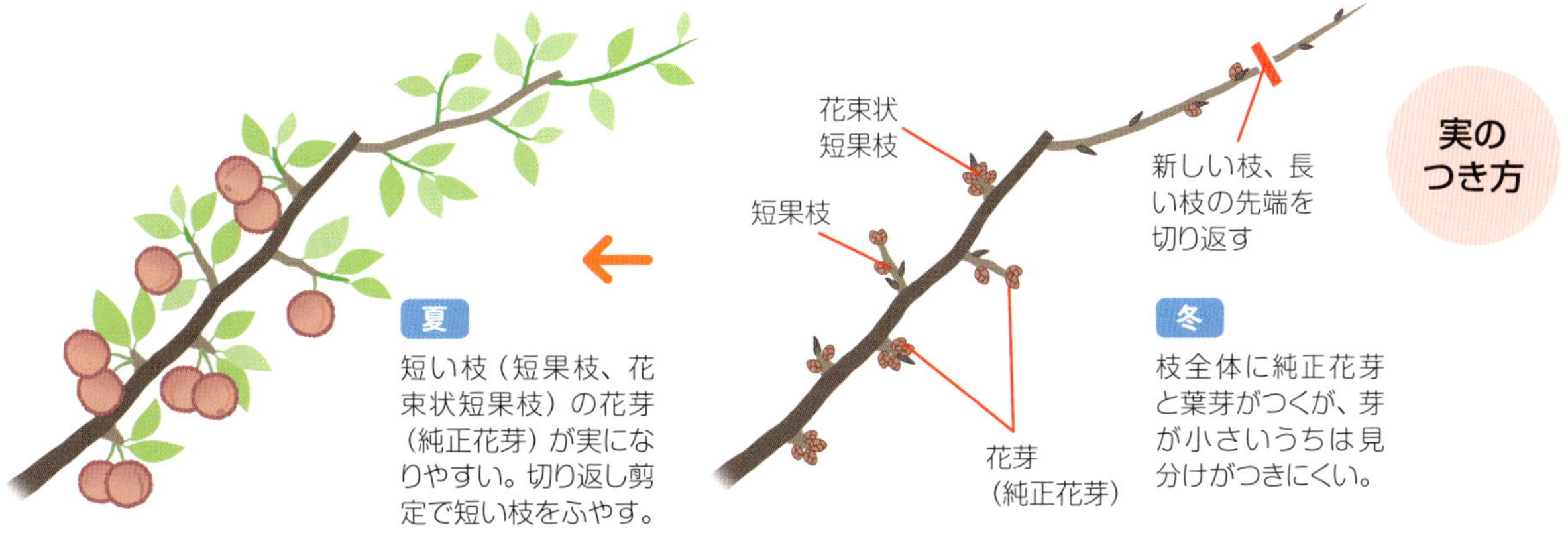

枝全体に純正花芽と葉芽がつくが、芽が小さいうちは見分けがつきにくい。

短い枝（短果枝、花束状短果枝）の花芽（純正花芽）が実になりやすい。切り返し剪定で短い枝をふやす。

夏季剪定

6月上旬～下旬

樹勢が強く梅雨時に新梢が多く発生します。徒長枝や不要な枝を間引き、株の内部への日当たりや風通しをよくします。残した徒長枝は先端を⅓程度切り返して短果枝を発生させると収穫量がふえます。株元のひこばえは間引きます。

1 徒長枝を間引く

徒長枝

株の内側から真上に伸びる徒長枝は元から切り取る。

2 ひこばえを間引く

ひこばえ

株の周囲から発生するひこばえを間引いて養分を実にまわす。

冬季剪定

12月上旬～2月下旬

スモモやプルーンは株の内側から真上に伸びる徒長枝（⇒p88）が多く発生します。放任すると日当たりや風通しが悪くなり、病害虫の発生の原因になるので元から切り取ります。太い枝を切ったら切り口に癒合剤（⇒p35）を塗ります。内向枝や枯れ枝などの不要な枝も取り除きます。

樹形を整える剪定 株の内側の徒長枝を間引く

ポイント
株の内側の徒長枝を間引く

株の内側から強い徒長枝が無数に発生しているプルーンの成木。

ポイント
残した徒長枝は先端を⅓切り返して短果枝を発生させる

内側の徒長枝を間引いたところ。太い枝はノコギリで切り跡を残さないように切り取る。残した徒長枝は先端を切り返す。

実をならせる剪定

長い枝の先端を切り返す

花芽、葉芽が複数ついたスモモの花束状短果枝。このような枝がふえると実の数が多くなる。

新しい枝、長い枝の先端⅓程度を切り返すと実がつきやすい短果枝がふえる。

人工授粉

スモモ：3月下旬～4月上旬
プルーン：4月上旬～中旬

品種にもよりますが、スモモのほうがプルーンより10～30日程度早く開花します。スモモは1本では結実しにくいので、相性の良い品種かウメ、モモ、アンズなどの花粉を筆先などにつけて人工授粉をします。

スモモの花。1つの花芽から3つずつ花が咲く。

摘果・袋かけ

スモモ：4月下旬～5月下旬
プルーン：5月下旬～6月上旬

人工授粉から3週間ほどで生理落果（⇒p41）が止まります。実が親指程度の大きさになったら、最終的に10～15㎝間隔、または葉15～20枚につき1果になるように摘果をして良い実を残します。

5月末に袋をかけると防虫、防鳥、裂果《れっか》の防止になります。

真上を向いた実や日陰の実、発育の悪い実を取り除いて実がぶつからないようにする。何回かに分けて作業してもよい。

雨で裂果したスモモの果実。

収穫

スモモ：7月中旬～8月下旬
プルーン：9月上旬～下旬

果実が色づいて完熟したものから手で摘み取って収穫します。早く収穫すると酸味が強く、とり遅れると日もちが悪くなります。試しどりをして適期を見極めましょう。

セイヨウナシ

バラ科ナシ属／ヨーロッパ、地中海沿岸／落葉高木／2.5〜3.0m

栽培データ

日なた	耐寒性 -20℃	耐暑性 普

栽培適地	東北地方〜関東地方北部
実がなるまで	庭植え約5〜7年、鉢植え約3年
受粉樹	必要
花芽・実のつき方	Cタイプ（⇒p37）
隔年結果	しにくい

主な仕立て方

栽培カレンダー

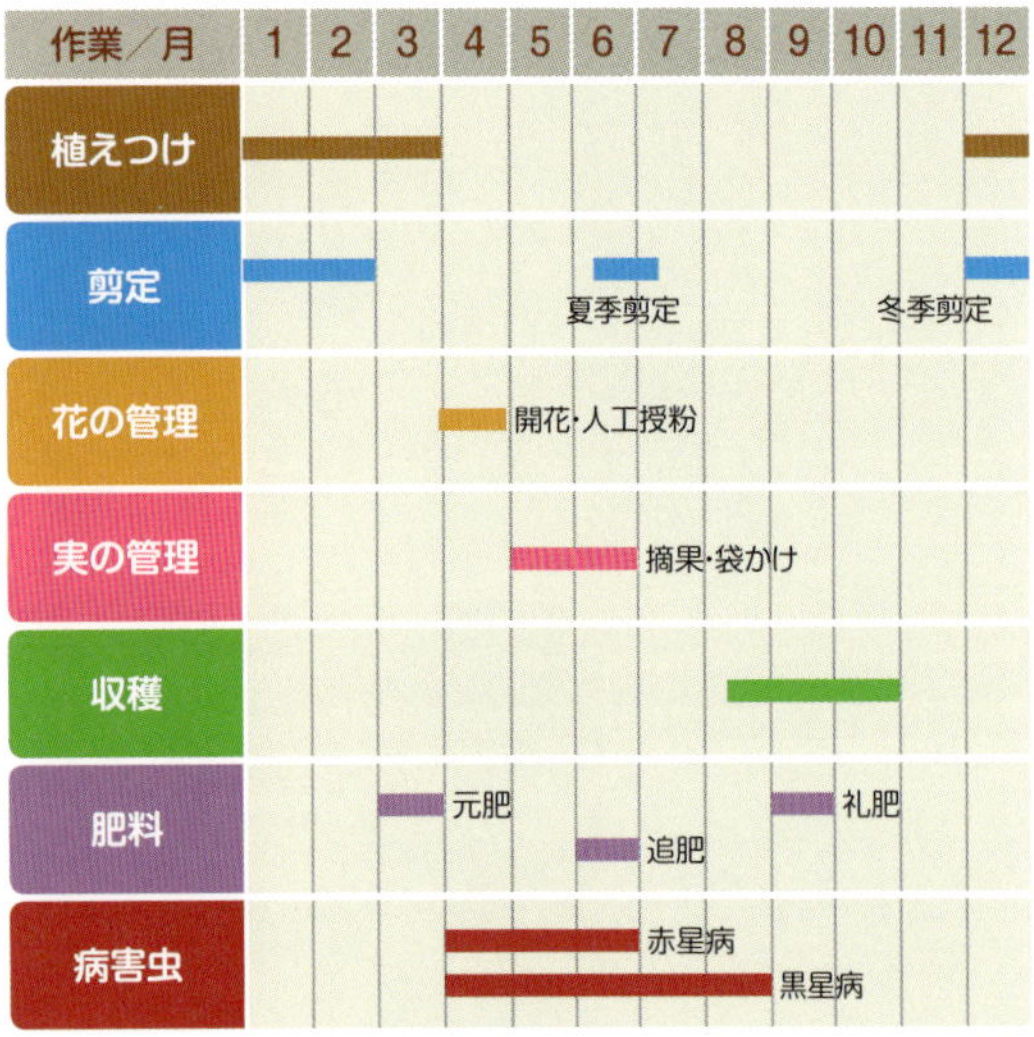

セイヨウナシは未熟果を収穫して追熟する。

日本での栽培は東北地方や高冷地が適しています。夏に高温多湿な地域では病気や葉焼けが発生しやすく、ナシ（ニホンナシ）よりも栽培難易度が高くなります。3本仕立てか2本仕立て、奥行きのない場所では一文字仕立てにするとコンパクトに仕立てられます。品種によって「幸水」「豊水」などのナシとも人工授粉ができます。

ここがポイント

◎寒冷地では芽が動く前の2〜3月に植えつける
◎赤星病（⇒p196）の予防にビャクシン類の近くに植えない
◎相性の良い受粉樹を近くに植える
◎果実が多くつくので摘果を行う
◎果実に袋をかけて病害虫の被害を防ぐ

鉢栽培のコツ

◆8〜10号程度の深めの鉢に植えつける。
◆2〜3本仕立てか一文字仕立てにする。
◆摘果後に袋をかけて病害虫を予防する。
◆軒下などに置いて雨をよけると黒星病の予防になる。
◆相性のよい異なる品種と人工授粉をする。
◆2〜3年に1回植え替える。

●セイヨウナシの主な品種

品種名	相性のよい受粉樹	特徴
バートレット	ラ・フランス、シルバー・ベル	早生。中果で実つきがよい。実の形はやや縦長
ゼネラル・レクラーク	ラ・フランス、豊水、幸水	中生。実が多くつくので必ず摘果する
ラ・フランス	セイヨウナシの他品種、豊水、幸水	中生。味、香りのよい定番品種。ニホンナシとも相性がよい
ル・レクチェ	ラ・フランス、豊水、幸水	晩生。ひょうたん形でやや大果。風で実が落ちやすい
シルバー・ベル	ラ・フランス、ル・レクチェ	晩生。やや大果。日本生まれのラ・フランスの交雑種
カリフォルニア	バートレット、豊水、幸水	晩生。大果。果皮が紅色で果肉が黄色

植えつけ

12月上旬～3月下旬

休眠期に日当たりの良い場所に苗木を植えつけます。暖地では年内に植えつけたほうが春からの生育がよくなります。

植えつけ直後は乾燥に注意し、マルチング（⇒p205）などをして適度な湿度を保ちます。

台木《だいぎ》から芽が出たら？

セイヨウナシ、ナシ（ニホンナシ）は、マメナシの台木に接いだ接《つ》ぎ木苗が流通します。台木から吹いた新芽を放置するとマメナシにセイヨウナシが負けてしまうので、早めに摘み取ります。他の果樹の接ぎ木苗も同様です。

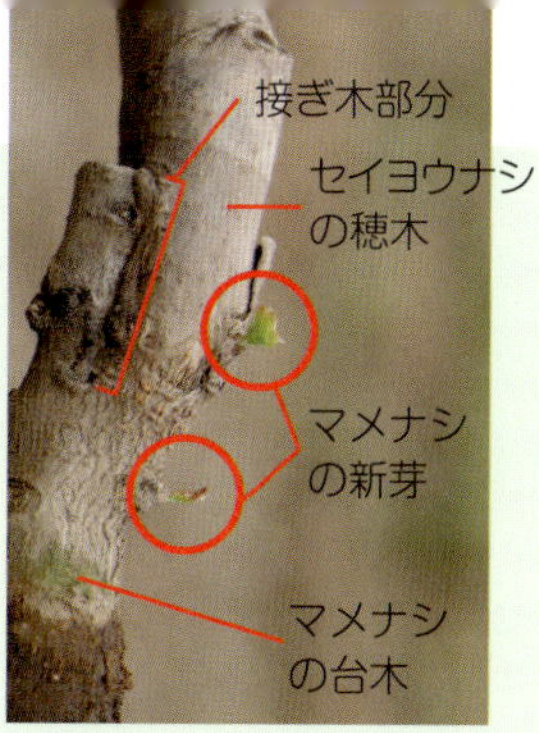

台木から出た新芽は元から摘み取る。

仕立て方と実をつけるコツ

仕立て方

1本仕立てか、50～60㎝で主幹を切り返し、2～3本仕立てにします。枝をできるだけ水平に誘引すると花芽がつきやすくなります。狭い場所では柔らかい枝を利用して一文字仕立てにしてもよいでしょう。

実のつき方

花芽（混合花芽）は枝全体につきますが、短い枝（短果枝）の先端につく花芽が良い実になります。長い枝の先端を切り返し、誘引して横向きにすると短果枝をふやすことができます。同じ短果枝に3～4年実がつきます。

一文字仕立て

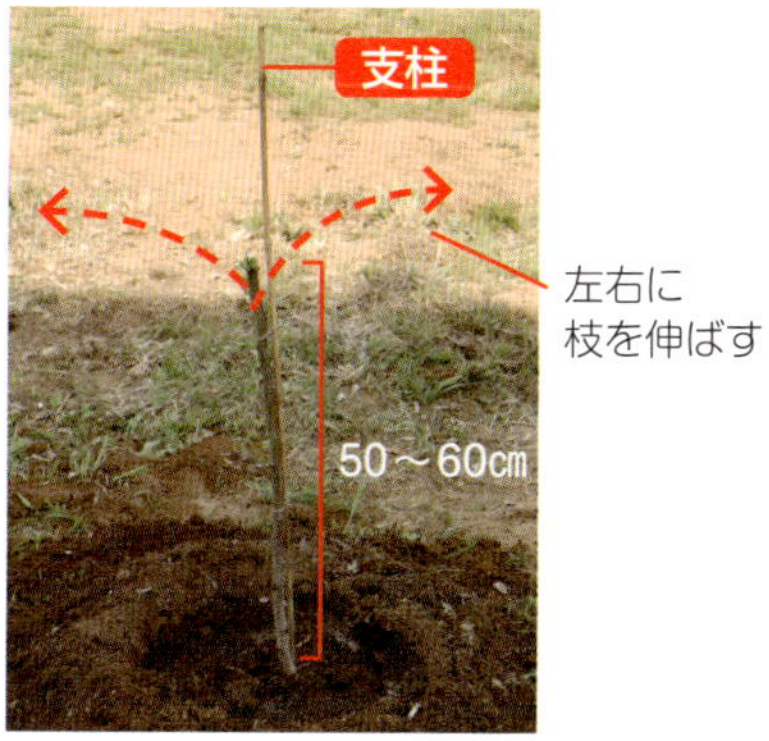

苗木

植えつけ後に支柱を立て、50～60㎝の高さで切り返す。枝が伸びたら左右に1本ずつ元気な枝を残す。

若木～成木

左右に1本ずつ水平に主枝を誘引する。側枝は先端⅓を切り返して実がつきやすい短い枝（短果枝）を発生させる。

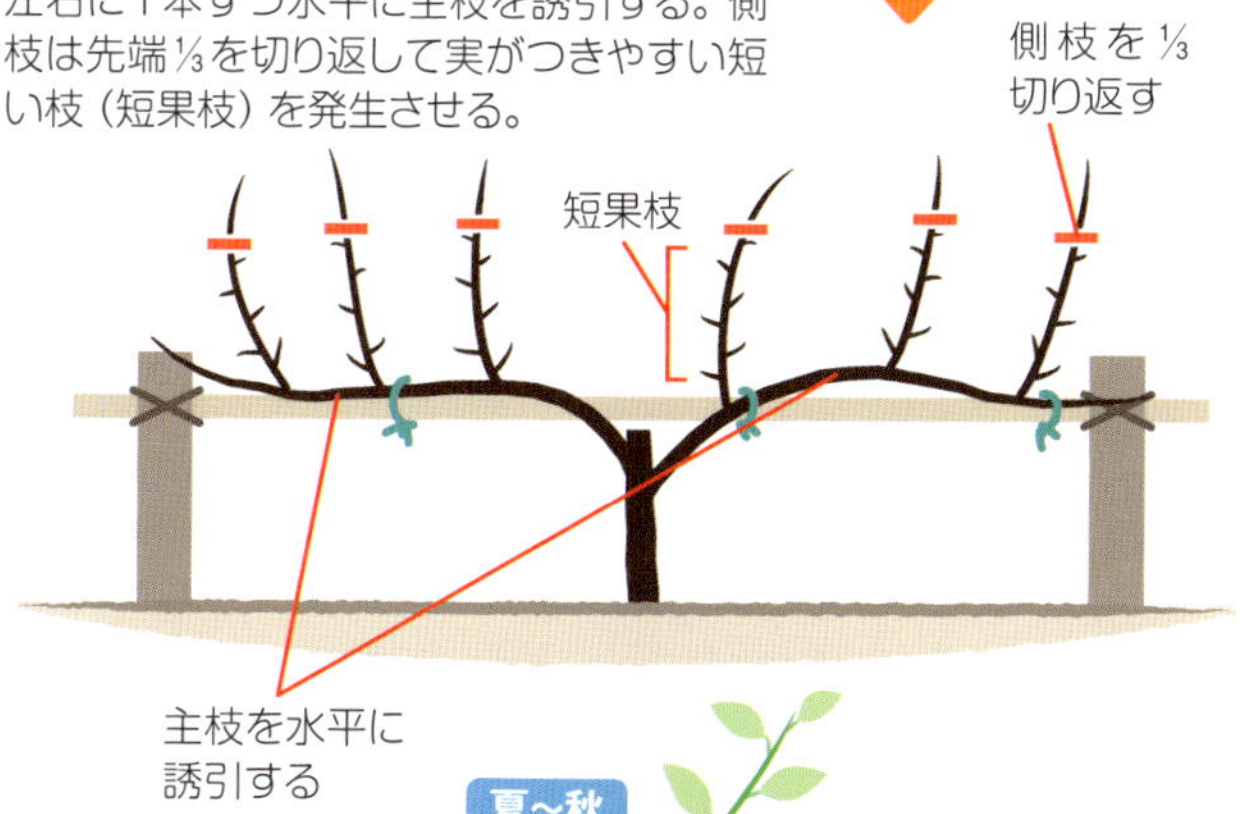

実のつき方

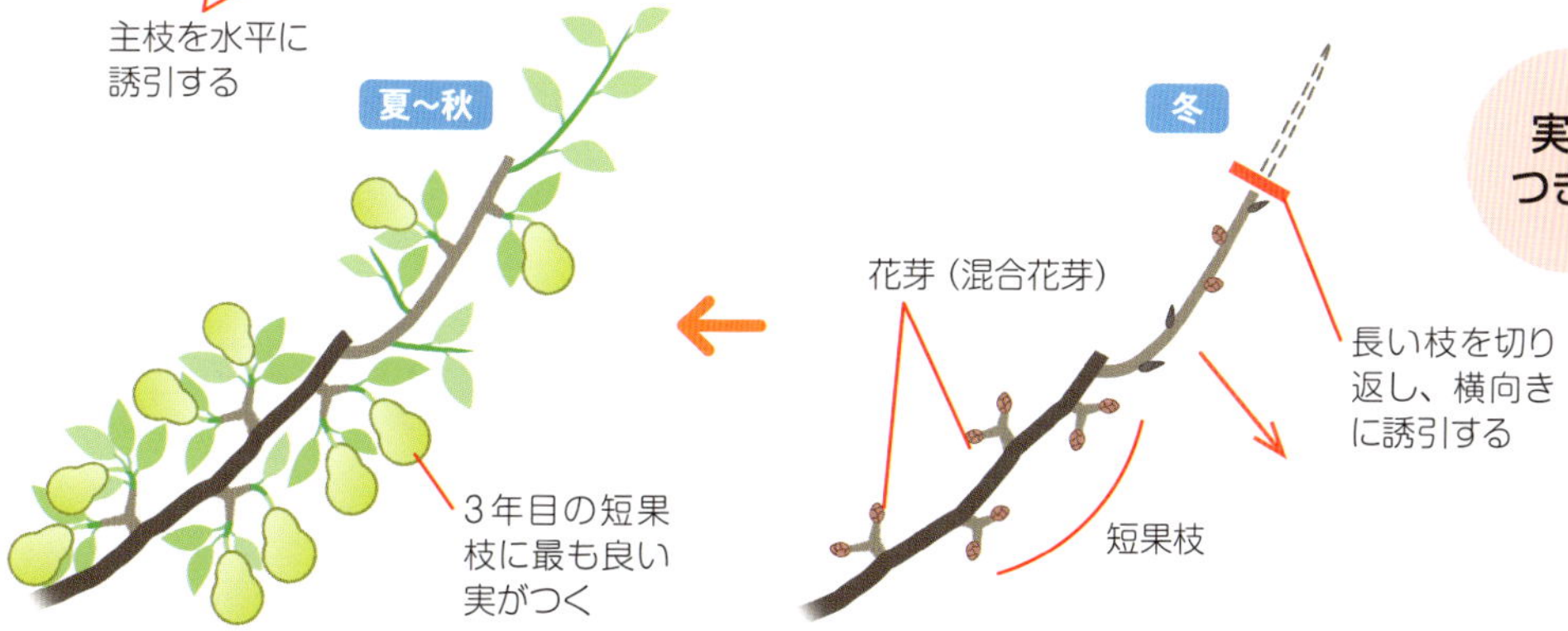

夏季剪定

6月中旬～7月上旬

初夏に新梢が伸びて混み合っていたら、枝の背から発生した徒長枝（⇒p88）を間引いて日当たりと風通しをよくします。新梢の先端を切り返し、できるだけ水平に誘引すると短果枝がふえます。鉢植えは梅雨時に雨の当たらない軒下などに移すと輪紋《りんもん》病（⇒p196）などの予防になります。

冬季剪定

12月上旬～2月下旬

枝の背から真上に伸びる強い徒長枝（⇒p88）を間引いて樹勢のバランスを整えます。長い枝は先端⅓を切り返して短果枝を発生させます。上向きの枝を誘引して横に寝かせると、より短果枝が出やすくなります。切り返し剪定と誘引をくり返して短果枝を多く発生させることが収穫量をふやすコツです。

樹形を整える剪定

1 真上に伸びる徒長枝を間引く

枝の背から真上に伸びる徒長枝（⇒p88）には良い実がつかない。元から切り取る。

2 胴吹き枝を間引く

主幹や主枝の元から吹き出す枝は樹形を乱すので元から切り取る。

3 車枝を間引く

太い枝の切り跡から枝が車輪状に吹き出した状態（車枝）。良い実はつかないので元から切り取るか、空間ができてしまう場合は良い枝を数本残して間引く。

↓

短果枝のある枝を残してほかを間引いたところ。太い枝の切り口には癒合剤を塗る。

実をならせる剪定

長い枝の先端を切り返して誘引する

翌年短果枝が
発生する
短果枝

長い枝の先端を⅓程度切り返すと、下の枝のように次の年に短果枝ができる。

前年に切り返したところ

ポイント
誘引で枝を横
向きにすると
短果枝が
ふえる
短果枝

人工授粉

4月上旬～下旬

1本では実がつきにくいので、相性の良い異なる品種を近くに植え、人工授粉をするとより確実です。「幸水」、「豊水」などのニホンナシの花粉でも授粉ができます。別品種の花を摘み取って雌《め》しべにこすりつけるか、柔らかい筆先などに花粉をつけて花の中でかき混ぜます。

摘果・袋かけ

5月上旬～6月下旬

ニホンナシと同様にセイヨウナシも一つの果そう（⇒p90）に数個実がつきます。実を充実させ、翌年の隔年結果（⇒p204）を防ぐために2回に分けて摘果を行い、最終的に葉40～50枚につき1果にします。2回目の摘果後に袋をかけると病害虫の予防になります。

1回目

果実がビー玉大になったら、斜め上に伸びる充実した果実を残し、1果そうに1果にする。

2回目

果実がピンポン球大になったら、葉40～50枚につき1果または20㎝間隔にする。

収穫

8月中旬～10月下旬

セイヨウナシは樹で完熟させても食味がよくありません。未熟な果実を収穫して追熟《ついじゅく》させると、なめらかな食感と風味が生まれます。収穫後、冷蔵庫に1週間程度保管してから、室内の涼しい場所（10～20℃）に1週間から1か月程度置きます。果実が柔らかくなって香りがしたら食べごろです。

果皮が黄緑色になって点が浮き上がったら収穫する。追熟の期間は品種によって異なる。

ナシ（ニホンナシ）

バラ科ナシ属／中国中部、朝鮮半島／落葉高木／2.5〜3.0m

実が大きい赤ナシの「豊水」。

ナシ（ニホンナシ）には、果皮がざらざらした赤褐色の赤ナシと緑色の青ナシがあり、栽培は赤ナシのほうが容易です。１本では実がつかないので、相性の良い品種を近くに植えて人工授粉をします。セイヨウナシやチュウゴクナシにも相性の良い品種があります。生産者は棚仕立てが主流ですが、家庭では３本仕立てか２本仕立てでもよいでしょう。

ここがポイント

- ◎赤星病（⇒p196）を媒介するビャクシン類の近くに植えない
- ◎枝の先端を切り返して良い花芽がつく短い枝（短果枝）を発生させる
- ◎誘引して枝を寝かせる
- ◎実がついたら水切れさせない
- ◎病害虫の予防に摘果後に袋をかける

栽培データ

日なた　-20℃ 耐寒性　普 耐暑性

栽培適地	北海道地方南部〜九州地方
実がなるまで	庭植え約３〜４年、鉢植え約３年
受粉樹	必要
花芽・実のつき方	Cタイプ（⇒p37）
隔年結果	しにくい
主な仕立て方	３本仕立て、２本仕立て、棚仕立て

栽培カレンダー

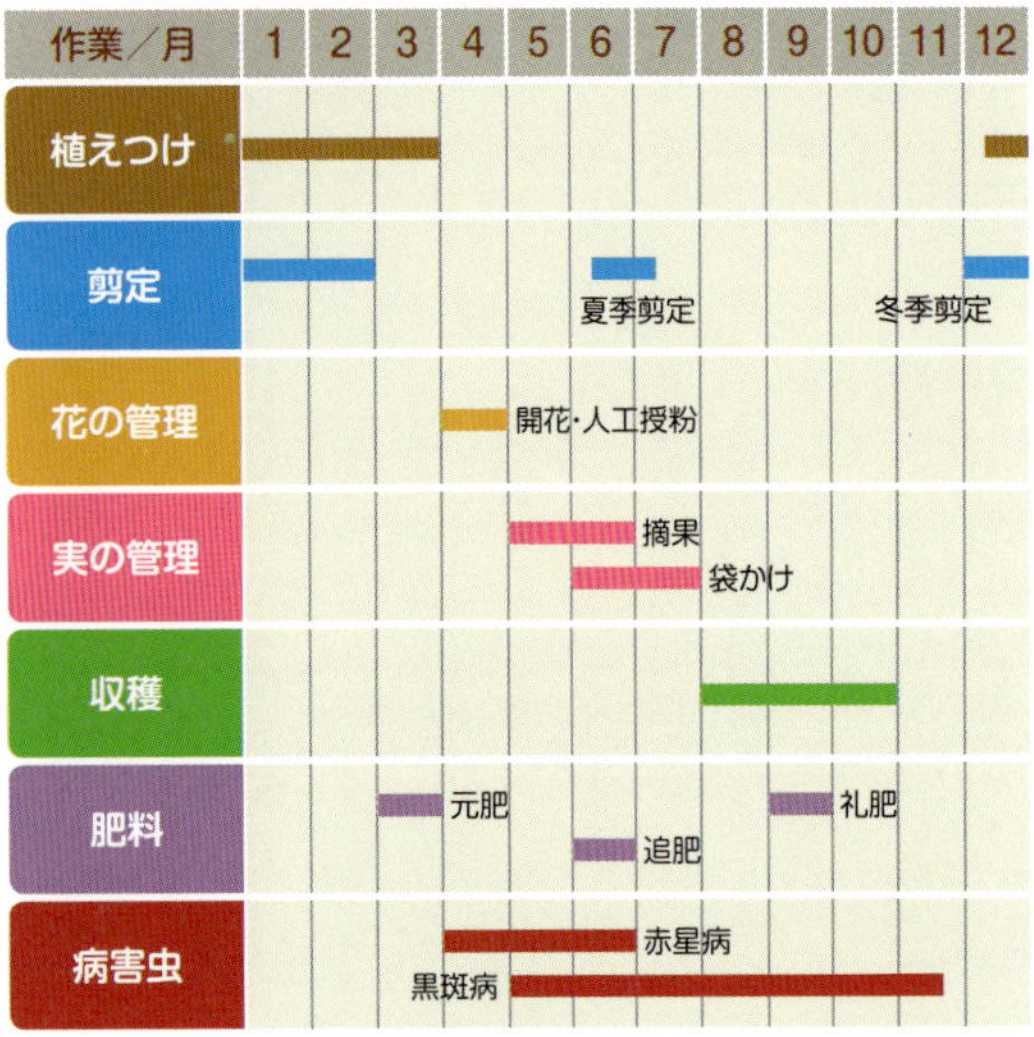

●赤ナシの主な品種

品種名	受粉樹	特徴
幸水《こうすい》	豊水、あきづき、新興	早生（わせ）。味の良い赤ナシの定番品種
あきあかり	幸水、豊水、ゴールドニ十世紀	早生。味が良い。全国で栽培しやすい
豊水《ほうすい》	幸水、王秋、新興	中生（なかて）。やや大果。赤ナシの最高品種
あきづき	幸水、王秋	中生。大果で甘味が強い。受粉樹にも向く
長十郎《ちょうじゅうろう》	幸水、豊水、ラ・フランス	中生。中果。栽培しやすい。花粉が多く受粉樹にも向く
新高《にいたか》	幸水、豊水、ラ・フランス	晩生（おくて）。大果。暖地でも育てやすい。受粉樹には不向き
新興《しんこう》	豊水、あきづき	晩生。大果。青ナシの風味。保存がきく。受粉樹向き
王秋《おうしゅう》	豊水、あきづき、ゴールドニ十世紀	晩生。酸味や香りが強い。樹勢が強く栽培しやすい
愛宕《あたご》	幸水、豊水、長十郎	特大果。収穫後に追熟する。病気に強い

●青ナシの主な品種

品種名	受粉樹	特徴
なつしずく	幸水	早生。やや大果でみずみずしい。袋をかけなくても美しい
ゴールドニ十世紀《にじゅっせいき》	豊水、あきづき	中生。黒斑病に弱い「二十世紀」の抵抗性を高めた品種
秋麗《しゅうれい》	豊水、ゴールドニ十世紀	中生。落果が少なく栽培容易。甘くジューシー。黒斑病に抵抗性がある

植えつけ

12月中旬～3月下旬

休眠期に日当たりと水はけの良い場所に植えつけます。ただし、ナシの実は水で太るので、乾燥による水切れに注意します。

枝を横向きに誘引すると実がつきやすいので、誘引できるスペースを周囲に確保しておきます。青ナシは梅雨時に黒斑病が発生しやすいため、雨が多い地域では鉢栽培がよいでしょう。

ステップアップ　万能受粉樹「ヤーリー（鴨梨）」

チュウゴクナシの果実はほとんど流通しませんが、見た目はセイヨウナシに似て、ニホンナシとセイヨウナシを足したような味がします。収穫後に追熟するとより甘味と香りが増します。

チュウゴクナシの「ヤーリー」という品種は、どのニホンナシとも相性の良い受粉樹としても重宝します。「ヤーリー」の授粉にはニホンナシの花粉を利用します。

仕立て方と実をつけるコツ

仕立て方

50～60㎝の高さで主幹を切り返し、元気な枝を2～3本伸ばして2～3本仕立てにします。

枝を横向きに誘引すると花芽がつきやすくなります。樹高を低く抑えることで、台風などによる落果を防ぐ効果もあります。

実のつき方

花芽（混合花芽）は枝全体につきますが、短果枝の先端につく花芽が良い実になります。長い枝の先端を切り返し、横向きに誘引して短果枝をふやします。1本の短果枝に数個実がつくので摘果が必要です（⇒p90）。

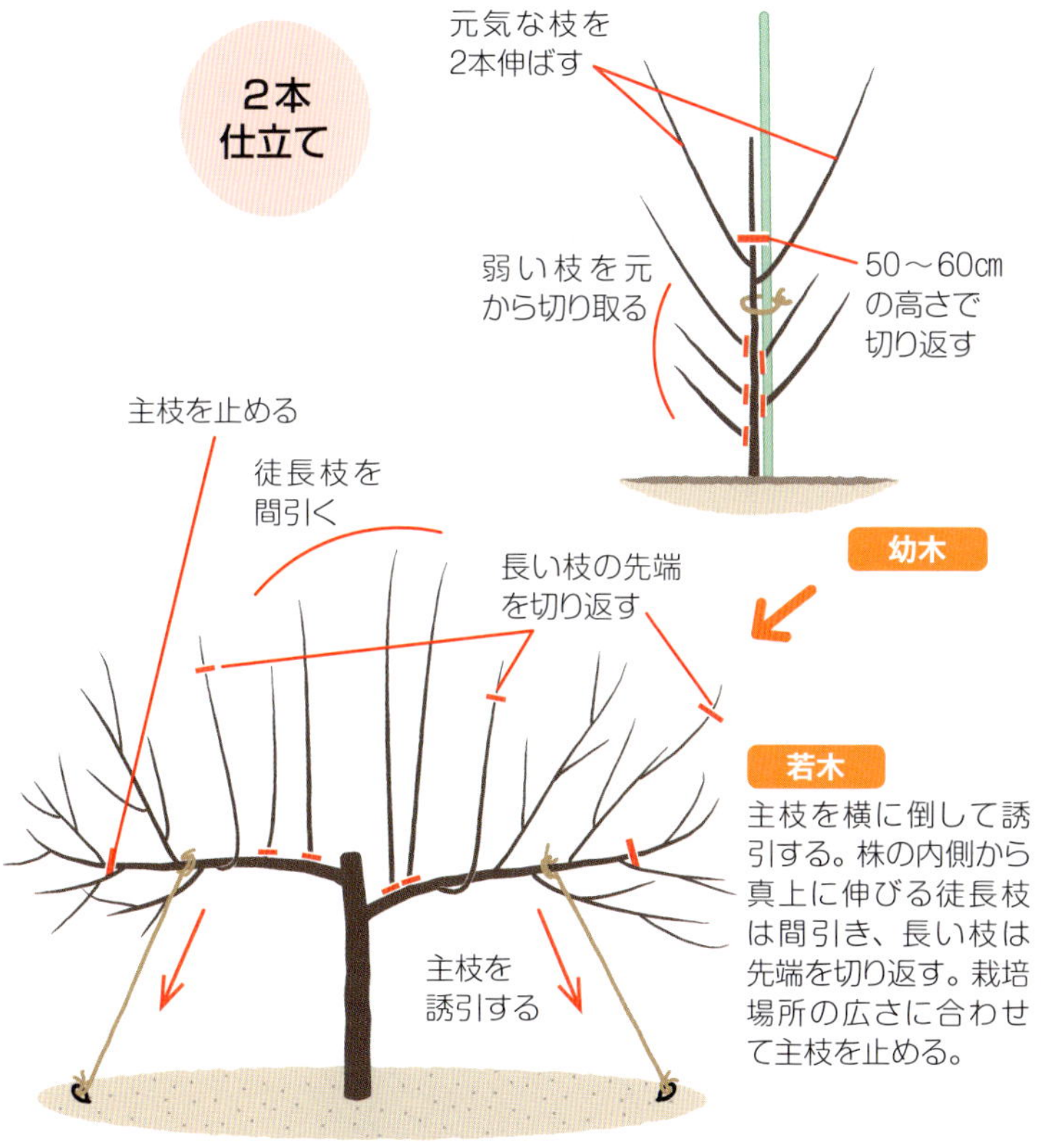

主枝を横に倒して誘引する。株の内側から真上に伸びる徒長枝は間引き、長い枝は先端を切り返す。栽培場所の広さに合わせて主枝を止める。

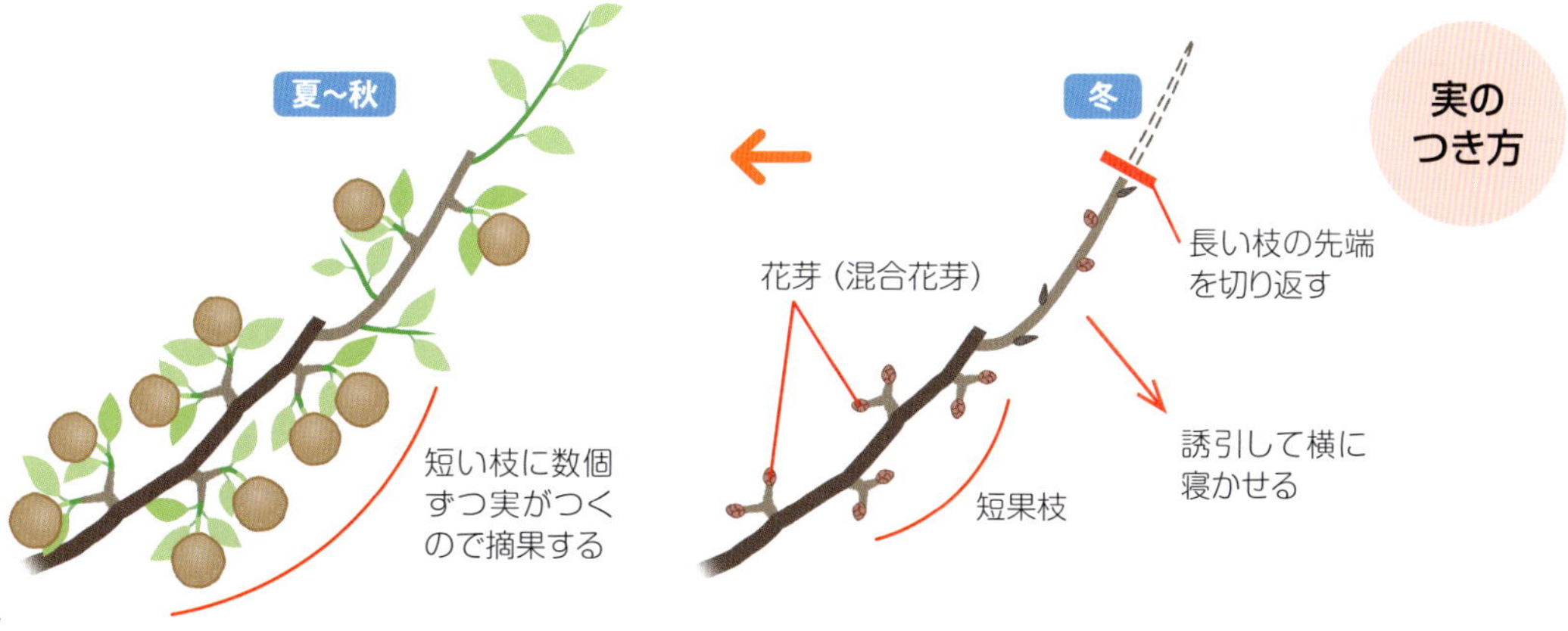

夏季剪定

6月中旬〜7月上旬

新梢が伸びて混み合っていたら、枝の背から真上に伸びる徒長枝や枯れ枝などを間引いて日当たりと風通しを改善します。新梢の先端を切り返すと短果枝がふえます。ナシの花芽は6〜7月に分化するので、新梢を横向きに誘引すると花芽ができやすくなります。

冬季剪定

12月上旬〜2月下旬

株の内側の枝の背から真上に伸びる徒長枝を間引き、日当たりと風通しをよくします。長い枝は先端⅓を切り返し、良い実がつく短い枝（短果枝）の発生を促します。

枝を横向きに誘引すると不要な枝の伸びが抑えられ、短果枝がつきやすくなります。

樹形を整える剪定

徒長枝を間引いて誘引する

枝の背から出る徒長枝を間引く。不要な枝を整理したあと、枝を誘引して横に倒すとよい。

ステップアップ

更新用の予備枝を作る

枝が古くなって短果枝が出にくくなったり枯れ込んだりしたら、近くの新しい枝（予備枝）に更新します。予備枝は2〜3年前から先端を切り返して短果枝を発生させておきます。

？ 枝の背から出る徒長枝とは？

枝の背面から真上に伸びる徒長枝は、勢いが強すぎて花芽がつかなかったり、他の枝の養分を奪ったりします。このような徒長枝は元から間引いて樹勢を抑えます。

一方、枝の側面から出る徒長枝は、先端を切り返したり、横に寝かせて誘引することで短果枝（結果枝）を発生させ、結果母枝（⇒p204）として利用することができます。

同じ徒長枝でも発生の仕方で使い分けるとよい。

実をならせる剪定

長い枝の先端を切り返して誘引する

長い枝の先端を⅓程度切り返す。上向きの枝は誘引して横に枝を倒すと、下の写真のように充実した短果枝が発生して良い花や実がつく。

枝を横に倒すと、1か所に複数の花がつく短果枝がふえる。

ステップアップ

ショウガ芽を間引く

ナシの短果枝は分枝しながら同じ枝に3～4年続けて実をつけます。枝が古くなるとショウガ芽（短果枝群）になります。ショウガ芽には良い実はつかないので元から切り取ります。

1か所に短果枝が固まっているショウガ芽は間引く。

人工授粉

4月上旬～下旬

1本では実がつきにくく、相性の良い異なる品種間で人工授粉をします。葯《やく》（⇒p205）が開いた花を摘み取り、雌《め》しべに花粉をこすりつけます。一つの花で10輪程度授粉ができます。梵天《ぼんてん》や筆先に花粉をつけて花の中でかき混ぜてもよいでしょう。

葯がピンクの花はまだ花粉が出ていない。

葯が開いて花粉が出るとピンクから黒に変わる。

1 葯が開いて花粉が出ている花を摘み取って花弁をはずす。

2 花と花をこすり合わせて雌しべの柱頭《ちゅうとう》に花粉をつける。

摘果

5月上旬～6月下旬

一つの果そうに数個実がつくので、摘果をして1個あたりの実を充実させます。摘果には隔年結果（⇒p204）を防ぐ目的もあります。

作業は二段階に分けて行い、最終的に葉40枚につき1果または20㎝間隔に1果を目安に良い実を残します。

ポイント
1果そうに1果にする

1回目

果実がビー玉大になったら、小さな実や傷のある実、真上に伸びる実などを間引いて1果そう1果にする。

2回目

果実がピンポン球大になったら、葉約40枚につき1果、または20㎝間隔にする。

ステップアップ

斜め上向きの実を残す

1回目の摘果で1果そう1果にする際、できるだけ斜め上に伸びる充実した実を残すようにします。真上に伸びる実は肥大したときに果柄《かへい》が折れやすかったり、実が日焼けしたりするためです。

摘果が終わって太り始めた斜め上向きの果実。実が太ると重みで徐々に下向きになる。

袋かけ

6月上旬～7月下旬

2回目の摘果後、梅雨に入る前に実に袋をかけると病害虫や鳥害の予防になります。ナシ用の市販の袋を利用すると便利です。ただし、袋をかけずに実に日光を当てたほうが甘味は増します。

1 2回目の摘果が終わった実に袋をかける。

2 すき間から雨や病害虫が入らないように付属の針金などでしっかり口を閉じる。

「幸水」の収穫。実を傷つけないように収穫後に果柄を短く切り返す。

収穫

8月上旬～10月下旬

赤ナシは果皮が茶色、青ナシは黄色になったら収穫適期です。熟した果実は上に持ち上げると簡単に樹からはずれます。

袋をかけた場合は収穫の1週間ほど前に袋をはずし、光によく当てると色づきます。収穫のタイミングが難しいので、何回か試しどりをしましょう。

鉢栽培のコツ

◆8～10号程度の深めの鉢に植えつける。
◆50～60㎝の高さで主幹を切り返して2～3本仕立てにする。
◆相性の良い異なる品種と人工授粉をする。
◆摘果後に袋をかけて病害虫を予防する。
◆実がついたら乾燥させない。
◆2～3年に1回植え替える。

1本で受粉ができるアベックフルーツ

ナシは1本では実がつきませんが、最近は1株に2品種を接《つ》ぎ木した苗木（アベックフルーツまたはペアフルーツ）も流通します。1株で授粉ができるので、狭い場所での鉢栽培などにおすすめです。ただし、将来的には樹勢が強いほうが勝って、1品種になってしまう可能性もあります。

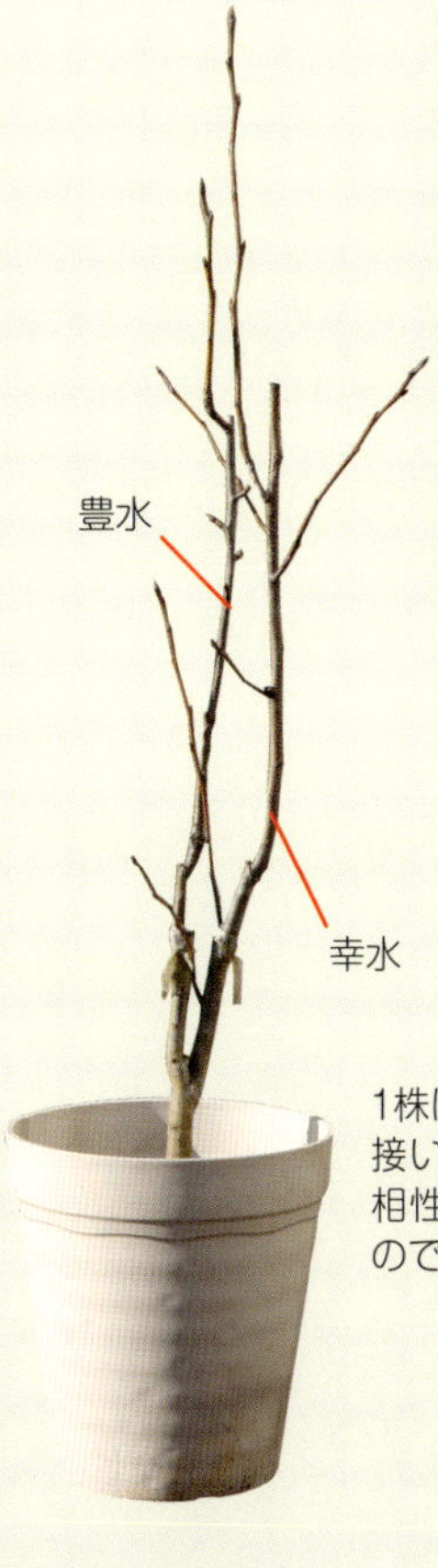

1株に「豊水」と「幸水」を接いだアベックフルーツ。相性の良い組み合わせなので互いに授粉ができる。

夏季剪定

長く伸びた新梢の先端を切り返す（摘心《てきしん》）。

冬季剪定

長い枝を切り返して短果枝の発生を促す。

摘果

小さな実や傷のある実、病気にかかった実などを摘果して1果そう1果にする。

ビワ

バラ科ビワ属／日本、中国／常緑高木／2.5～3.0m

果皮のオレンジ色が濃くなったら収穫する。

常緑性で、他の果樹と生育サイクルや作業時期が異なります。11月から２月に花が咲き、５～６月に果実を収穫します。放任すると高木になり、管理しづらくなったり、周囲に日陰を作ったりするので、剪定や誘引で樹高を下げます。樹形は直立性と枝が広がる開張性があります。一つの房に実が多くつくため、１房あたりの実の数を調整して大きな果実をならせます。

栽培データ

日なた　-5℃ 耐寒性　強 耐暑性

栽培適地	関東地方南部以西（ミカン類とほぼ同じ。年平均15℃以上の温暖な気候を好む）
実がなるまで	庭植え約４～５年、鉢植え約３～４年
受粉樹	不要
花芽・実のつき方	**A**タイプ（⇒p36）
隔年結果	しにくい
主な仕立て方	3本仕立て

3本仕立て

栽培カレンダー

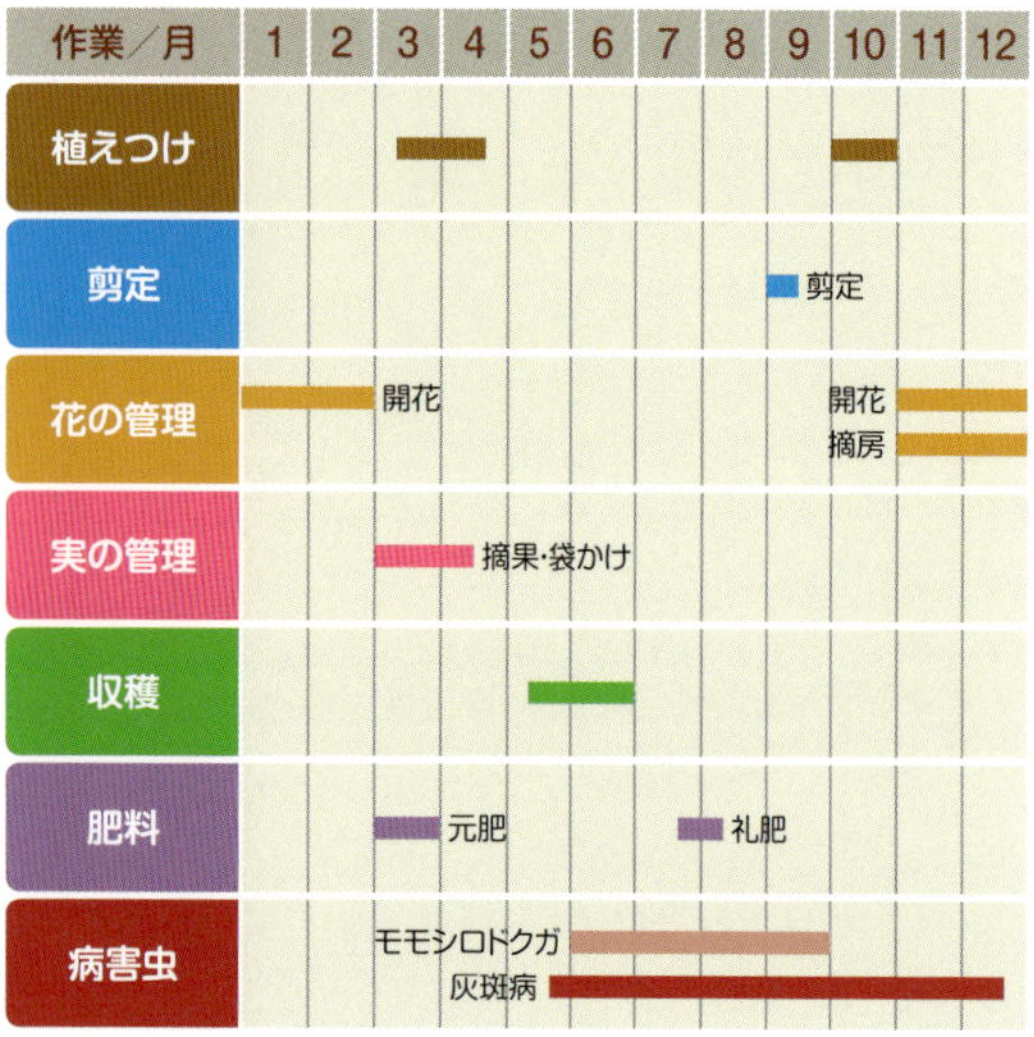

ここがポイント

◎冬も暖かい日当たりの良い場所に植えつける。寒冷地では鉢栽培がよい

◎剪定は9月に行い、混み合った部分を間引いて内部に光が入るようにする

◎摘房《てきぼう》、摘果《てきか》をして実を充実させる

◎実が傷つかないように、摘果後に袋をかけるとよい

●ビワの主な品種

品種名	特徴
長崎早生《ながさきわせ》	早生（わせ）。中果。甘味が強い。樹勢が強く、大木になりやすい。暖地向き。直立性
はるたより	早生の新品種。果肉が柔らかくジューシー。糖度も高い。病気に強く育てやすい
なつたより	早生。大果。長崎早生と福原の交雑種。甘味が強く果肉が柔らかい。直立性
福原《ふくはら》びわ	早生。極大果。別名クイーン長崎。香りが良い。直立性
茂木《もぎ》	早生。中果。甘味が強く果皮がむきやすい代表品種。西日本の暖地向き。直立性
麗月《れいげつ》	中生（なかて）。新品種の白ビワ。１本では実つきが悪く近くに別品種を植える。直立性

品種名	特徴
涼風《すずかぜ》	中生。大果。酸味が少なく甘味がある。病気に強い
陽玉《ようぎょく》	中生。甘味と酸味のバランスが良い。誘引で枝を下げて着果をよくする
大房《おおふさ》	中生。極大果で耐寒性が強く、栽培適地が広い。味はやや淡白。開張性
房光《ふさひかり》	中生。やや大果。完熟すると桃色になる。耐寒性が強い。開張性でコンパクト
田中《たなか》	晩生（おくて）。やや大果。甘味と酸味のバランスが良い。寒さに比較的強い。開張性
白茂木《しろもぎ》	晩生。中果。果皮が黄白色。中部から東日本向き。直立性

植えつけ

3月中旬～4月中旬、10月上旬～下旬

春か秋に苗木を植えつけます。幼果がマイナス3℃以下の低温に当たると実が大きくならないため、庭植えでは冬でも暖かい場所を選びます。寒冷地では鉢植えにし、冬は室内に取り込みます。根の張りが浅く強風に弱いので、植えつけて数年は支柱を立てておきます。

鉢栽培のコツ

◆8～10号鉢に植えつけ、2年に1回植え替えをする。
◆植えつけ後に支柱を立てる。
◆高さ50～60㎝で主幹を切り返す。元気な枝3本で3本仕立てにする。
◆枝を誘引して横に広げると実つきが良くなる。樹高を抑える効果もある。
◆冬はマイナス5℃を切らない場所に鉢を置く。

仕立て方と実をつけるコツ

仕立て方

50～60㎝の高さで主幹を切り返し、元気な枝を3本伸ばして3本仕立てにします。放任すると高木になり、常緑の葉で周囲に鬱蒼《うっそう》とした日陰を作ります。木が若いうちに枝を誘引してコンパクトに仕立てます。

実のつき方

前年枝の先端から新梢（春枝）が伸び、その先端に花をつけて冬を越します。11月に摘房、3～4月に摘果を行い、最終的に1枝1～4果にして実を充実させます。夏以降に伸びる脇枝（夏枝）は間引いて1本にします。

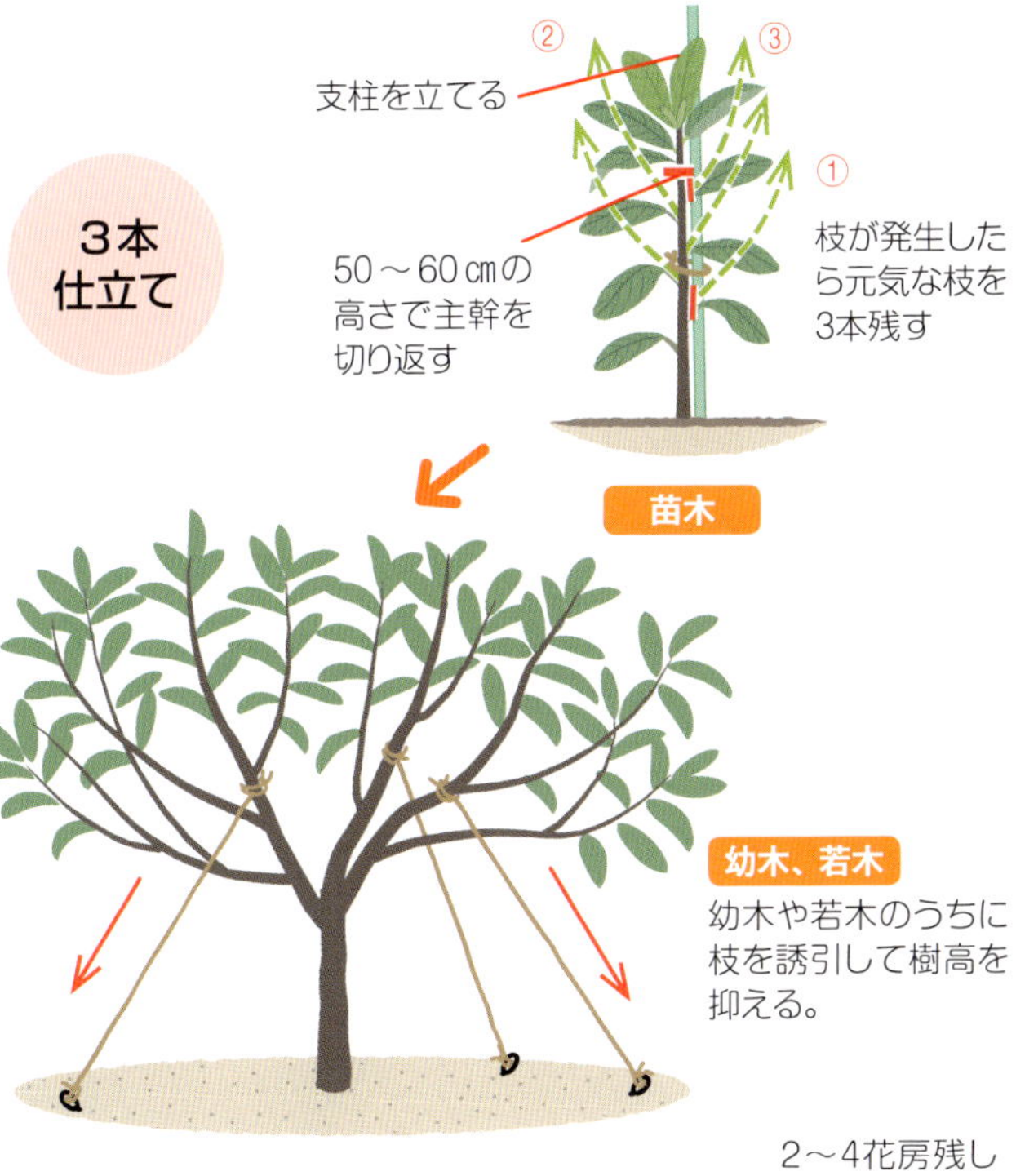

幼木や若木のうちに枝を誘引して樹高を抑える。

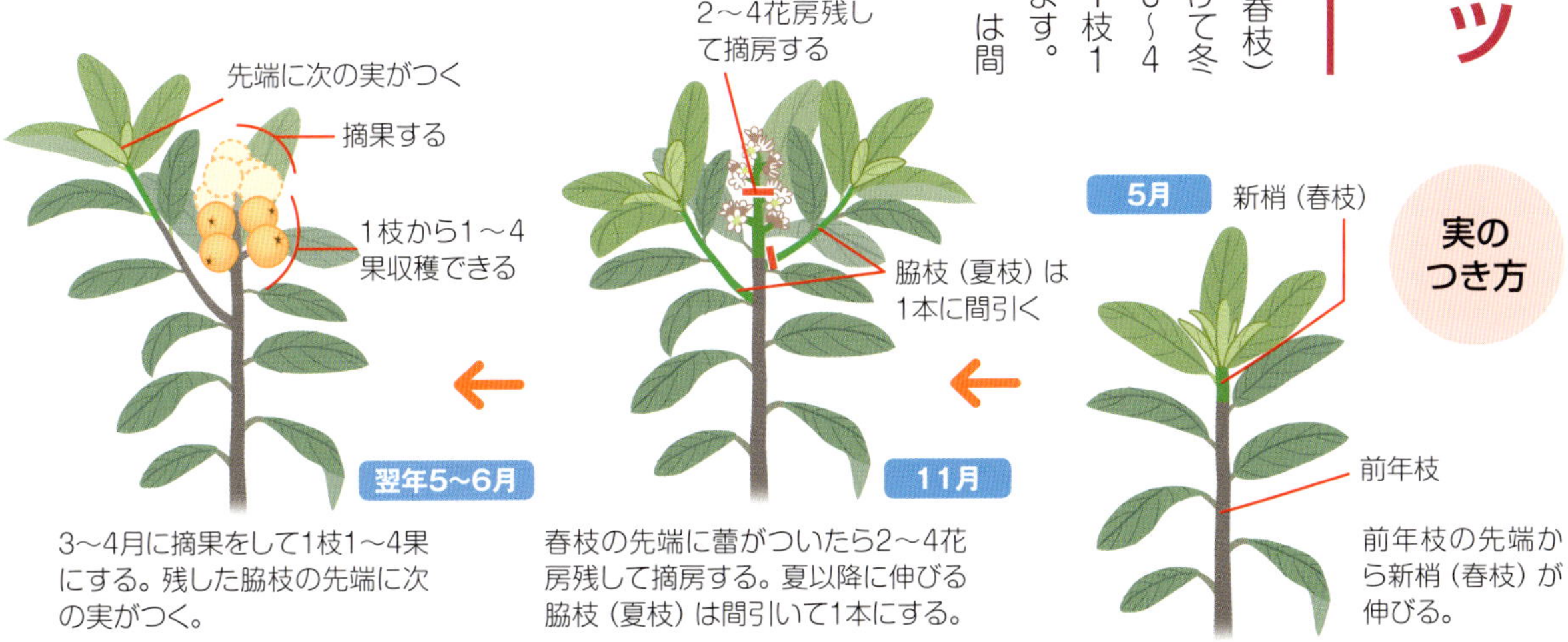

剪定

9月上旬～中旬

年1回、9月に間引き剪定を中心に行います。春に伸びた新梢（春枝）の先端に蕾がつくので、蕾《つぼみ》のついた枝を残し、不要な枝を間引いて日当たりと風通しをよくします。ビワは樹勢が強く、放任すると大木になって手に負えなくなります。毎年剪定をして樹形を維持しましょう。

枝の先端の蕾《つぼみ》がふくらむ前に剪定を終わらせる。写真は蕾がふくらんだ11月の状態。

樹形を整える剪定

1 不要な枝を間引く

残す枝

分枝して1か所から複数の枝が出ているところは間引いて1本にする。

ポイント
上向きの枝を間引いて横向きの枝を残す

2 徒長枝・胴吹き枝を間引く

胴吹き枝
徒長枝

枝の背から真上に伸びる徒長枝（⇒p88）、主幹や主枝から直接吹く胴吹き枝（⇒p32）などを元から切り取る。

ポイント
切り跡を残さない

実をならせる剪定

脇枝を間引いて1本にする

次のシーズンに花や実がつく
脇枝
©PIXTA

夏以降に脇枝が伸びたら間引いて1本にする。残した脇枝の先端に次の花や実がつく。

ステップアップ

放任した大木の仕立て直し

ビワの仕立て直しは9月に行います。上向きの枝を元から切り、できるだけ横向きの枝を3本程度残します。残した枝を誘引して寝かせ、幅を詰めたい場合は更新する枝があるところまで切り返します。

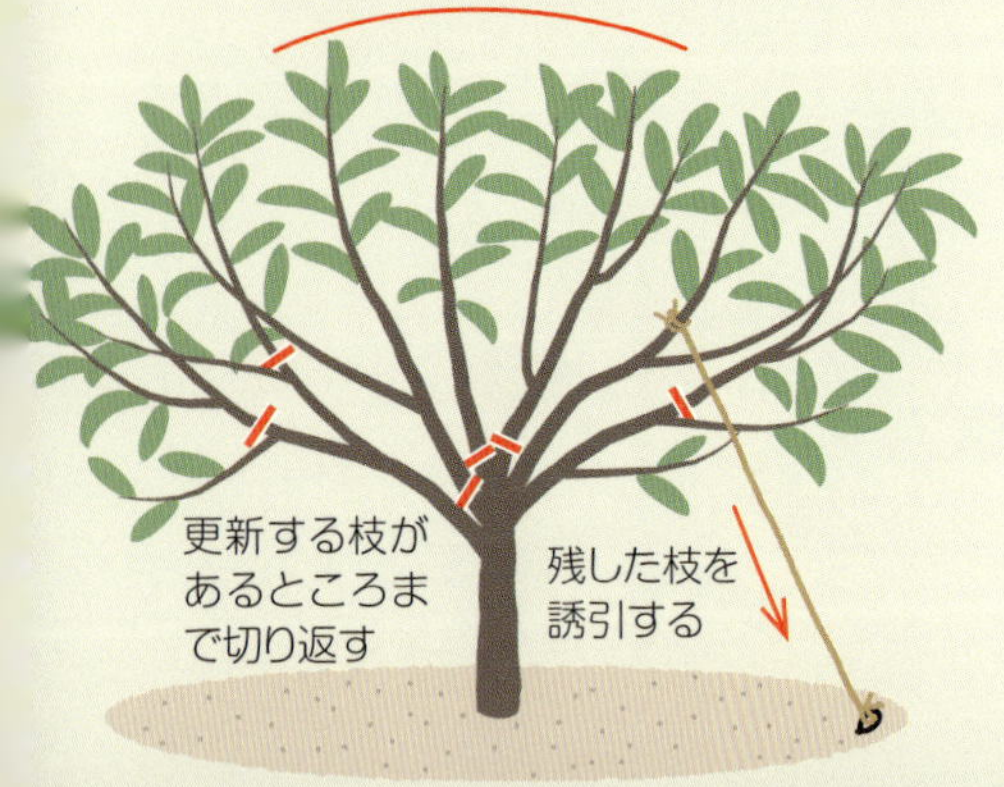

上向きの枝を間引いて横向きの枝を残す
更新する枝があるところまで切り返す
残した枝を誘引する

摘房

11月上旬～12月下旬

ビワは1枝に100個近い花がつきます。全部咲かせると実が小さくなるため、1枝2～4房に摘房《てきぼう》します。開花後も作業できますが、蕾のうちに作業したほうがより効果的です。

花房
2～4花房残して上部を切り取る。

摘房後。元気な花房を残す。弱い花房があれば元から切り取る。

摘果

3月上旬～4月中旬

3月に実がふくらみ始めたら、1枝1～4果に摘果《てきか》をして実を充実させます。実が大きな品種は1～2果、実が小さな品種は3～4果にすると、その品種ならではの特徴が楽しめます。

ポイント
幼果が−3℃以下の低温に当たると実がふくらまない
小さな実、向きの悪い実を摘み取って1枝1～4果にする。

袋かけ

3月上旬～4月中旬

ビワは果皮が柔らかく、風で葉がこすれるだけで傷がつきます（葉ずれ）。摘果後に袋をかけると、葉ずれや鳥、病害虫の被害から実を守り、美しい実を収穫することができます。実が大きくなる品種は1果ごと、実が小さな品種は大きな袋をまとめてかけてもよいでしょう。

©PIXTA
実が小さな品種はまとめて袋をかける。

鳥の被害や風で葉がすれて傷ついた実。

収穫

5月中旬～6月下旬

果皮がビワ色になり、柔らかくなったものから収穫します。実をつけたままにすると、果皮にシワがよったり、水分が抜けて味が悪くなります。袋をかけた場合はとり遅れに注意します。

手で軸を持ち上げればハサミがなくても収穫できる。タネに香り成分が含まれているので、タネを漬けてビワ酒も楽しめる。

マルメロ

バラ科マルメロ属／中央アジア／落葉小高木／1.5〜2.5m

果皮の表面に薄い綿毛がある。

カリンの近縁で、果皮に綿毛があるので見分けがつきます。枝が広がり、直立性（⇒p205）のカリンよりもコンパクトです。花色は白が多く、一部ピンクもあります。カリンに比べて果肉が柔らかく、ジャムやジュースにも利用されます。１本では実がつきにくいので受粉樹が必要です。異なる品種を近くに植えるか、ナシの花粉でも人工授粉ができます。

ここがポイント

- ◎異なる品種かナシの近くに植える
- ◎赤星病（⇒p193）が多発するためビャクシン類の近くに植えない
- ◎前年枝の先端近くに花芽がつくので、間引き剪定を中心に行う
- ◎長い枝の先端を切り返して短果枝を発生させる
- ◎シンクイムシの予防には袋かけが有効

栽培データ

日なた　耐寒性：強　耐暑性：普

栽培適地	東北地方〜中部地方（夏に涼しい気候を好む。温暖地では大木になり生理落果がふえる）
実がなるまで	庭植え約４〜５年、鉢植え約３〜４年
受粉樹	必要
花芽・実のつき方	Cタイプ（⇒p37）
隔年結果	しやすい
主な仕立て方	3本仕立て

栽培カレンダー

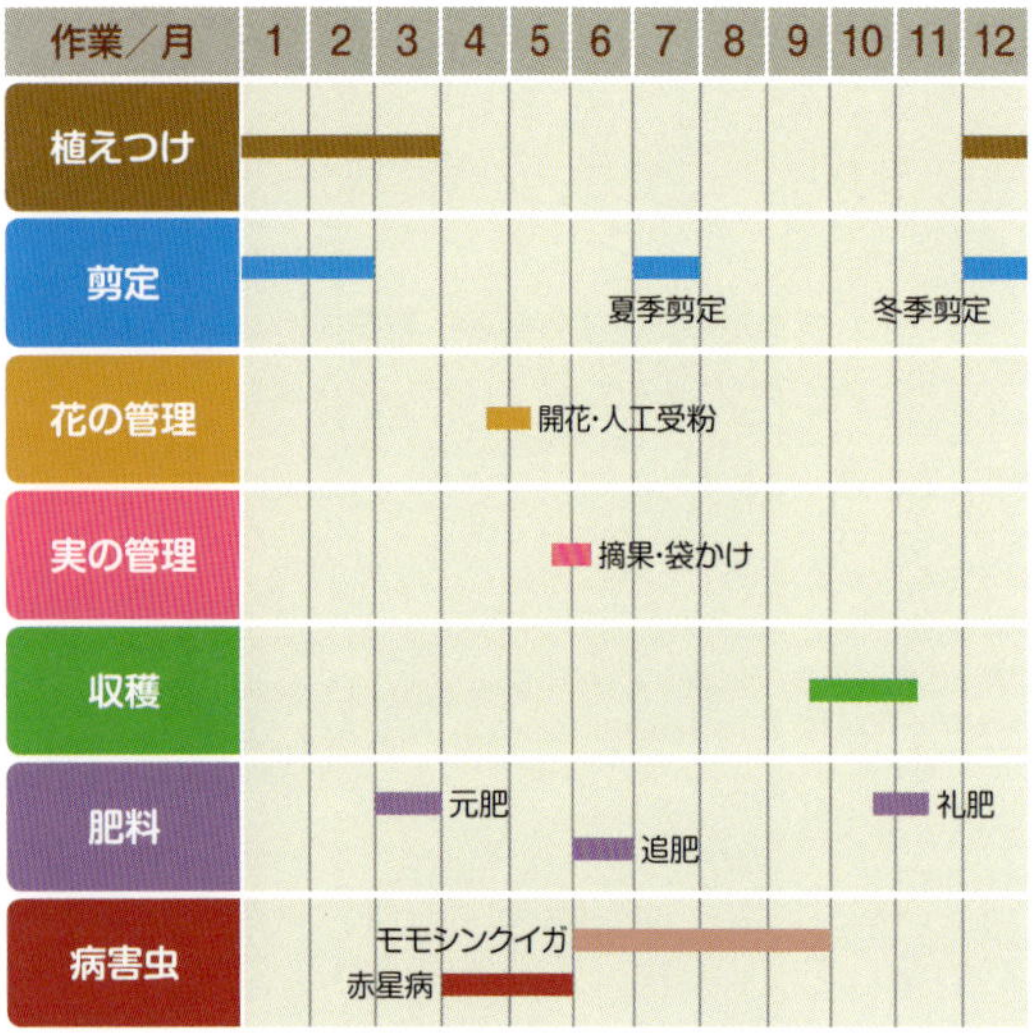

植えつけ

12月上旬〜3月下旬

休眠期に水はけの良い場所に苗木を植えつけます。根が乾燥に弱く、植えつけ直後の水切れに注意します。真夏の強光で葉焼けすることがあるので、夏に西日がさす場所は避けます。

鉢栽培のコツ

◆8号鉢に植え、マルチング（⇒p205）をして水切れを防ぐ。

◆50〜60㎝の高さで主幹を切り返して3本仕立てにする。

●マルメロの主な品種

品種名	特徴
スミルナ	外来種。大果。洋ナシ形で香りは少ないが果肉が柔らかい。枝が太い
チャンピオン	外来種。大果。果皮が美しく、観賞用にも人気。保存性が高い
オレンジ	外来種。中果。果肉が柔らかく、やや酸味がある。枝が細い
かおり	スミルナと在来種の交配種。香りが良い
在来種	中果。果肉がやや硬い。枝が細い。スミルナの受粉樹に向く

仕立て方と実をつけるコツ

開張性で枝が広がるため、直立性のカリンより樹高を低く抑えられます。50〜60㎝の高さで主幹を切り返し、枝を3本伸ばして3本仕立てにします。

前年に伸びた短い枝（短果枝）の先端付近に混合花芽がつき、新しく伸びた枝の先に花と実がつきます。長い枝の先端を切り返して短果枝を発生させます。

実のつき方

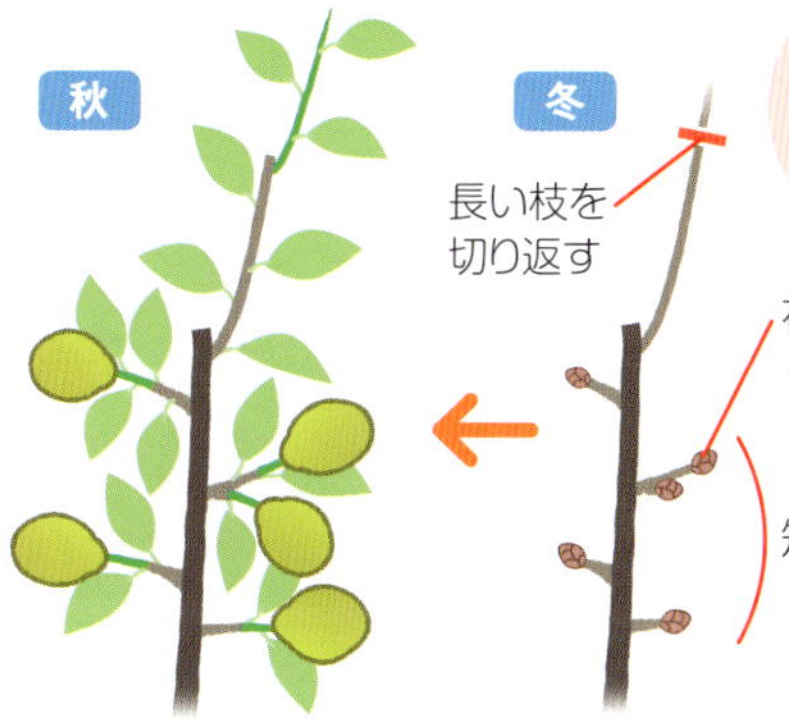

剪定

夏季：7月上旬〜下旬
冬季：12月上旬〜2月下旬

夏季剪定では徒長枝や内向枝、枯れ枝、ひこばえなどの不要な枝を間引いて日当たり、風通しをよくします。

冬季剪定も不要な枝の間引きを中心に行います。長い枝は先端⅓程度を切り返し、花芽がつきやすい短果枝を多く発生させます。

人工授粉

4月下旬〜5月上旬

ナシに似た白かピンクの花が咲いたら、別品種かナシの花粉を筆先につけ、花の中でかき混ぜて人工授粉をします。

マルメロの花。

徒長枝を間引く

枝の背から真上に伸びる徒長枝（⇒p88）には花芽がつきにくい。元から切り取る。

ポイント
長い枝は先端⅓を切り返す

長い枝を切り返す

長い枝も花芽がつきにくい。先端⅓程度を切り返して短果枝を発生させる。

摘果・袋かけ

5月下旬〜6月上旬

樹に実がついている期間が長く養分を消耗するので、摘果をして隔年結果（⇒p204）を防ぎます。実が大きい品種は葉60枚に1果、小〜中の品種は40枚に1果を目安に小さな実や傷のある実を摘み取ります。

摘果後に袋をかけるとシンクイムシなどの予防になります。

収穫

9月下旬〜11月上旬

実が黄色くなり、洋ナシに似た香りがしたら収穫します。カリンより実が柔らかいものの、酸味が強く生食はできません。果実酒やジュース、ジャム、砂糖漬けなどに利用します。

モモ、ネクタリン

バラ科サクラ属／中国／落葉高木／2.5〜3.0m

栽培データ

日なた	耐寒性	耐暑性
日なた	-15℃	普

栽培適地	東北地方〜九州地方（年間平均気温12℃以上、比較的雨の少ない地域）
実がなるまで	庭植え約３年、鉢植え約３年
受粉樹	モモ不要（品種による） ネクタリン不要
花芽・実のつき方	**B**タイプ（⇒p36）
隔年結果	しにくい
主な仕立て方	3本仕立て　2本仕立て

色づき始めた収穫間近のモモ。

果皮に毛があるのがモモ、ないのがネクタリンです。１本で実がつきますが、白桃系品種は花粉を持たず、人工授粉が必要です。ハナモモの花粉でも受粉します。他の品種も、近くに受粉樹があったほうが実つきはよくなります。雨で果実に病気が発生しやすいので、袋をかけて予防するか、雨の多い地域では早生《わせ》品種を選ぶとよいでしょう。

栽培カレンダー

作業／月	1	2	3	4	5	6	7	8	9	10	11	12
植えつけ	━	━	━									━
剪定	━	━					━ 夏季剪定	━		冬季剪定		━
花の管理			━	━ 開花・人工授粉								
実の管理			━ 摘蕾		━ 摘果・袋かけ							
収穫						━	━	━				
肥料			━ 元肥						━ 礼肥			
病害虫				━	━ 縮葉病	━	━ 灰星病					

ここがポイント

◎根が過湿に弱い。水はけの良い場所に暖地は年内、寒冷地は春に植えつける

◎誘引して枝を開げ、樹の内部まで光が入る樹形に仕立てる

◎前年に伸びた長い枝の先端を切り返し、実がつく枝の伸長を促す

◎15㎝間隔になるように摘果をする

●モモの主な品種

品種名	受粉樹	特徴
武井《たけい》白鳳《はくほう》	不要	早生の定番。中果。甘味が強い。病害虫が多発する前に収穫できる
山根《やまね》白桃《はくとう》	必要	早生。中果。白桃系のなかで最も栽培しやすい
白鳳《はくほう》	不要	中生（なかて）。中果。実が柔らかく上品な甘さ。栽培しやすい
あかつき	不要	中生。中果。白鳳と白桃の交配種。味の良い人気品種。育てやすい
大久保	不要	中生。中果。栽培しやすい。花粉が多く受粉樹にも向く
黄金桃《おうごんとう》	不要	中生。やや大果。人気の黄肉種。開張性でコンパクトに仕立てやすい
白桃《はくとう》	必要	晩生（おくて）。大果。味が良い。受粉樹が必要
ゆうぞら	不要	晩生。大果。味が良く日もちもする。関東地方の代表品種

●ネクタリンの主な品種

品種名	受粉樹	特徴
ヒラツカ・レッド	不要	中生。小中果。独特の風味がある。裂果が少なく病気に強い
フレーバートップ	不要	中生。中果。酸味が少なく食べやすい。裂果しにくく袋かけ不要
ファンタジア	不要	晩生。中果。甘味と酸味のバランスがよい。裂果が少なく袋かけ不要
秀峰《しゅうほう》	不要	晩生。大果。実つきが良く味も良い。裂果、病害虫防除に袋かけ必要

植えつけ

12月上旬～3月下旬

休眠期に日当たりと水はけの良い場所に苗木を植えつけます。日当たりが悪いと実がつきにくくなったり、枝が枯れ込んだりします。根が極端に過湿に弱く、水はけが悪い土は腐葉土や堆肥《たいひ》を混ぜて土壌改良します。開花が早く、暖地では年内に植えつけをすませるとよいでしょう。

品種選びのコツは?

モモは病害虫の発生が多いので、できるだけ薬剤を使用せずに家庭で育てるには、早生《わせ》種か中生《なかて》種がおすすめです。晩生《おくて》種は味は良いですが、栽培期間が長く梅雨明けから成熟するため、病害虫の被害に合うリスクが高くなります。

中生品種の「あかつき」。

仕立て方と実をつけるコツ

仕立て方

50～60㎝の高さで主幹を切り返し、元気な枝を2～3本伸ばして2本仕立てか3本仕立てにします。樹の内部まで光が当たらないと下の枝が枯れ込むので、木が若いうちに誘引して枝を開きます。

実のつき方

前年枝の中間に花芽(純正花芽)がつきます。花芽と葉芽が両方つく複芽《ふくが》もあります。ウメと異なり長い枝にも花芽がよくつきますが、すべてが結実するわけではありません。枝先の切り返しでは必ず葉芽を残します。

2本仕立て

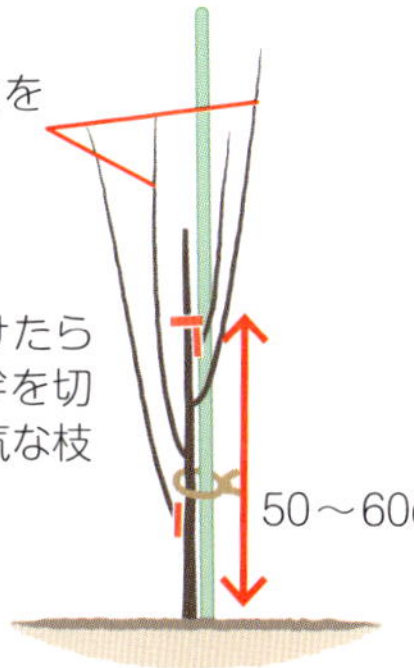

幼木

苗木（棒苗）を植えつけたら50～60㎝の高さで主幹を切り返す。2年目の冬に元気な枝を2本残す。

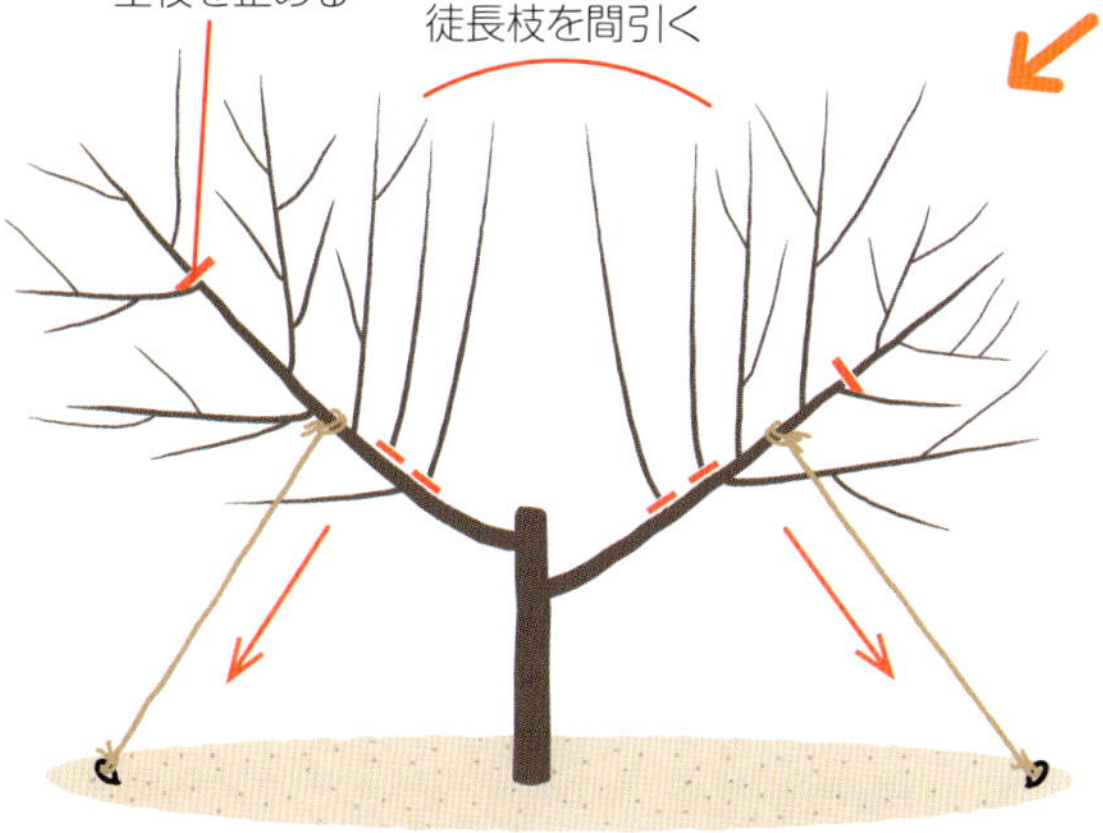

若木

主枝を誘引して開き、真上に伸びる徒長枝を間引いて内部にも光を当てる。栽培場所の広さに合わせて主枝を切り返す。

実のつき方

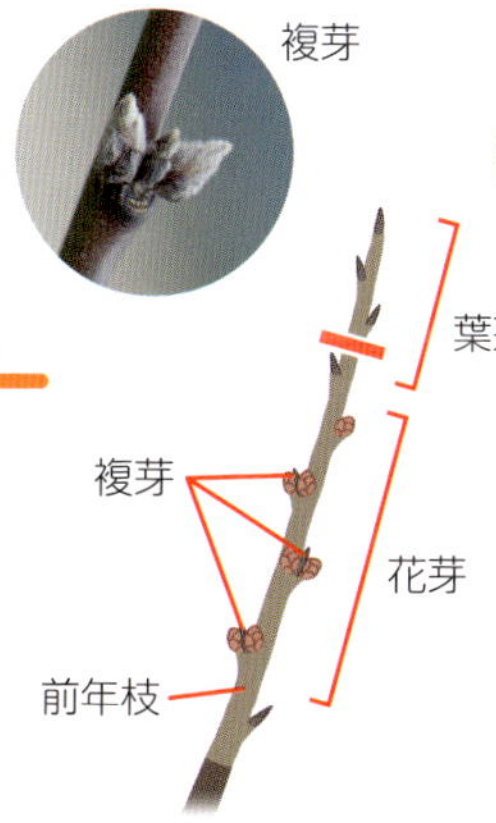

花芽（純正花芽）が枝の中間につくので、切り返しても実がつかなくなることはないが、葉芽を残さないと新梢が伸びずに枝が枯れる。

開花した花がすべて実になるわけではない。生理落果（⇒p41）や摘果により、最終的に葉30枚につき1果にする。

夏季剪定

7月上旬～8月下旬

枝の背から真上に伸びる徒長枝（⇒p88）を元から切り、日当たりと風通しをよくします。残した徒長枝は先端を摘心（⇒p205）して伸長を止めます。株元からひこばえが発生したら元から切り取ります。

ひこばえを元から切って養分の分散を防ぐ。

冬季剪定

12月上旬～2月下旬

枝の背から真上に伸びる徒長枝（⇒p88）や内向枝、枯れ枝、実つきの悪い古い枝など、不要な枝（⇒p32）を間引いて日当たりと風通しをよくします。

新しく伸びた長い枝にも花芽がつきますが、⅓～½程度切り返すと枝数がふえ、翌シーズンの収穫量がふえます。

2本仕立ての若木。株の内部から徒長枝が多く発生している。放任すると日当たりや風通しが悪くなり、病害虫が発生しやすくなったり、枝が枯れ込んだりする。

内部の徒長枝を間引いて日当たり、風通しが改善された。長い枝は切り返して実がつく枝をふやす。

樹形を整える剪定

1 徒長枝を間引く

枝の背から出る徒長枝（⇒p88）を間引く。

2 枯れ枝を取り除く

枯れ枝や花芽の少ない古い枝は、間引くか元気な枝があるところまで切り返す。

実をならせる剪定

長い枝を切り返して枝をふやす

葉芽（複芽でもよい）を残して切り返す

徒長枝や長い枝の先端⅓〜½を切り返すと枝数がふえて収穫量がふえる。

前年に長い枝を切り返すと、翌年写真のように良い実をつける短い枝がふえる。

ステップアップ

誘引のコツをマスターしよう

果樹は枝を横に寝かせることで花芽がつきやすくなる性質があります。また、誘引して枝を広げることで、株全体にまんべんなく光を当てる効果もあります。少ない資材で簡単にできるので、剪定と同時に挑戦してみましょう。

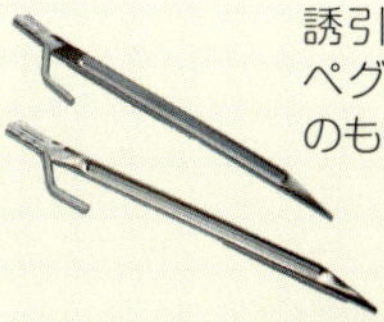

誘引ひもを留めるペグ。キャンプ用のものでもよい。

シュロ縄が丈夫で切れにくい。使用前に水に浸しておくと雨で濡れてもゆるまない。

45°

枝が柔らかいうちに誘引する。ペグは地面に対して45°の角度に打ち込む。ひもと地面の角度も45°がよい。

人工授粉

3月中旬～4月下旬

白桃系の品種は花粉が少なく受粉しにくいので、「大久保」「あかつき」「白鳳《はくほう》」など花粉の多い品種の花をこすりつけて人工授粉をします。一つの花で10個程度授粉できます。白桃系以外のモモやネクタリンは1本で受粉しますが、実つきが悪い場合は人工授粉をすると確実です。

モモの花。数が多い場合は梵天《ぼんてん》や柔らかい筆などを使用してもよい。

摘果

5月中旬～下旬

モモやネクタリンは花数が多く、実を多くつけすぎると小さくて味の悪い実になったり、樹が弱って翌年の花芽が少なくなったりします。

生理落果（⇒p41）が落ち着いたら、葉30枚につき1果または15㎝間隔に1果を目安に実の数を減らしましょう。上向きの実は風で落ちやすいので、下向きか横向きの実を残します。

葉30枚に1果または15㎝間隔を目安に摘果する。

摘果したところ。

ステップアップ 上向きの蕾《つぼみ》を摘み取る

花や実を減らす作業は、できるだけ早く行ったほうが樹の負担が少なくてすみます。

蕾がふくらみ始めたときに上向きの蕾を摘み取っておくと（摘蕾《てきらい》）、あとの摘果作業がラクになります。

袋かけ

5月中旬～下旬

摘果が終わったら、雨による裂果《れっか》や病害虫の被害を防ぐために袋をかけましょう。薬剤の使用を減らす効果もあります。果《か》柄《へい》（⇒p204）が短いので枝に留め金をかけ、すき間ができないようにしっかりふさぎます。

摘果をしたら、果実の直径が5㎝くらいになるまでに袋をかける。

収穫

6月中旬～8月下旬

収穫期になったら袋の下を少しやぶいて果皮の色を確認します。色づき始めていたら袋をはずし、1週間程度日光に当てて完熟させます。全体が色づいて甘い香りがしてきた果実から収穫しましょう。ただし、雨や病害虫の被害が心配な場合は、収穫まで袋をかけておいてもよいでしょう。

モモやネクタリンは耐乾性があり、成熟期に水やりを控えめにすると果実が甘くなります。

収穫期を迎えたモモ。枝先の実から成熟する。

収穫期のネクタリン。樹で完熟させた果実の甘味は格別。

鉢 栽培のコツ

◆8～10号鉢に水はけの良い土で植えつけ、2年に1回植え替えをする。
◆50～60㎝の高さで主幹を切り返して2～3本仕立てにする。
◆冬季剪定で枝先を切り返すときは葉芽を残す。
◆最初の2年は花がついたら摘花する。実をつけさせるのは3年目から。
◆葉30～40枚につき1果に摘果し、袋をかける。

ネクタリンの幼木の夏季剪定

冬に購入した棒苗（裸苗）。

翌年初夏の状態。主枝候補の枝が4～5本伸びている。

長い枝の先端を摘心《てきしん》（⇒p205）して枝の発生を促す。光合成で力を蓄えさせるために葉をできるだけ残し、深く切りすぎないのがコツ。冬に元気な枝を2～3本残して2本仕立てか3本仕立てにする。

台木《だいぎ》（⇒p205）から芽が吹いたりひこばえが発生したら元から取り除く。

リンゴ

バラ科リンゴ属／西アジア／落葉高木／2.5～3.0m

栽培データ

日なた　耐寒性 -25℃　耐暑性 普

栽培適地	北海道地方中部～九州地方北部（寒さに強く、冷涼な気候のほうが栽培しやすい）
実がなるまで	庭植え約５～７年（矮性《わいせい》台木の場合は３年）、鉢植え約３年
受粉樹	必要
花芽・実のつき方	Cタイプ（⇒p37）
隔年結果	しやすい（品種による）
主な仕立て方	1本仕立て　2本仕立て　3本仕立て　フェンス　一文字仕立て

栽培カレンダー

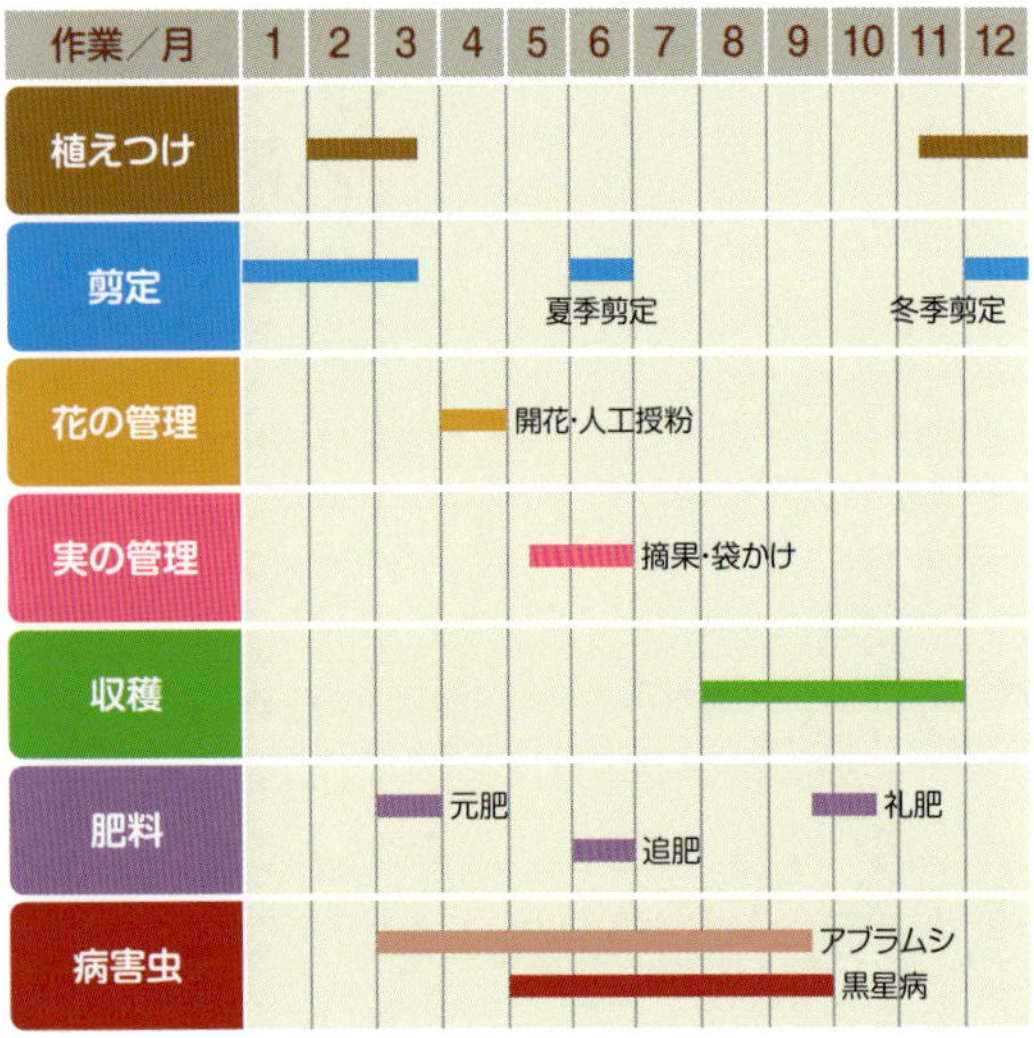

赤く色づいた「ふじ」。

ほぼ全国で栽培できますが、暖地では病害虫の被害や着色不良、果実の日焼け、台風による落果などに注意が必要です。樹を大きくしたい場合はマルバカイドウの台木《だいぎ》苗、コンパクトに仕立てたいときは矮性《わいせい》台木に接いだ苗木を選びます。観賞用、受粉樹としても利用できる「アルプス乙女」やバレリーナ系のミニリンゴ（クラブアップル）も人気です。

ここがポイント

◎主枝や長い枝の先端を切り返し、できるだけ水平に誘引して実がつく短い枝を多く発生させる
◎相性の良い品種間で人工授粉をする
◎最終的に3果そうに1果を目安に摘果する
◎袋をかけて病害虫を予防する

受粉樹にもなるミニリンゴ

ミニリンゴ（クラブアップル）は白やピンクの可憐な花や小さな実がかわいらしく、観賞用としても楽しめる上に、主要な品種の受粉樹に利用できます。

バレリーナ系の「メイポール」。

「アルプス乙女」。「ふじ」とは相性が悪い。

●リンゴの主な品種

品種名	相性のよい授粉樹	特徴
つがる	ふじ、紅玉、王林	早生（わせ）の定番。大果。甘味が強く実つきも良い。病気に強く暖地でも栽培しやすい
紅玉《こうぎょく》	ふじ、つがる、王林	中生（なかて）。中果。甘味と酸味のバランスが良く加工にも向く。病気に強い
秋映《あきばえ》	ふじ、つがる、王林	中生。大果。千秋、つがるの交配種。熟すと温暖地でもきれいな濃紅色に色づく
シナノゴールド	紅玉	中生。大果。果皮が黄色の人気品種。甘味と酸味のバランスが良く日もちする
王林《おうりん》	ふじ、つがる、紅玉	晩生（おくて）。大果。果皮が黄緑色。実つきが良く、味、香りも良い。日もちする
ふじ	つがる、王林	晩生。大果。味の良い代表品種。実つきが良い。暖地にも向く

植えつけ

11月中旬～12月下旬
2月上旬～3月中旬

極寒期を避け、落葉後か春の芽吹き前に日当たりと水はけの良い場所に苗木を植えつけます。寒冷地では春の植えつけがよいでしょう。

1年生の棒苗（⇒p18）か、早く収穫したい場合は枝の発生した2～3年生の苗木（⇒p18）を植えつけます。

接《つ》ぎ木苗のY台ってなあに？

リンゴの接ぎ木苗は、リンゴの仲間のマルバカイドウが台木に使われてきましたが、高木になりやすい性質があります。

そこで、最近は高木にならない台木に接ぎ木した矮性台木（Y台）がふえています。家庭での栽培にもおすすめです。矮性台木にはM.9、M.26、JM7などの種類があります。

仕立て方と実をつけるコツ

仕立て方

シンボルツリー的な1本仕立て、栽培主体の3本仕立て、柔らかい枝を利用したフェンス仕立てや一文字仕立ても可能です。誘引して枝を水平に寝かせると、質の良い実がつく短果枝が多く発生して収穫量がふえます。

実のつき方

短い枝（短果枝）の先端の花芽（混合花芽）に質の良い実がつきます。長い枝の先端にも花芽はつきますが、実が小さくなります。長い枝は翌シーズンのために先端を切り返して、短い枝を多く発生させます。

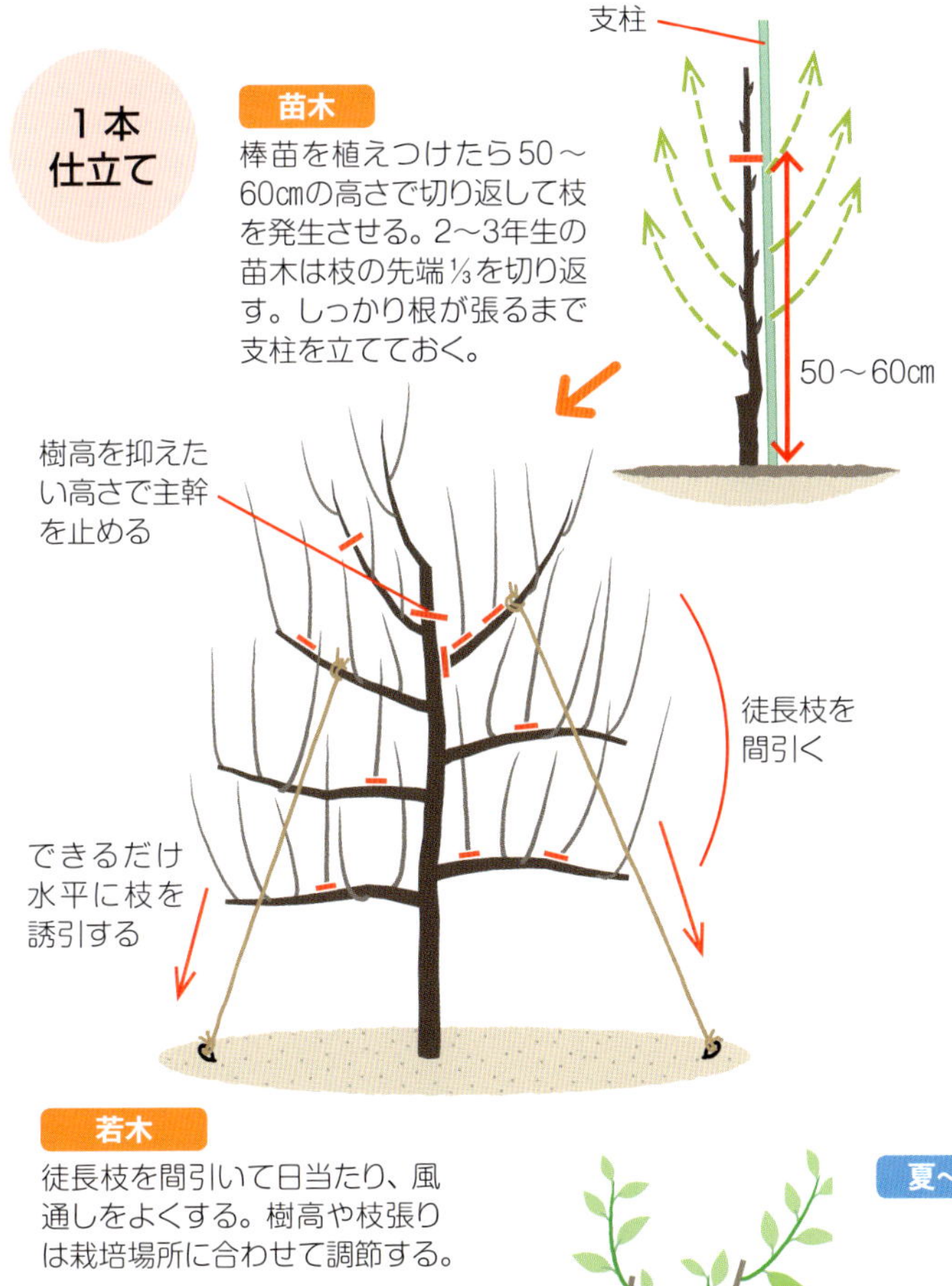

棒苗を植えつけたら50～60㎝の高さで切り返して枝を発生させる。2～3年生の苗木は枝の先端⅓を切り返す。しっかり根が張るまで支柱を立てておく。

若木
徒長枝を間引いて日当たり、風通しをよくする。樹高や枝張りは栽培場所に合わせて調節する。

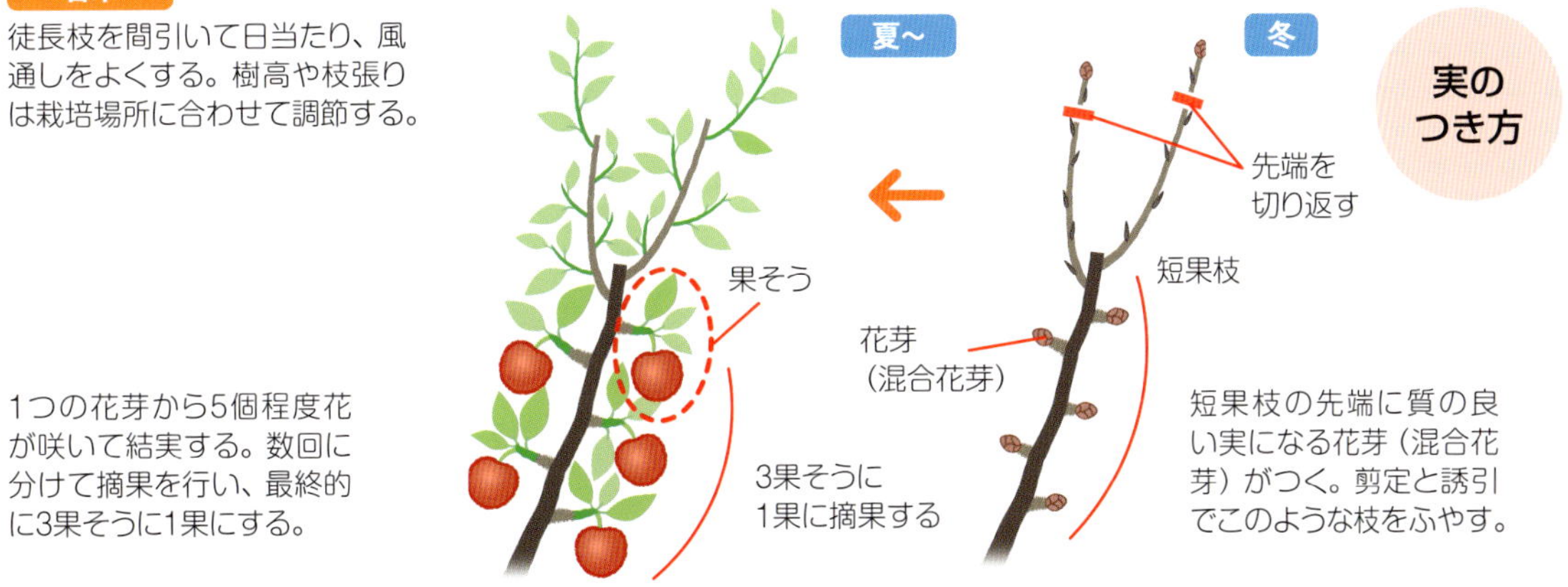

短果枝の先端に質の良い実になる花芽（混合花芽）がつく。剪定と誘引でこのような枝をふやす。
1つの花芽から5個程度花が咲いて結実する。数回に分けて摘果を行い、最終的に3果そうに1果にする。

夏季剪定

6月上旬～下旬

枝の背から真上に伸びる徒長枝（⇒p88）や不要な枝（⇒p32）を元から切り、実にしっかり日が当たるようにします。リンゴは株元からひこばえがよく発生するので、季節を問わず見つけたら切り取ります。

1本仕立ての若木。実がついていない真上に伸びる徒長枝と、株元のひこばえを間引いて養分を実に集中させる。

冬季剪定

12月上旬～3月中旬

枝の背から真上に伸びる徒長枝（⇒p88）や内向枝、枯れ枝など不要な枝の間引き剪定を中心に行います。

長い枝は先端を⅓～½程度切り返し、誘引してできるだけ枝を水平に寝かせると、質の良い実がつく短果枝が出やすくなります。

休眠期の剪定前の状態。徒長枝が多く発生している。枝の背から真上に伸びる徒長枝の間引き剪定を中心に行う。長い枝は先端を切り返し、剪定後に誘引も行うとよい。

ステップアップ

新梢を摘心《てきしん》して枝をふやす

幼木や若木は、新梢の先端を摘心すると早く枝数をふやすことができます。ただし、深く切り返すと徒長枝が発生しやすいので、先端を軽く切る程度にします。

新梢の先端を切り取って分枝を促す。

樹形を整える剪定

徒長枝を間引く

枝の背から出る徒長枝（⇒p88）を間引く。枝の横から出ている徒長枝は残す。

実をならせる剪定

長い枝を切り返して短果枝をふやす

長い枝の先端⅓～½を切り返して短果枝を発生させる。剪定後に誘引して枝を寝かせるとよい。

切り返し剪定と誘引で写真のような質の良い実がつく短果枝をふやす。

人工授粉

4月上旬～下旬

4月に入ると白く美しい花がいっせいに開花します。その美しさは、古くから多くの歌の題材にもなっています。

リンゴは1本では結実しにくいので、相性の良い別品種の花粉をつけて人工授粉をします。1つの花芽から5個程度花が咲きますが、中心の花（中心花）に質の良い実がつく確率が高いので、中心花に念入りに花粉をつけます。

1つの花芽から複数の花が咲く。中心花は開花が早く、質の良い果実がつく可能性が高い。別品種の花を摘んでこすりつけるか、梵《ぼん》天《てん》や柔らかい筆先に花粉をつけて花の中でかき混ぜる。

ステップアップ

受粉を助ける虫を大切にしよう

自然界では本来は昆虫たちが花粉を運んで果樹の受粉を助けています。

剪定や日頃の管理をしっかり行って病害虫を予防し、薬剤の使用をできるだけ少なくすることで、これらの訪花昆虫を減らさないように心がけましょう。

ミツバチやマメコバチのほか、ハバチ、ハナアブ類などもリンゴの受粉を助ける。

摘果

5月中旬～6月下旬

結実したすべての実をつけたままにすると、実が小さくなったり、翌年の花芽が少なくなったりします。2回に分けて摘果を行いましょう。

1回目は、果実が直径1㎝程度になったら1果そうにつき1果にします。

2回目は実がピンポン球大になったら、葉40～50枚につき1果または3果そうに1果に減らします。

一番大きい実を1個残して1果そう1果にする。

摘果が遅れると翌年に花が咲かなくなることがある。特に「ふじ」のように実が大きく隔年結果（⇒p204）しやすい品種は早めに摘果する。

最終的に3果そうに1果に減らす。充実した実にするには1果につき葉が40～50枚必要。

袋かけ

5月中旬～6月下旬

2回目の摘果後に袋かけをすると、病害虫の被害を防いで、薬剤の使用を減らすことができます。市販の果実袋をかけ、すき間ができないようにしっかり口を閉じます。

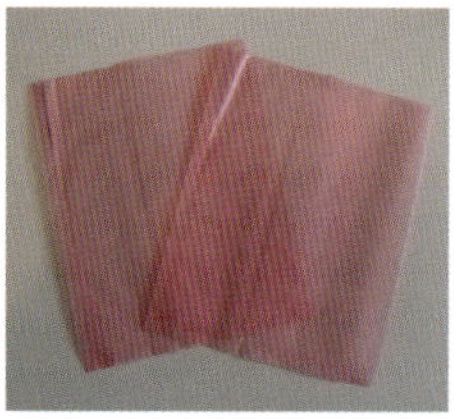

市販のリンゴ用の袋を使うと便利。ホームセンターなどでも購入できる。一重と二重があり、二重の袋のほうが果皮の色が鮮やかに出る。

2回目の摘果後に袋をかけて実を保護する。

ステップアップ

実の重みで垂れた枝を台で支える

リンゴは実が重いので、肥大が進むと重みで枝が垂れてきます。下のほうの枝は台などに乗せて支えるか、ひもでつって実が地面につかないようにしましょう。

実が地面につかないように台などに枝を乗せる。

収穫

8月上旬～11月下旬

収穫前に袋をはずして日光に当てると、果皮の色や味が濃くなります。袋をはずすタイミングは、早生《わせ》種が収穫の1週間前、中生《なかて》種で2週間前、晩生《おくて》種は3週間前が目安です。ただし、急に袋をはずすと強光で実が焼けることがあるので、はじめに袋の下を裂き、数日間日光に慣らしてからはずしましょう。

色づいて完熟した果実から収穫する。実を下から上に手で持ち上げると簡単にとれる。

青リンゴの人気品種「王林」は、果皮にうっすら赤味がさしたら収穫する。

斜め植えで樹高を低く抑える

苗木を斜めに植えつけると、樹がバランスをとろうとして、低い位置から側枝が発生しやすい。

冬に下のほうの元気な枝を2～3本残して上部を切り取る。

主幹が垂直になるように植え直す。左右のバランスができるだけ均等になるようにする。

鉢栽培のコツ

◆8～10号鉢に矮性台木の接ぎ木苗を植えつける。
◆相性の良い別品種の受粉樹を用意する。
◆仕立て方は庭植えと同じ。
◆開花中や果実が肥大する時期は、水切れ、強光による葉焼けに注意する。
◆摘果と袋かけをする。やり方は庭植えと同じ。

ポポー

バンレイシ科アシミナ属／北米東部／落葉高木／3.0～4.0m

アケビに似た果実がつく。

古くから国内でも栽培されていましたが、果実が傷みやすく流通が難しいことから、幻のフルーツと呼ばれています。近年人気が再燃し、さまざまな品種の苗木が入手できるようになりました。アケビに似た果実はクリーミーで甘味があり、ジェラートも人気です。個性的なチョコレート色のベル形の花も楽しめます。病害虫にも強い注目の家庭果樹です。

栽培データ

日なた　-30℃ 耐寒性　普 耐暑性

栽培適地	耐寒性が強く全国で庭植えが可能
実がなるまで	約3～4年
受粉樹	必要（品種による）
花芽・実のつき方	Bタイプ（⇒p36）
隔年結果	しない
主な仕立て方	3本仕立て　1本仕立て

栽培カレンダー

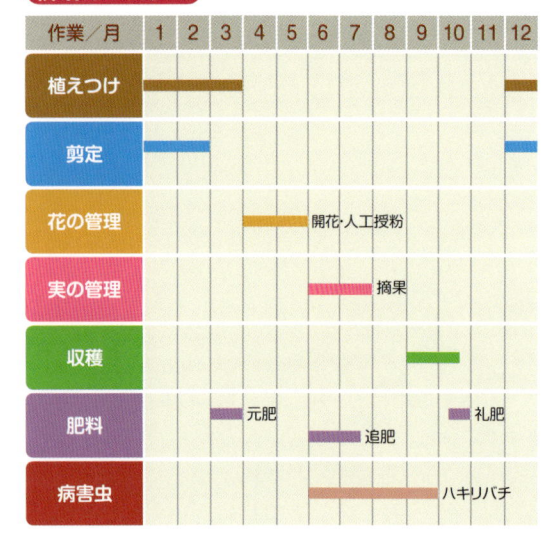

作業／月	1	2	3	4	5	6	7	8	9	10	11	12
植えつけ	━	━	━									━
剪定	━	━										━
花の管理				━ 開花・人工授粉	━							
実の管理						━ 摘果	━					
収穫									━	━		
肥料			━ 元肥			━ 追肥	━			━ 礼肥		
病害虫						━ ハキリバチ	━	━	━			

ここがポイント

- ◎接《つ》ぎ木苗を2品種以上栽培して人工授粉をする
- ◎葉が大きく水切れしやすいので乾燥させないように管理する
- ◎幼苗は直射日光による葉焼けを防ぐ
- ◎剪定は間引きを中心に行う
- ◎切り返し剪定は葉芽の上で切る

植えつけ

12月上旬～3月下旬

葉が大きく水切れしやすいので、水もちの良い土に植えつけます。ワラやバークチップなどのマルチングで保湿もするとよいでしょう。枝が柔らかく折れやすいため、強風が吹く場所は避けます。実生苗は品種名が不明なものが多く、品種名の分かる接ぎ木苗を2品種以上植えると実つきがよくなります。

●ポポーの主な品種

品種名	特徴
ウェールズ	国内で苗木の流通が多い代表品種。大果で果肉はオレンジ色。実つきがよい
サンフラワー	アメリカで最も生産されている。果肉は黄金色。若木から実が多くつく
ミッチェル	超大果。果肉は黄色でバナナとリンゴを合わせたような味と香り
マンゴー	大きな果実はマンゴーに似た風味。生長が早く丈夫で育てやすい。実つきもよい
スイートアリス	コンパクトで鉢栽培にも向く。果肉は鮮やかな黄色で香りがよい
プロリフィクス	コンパクトで鉢栽培にも向く。若木から実が多くつき、キャラメルのような味

仕立て方と実をつけるコツ

仕立て方

放任すると主幹がまっすぐ伸びて高木になります。高さを抑えるなら50～60㎝の高さで主幹を切り返し、枝を発生させて3本仕立てにします。

実のつき方

前年枝の中間付近に花芽（純正花芽）がつきます。花芽と葉芽は簡単に見分けがつきます。短い枝では、枝の先端付近に花芽がつく傾向があるようです。

実のつき方

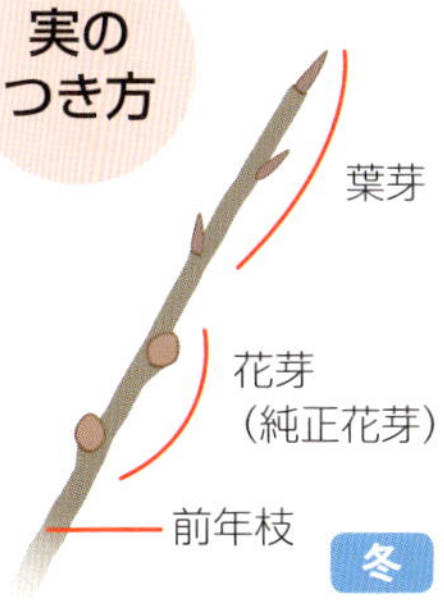

前年枝の中間付近に花芽（純正花芽）がつく。

アケビに似た果実がなる。一つの花芽から複数の実がつくこともある。

人工授粉・摘果

人工授粉：4月上旬～5月下旬
摘果：6月上旬～7月下旬

雌《め》しべと雄《お》しべの成熟期がずれるので、別品種の花粉を柔らかい筆先などにつけて人工授粉をします。実が多くついたら1枝1～2果に摘果します。

花が咲き進むと緑色から茶色になる。茶色の花の花粉を利用する。

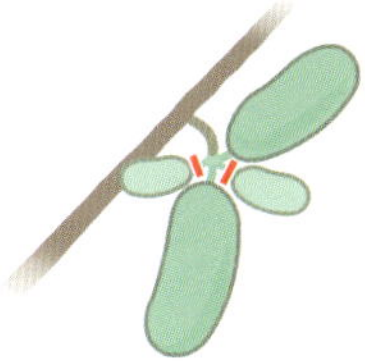

1か所に複数の実がついたら、小さな実や傷ついた実を摘果して2果以下にする。

剪定

12月上旬～2月下旬

休眠期に内向枝や平行枝、徒長枝などの不要な枝（⇒p32）を間引きます。徒長枝を生かす場合は、葉芽の上で切り返して分枝させます。ひこばえが発生したら切り取ります。

1 平行枝を間引く

枝が平行している部分はどちらか1本を元から切り取る。

2 内向枝を間引く

株の内側に向かって伸びる枝は元から切り取る。

収穫

9月上旬～10月中旬

熟すと自然に落果するので落ちた実を拾うか、柔らかくなった実を落ちる前に収穫します。

涼しい場所で2～3日追熟させると甘味と香りが増します。果実を縦か横半分に切り、果肉をスプーンですくって食べます。

鉢栽培のコツ

◆6～8号鉢に水もちの良い土で植えつけ、マルチングをする。
◆50～60㎝の高さで主幹を切り返して3本仕立てにする。
◆数年に1回一回り大きな鉢に植え替える。
◆異なる品種間で人工授粉をする。
◆不要な枝を間引き、葉芽の上で切り返して枝数をふやす。

オレンジ、ダイダイ類

ミカン科／インド、日本／常緑高木／2.0～3.0m

栽培データ

日なた　耐寒性 -5℃　耐暑性 強

栽培適地	関東地方南部以西（寒冷地では鉢栽培が向く）
実がなるまで	庭植え約4～5年、鉢植え約3～4年
受粉樹	不要
花芽・実のつき方	Dタイプ（⇒p37）
隔年結果	しやすい
主な仕立て方	3本仕立て　1本仕立て

ネーブルオレンジ。ネーブルは英語で「へそ」の意味。

オレンジ類は柑橘《かんきつ》類の中では成熟が早く、年内から完熟《かんじゅく》果《か》を収穫できる品種もあります。ネーブルオレンジ、バレンシアオレンジ、果肉が赤いブラッドオレンジなどがあります。果実をつけて冬を越すので、マイナス5℃を下回ると低温で落果したり、凍害の影響を受けたりします。ダイダイ（代々）類は古くから縁起物として庭先で栽培されています。

栽培カレンダー

作業／月	1	2	3	4	5	6	7	8	9	10	11	12
植えつけ			━	━								
剪定			━									
花の管理					━	開花（人工授粉）						
実の管理							━	━ 摘果				
収穫	━			バレンシア		━	━			ネーブル		━
			━	━	━	福原オレンジ						
肥料			━	元肥			━	━	追肥			
病害虫			━	━	━	━	━	━	━	かいよう病		
						━	━	━	━	黒点病		
				━	━	━	━	━	━	━	アゲハ類	

ここがポイント

◎寒さがやわらいだ春に植えつけ、剪定をする

◎強い切り返し剪定は行わず、不要な枝の間引き剪定を中心にする

◎葉50～60枚につき1果に摘果して隔年結果（⇒p204）を防ぐ

◎幼木は不織布などをかけて防寒する

●ダイダイ

日本で古くから栽培されるダイダイには「臭橙（かぶす）」と「回青橙（かいせいとう）」がある。回青橙は秋に橙色に色づき、樹につけたままにすると春から夏に緑色に戻る（回青）。新旧の果実が同じ木につくので縁起物としてお正月飾りに使われる。「座橙（ざだいだい）」とも呼ばれる。

●オレンジの主な品種

品種名	収穫	特徴
吉田オレンジ	12月上旬～中旬	実つきが良い。甘味と酸味のバランスが良い
はれひめ	12月上旬～下旬	味はミカンで香りはオレンジ。花も楽しめる。鉢栽培にも向く
森田ネーブル	12月下旬～1月上旬	実つきが良い。果皮が薄く風味が良い
タロッコ	3月下旬～4月上旬	果肉が赤いブラッドオレンジ。果実が小さい
福原オレンジ	3月下旬～5月中旬	日本生まれのオレンジ。ジューシーで香りが良い。病気に強い
バレンシアオレンジ	6月上旬～7月下旬	ネーブルより酸味が強い。隔年結果を起こしやすい。暖地向き

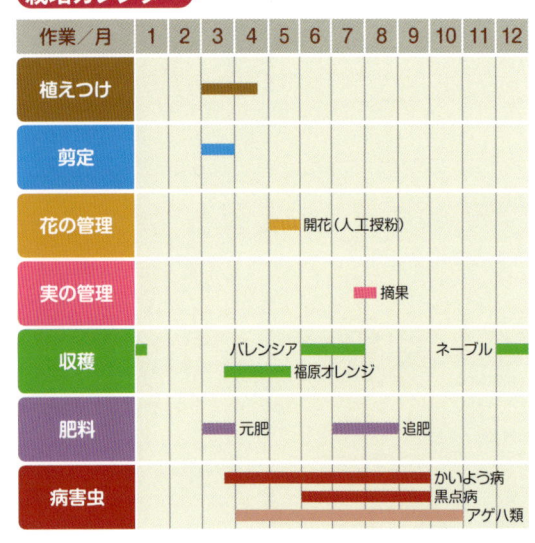

植えつけ

3月上旬～4月中旬

春に気温が高くなったら、日当たりと風通しの良い場所に苗木を植えつけます。寒さに弱く、寒風が吹きつける場所や、冬にマイナス5℃以下になる場所は栽培に適しません。寒冷地では鉢栽培がよいでしょう。雨や風に当たるとかいよう病（⇒p193）が発生しやすいので、雨が多い地域も鉢栽培が向きます。

1年生の棒苗の植えつけ（⇒p22）。支柱を立て、周囲に水鉢を作ってたっぷり水をやる。乾燥しやすい場合は株の周囲にワラなどを敷くとよい。

仕立て方と実をつけるコツ

仕立て方

棒苗は50～60㎝の高さで切り返して枝を発生させます。元気な枝2～3本で3本仕立てか2本仕立てにします。すでに枝が発生している2～3年生の苗木（⇒p18）なら早く収穫が楽しめます。

実のつき方

前年の春に伸びた枝（春枝）の先端付近や中間に花芽（混合花芽）ができ、花芽から伸びた新梢に花と実がつきます。前年に実をつけた枝には花芽がつかず、1年おきに枝葉の伸長と結実を交互にくり返します。

3本仕立て

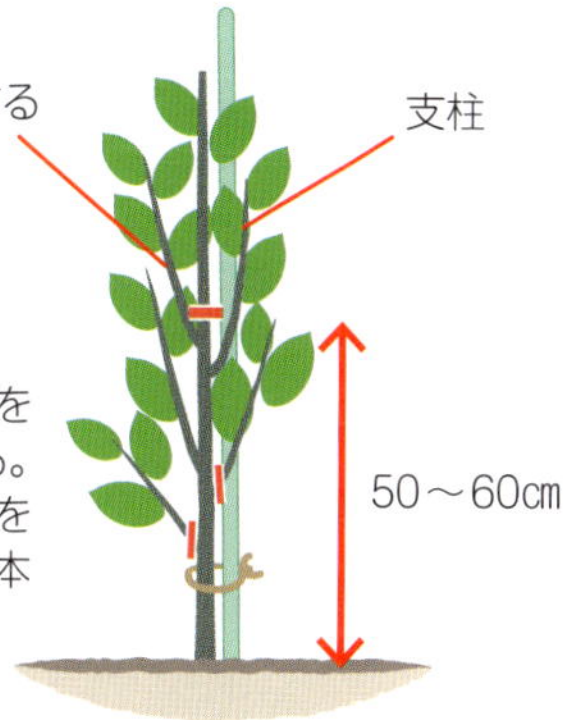

苗木
50～60㎝の高さで主幹を切り返して枝を発生させる。2～3年生の苗木は先端⅓を切り詰める。元気な枝を3本残して主枝にする。

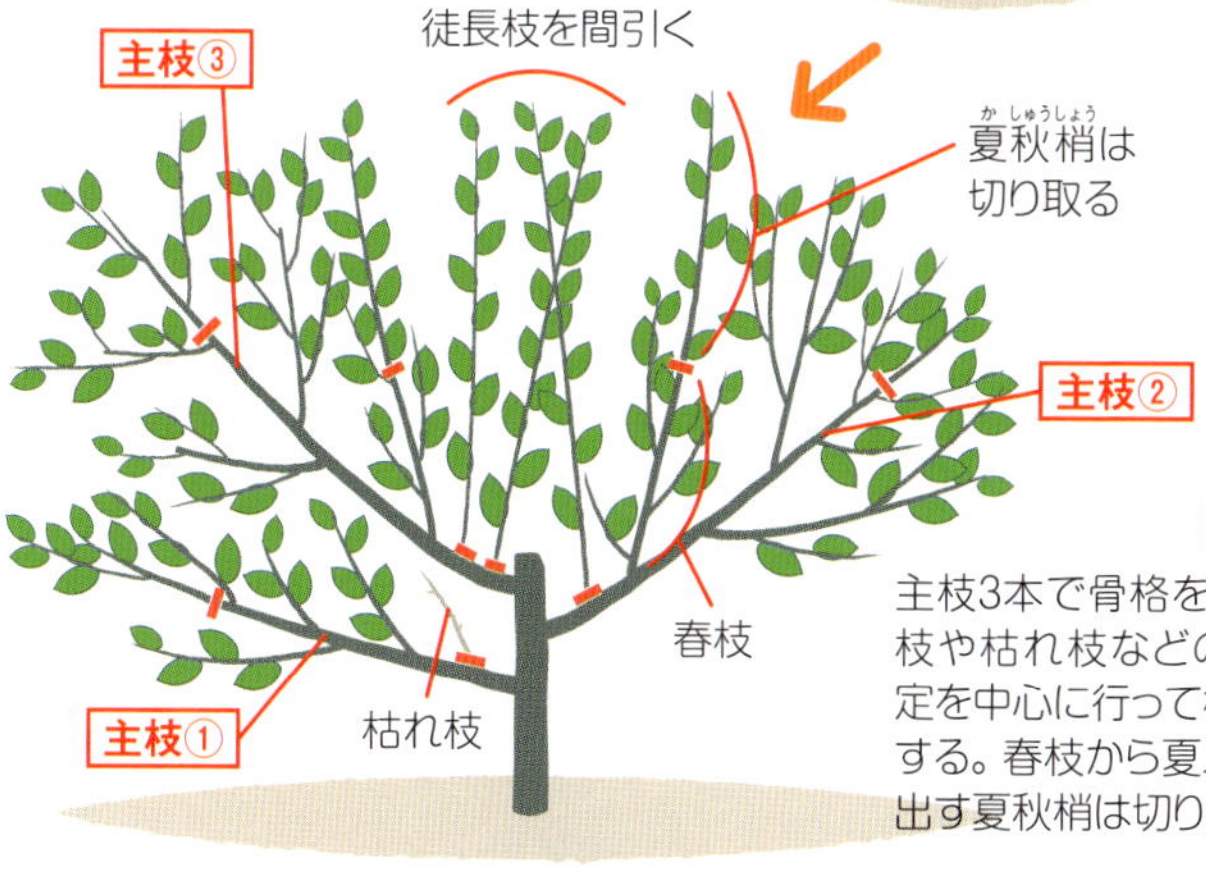

成木
主枝3本で骨格を作り、徒長枝や枯れ枝などの間引き剪定を中心に行って樹形を維持する。春枝から夏以降に伸び出す夏秋梢は切り取る。

実のつき方

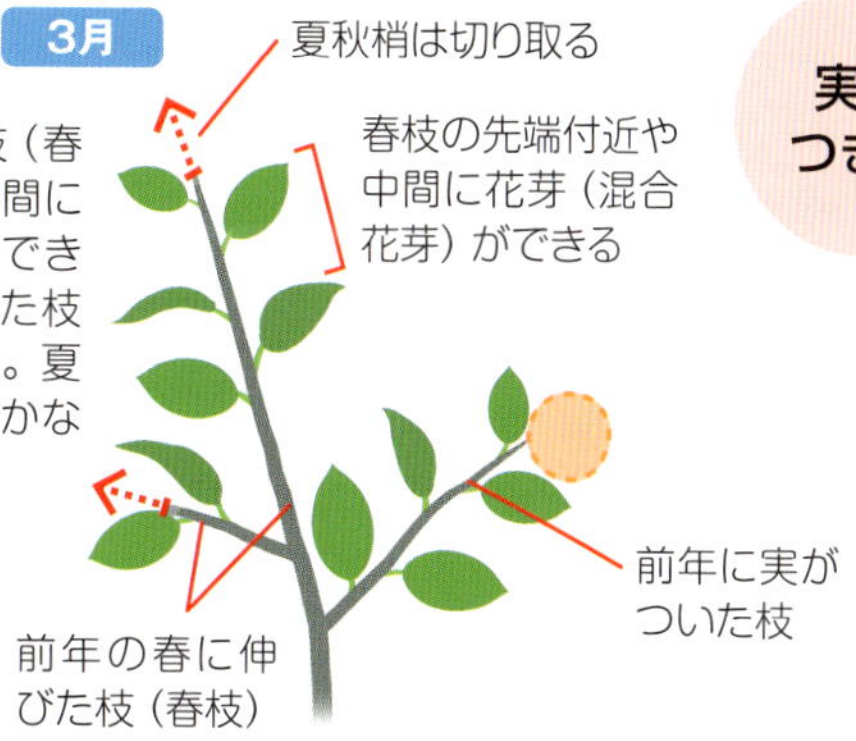

前年の春に伸びた枝（春枝）の先端付近や中間に花芽（混合花芽）ができる。前年に実がついた枝には花芽がつかない。夏秋梢には良い実がつかないので切り返す。

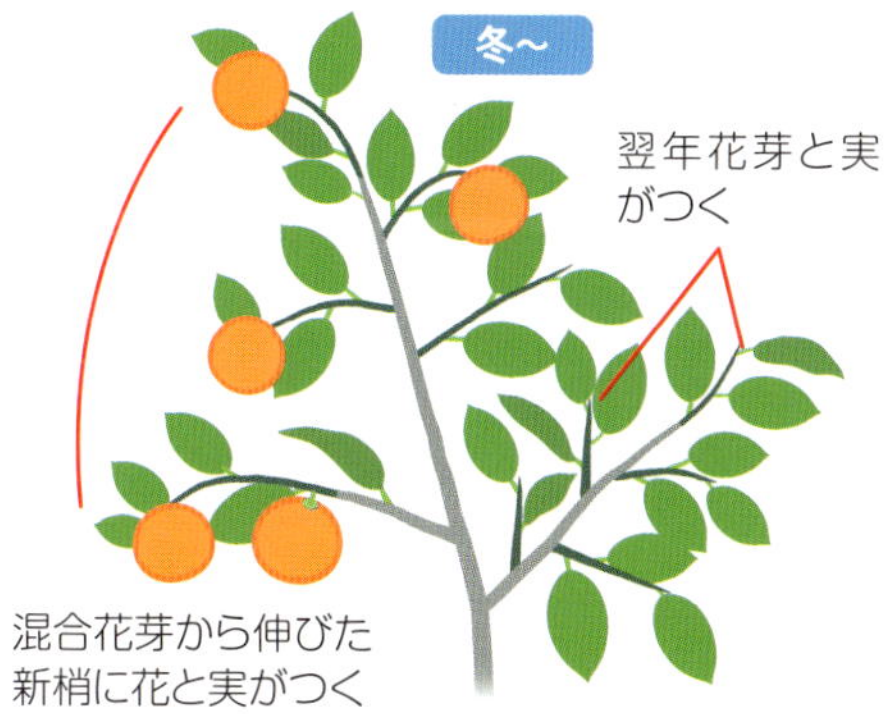

剪定

3月上旬〜下旬

柑橘類は気温が低い時期に枝葉を減らすと寒さで樹が弱ります。剪定は年1回、3月中に花芽が伸び出す前に行います。枯れ枝や徒長枝、交差枝、内向枝などの不要な枝（⇒p32）の間引き剪定を中心に行い、樹形を整えます。夏以降に伸びた夏秋梢（⇒p127）は、春枝の花芽（輪状芽《りんじょうが》）の上で切り取ります。

実をならせる剪定

夏秋梢を切り取る

春枝から夏以降に伸びる夏秋梢には良い実がつかない。春枝の輪状芽の上で切り取る。

花芽（混合花芽）が輪状に集まった輪状芽。この芽の上で夏秋梢を切り取ると、実がつく新梢が車枝状に伸び、収穫量がふえる（⇒p122）。

樹形を整える剪定

1 枯れ枝を切り取る

枯れ枝や枯れ込みを切り取り、日当たり、風通しをよくして黒点病（⇒p194）を予防する。枯れ枝が発生しやすいので、3月以外にも見つけたら切り取る。

2 徒長枝を間引く

真上に伸びる太い徒長枝は元から切り取る。放置すると養分が集中して周囲の枝が弱り、樹形のバランスが崩れる。

? 柑橘類の芽はどこにある?

柑橘類の芽は葉のつけ根（葉腋《ようえき》）にあります。つけ根のふくらんだ部分に複数の芽が隠れており、これを隠芽《いんが》と呼びます。複数の芽のうち芽吹くのは一つか二つです。落葉果樹（⇒p9）に比べて非常に小さく、蕾《つぼみ》がある程度の大きさにふくらむまで、花芽か葉芽かを見分けることは困難です。

葉のつけ根のふくらみに複数の芽が隠れている。すべての芽が芽吹くわけではない。

人工授粉

5月上旬～下旬

1本で実がつくので人工授粉は必要ありません。実つきが悪かったり生理落果（⇒p41）が多い場合は、花の中を柔らかい筆などでかき混ぜると確実です。

ダイダイの花。

摘果

7月下旬～8月上旬

生理落果が止まったら隔年結果（⇒p204）を防ぐために摘果をします。上向きの実や小さな実、病害虫の被害や傷のある実を取り除き（⇒p128）、葉50～60枚につき1果にします。

収穫

12月上旬～7月下旬

品種によって収穫時期が異なります。冬に熟す品種はできるだけ年内に収穫しましょう。実をつけたまま年を越すと、味が落ちたり、樹が弱ったりして翌年の花つきが悪くなります。

ネーブルオレンジは収穫後1～2週間おくと酸味が抜けます。

ダイダイの若い実。オレンジ色になったら収穫する。

年内に収穫できるネーブルオレンジ。収穫したら他の実を傷つけないように果《か》柄《へい》を切り取る。

鉢 栽培のコツ

◆8～10号鉢に苗木を植えつける。
◆棒苗は50～60㎝の高さで主幹を切り返して枝を発生させる。
◆剪定は年1回3月に行う。手順は庭植えと同じ。
◆摘果をして隔年結果を防ぐ。
◆雨が続くときは軒下などに鉢を移動する。
◆冬にマイナス5℃を切る地域は室内で冬越しさせる。

6～7月に収穫するバレンシアオレンジ。

キンカン類

ミカン科キンカン属／中国／常緑小高木／1.0〜2.0m

人気のタネなし品種「ぷちまる」。

樹高が低く剪定などの手入れも簡単で、初心者や鉢栽培にも向きます。いくつか種類がありますが、ニンポウキンカン（ネイハキンカン）が最も栽培されています。最近は「ぷちまる」「スイートシュガー」など、実が大きくて甘い園芸品種も人気です。刈り込み剪定にも耐えるので、常緑の葉を生かして生け垣に仕立てることもできます。

栽培データ

日なた　耐寒性 -5℃　耐暑性 強

栽培適地	関東地方南部以西
実がなるまで	庭植え約３〜４年、鉢植え約２〜３年
受粉樹	不要
花芽・実のつき方	Dタイプ（⇒p37）
隔年結果	しやすい
主な仕立て方	1本仕立て（ほうき仕立て）　トレリス仕立て（生け垣）

栽培カレンダー

作業／月	1	2	3	4	5	6	7	8	9	10	11	12
植えつけ			■	■	■							
剪定			■									
花の管理		開花・人工授粉			■	■	■	■		■		
実の管理									■	摘果	■	
収穫	■	■	■									■
肥料			■ 元肥		■ 礼肥							
病害虫				■	■	■	■	■	■	■	アゲハ類	

ここがポイント

- ◎剪定は不要な枝の間引きで十分
- ◎幼木は果実をすべて摘み取る。成木は葉8枚につき1果を目安に摘果する
- ◎霜に当たると果実が傷むので冬は防寒する
- ◎鉢植えは水切れ、乾燥に注意する
- ◎アゲハ類の幼虫に注意する

植えつけ

3月下旬〜5月上旬

春に気温が高くなってから、冬に寒風の当たらない日当たりと風通しの良い場所に苗木を植えつけます。冬にマイナス５℃以下になる地域では鉢栽培がよいでしょう。暑さには比較的強く、夏に西日が当たる場所でも栽培できます。２〜３年生（⇒p18）や実つきの鉢苗を植えるとすぐに収穫が楽しめます。

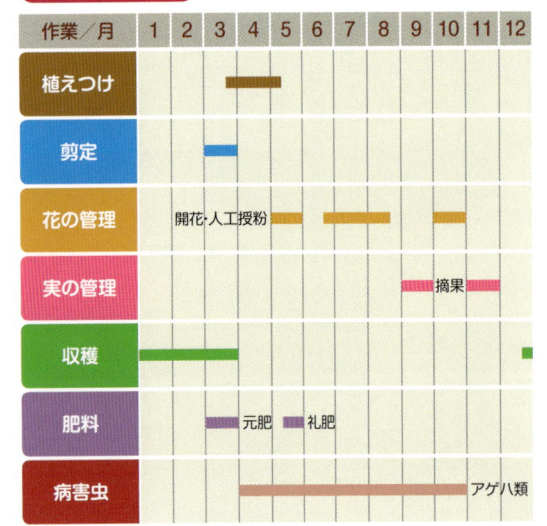

●キンカンの主な品種

品種名	特徴
ニンポウキンカン	ネイハキンカン、メイワキンカンとも呼ばれる代表的な種類。甘味が強い。隔年結果しにくい
たまたま	ニンポウキンカンの選抜種。実が大きく、甘味、香りにすぐれる
ナガキンカン（ナガミキンカン）	実が楕円形。酸味、果皮に苦味があり甘露煮向き。生長が早く隔年結果しにくい
福寿《ふくじゅ》	大実キンカンの園芸品種。ニンポウキンカンより果実が一回り大きい
スイートシュガー	大実キンカンの園芸品種。とくに甘味が強く人気
ぷちまる	ニンポウキンカンとナガミキンカンの交配種。タネなしで食べやすく甘味が強い

鉢栽培のコツ

◆5〜6号鉢に苗木を植えつけ、1〜2年おきに植え替える。
◆50〜60㎝の高さで主幹を切り返し、枝を伸ばして自然樹形に仕立てる。
◆剪定は3月に不要な枝を間引く。
◆実がたくさんついたら、小さな実を除いて1鉢10〜20個程度に摘果する。
◆乾燥に弱いので水切れさせない。
◆寒風や霜に当てないように、冬は防寒するか室内に取り込む。

実つきで流通する鉢苗なら購入してすぐに収穫が楽しめる。ただし、隔年結果（⇒p204）しやすいので、翌年は実つきが悪いことが多い。

仕立て方と実をつけるコツ

仕立て方

棒苗は50〜60㎝の高さで切り返して枝を発生させます。2〜3年生の苗木は先端⅓程度を切り返します。枝が放射状に発生した自然樹形（ほうき仕立て）になります。剪定は間引きを中心に行います。

実のつき方

前年の春に伸びた枝（春枝）の先端付近や中間に花芽(混合花芽)がつき、その花芽から伸びた新梢にも花芽がつきます。花は春、夏、秋に3回咲き、夏に咲いた花に最も大きな実がつきます。

ほうき仕立て

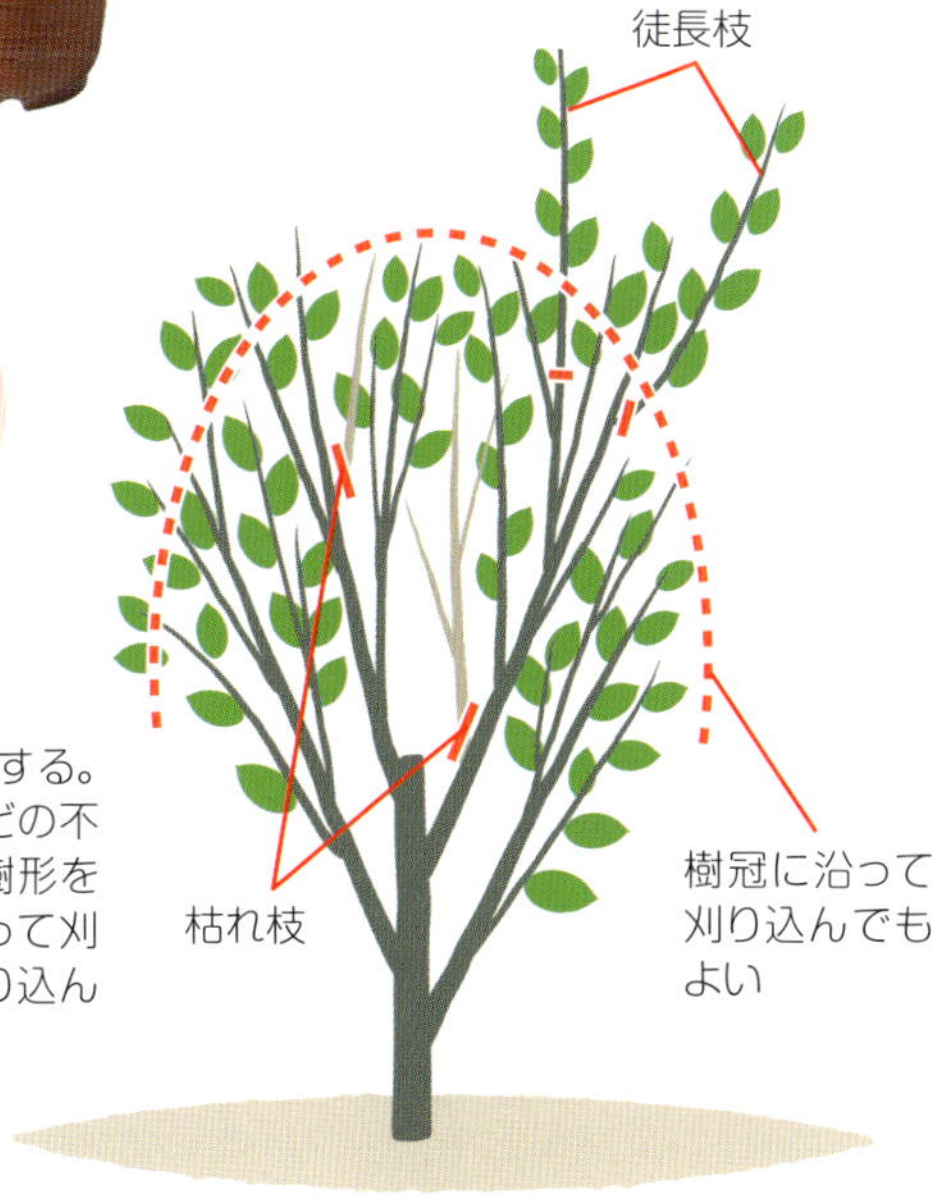

枝が放射状に発生する。徒長枝や枯れ枝などの不要な枝を間引き、樹形を整える。樹冠に沿って刈り込みバサミで刈り込んでもよい。

実のつき方

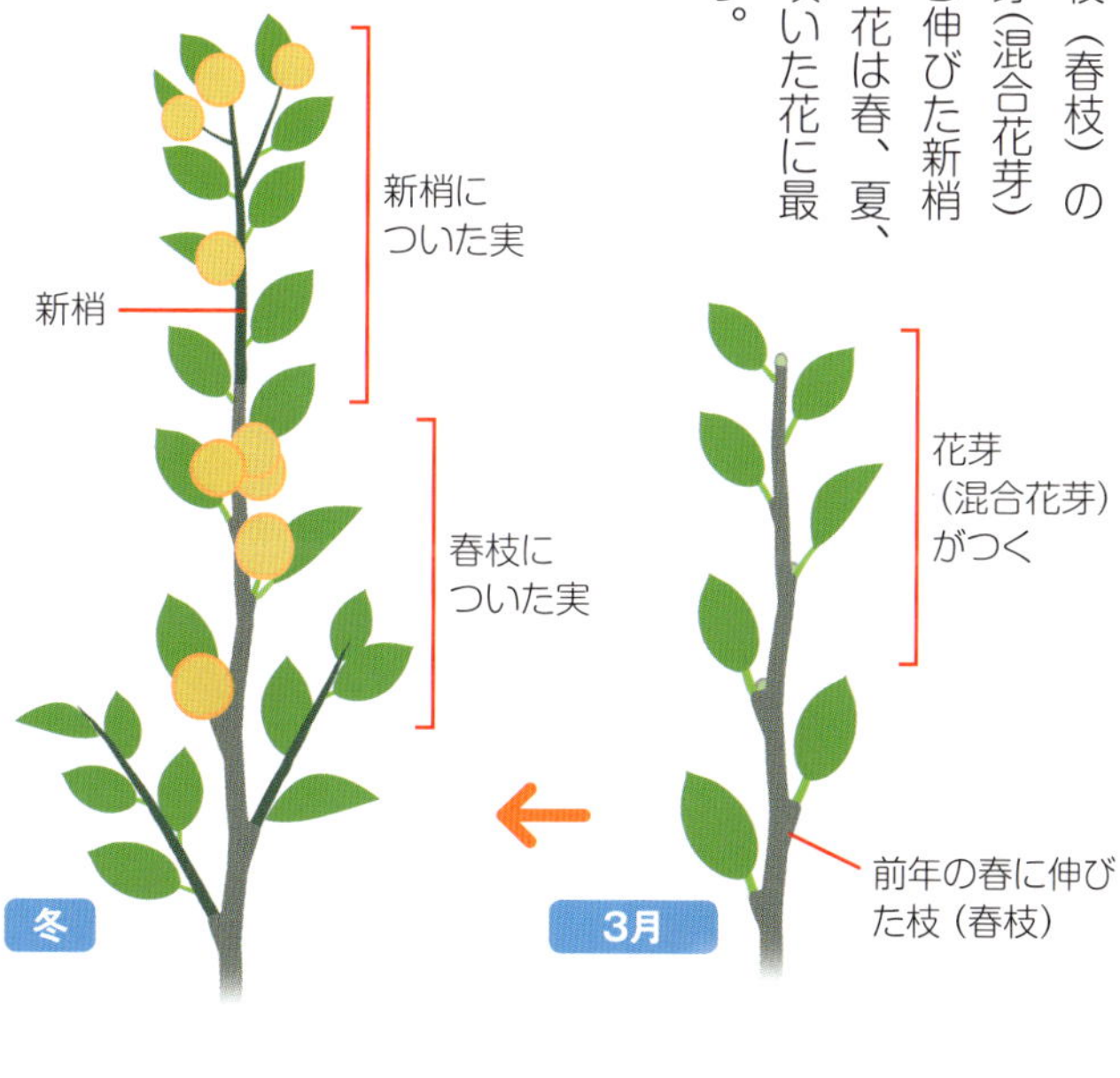

新梢についた実。

剪定

3月上旬〜下旬

冬に枝葉を減らすと寒さで樹が弱るため、剪定は年1回3月中に行います。枯れ枝や徒長枝などの不要な枝（⇒p32）を間引き、張り出した枝を切り返して樹形を整えます。

どこで切っても実がつかなくなることはないので、樹冠に沿って刈り込みバサミで刈り込んでも構いません。

樹形を整える剪定

新しく伸びた枝が伸びて樹形が乱れている。不要な枝を間引いて樹形を整える。樹冠に沿って刈り込んでもよい。

1 枯れ枝を間引く

株の内部に枯れ枝が出やすいので、元から切り取って病害虫の発生を防ぐ。

2 徒長枝を間引く

真上に伸びる強い徒長枝は元から切り取り、周囲の枝とのバランスを整える。

3 張り出した枝を切り返す

横に張り出した枝がじゃまな場合は、樹冠（⇒p204）のラインのところまで浅く切り返すか刈り込む。

ステップアップ

人工授粉で生理落果を減らす

キンカンは人工授粉をしなくても1本で実がつきます。

ただし、受粉を助ける昆虫が少ない場所や気象が不安定な年は、花の中を柔らかい筆などでかき混ぜて確実に受精（⇒ｐ２０４）させると、生理落果を減らすことができます。

果実の肥大が始まったところ。確実に受精していなかったり、気象が不安定でストレスを受けたりすると、大きくならずに落ちてしまう（生理落果）。

摘果

9月上旬～下旬
11月上旬～下旬

長さ20～30㎝の枝に2～3果、鉢植えの場合は1鉢20～30果を目安に小さな実や傷のある実を取り除くと、残した実が充実します。

秋についた実が緑のまま大きくならない場合は、11月に摘果して樹の負担を減らします。

収穫

12月下旬～3月下旬

11月下旬から少しずつ色づきます。果実全体がオレンジ色に色づいて完熟したものから、摘み取って収穫します。1月中旬～3月中旬が旬ですが、早めに収穫したほうが樹が疲れません。皮ごと生食、果実酒、甘露煮、ジャムなどに利用します。

上向きの実や小さな実を摘み取る。

冬の寒空にオレンジ色の果実が映える。ビタミン類が豊富で、風邪を予防する効果もあるといわれている。

？ 鳥の被害を防ぐには？

キンカンの実は鳥たちの大好物。エサが減る冬場はとくに注意が必要です。完熟したおいしい実ほど狙われます。実が色づき始めたら、防鳥ネットなどで覆って鳥よけをしましょう。

実がついている部分を覆うだけでも効果がある。

？ 実にしわが寄ったのは？

庭植えの場合は霜に当たったか、鉢植えなら水切れによる乾燥が考えられます。

若い株ほど霜に弱いので、冬は不織布などで覆って防寒します。下から冷気が入らないように、株元まですっぽり覆いましょう。

鉢植えの場合は、冬は水やりを忘れがちですが、実がついたら水切れさせないように管理します。

寒さか乾燥でしわが寄った果実。

不織布などで株全体を覆って防寒する。鳥から実を守る効果もある。

雑柑類、その他柑橘類

ミカン科／日本、西インド、中国南部、台湾／常緑高木／2.0～3.0m

温州ミカンとオレンジを交配した「清美」。

ブンタン、ナツミカン、グレープフルーツ、ヒュウガナツの仲間、不知火《しらぬい》（デコポン）、はるみなど人工交雑で生まれた柑橘類《かんきつるい》を総称して雑《ざっ》柑《かん》類と呼びます。最近はミカン類とブンタン類、グレープフルーツ類が交雑したタンゼロ類、ミカン類とオレンジ類が交雑したタンゴール類も人気で、果実や苗木が多く流通しています。

栽培データ

日なた　耐寒性 -3℃　耐暑性 強

栽培適地	関東地方南部以西
実がなるまで	庭植え約4～5年、鉢植え約3～4年
受粉樹	不要（品種による）
花芽・実のつき方	Dタイプ（⇒p37）
隔年結果	しやすい
主な仕立て方	3本仕立て、1本仕立て

3本仕立て　1本仕立て

栽培カレンダー

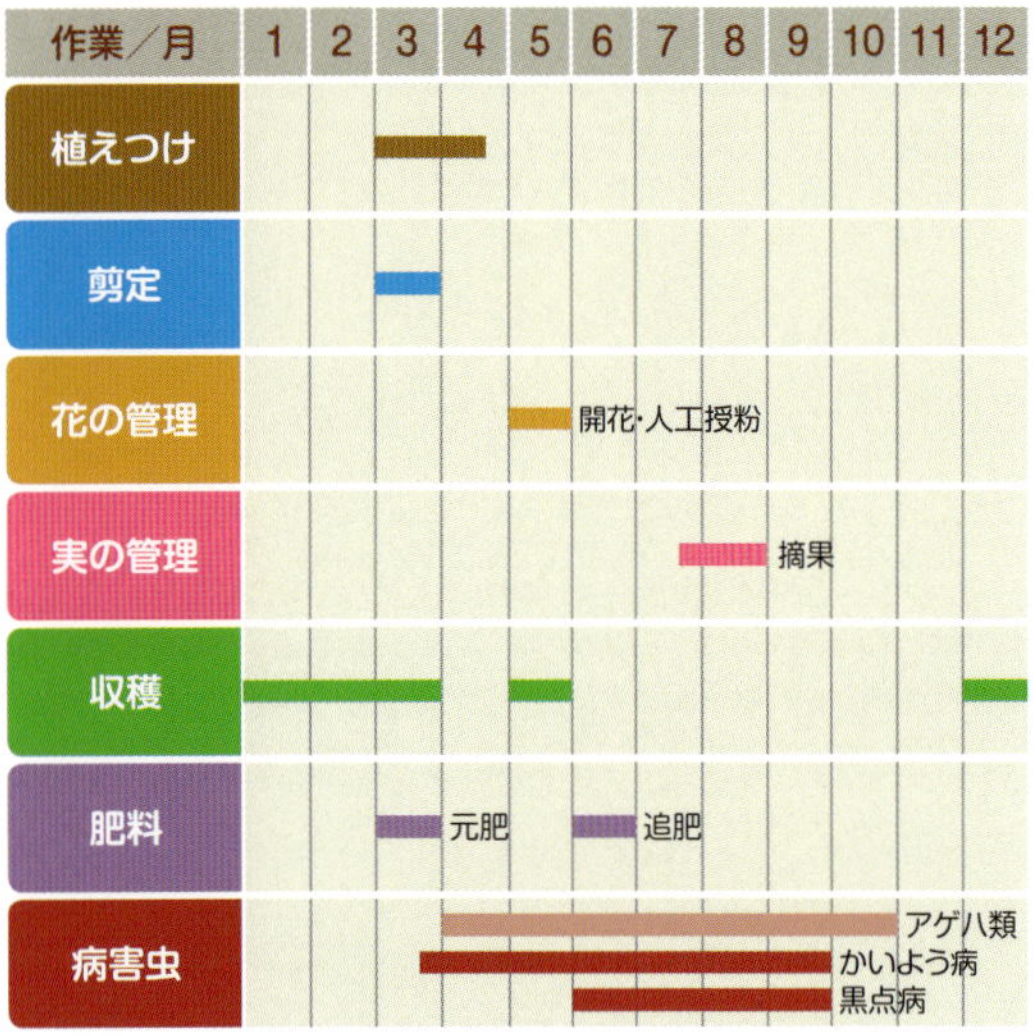

ここがポイント

◎1本で実をつけるが、ハッサク、ヒュウガナツは人工授粉をする
◎ヒュウガナツ、ハッサク、清見、不知火は葉50～60枚につき1果に摘果して隔年結果（⇒p204）を防ぐ
◎ブンタン、アマナツは葉70～80枚につき1果に摘果して隔年結果を防ぐ

●雑柑類の主な種類、品種

種類、品種名	分類	収穫期	特徴
土佐文旦《とさぶんたん》（ザボン）	ブンタン類	12～1月	ナツミカン類の近くに植えると大きな実がつく。鉢栽培にも向く
グレープフルーツ	ブンタン類	1月中旬～3月下旬	白実のマーシュ、赤実のルビー、マーシュとブンタンの交配種スウィーティーなど
アマナツ（川野ナツダイダイ）	ナツミカン類	12月中旬～1月上旬	ナツミカンの変種。実が大きく酸味は少ない。樹勢が強く育てやすい。大木になる
ハッサク	ナツミカン類	12月下旬～3月下旬	果汁が少なく風味が良い。大木になる。アマナツ、ヒュウガナツを受粉樹にする
ヒュウガナツ（ニューサマーオレンジ）	ヒュウガナツ類	5月上旬～下旬	果皮をむいて白いワタごと食べる。アマナツ、ハッサクを受粉樹にする
はるか	ヒュウガナツ類	2月上旬～下旬	ウンシュウミカンとヒュウガナツの交雑種。ジューシーでさわやかな甘味

植えつけ

3月上旬～4月中旬

春に日当たりと風通しの良い場所に苗木を植えつけます。寒風が吹きつける場所は避けます。冬にマイナス3℃以下になる地域では防寒（⇒p119）するか鉢栽培にします。雨や風でかいよう病（⇒p193）が発生しやすいので、雨が多い地域も鉢植えにし、雨が続くときは軒下などに鉢を移します。

鉢栽培のコツ

◆8～10号鉢に苗木を植えつけ、2年に1回植え替える。
◆50～60㎝の高さで主幹を切り返し、枝を発生させる。
◆3本仕立てか1本仕立てにする。
◆剪定は年1回3月に行う。
◆1本で実がつきにくい品種は人工授粉をする。
◆摘果をして隔年結果を防ぐ。
◆冬にマイナス3℃を切る地域は室内で冬越しさせる。

仕立て方と実をつけるコツ

仕立て方

棒苗は植えつけ後50～60㎝の高さで切り返して枝を発生させます。仕立て方はミカン類（⇒p125）と同じです。3本仕立てか1本仕立てがよいでしょう。間引き剪定を中心に行い、樹形を維持します。

実のつき方

オレンジ類（⇒p112）と同様に、前年に伸びた春枝の先端付近や中間に混合花芽ができ、花芽から伸びた新梢に花と実がつきます。前年に実をつけた枝には花芽がつかず、伸びた新梢に翌年花芽がつきます。

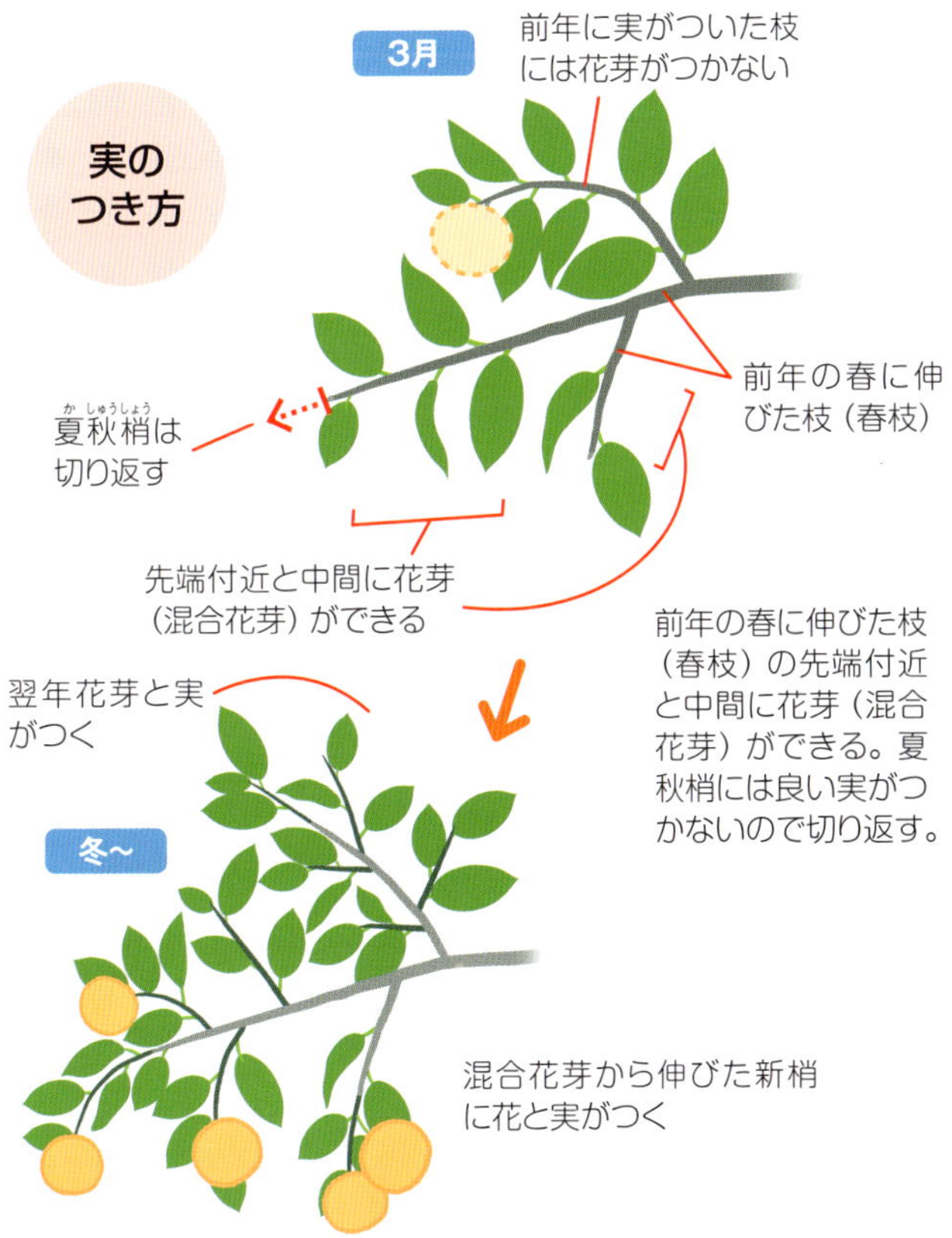

前年の春に伸びた枝（春枝）の先端付近と中間に花芽（混合花芽）ができる。夏秋梢には良い実がつかないので切り返す。

●雑柑類の主な種類、品種

種類、品種名	分類	収穫期	特徴
清見《きよみ》	タンゴール類	2月中旬～3月上旬	日本で最初のタンゴール。果肉が柔らかくジューシー
不知火《しらぬい》（デコポン）	タンゴール類	1月下旬～2月下旬	清美とポンカンの交配種。枝が下垂する。袋ごと食べられて味もよい
はるみ	タンゴール類	12月上旬	清美とポンカンの交配種。袋ごと食べられる。さわやかな風味
スイートスプリング	タンゼロ類	1月上旬～2月下旬	ハッサクとウンシュウミカンの交配種。病気に強く栽培しやすい
黄金柑《おうごんかん》（黄蜜柑《きみかん》、ゴールデンオレンジ）	―	2～4月	実はゴルフボール大。外見はヒュウガナツに似る。甘味と酸味のバランスがよい

剪定

3月上旬～下旬

3月に気温が高くなってから、花芽が動き出す前に行います。枯れ枝や病害虫の被害にあった枝、徒長枝などの不要な枝を間引いて樹形を整えます。夏以降に伸びた夏《か》秋《しゅう》梢《しょう》は、オレンジ類、ミカン類と同様に春枝の花芽（輪状《りんじょう》芽《が》）の上で切り返します（⇒p114）。

樹形を整える剪定

1 枯れ枝を切り取る

枯れ枝や枯れ込みを切り取り、日当たり、風通しをよくして黒点病（⇒p194）を予防する。3月以外にも見つけたら切り取る。

2 病害虫の被害枝を切り取る

ポイント
放置すると
かいよう病が
発生しやすい

病害虫の被害枝は元から間引くか被害部分を切り取る。写真はハモグリバエの被害にあった枝。徒長枝なので元から間引く。

3 徒長枝を間引く

真上に伸びる強い徒長枝は樹形のバランスを崩すので元から切り取る。

4 弱い小枝を切り取る

主幹や主枝から吹き出す細かい枝には良い実がつかない。元から切り取って日当たりや風通しをよくする。

ステップアップ

春枝から伸びる車枝状の新梢を間引く

春枝の輪状芽の上で夏秋梢を切り返すと（⇒p114）、新梢が車枝状に伸びます。この新梢に花や実がつきますが、枝が多すぎると充実した実になりません。春枝1本につき2～3本に間引きます。

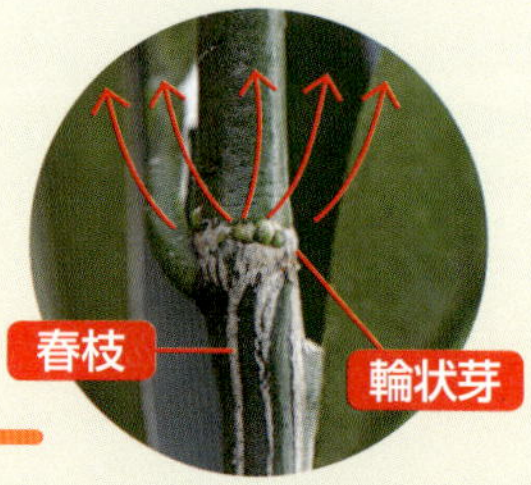

剪定後、輪状芽から車枝状に新梢が伸びる。

ポイント
弱い枝や
病害虫の被害枝
を間引く

車枝状に伸びた新梢を間引いて2～3本にする。

人工授粉

5月上旬〜下旬

基本的には1本で実がつくので必要ありません。実つきが悪い場合は花の中を柔らかい筆などでかき混ぜると確実です。

ハッサクとヒュウガナツはアマナツなどの花粉をつけて人工授粉をします。

ハッサクの花。中心の雌しべにアマナツなどの花粉をつける。

摘果

7月下旬〜8月下旬

生理落果（⇒p41）が終わったら摘果をします。上向きの実や小さな実、病害虫の被害や傷のある実を取り除きます（⇒p128）。摘果の目安は右下の表を参考にしてください。

摘果前のハッサク。大小の実がついている。×が摘果の対象。

小さな実や傷のある実、向きの悪い実を摘果し、大きくて傷のない実を残す。

●摘果の目安

ブンタン、グレープフルーツ、アマナツ	葉70〜80枚につき1果
ハッサク、ヒュウガナツ、清見、デコポン	葉50〜60枚につき1果

収穫

12月上旬〜3月下旬、5月

品種によって収穫時期が異なります。色づいたらできるだけ早めに収穫して貯蔵するようにします。樹に長く実をつけていると味が悪くなったり、樹が弱ったりして翌年の花つきが悪くなります。

「アマナツ」の収穫。

ほかの実を傷つけないように果《か》柄《へい》を二度切りする。

色づき始めた「スイートスプリング」。

ミカン類

ミカン科／日本、インド北東部／常緑高木／1.5～3.0m

栽培データ

日なた	耐寒性	耐暑性
(日なた)	-5℃	強

栽培適地	関東地方南部以西（ポンカンは年平均気温が18℃以上ないと良い実ができない）
実がなるまで	庭植え約5～6年、鉢植え約3～4年
受粉樹	不要
花芽・実のつき方	Dタイプ（⇒p37）
隔年結果	しやすい
主な仕立て方	3本仕立て　1本仕立て

早生種のウンシュウミカン「宮川早生」。

日本原産のウンシュウミカン、インド原産のポンカンが代表的。ウンシュウミカンは、収穫時期で早生《わせ》ウンシュウと普通ウンシュウ（中生《なかて》、晩生《おくて》）に分けて呼びます。関東地方以北には早生ウンシュウ、温暖な地域には普通ウンシュウが向きます。ポンカンはウンシュウミカンより耐寒性が劣ります。

栽培カレンダー

作業／月	1	2	3	4	5	6	7	8	9	10	11	12
植えつけ			■	■		■						
剪定			■									
花の管理				■	■ 摘蕾・摘花							
実の管理							■ 摘果					
収穫	■								■	■	■	■
肥料			■ 元肥			■ 追肥				礼肥	■	■
病害虫		ハダニ類	■	■	■	■	■	■	■			
		カイガラムシ	■	■	■	■	■	■	■			
		アゲハ類	■	■	■	■	■	■	■			

ここがポイント

◎2年生（⇒p18）は摘蕾《てきらい》か摘花《てきか》をして花を咲かせない
◎3年生は実を数個残して摘果する
◎4年生からは葉30枚（ポンカンは40～50枚）につき1果に摘果する
◎落葉果樹より弱い剪定を心がける
◎夏秋梢《かしゅうしょう》を切り返して隔年結果を防ぐ

●ウンシュウミカンの主な品種

	品種名	収穫期	特徴
早生ウンシュウ	日南《にちなん》1号	9月中旬～下旬	樹勢が強く実つきも良い。味も良い。隔年結果しにくい
	上野早生《うえのわせ》	10月上旬	実つきが良く樹勢も強い。隔年結果しにくい。初心者向きの人気品種
	宮川早生《みやがわわせ》	10月中旬～11月上旬	早生ウンシュウの定番で味が良い。裂果、隔年結果しにくい。耐寒性が強い
普通ウンシュウ	南柑《なんかん》20号	11月中旬～下旬	普通ウンシュウの定番。実が大きく糖度も高い。花が多く隔年結果しにくい
	盛田温州《もりたうんしゅう》	11月下旬～12月上旬	トマトのように果皮が薄くなめらか。家庭果樹向き。香りと味が濃厚
	青島温州《あおしまうんしゅう》	12月中旬	大果で実つきが良い。甘味と酸味のバランスが良く日もちする。隔年結果しやすい

●ポンカンの主な品種

品種名	収穫期	特徴
早香《はやか》	12月上旬～中旬	ウンシュウミカンとポンカンの交雑種。実つきが良く育てやすい。ポンカンの香り
太田ポンカン	12月中旬～下旬	ポンカンのなかでは耐寒性強い。実つきは良いが樹勢はやや弱い
森田ポンカン	12月中旬～下旬	ポンカンのなかでは耐寒性強い
吉田ポンカン	12月下旬～1月上旬	果実が美しい。樹勢はやや強い。耐寒性が弱く暖地向き

植えつけ

3月上旬～4月中旬 6月中旬

春か梅雨時に日当たりと風通しの良い場所に苗木を植えつけます。枝が発生した2年生（⇒p18）以上の苗木を植えると収穫までの時間が短縮できます。極早生種から晩生種まで種類が多く、地域に合った育てやすい品種を選びましょう。冬にマイナス5℃を切る地域では鉢で栽培します。

品種選びのコツは？

ミカン類は寒さにあまり強くありません。耐寒性を基準にして品種を選びましょう。

関東地方以北には比較的耐寒性があり、実がつきやすい早生種がおすすめです。暖地では甘味の強い中生種、晩生種が栽培できますが、収穫後に寒さで樹勢が回復しにくく、隔年結果（⇒p204）しやすい傾向があります。

仕立て方と実をつけるコツ

仕立て方

棒苗（⇒p18）は50～60㎝の高さで切り返して枝を発生させます。ウンシュウミカンは3本仕立て、ポンカンは1本仕立てにし、間引き剪定を中心に行って樹形を維持します。夏や秋に伸びる夏秋梢《かしゅうしょう》には良い実がつかないので切り返します。

実のつき方

前年の春に伸びた枝（春枝）の先端付近と中間に花芽（混合花芽）がつき、その花芽から伸びた新梢に花と実がつきます。前年に実をつけた枝には花芽がつかず、1年おきに枝葉の伸長と結実を交互に繰り返します。

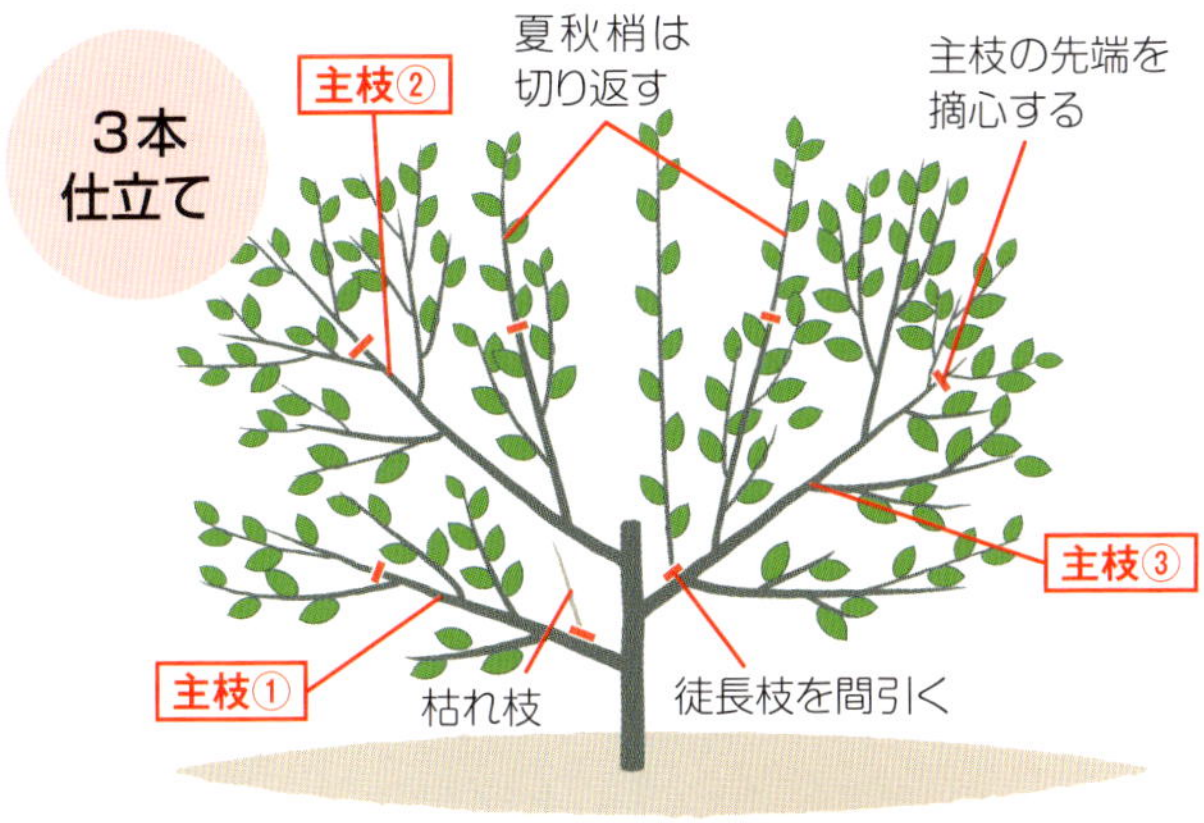
3本仕立て
主枝②
夏秋梢は切り返す
主枝の先端を摘心する
主枝③
主枝①
枯れ枝
徒長枝を間引く

ウンシュウミカン

元気な枝3本を主枝にする。主枝の先端を摘心（⇒p205）して枝を発生させる。徒長枝や枯れ枝などの不要な枝を間引いて樹形を整える。夏秋梢は切り返す。

1本仕立て
夏秋梢は切り返す
徒長枝を間引く
枯れ枝

ポンカン

管理しやすい高さで主幹を切り詰める。ウンシュウミカン同様に不要な枝を間引き、夏秋梢は切り返す。

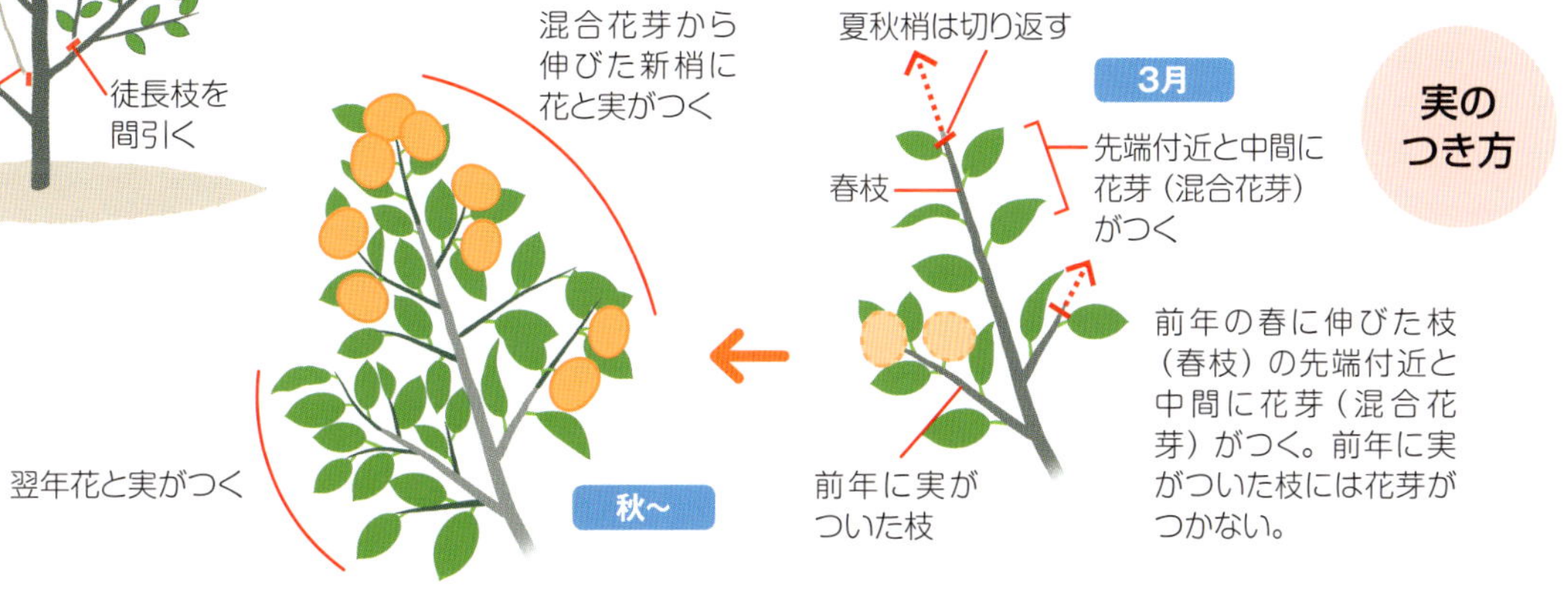
実のつき方
夏秋梢は切り返す
3月
先端付近と中間に花芽（混合花芽）がつく
春枝
前年に実がついた枝
前年の春に伸びた枝（春枝）の先端付近と中間に花芽（混合花芽）がつく。前年に実がついた枝には花芽がつかない。
混合花芽から伸びた新梢に花と実がつく
翌年花と実がつく
秋～

剪定

3月上旬〜下旬

3月に入り気温が高くなったら、芽が動き出す前に行います。枯れ枝や徒長枝、内向枝、交差枝、平行枝、病害虫の被害枝などの不要な枝（⇒p32）の間引き剪定を中心に行い、樹形を整えます。強い剪定をして葉を減らしすぎないようにします。夏以降に伸びた夏秋梢には良い実がつかないので、春枝の花芽（輪状《りんじょう》芽《が》）の上まで切り返します。

樹形を整える剪定

株の内側の枝葉が混み合っている。不要な枝を間引き、日当りと風通しをよくして病害虫の発生を防ぐ。

不要な枝を間引いて内側への日当たりと風通しがよくなった。強い切り返し剪定はしない。

1 枯れ枝を切り取る

枯れ枝を元から切り取り、日当たり、風通しをよくして黒点病（⇒p194）を予防する。3月以外にも見つけたら切り取る。

2 被害枝を切り取る

病害虫の被害にあった枝を元から切るか、被害部分を切り取る。放任すると病害虫が広がる。

3 内向枝を間引く

株の内側に向かって伸びる枝を元から切り取る。

4 徒長枝を間引く

真上に強く伸びる徒長枝を元から切って樹勢のバランスを整える。

ステップアップ 葉のない枝や分岐角度の狭い枝も間引く

葉がない枝や分岐角度が狭い枝は充実した枝になりません。一般的な不要な枝（⇒p32）に加えて、見つけたら間引きましょう。

葉がない枝。

分岐角度が狭い真上に伸びる枝。

実をならせる剪定 夏秋梢を切り取る

春枝から夏以降に伸びる夏秋梢には良い実がつかないので切り返す。実がつく枝に養分を集中させ、隔年結果を減らすことができる。

重要 夏秋梢の見分け方

①枝葉の色が明るい

夏枝梢は春枝より若いので、枝や葉の色が明るい緑色。春枝は木質化が始まっている。

②輪状芽がある

春枝の先端に花芽（混合花芽）が輪状に集まった輪状芽がある。この芽の上からが夏秋梢。輪状芽を切り落とさないように切り返す。

摘蕾・摘花

4月下旬～5月下旬

2年生から花がつきますが、摘蕾か摘花をして花は咲かせず、樹作りを優先します。3年生からは摘蕾、摘花の必要はありません。ただし、枝にびっしり花がついた場合は、そのまま咲かせると樹が衰弱して枯れてしまうので摘花します。

ウンシュウミカン、ポンカンとも1本で実がつくので人工授粉は必要ありません。

「太田ポンカン」の花。

摘果

7月下旬～8月中旬

ウンシュウミカン、ポンカンとも隔年結果を防ぐために摘果をします。

3年生は良い実を1株に数個残して摘果します。4年生以降は生理落果（⇒p41）が止まって実が親指大になったら、ウンシュウミカンは葉20～30枚につき1果、ポンカンは葉40～50枚につき1果にします。

1枝に5～6個実がついている。全部つけたままにすると翌年花芽がつきにくくなるので（隔年結果）2果程度に減らす。

2果に減らしたところ。上向きの実（天なり）や果柄が太い実はおいしい実にならないので手で摘み取る。

ステップアップ　摘果でおいしい実を残すコツ

甘い実を毎年安定して収穫するために、左の×のような実はおいしい実にならないので摘果します。8月に摘果した実は、絞った果汁に砂糖や蜂蜜を加えてジュースにして楽しめます。

- × 大きすぎる実、小さな実
- × 上向きの実（天なり）
- × 樹冠の奥の実
- × 果柄《かへい》（⇒p204）の太い実
- × 病害虫の被害や傷のある実

傷のある実も摘果する。

上向きの実（天なり）は果皮が固くなっておいしくならない。

収穫

9月中旬～1月下旬

収穫時期は品種ごとに異なります。果皮が緑色からオレンジ色になったものからハサミで切って収穫します。ただし、極早生種は緑色でも熟しているので、味見をして収穫します。実をつけたまま年を越すと隔年結果しやすいので、できるだけ年内に収穫しましょう。収穫後3～7日置くと酸味が抜けて甘くなります。

？ 果皮がでこぼこになったのは?

果皮がでこぼこになるのは摘果のしすぎが原因です。

実を減らしすぎると養分が集中して実が大きくなりすぎて果皮が固くなったり、でこぼこして味や見た目が悪くなったりします。

摘果をしすぎて果皮がでこぼこになったポンカン。

オレンジ色に熟した「宮川早生」。

収穫適期のポンカン。

ハサミで果柄を切り取り、ほかの実を傷つけないように二度切りする。

鉢 栽培のコツ

- ◆8～10号鉢に苗木を植えつけ、2年に1回植え替えをする。
- ◆3本仕立てか1本仕立てにする。手順は庭植えと同じ。
- ◆剪定は年1回3月に行う。
- ◆2年生までは摘蕾、摘花をして花や実をつけさせない。
- ◆摘果をして隔年結果を防ぐ。
- ◆冬にマイナス5℃を切る地域は室内で冬越しさせる。

ユズ類

ミカン科／中国／常緑高木／2.0～3.0m

黄色く色づいたユズ。

ユズ類にはホンユズ、ハナユ、カボス、スダチなどがあります。果皮の香りや果汁を利用する香酸柑橘《こうさんかんきつ》の一種で、庭やベランダに１本あると料理に重宝します。１本で実がつくので受粉樹は不要です。柑橘類のなかで最も耐寒性が強く、高温多湿の日本の気候にも適しています。東北地方でも庭植えが可能ですが、関東地方以北では冬に防寒が必要です。

栽培データ

日なた　-7℃ 耐寒性　強 耐暑性

栽培適地	東北地方南部以南
実がなるまで	庭植え約４～５年、鉢植え約３～４年
受粉樹	不要
花芽・実のつき方	Dタイプ（⇒p37）
隔年結果	しやすい
主な仕立て方	3本仕立て　1本仕立て

栽培カレンダー

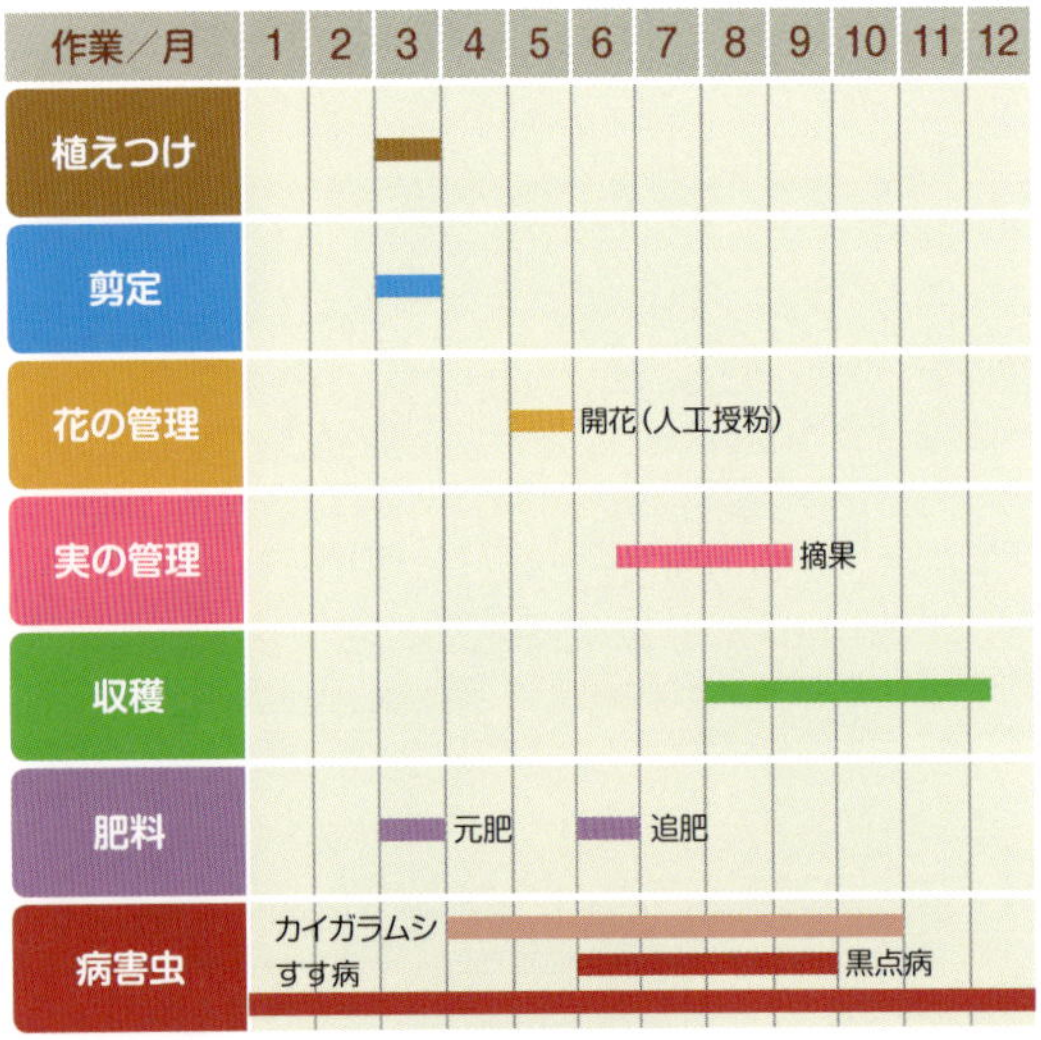

ここがポイント

- ◎接《つ》ぎ木苗を入手して春に植えつける
- ◎枯れ枝を除いて黒点病を予防する
- ◎誘引して枝を横にすると花つきが良い
- ◎ユズ、ハナユは葉10枚につき1果、スダチ、カボスは葉5～10枚につき1果を目安に摘果する
- ◎霜が降りる前に収穫する

直径20㎝近い「獅子柚子」の実。

●ユズ類の主な種類、品種

種類・品種名	収穫期	特徴
多田錦《ただにしき》	8月上旬～12月上旬	ホンユズ。大果。種、トゲなし。耐寒性強く、隔年結果しにくい
山根《やまね》	8月上旬～12月上旬	ホンユズ。大果。トゲなし。耐寒性強く、隔年結果しにくい
ハナユ（一才《いっさい》ユズ）	8月中旬～12月上旬	中果。ホンユズより小さな実が早くつく。香りはやや弱い。鉢向き。隔年結果しにくい
スダチ	8月中旬～9月中旬	中果。カボスより早く実がつく。緑の実を利用。コンパクトで鉢向き。隔年結果しにくい
カボス	9月中旬～10月上旬	大果で酸味が強い。隔年結果しやすい。半日陰でも育つ。暖地向き
獅子《しし》柚子（鬼柚子）	10月中旬～4月下旬	ユズ。特大果。マーマレードやジャムなどに向く。ユズのなかでも耐寒性が強い

植えつけ

3月上旬～下旬

日当たりと風通しの良い場所に植えつけます。日光を好みますが夏の西日は避けます。冬にマイナス7℃を切らない地域では庭植えできます。水はけと水もちの良い土に植え、たっぷり水をやると早く生長します。コンパクトに仕立てるならハナユ、スダチ、カボスがおすすめです。

鉢栽培のコツ

◆6～8号鉢に苗木を植え、2年に1回植え替えをする。
◆日当たりの良い場所に置く。
◆水はけ、水もちの良い土に植え、たっぷり水やりをする。夏場の水切れに注意する。
◆剪定は3月に不要な枝を間引く。
◆ホンユズは1鉢で2～3果、ハナユは5～6果を目安に摘果する。
◆トゲを切除する。

仕立て方と実をつけるコツ

仕立て方

50～60㎝の高さで苗木の主幹を切り返し、枝3本で3本仕立てにします。直立性（⇒p205）のため若木の間は主枝を直立させ、実をつけさせる樹齢になったら誘引で枝を寝かせると花つき、実つきがよくなります。

実のつき方

ユズ類も他の柑橘類と同様に前年に伸びた枝の先端付近から中間に花芽（混合花芽）がつき、そこから伸びた新梢に花と実がつきます。前年に実をつけた枝には花芽がつかず、1年おきに枝葉の伸長と結実を繰り返します。

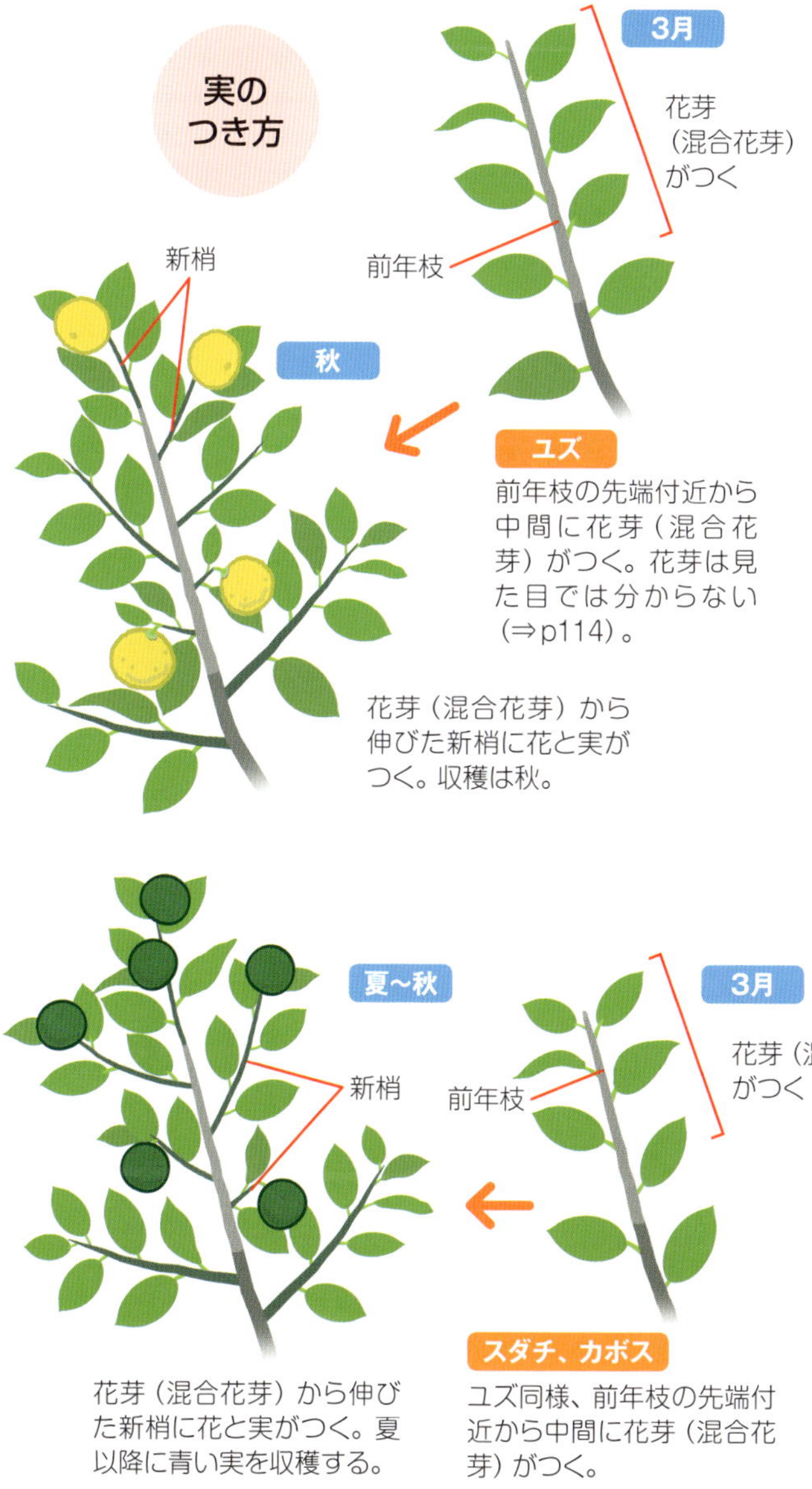

前年枝の先端付近から中間に花芽（混合花芽）がつく。花芽は見た目では分からない（⇒p114）。
花芽（混合花芽）から伸びた新梢に花と実がつく。収穫は秋。

ユズ同様、前年枝の先端付近から中間に花芽（混合花芽）がつく。
花芽（混合花芽）から伸びた新梢に花と実がつく。夏以降に青い実を収穫する。

3本仕立て

主枝をできるだけ広げると花や実がつきやすい。

剪定

3月上旬～下旬

枯れ枝などの不要な枝を間引き、日当たり、風通しをよくして樹形を整えます。3月以外にも枯れ枝を見つけたら切り取って黒点病（⇒p194）を予防します。強い剪定をして葉を減らしすぎないようにします。

枯れ枝を元から切る。

ステップアップ

切り返し剪定と誘引で花と実をふやす

ユズ類は樹勢が強く、庭植えでは枝ばかり伸びて花や実がつきにくくなることがあります。

その場合は枝先を切り返して枝数をふやし、さらに誘引で枝を横に寝かせると花や実がつきやすくなります。

？ トゲは切ってもいいの？

柑橘類のトゲは切っても生育には影響しません。とくにユズ類は鋭いトゲがあり、風で葉や実がトゲに当たって傷むと、そこから病気が発生することがあります。ニッパーやハサミでこまめに切除しましょう。

トゲを切ったほうが病気の予防にもなる。

切り返し剪定

枝先を⅓程度切り返して分枝を促し、枝数をふやす。

誘引

枝をできるだけ横に寝かせると花芽がつきやすい。

人工授粉

5月上旬～下旬

ユズ類は1本で実がつくので人工授粉は不要です。実つきが悪い場合は、花の中を柔らかい筆などでかき混ぜて受粉を助けます。

花後に子房《しぼう》がふくらみ始めたユズ。

美しいスダチの花。開花から収穫まで3か月程度。

摘果

6月下旬～9月上旬

実が多くついた年は、生理落果（⇒p41）が止まった頃から何回か摘果を行い、隔年結果（⇒p204）を防ぎます。ホンユズ、ハナユは最終的に葉10枚につき1果、スダチ、カボスは葉5～10枚に1果が目安です。摘果した緑の実も、果皮をすりおろして香りづけの調味料として利用できます。

スダチの未熟果。葉5～10枚につき1果に摘果する。

収穫

8月上旬～12月上旬

ホンユズ、ハナユズは利用法で収穫時期を変えます。果皮を使うなら8～9月に直径4㎝ほどの実を、果汁を使うなら9～10月に黄緑色の実を、実を使うなら11月に黄色く色づいた実を収穫します。

スダチは8月中旬～9月上旬、カボスは9月中旬～10月上旬に緑の実を収穫して果汁を利用します。

実が霜に当たると傷むので、寒冷地では早めに収穫します。果実を保存袋に入れて冷凍すると長期保存できます。

ハサミで実を切り取る。写真はユズ。

ほかの実を傷つけないように果柄《かへい》を二度切りする。

ステップアップ 実の近くのトゲは切除しておく

132ページでも紹介したように、実の近くにトゲがあると実を傷つけたり、傷から病気が発生したりします。実が小さいうちにトゲを切除しておきましょう。

ホンユズのトゲと実。鋭いトゲで実を傷つけてしまうので早めに切除しておく。

レモン、ライム

ミカン科／インド／常緑高木／2.5〜3.0m

レモンの果実。青いうちから収穫できる。

温暖で乾燥した気候を好み、栽培適地以外では鉢栽培が向きます。耐寒性の強い品種を選べば、暖地では庭植えも可能です。本来は四季なり性（⇒p204）で、条件がよければ初夏から秋に3回開花、結実します。香りの良い花や新芽はサラダや紅茶などに入れて楽しめます。基本的な管理作業はミカン類（⇒p124）と同じです。

ここがポイント

◎水切れすると花が落ちるので乾燥させないように管理する
◎やや多めに肥料を与える
◎間引き剪定を主体に行う
◎レモンは秋果を葉20〜30枚につき1果に摘果《てきか》する。ライムは生理落果（⇒p41）が多いので摘果しない
◎ハモグリガが媒介するかいよう病（⇒p193）に注意する

栽培データ

日なた　-3℃ 耐寒性　強 耐暑性

栽培適地	関東地方南部以西の暖地（レモンは最低気温が－3℃、ライムは0℃を下回らない場所。冬暖かい太平洋岸が適している）
実がなるまで	庭植え約3〜4年、鉢植え約2〜3年
受粉樹	不要
花芽・実のつき方	Dタイプ（⇒p37）
隔年結果	しにくい
主な仕立て方	 3本仕立て

栽培カレンダー

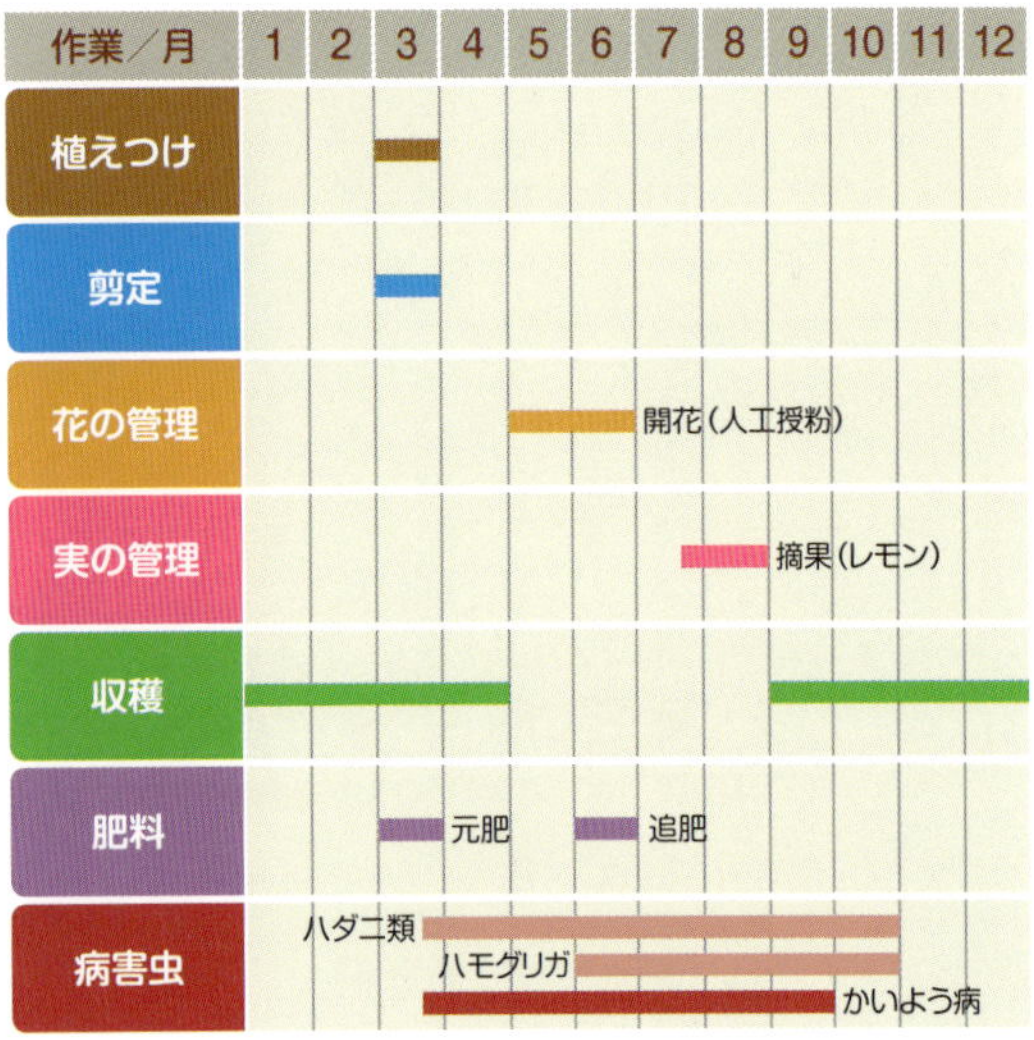

●レモンの主な品種

品種名	特徴
リスボン	定番品種。豊産性だが四季なり性は弱く、秋果が多い。耐寒性が強い
ユーレカ	果汁が多くて香りが良い。四季なり性が強い。暖地向き
アレンユーレカ	ユーレカの選抜種。四季なり性が強く実つきも良い。暖地向き
ビラフランカ	トゲが小さくトゲなしレモンの名でも流通。隔年結果しにくい。耐寒性が強い
マイヤーレモン	オレンジレモンとも呼ばれ、酸味が少なくまろやか。耐寒性が強い
ラフマイヤー	病気に強く育てやすい。コンパクトで鉢栽培でも実つきが良い
ピンクレモネード	葉や果実に美しい斑が入る。果肉は薄いピンク色。タネが少ない
ポンテローザ	ジャンボレモンとも呼ばれる。普通のレモンの約4倍の実がなる。

●ライムの主な品種

品種名	特徴
タヒチ・ライム	実が大きい。果汁が多くタネが少ない。トゲなし。耐寒性が強い
メキシカン・ライム	定番品種。実が小さく樹高も低い。香りが良く酸味が強い。暖地向き
フレバグリーン	小型で四季なり性が強く実つきが良い。タネなし。果皮が長期間緑色

植えつけ

3月上旬〜下旬

柑橘《かんきつ》類のなかで最も耐寒性が弱く、最低気温がレモンはマイナス3℃、ライムは0℃を下回る地域では鉢で栽培します。温暖で雨の少ない地域は庭植えも可能です。日当たりの良い南向きの、強風の当たらない場所に植えつけます。冬は防寒をして（⇒p119）寒さによる落葉を防ぎます。

鉢栽培のコツ

- ◆8〜10号鉢に植えつけ、2年に1回植え替えをする。
- ◆3本仕立てにする。
- ◆日当たりの良い場所に置く。
- ◆水切れさせない。
- ◆レモンは1鉢3〜5果に摘果する。
- ◆冬は室内に取り込むか不織布などで防寒をする。
- ◆3月に不要な枝を間引く。

仕立て方と実をつけるコツ

仕立て方

枝3本で骨格を作って3本仕立てにします。樹勢が強いので強い切り返し剪定は行わず、不要な枝の間引き剪定を中心にします。誘引してできるだけ枝を横に寝かせると樹勢が落ちつき、花芽がつきやすくなります。

実のつき方

四季なり性で、条件がよければ初夏から秋にかけて3回開花、結実します。ただし、日本では他の柑橘類と同様に、春枝から伸びた新梢につく実を収穫し、夏以降に伸びる夏秋梢《かしゅうしょう》は切り返します。

3本仕立て

枝3本で骨格を作り、不要な枝は間引く。夏秋梢は切り返す。幹や枝の途中から発生する細かい枝は、日当たりや通風の妨げにならなければ残しておいてよい。

実のつき方

3月

レモン

前年の春に伸びた枝（春枝）の先端付近と中間につく花芽（混合花芽）から新梢が伸び、開花、結実する。

← **秋**

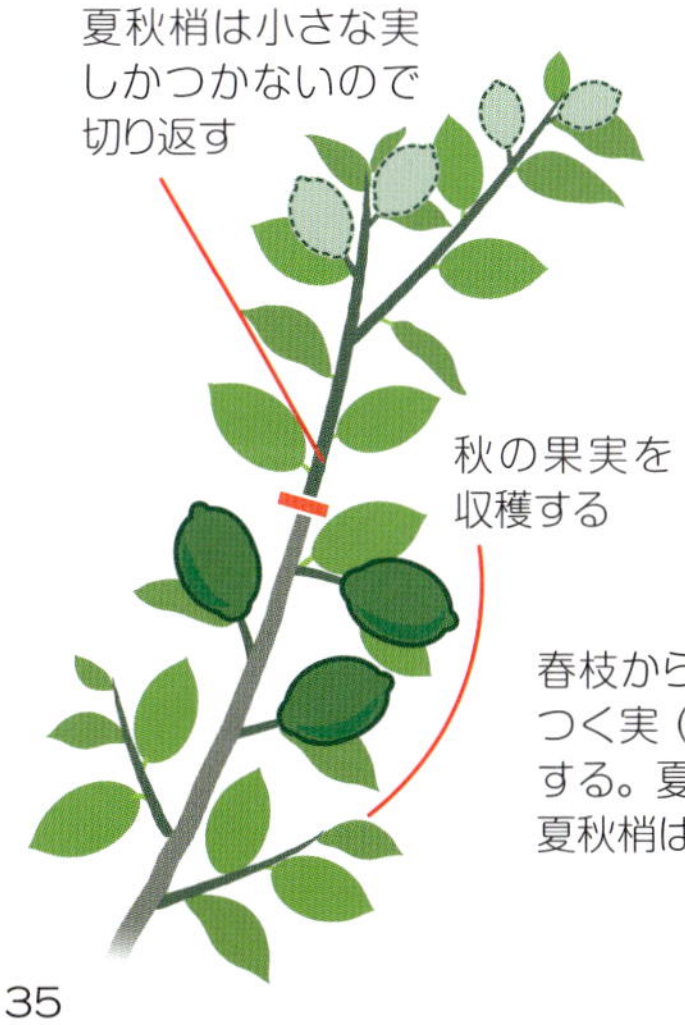

春枝から伸びた新梢につく実（秋果）を収穫する。夏以降に伸びる夏秋梢は切り返す。

剪定

3月上旬～下旬

枯れ枝、弱い枝、内向枝、平行枝、徒長枝、ひこばえなどの不要な枝（⇒p32）の間引き剪定を中心に行います。樹勢が強く、強い切り返し剪定をすると強い枝が吹いて花つき、実つきが悪くなります。剪定に自信がなければ、しばらく剪定せずに放任し、樹勢を衰えさせて短い枝をふやすことで、花つき、実つきをよくする方法もあります。

樹形を整える剪定

1 枯れ枝、弱い枝を間引く

枯れた枝や葉のない弱々しい枝などを間引く。

2 強い徒長枝を抜く

ポイント
葉を減らしすぎないようにする

真上に伸びる強い徒長枝は、残したい葉の量や樹形のバランスを見て、元から間引くか切り返す。

3 ひこばえを間引く

株元から強く伸びるひこばえは、放任すると養分を奪うので元から切り取る。

日当たり、風通しが悪い

株の内側が混み合って日当たりや風通しが悪く、病害虫が発生しやすい。強い徒長枝や夏秋梢に養分が集中し、周りの枝が弱っている。

不要な枝を間引いて全体に日当たり、風通しが良くなった。徒長枝や夏秋梢を除いて樹勢のバランスが整った。

実をならせる剪定

夏《か》秋《しゅう》梢《しょう》を切り返す

本来は四季なり性だが、日本では夏秋梢には良い実がつきにくい。春枝の輪状芽（りんじょうが）まで切り返して実を充実させる。

ステップアップ

葉が少ない場合は夏秋梢を切り返さない

寒さや病害虫の被害などで葉が少なくなってしまった枝は、夏秋梢を切り返すと葉がさらに減り、光合成の活動量が減ってしまいます。このような場合は、夏秋梢の切り返しはしないほうがよいでしょう。

葉が少ない枝では夏秋梢を残す。

？ レモンは花も食べられるの？

レモンの花は香りが良く、たくさん咲いたら少し摘んで、香りづけに紅茶やサラダに入れてみましょう。新芽も同じように香りづけとして楽しめます。

香りづけに使えるレモンの新芽。

エディブルフラワー（⇒p204）としても楽しめるレモンの花。

人工授粉・摘果

人工授粉：5月上旬～6月下旬
摘果：7月下旬～8月下旬

1本で実がつくので人工授粉は不要です。実つきが悪い場合は、花の中を柔らかい筆などでかき混ぜて受粉を助けます。

レモンにたくさん実がついた場合は、生理落果が止まったら葉20～30枚につき1果を目安に摘果します。ライムは生理落果が多いので摘果はしません。

収穫

9月上旬～4月下旬

果実が緑色のうちから収穫できます。適期は品種にもよりますが、レモンは直径約5㎝、ライムは直径3～5㎝が目安です。

レモンは黄色く色づいた実も利用できますが、ライムは黄色くなると香りが落ちるので、緑色のうちに早めに収穫します。

メキシカンライムの果実。ライムは実が黄色くなる前に収穫する。

オリーブ

モクセイ科オリーブ属／中近東～地中海沿岸／常緑高木／2.5～4.0m

栽培データ

日なた　-12℃ 耐寒性　強 耐暑性

栽培適地	関東地方北部以西（潮風に強く海岸沿いの地域でも栽培できる）
実がなるまで	庭植え約3～4年、鉢植え約2～3年
受粉樹	必要（品種による）
花芽・実のつき方	**B**タイプ（⇒p36）
隔年結果	しやすい
主な仕立て方	1本仕立て　2本仕立て　3本仕立て

緑色から紫色に熟した実。

オリーブオイルや塩漬けでおなじみ。常緑のシルバーリーフも美しく、庭木としても親しまれています。1本では実をつけにくく、果実の収穫が目的の場合は、開花期が同じ別品種を近くに植えて人工授粉をします。真上に枝が伸びる直立性のタイプと、枝分かれして横に広がる開張性のタイプがあります。仕立てたい樹形や栽培場所に合わせて品種を選びましょう。

栽培カレンダー

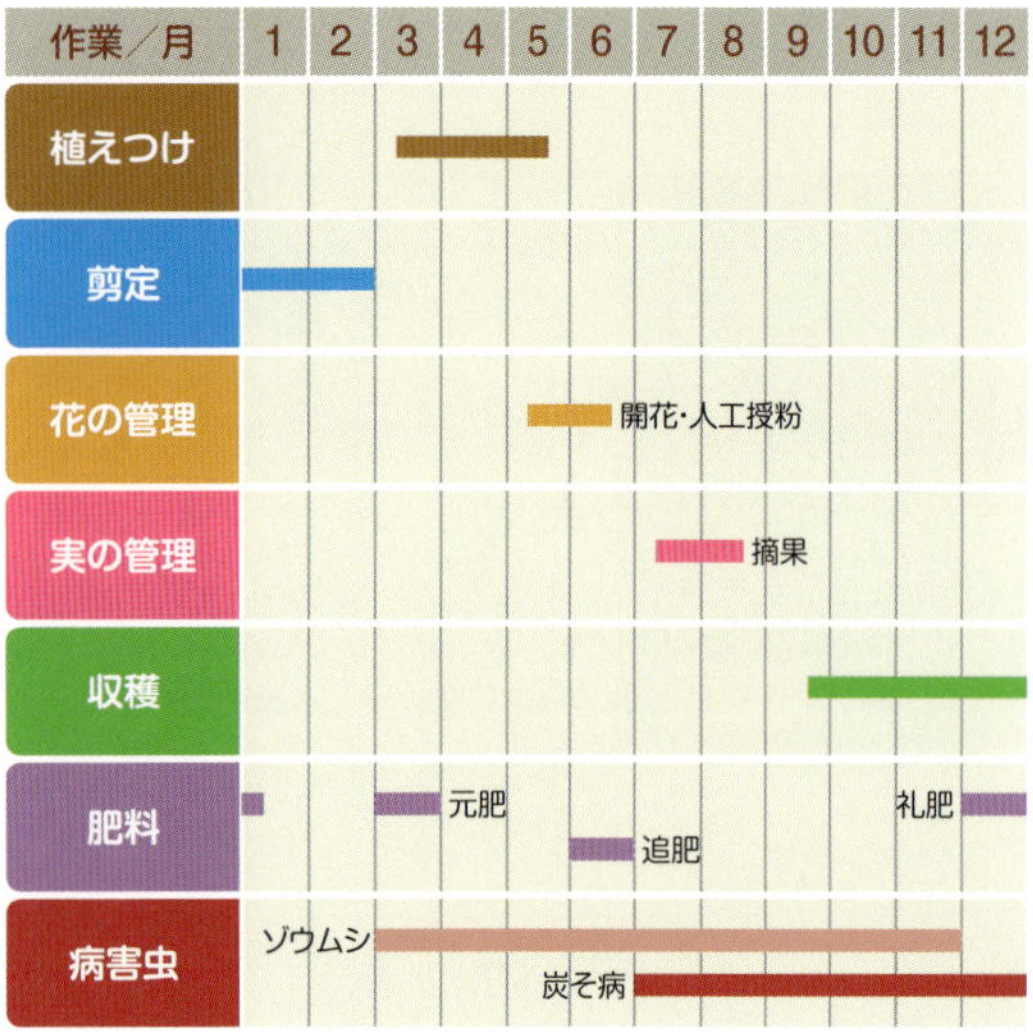

ここがポイント

◎鉢栽培では水切れに注意する
◎2品種以上植えて人工授粉をする
◎不要な枝の間引き剪定で樹の内部まで光や風が入るようにし、炭そ病（⇒P192）の発生を予防する
◎オリーブアナアキゾウムシ（⇒p192）の発生に注意する

●開張性タイプの主な品種

品種名	特徴
マンザニロ	世界中で栽培される定番品種。隔年結果少ない。ピクルス、塩漬けなど
ルッカ	実が小さい。1本でも実がつきやすい。隔年結果しやすい。オイルなど
コロネイキ	小さな実がたわわになる。花粉が多い。寒さに弱く暖地向き。オイルなど
フラントイオ（パラゴン）	実つきが良く丈夫で育てやすい。受粉樹にも向く。オイルなど
ピクアル	スペインの主要品種。果実の先が尖る。1本でも実がつきやすい。オイルなど
アルベキーナ	若い木も小さな実をたわわにつける。1本でも結実しやすい。オイル、塩漬けなど

●直立性タイプの主な品種

品種名	特徴
ネバディロ・ブランコ	花粉が多く受粉樹に向く。庭木にもよい。オイルなど
シプレッシーノ	果実が丸い。1本でも実がつきやすい。鉢栽培にも向く
ミッション	果実がハート形。隔年結果しやすい。ピクルス、オイル、塩漬けなど
レッチーノ	実が大きく実つきが良い。樹勢が強く育てやすい。オイル、塩漬けなど
ピッチョリーネ	生長が早い。1本でも実がつきやすく受粉樹にも向く。ピクルスなど
エル・グレコ	ギリシャ生まれ。円錐形に樹形がまとまりやすい。花粉が多く受粉樹向き

植えつけ

3月中旬～5月中旬

日当たりと水はけの良い場所に苗木を植えつけます。実つきをよくするために2品種以上を近くに植えます。アルカリ性の土を好むため、酸性に傾いた土は苦土石灰《くどせっかい》（⇒p20）などを混ぜてpH7.0程度に調整します。植えつけ後、枝が混み合っていたら軽く剪定をします。

鉢栽培のコツ

◆8～10号鉢に水はけの良い土で植えつけ、支柱を立てる。
◆2品種以上栽培して人工授粉をする。大型のプランターに混植してもよい。
◆性質に合わせて1本仕立てか、2～3本仕立てにする
◆たっぷり水やりをする。特に夏の水切れに注意する。
◆混み合った枝を間引いて株の内側にも光と風が入るようにする。
◆2年に1回植え替える。

仕立て方と実をつけるコツ

仕立て方

直立性タイプは1本仕立て、開張性タイプは2本仕立てか3本仕立てがおすすめです。放任すると高木になるので、主枝を低い位置で発生させ、主幹を管理しやすい高さで切り詰めます。

実のつき方

前年に伸びた枝の中間に花芽（純正花芽）がつき、一つの花芽に20～40個ほど花が咲きます。1本では結実しないため、別品種の花粉で人工授粉をします。実が多くついたら摘果をします。

1本仕立て（直立性）

2m程度で主幹を止める。不要な枝を間引き、長い枝は切り返す。

2本仕立て（開張性）

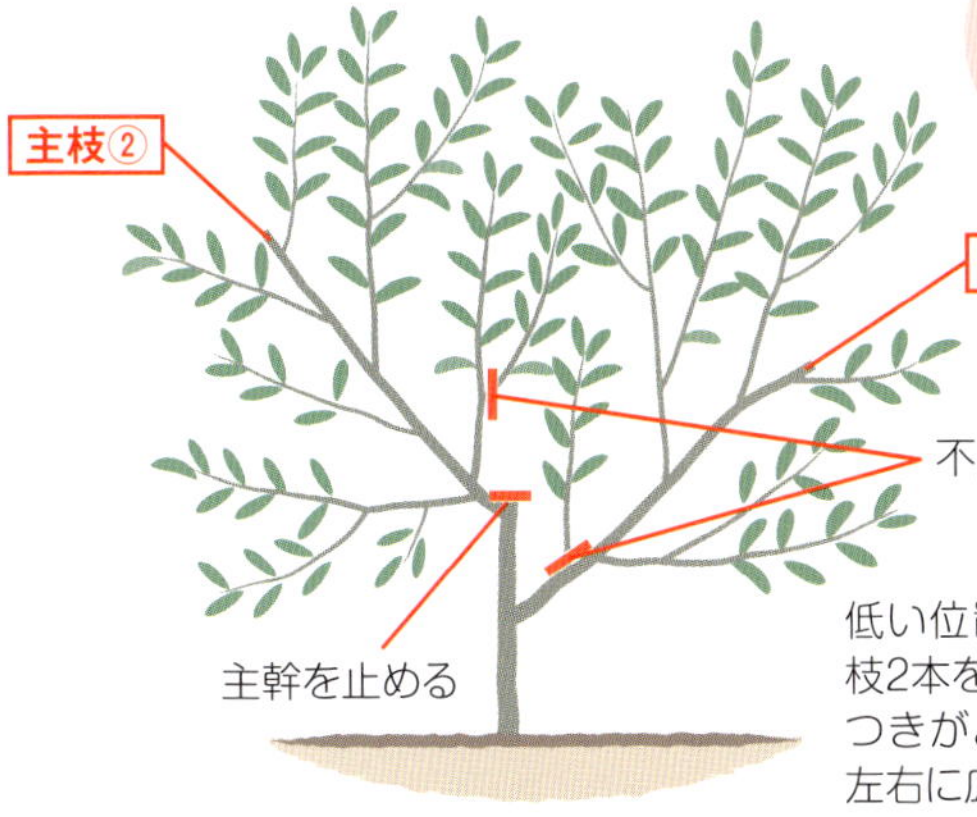

低い位置で主幹を止め、主枝2本をできるだけ開くと実つきがよくなる。誘引して左右に広げてもよい。

実のつき方

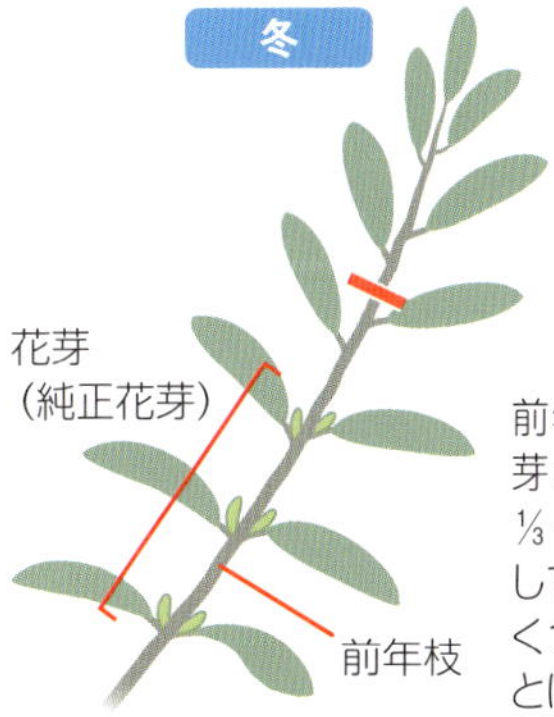

前年枝の中間に花芽がつく。先端を⅓～½程度切り返しても、実がまったくつかなくなることはない。

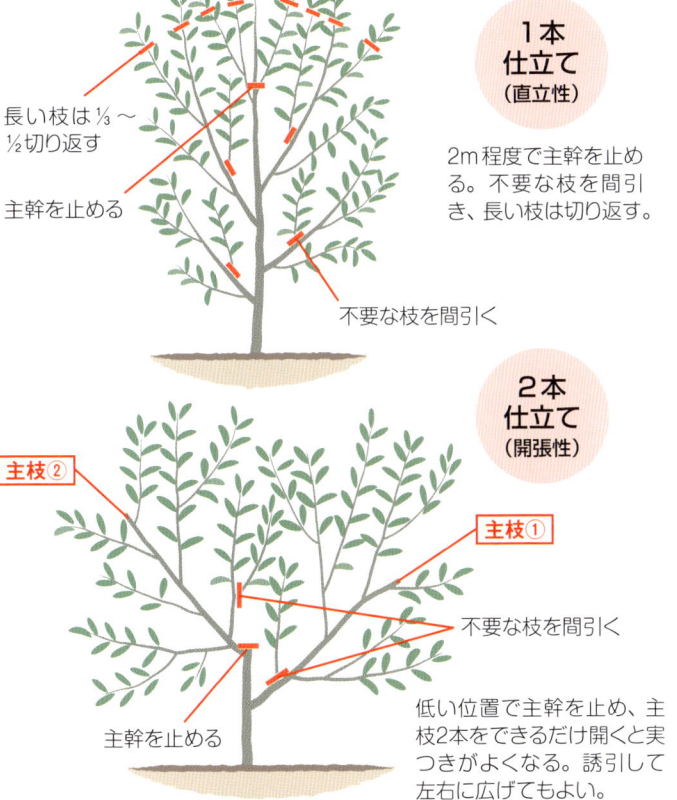

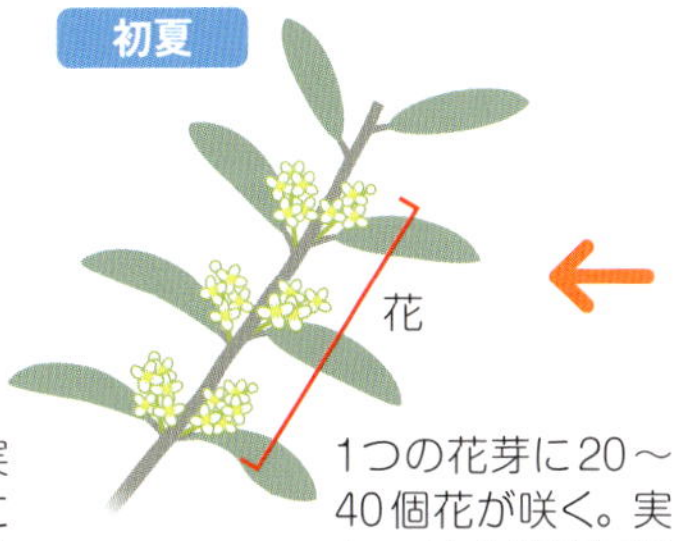

1つの花芽に20～40個花が咲く。実をつけさせるには人工授粉をする。

初夏に結実、夏に果実が肥大し、秋から冬に成熟、収穫する。1房1～3個に摘果する。

剪定

1月上旬～2月下旬

不要な枝の間引きを中心に行い、株の内側まで光と風が入るようにします。萌芽力が強いため、枝が混み合ったら適期以外も随時間引き剪定をします。長く伸びた枝は⅓～½程度切り返しても花芽は残りますが、新梢は先端1～2節を切り返す程度にします。樹高を抑えたい場合は、手入れしやすい高さに主幹を切り詰めます。

不要な枝の間引き剪定

1 内向枝を間引く

株の内側に向かって伸びる枝を元から間引く。

2 交差枝を間引く

枝が交差している部分はどちらかの枝を間引く。

3 立ち枝を間引く

枝の背（⇒p88）から真上に立ち上がる枝は徒長枝になりやすいので切り取る。

4 弱い枝を間引く

株元や幹、太い枝から発生する弱い枝は元から間引く。

長い枝の切り返し剪定

長く伸びすぎた枝は⅓～½程度切り返す。

人工授粉

5月中旬～6月中旬

自然の状態では風で花粉が運ばれて受粉しますが、人工授粉をしたほうが確実です。花が開いて花粉が出始めたら、柔らかい筆先などに花粉をつけ、2品種以上の花を交互になでて授粉をします。花粉の出がよい午前中に作業をします。

黄色い花粉が出始めたら人工授粉のタイミング。花粉が多い品種が1本あると重宝する。

摘果

7月中旬～8月中旬

生理落果後（⇒p41）もたくさん実がついていたら、摘果をして隔年結果（⇒p204）を防ぎます。大粒、中粒の品種は1房1～2個、小粒の品種は1房2～3個を目安に摘み取ります。

収穫

9月中旬～12月下旬

オリーブの実は緑から紫、黒へと成熟が進みます。ピクルスや塩漬けにするなら緑の実を、オイル用は黒くなったものを収穫します。果実を手でつまんで下に引っ張って摘み取ります。品種ごとに適した加工方法があり、生食はできません。

? 実がしわしわになったのは?

オリーブは乾燥に強いと思われがちですが、水が切れると実にしわが寄ってしまいます。特に鉢栽培では、実がついたあとの夏の水切れに注意が必要です。

水切れでしわが寄った鉢栽培の実。

小ぶりな「アルベキーナ」の実。

ステップアップ 二叉に分かれた主幹の更新

オリーブは株元から強い枝が出やすく、放置すると主幹と強い枝の二叉になることがあります。栄養が分散するので、主幹に勢いがなければ、強い枝を生かして更新しましょう。

ただし、一度に主幹を切ると株が弱るので、株元から少し上をワイヤーできつく締め、枝のほうに栄養を回して充実させてから切り取ります。

株元で主幹と強い枝の二叉に分かれている。

主幹をワイヤーで締めて少しずつ弱らせる。強い枝のほうが太くなったら、主幹を元から切る。切り口には癒合剤（⇒p35）を塗る。

グミ

グミ科グミ属／日本、ヨーロッパ南部、北米／落葉・常緑低木、つる性／1.0～4.0m

初夏に収穫できるナツグミ。

甘酸っぱい果実を生食、ジャム、果実酒などに利用します。落葉種と常緑種があり、落葉種は耐寒性が強く全国で栽培が可能です。常緑種は温暖な地域での栽培が適しています。１本でも結実しますが、「ビックリグミ」は特に実つきが悪いので、ナツグミ、アキグミを近くに植えます。他のグミも、別種が近くにあると実つきがよくなります。

栽培データ

日なた　半日陰　耐寒性 強　耐暑性 強

栽培適地	全国（落葉種）、関東地方以西（常緑種）
実がなるまで	庭植え約３～４年、鉢植え約２～３年
受粉樹	不要（種類、品種による）
花芽・実のつき方	Cタイプ（⇒p37）
隔年結果	しにくい
主な仕立て方	3本仕立て　1本仕立て　トレリス仕立て（垣根仕立て）　あんどん仕立て

栽培カレンダー

作業／月	1	2	3	4	5	6	7	8	9	10	11	12
植えつけ	■	■	■									■
剪定	■	■				■ 夏季剪定	■				冬季剪定	■
花の管理		開花（落葉種）			■	■	開花（常緑種）			■	■	
実の管理	とくになし											
収穫			常緑種		■	■	■	■	落葉種			
肥料			■ 元肥			■ 追肥				■ 礼肥		
病害虫				■	■ アブラムシ							

ここがポイント

◎やや乾燥に弱い。特に鉢植えは水切れに注意する。敷きワラやバークチップでマルチング（⇒p205）するとよい
◎長い枝の先端を切り返して実がつく短い枝（短果枝）を多く発生させる
◎徒長枝、ひこばえは元から切り取る
◎別種を近くに植えると実つきが良い
◎性質に合った樹形に仕立てる

秋に実るアキグミの完熟果。

●グミの主な種類、品種

種類・品種名	性質	収穫	特徴
ナツグミ	落葉種	5月下旬～6月中旬	1本では実つきが悪いので、ビックリグミ、アキグミを近くに植えるとよい。やや渋味がある
ビックリグミ	落葉種	6月下旬～7月中旬	トウグミの園芸品種。ダイオウグミ。実が大きくて甘い。ナツグミ、アキグミを近くに植える
トウグミ	落葉種	7月上旬～中旬	ナツグミの変種ともいわれる。実が大きい
アキグミ	落葉種	10月上旬～中旬	ナツグミ、ビックリグミを近くに植えるとより実つきが良い。渋みが強く加工向き
ツルグミ	常緑種	5月上旬～下旬	山野に自生するつるタイプ。秋に花が咲き、実をつけて越冬する。暖地向き
ナワシログミ	常緑種	5月中旬～6月上旬	秋に開花、実をつけて越冬し、初夏に収穫する。樹勢が強く小枝が多い。暖地向き

植えつけ

12月上旬〜3月下旬

落葉種は休眠期の12月から3月に、常緑種は3月に日当たりと風通しの良い場所に苗木を植えつけます。常緑種は半日陰でも栽培が可能です。植えつけ後は根が活着するまで支柱を立てておきます。

根が乾燥に弱いので、敷きワラやバークチップなどでマルチングをすると効果的です。

鉢栽培のコツ

◆6号以上の鉢に水はけの良い土で植えつける。
◆植えつけ後に支柱を立てる。
◆乾燥防止に株元に敷きワラやバークチップなどでマルチングをするとよい。
◆3本仕立てか1本仕立てにする。つる性のツルグミはあんどん仕立てにする。
◆2年に1回植え替えをする。

仕立て方と実をつけるコツ

仕立て方

1本仕立ては管理しやすい高さで主幹を切り詰めます。3本仕立ては50〜60㎝の高さで主幹を切り返して枝を発生させ、元気な枝3本を主枝にします。常緑種のナワシログミは垣根仕立てで楽しむこともできます。

実のつき方

前年に伸びた枝の先端付近に花芽（混合花芽）がつきます。短い枝（短果枝）に花芽がつきやすいので、長く伸びた枝の先端を切り返して短果枝を多く発生させると収穫量がふえます。

1本仕立て

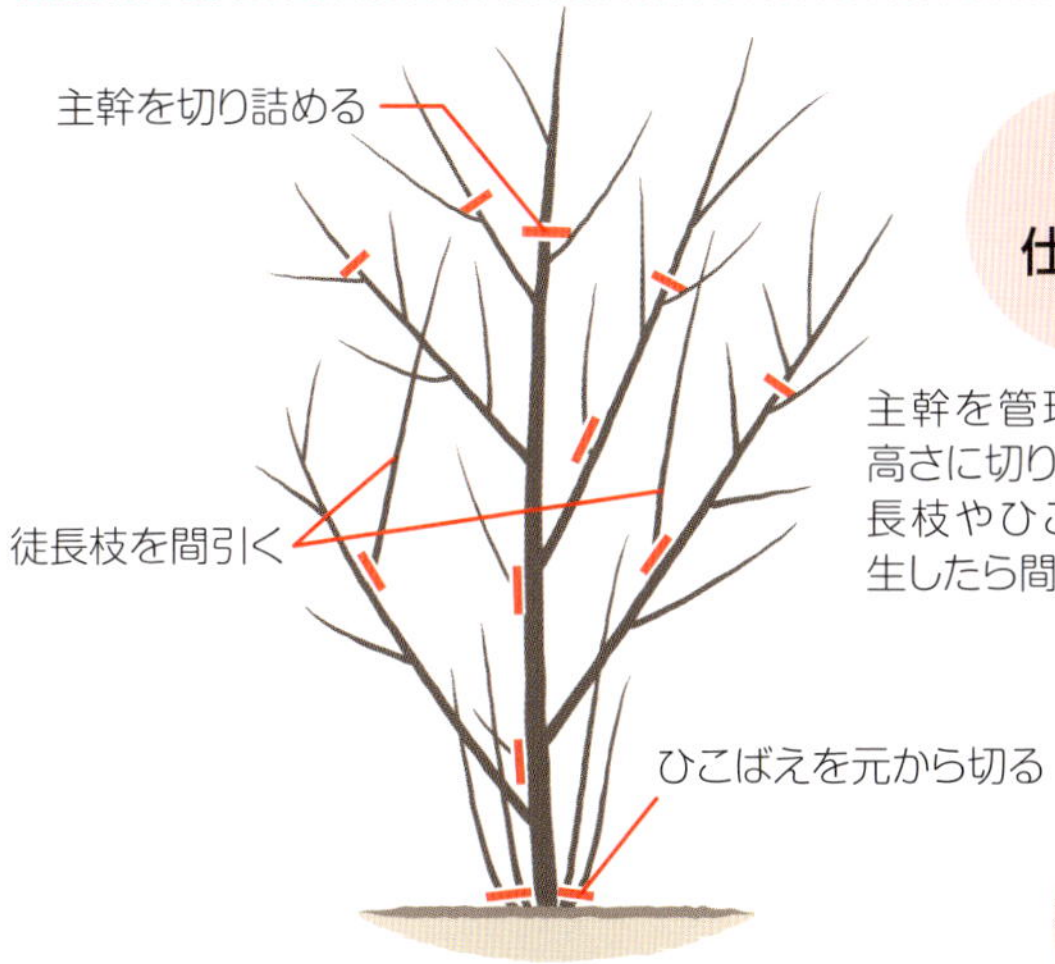

主幹を管理しやすい高さに切り詰める。徒長枝やひこばえが発生したら間引く。

垣根仕立て

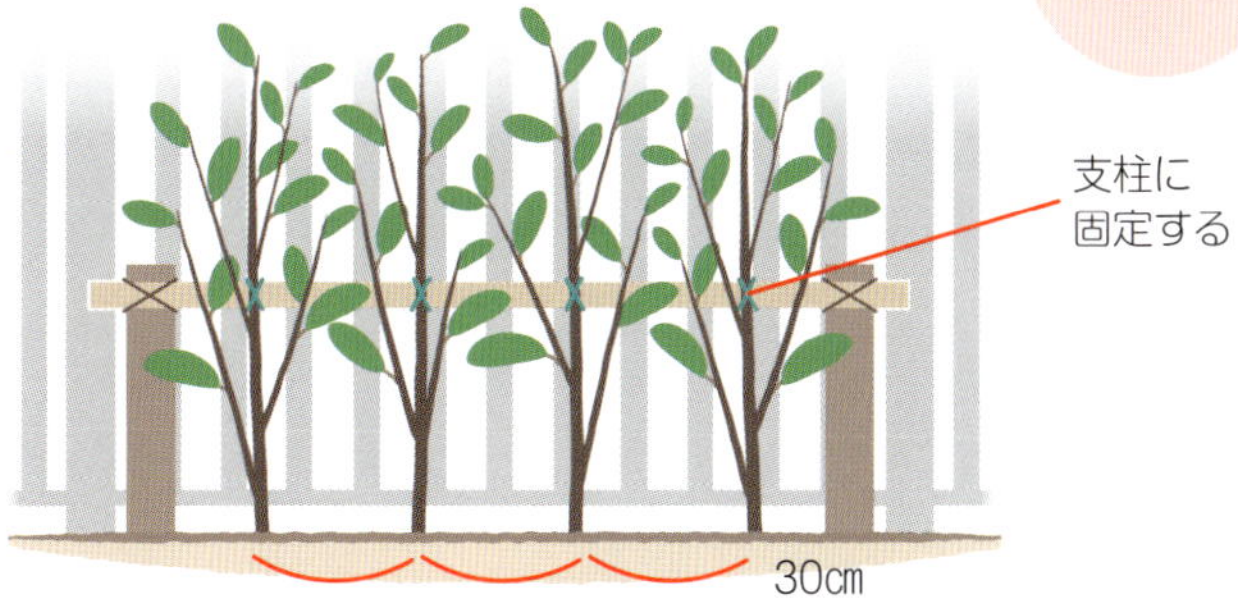

常緑種のナワシログミの苗木を30㎝間隔で列植し、支柱に固定する。株がこんもり茂るので、1mくらいの奥行きを確保する。

実のつき方

落葉種は初夏に開花し、夏に赤く熟した果実がたわわに実る。常緑種は晩秋に開花し、翌年の初夏に熟す。

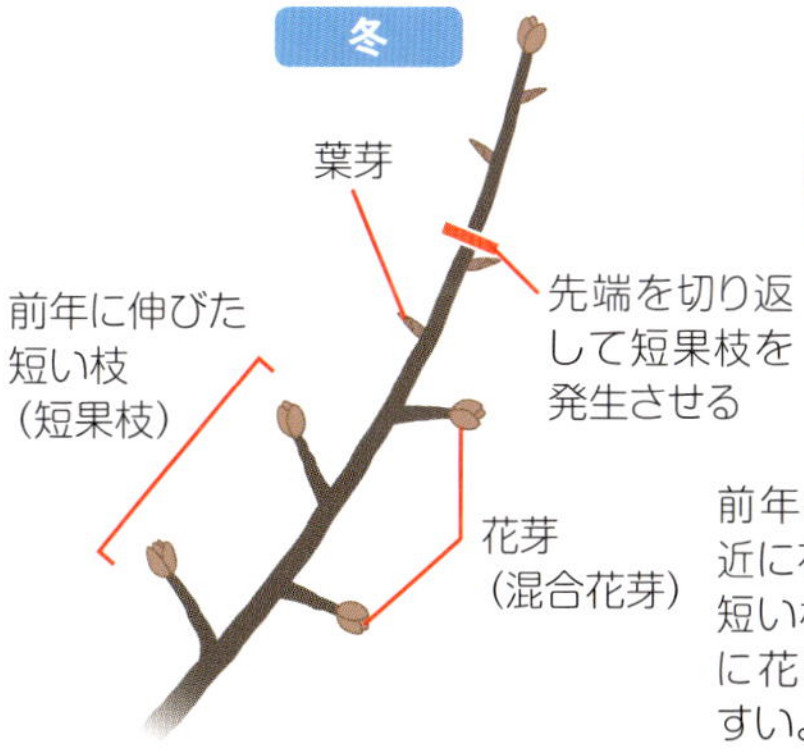

前年枝の先端付近に花芽がつく。短い枝（短果枝）に花芽がつきやすい。

夏季剪定

6月上旬～7月下旬

落葉種はひこばえや胴吹き枝が出やすいので、冬季以外にも発生したら元から切り取ります。枯れ枝も切り取って、日当たりと風通しを改善します。

垣根仕立てにした常緑種（ナワシログミ）は、徒長枝を切り返して樹形を整えます。刈り込み剪定もできます。

1 ひこばえ、胴吹き枝を間引く

株元から発生するひこばえ、幹や太い枝から吹く胴吹き枝を元から切り取る。

2 枯れ枝を元から切る

枯れ枝は元から切り取る。生長期に葉がついていなかったり、他の枝に比べて色つやがないので見分けがつく。

冬季剪定

12月上旬～2月下旬

放任でもよく育つので、徒長枝や混み合った部分の不要な枝を間引くだけでも十分です。コンパクトに仕立て直したい場合は、充実した枝があるところまで切り返します。長く伸びた新梢の先端を⅓程度切り返すと、花芽がつきやすい短果枝が発生して翌年の収穫量がふえます。

樹形を整える剪定

1 徒長枝を間引く

枝の背から真上に伸びる徒長枝（⇒p88）は元から間引く。

2 交差枝を間引く

枝が交差しているところは、どちら一方の枝を元から切り取る。

3 長い枝を切り返す

横に張り出した枝は、充実した枝のあるところまで切り返す。

実をならせる剪定

長く伸びた新しい枝（新梢）の先端を⅓程度切り返す。

翌年に花芽がつきやすい短い枝（短果枝）が発生して収穫量がふえる。

ステップアップ

実つきをよくする方法

落葉種は初夏、常緑種は秋に花が咲きます。1本で実がつくので人工授粉は不要ですが、別な品種が近くにあるとより実つきがよくなります。とくに「ビックリグミ」は実つきが悪く、別品種を近くに植えることをおすすめします。

落葉種の花。下向きの白い花が鈴なりにつき、観賞価値も高い。

収穫

常緑種：5月上旬～6月下旬
落葉種：7月上旬～8月下旬

赤く熟して柔らかくなった果実を収穫します。未熟な果実は渋味があります。収穫後の実は乾燥に弱く傷みやすいので、すぐに生食するか、ジャムやソースに加工します。完熟果はほとんど流通しないので、家庭果樹ならではの味わいです。

「ビックリグミ」の実。赤く完熟したら摘み取る。

クコ

ナス科クコ属／中国／落葉低木／1.0～2.0m

秋から冬にかけて赤く熟すクコの実。

全国に自生し、古くから薬用植物として親しまれています。最近はスーパーフードとしても注目されています。春先の若葉をクコ飯やクコ茶にしたり、秋から冬に赤く熟す果実をクコ酒やドライフルーツなどに加工します。根皮《こんぴ》は生薬になるなど利用価値の高い果樹です。低木で狭い庭や鉢でも十分楽しめ、樹勢が強く丈夫で、手間のかからない育てやすい果樹です。

ここがポイント

- ◎春か秋に苗木を植えつける
- ◎鉢栽培では夏の水切れに注意する
- ◎樹勢が強いので肥料を与えすぎない
- ◎強い切り返し剪定を避け、細い枝や徒長枝を元から間引く
- ◎葉にハダニ類が発生しやすい。被害がひどい場合は殺虫剤を散布するとよい

栽培データ

日なた　強 耐寒性　強 耐暑性

栽培適地	東北地方以南
実がなるまで	庭植え約２～３年、鉢植え約２～３年
受粉樹	不要
花芽・実のつき方	**E**タイプ（⇒p37）
隔年結果	しにくい
主な仕立て方	株仕立て

クコの花

©PIXTA

栽培カレンダー

作業／月	1	2	3	4	5	6	7	8	9	10	11	12
植えつけ			━	━	━	━			━	━	━	
剪定		━										
花の管理						━	━		━ 開花			
実の管理	とくになし											
収穫											━	
肥料			━ 元肥									
病害虫			━	━	━	━	━	━	━	━ ハダニ類		
						━	━ うどんこ病					

植えつけ　高温期を避け、春か秋に日当たりと水はけの良いところに植えつけます。日当たりが悪いと実つきが悪くなります。根が多湿を嫌うため乾燥気味に管理しますが、水切れに注意します。肥料が多いと花芽がつきにくくなるので、追肥は生育が悪いときのみ与えます。

仕立て方　自然に株立ち状になります。

実のつき方　新しく伸びた枝の中間に花芽（混合花芽）がつきます。秋には花芽ができているので、花芽を切り落とさないように、剪定は不要な枝の間引きを中心に行います。

剪定　休眠期に不要な枝を間引いて株の内側まで光と風が入るようにします。

人工授粉・摘果　必要ありません。

収穫　赤く熟した果実から収穫します。生食もできますがあまりおいしくありません。ドライフルーツやクコ酒などに加工して利用します。

クランベリー

ツツジ科スノキ属／北半球北部／落葉低木／0.2m

宝石のような赤い実をジャムやソースにする。

北米では感謝祭の七面鳥にソースを添えたり、ジュースなどでおなじみ。日本でも観賞用に実つきの鉢物やポット苗が多く流通します。真っ赤に熟した果実は生食できませんが、ジャムやお菓子などに加工して利用します。夏に咲く可憐な白い花や晩秋に紅葉する常緑の葉も楽しめます。暑さに弱く寒さに大変強いので、寒冷地のほうがよく育ちます。

栽培データ

半日陰　強 耐寒性　弱 耐暑性

栽培適地	関東地方以北（寒冷地向き）
実がなるまで	庭植え約2～3年、鉢植え約2年
受粉樹	不要
花芽・実のつき方	Cタイプ（⇒p37）
隔年結果	しにくい
主な仕立て方	株仕立て

クランベリーの花

栽培カレンダー

作業／月	1	2	3	4	5	6	7	8	9	10	11	12
植えつけ		━	━								━	
剪定					━							
花の管理				━	━	━	━	開花				
実の管理	とくになし											
収穫								━		━	━	
肥料			━	元肥						━	礼肥	
病害虫					━	━	━	ハマキムシ類				

ここがポイント

◎酸性の土を好む。鹿沼土、酸度未調整のピートモス（⇒p20）を混ぜてpH4.0～4.5程度に調整する
◎西日の当たらない場所で管理する
◎鉢植えは夏の水切れに注意する。2年に1回を目安に植え替え、根詰まりしていたら株分けする

植えつけ　根が乾燥に弱く、水はけと水もちの良い土に植えつけます。酸性の土を好むので、乾燥防止を兼ねて酸度未調整のピートモスでマルチングをすると効果的です。鉢植えは、株がいっぱいになったら植え替えを兼ねて株分けをします。

仕立て方　自然に株立ち状になります。

実のつき方　冬の寒さに当たると前年枝の先端に花芽（混合花芽）がつきます。この花芽から伸びた新梢に実がつきます。

枝の先端の花芽。

剪定　混み合った枝を間引いて光と風が入るようにします。先端に花芽のついた枝を切り返すと実がつかなくなります。

人工授粉・摘果　不要です。

収穫　赤く熟した果実から収穫します。ジャムやソース、果実酒に加工して利用します。

ジューンベリー

バラ科ザイフリボク属／北アメリカ／落葉小高木／2.0～5.0m

栽培データ

日なた　半日陰　-10℃ 耐寒性　普 耐暑性

栽培適地	東北地方～九州地方
実がなるまで	庭植え約３～４年、鉢植え約２年
受粉樹	不要（品種による）
花芽・実のつき方	Cタイプ（⇒p37）
隔年結果	しにくい
主な仕立て方	1本仕立て　株仕立て

栽培カレンダー

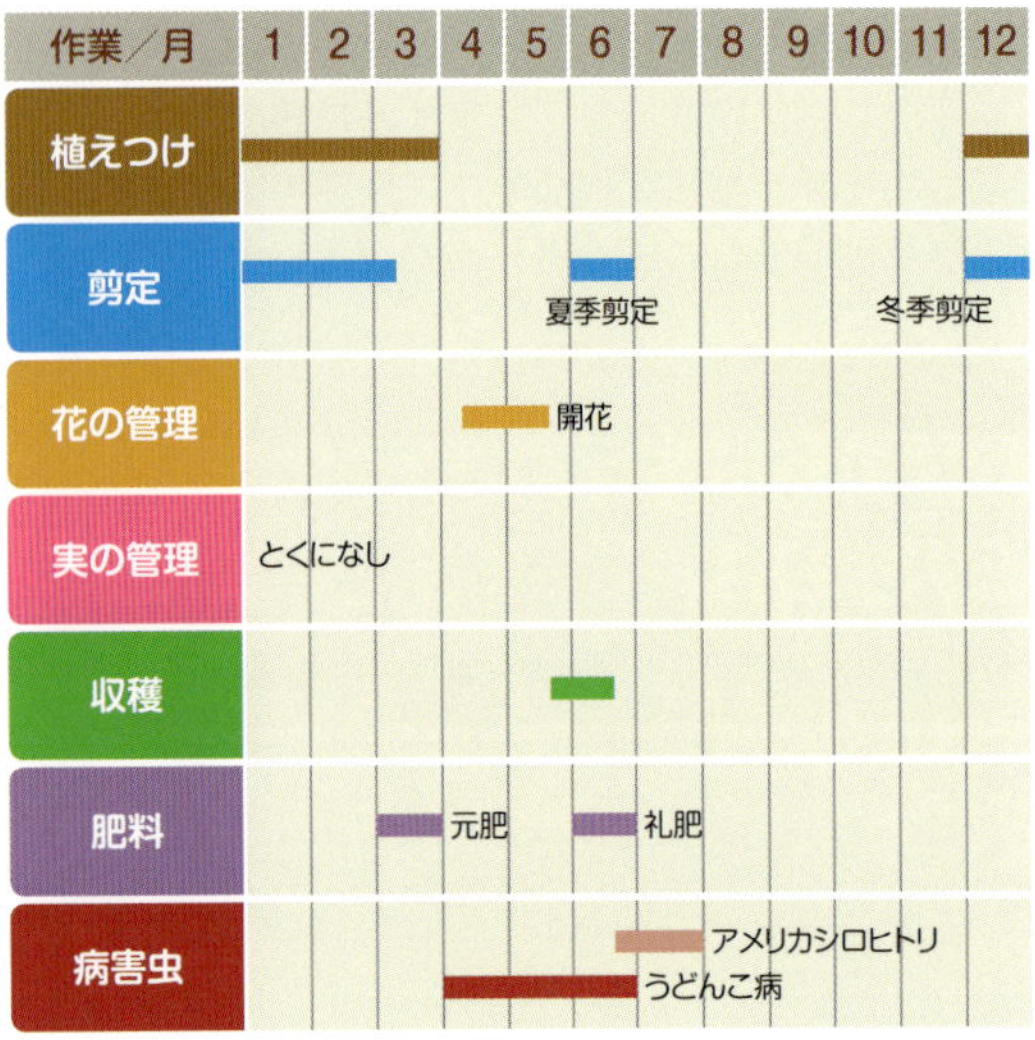

甘酸っぱい素朴な味わい。

初夏にたわわに実る小さなサクランボのような果実は、皮ごと生食するか、ジャム、果実酒などに利用します。甘い果実以外にも、サクラに似た春の花、新緑、紅葉、美しい樹形と、四季それぞれに楽しめます。丈夫で半日陰でも育ち、シンボルツリーとしても人気です。在来種はザイフリボクの名で古くから庭木として植えられています。

ここがポイント

◎強い西日で乾燥すると実つきが悪くなる。風通しの良い半日陰に植えつける
◎大木になりやすいので、剪定で大きさをコントロールする
◎ひこばえを生かして株仕立てにするか、1本仕立てにする
◎果実の成熟期は防鳥ネットで株ごと覆って鳥よけをするとよい

●ジューンベリーの主な品種

品種名	特徴
ロビン・ヒル	紅色の蕾から薄ピンク色の花が咲き、咲き進むと白になる。高木になりやすい
プリンセス・ダイアナ	花が大きく花つきも良い。紅葉も美しい。高木になりやすい
ラマルキー	定番品種。開花期が早く花つきが良い。紅葉も美しい。高木になりやすい
バレリーナ	大実品種。生長が早く花つき、実つきが良い。ひこばえが出やすく株仕立てに向く
スノーフレーク	大輪種。ひこばえが出やすく株仕立てに向く。生長が早いが樹勢は強すぎない
ネルソン	遅咲き性で果実が大きくて甘い。矮性（わいせい）品種で小さな庭や鉢植えに向く

品種名	特徴
オータム・ブリリアンス	直立性で１本仕立てに向く。高木になりやすい。果実は小さめ。紅葉が美しい
オベリスク	果実が大きく実つきが良い。樹形が暴れにくい。暑さ、病害虫に強く育てやすい
プリンス・ウイリアム	矮性品種。香りの良い大粒の実がつく。小さな庭、鉢植え向き
チーセン（ティッセン）	ジューンベリーの中で最も実が大きく食べごたえがある
リージェント	樹高1.5～2.0m程度の矮性品種で株立ちになりやすい。鉢栽培におすすめ

植えつけ

12月上旬〜3月下旬

四季を通じて美しい姿が楽しめます。庭や大きな鉢でシンボルツリー（⇒p205）として楽しむのがおすすめです。

土質は特に選びません。耐陰性があるので、夏の西日が避けられる場所で、風通し、水はけの良いところに植えつけます。鉢栽培ではコンパクトにまとまる矮性《わいせい》の品種を選ぶとよいでしょう。

夏季剪定

6月上旬〜下旬

実を収穫した後に枝葉が混み合っていたら、弱々しい小枝や内向枝、ひこばえなどの不要な枝を間引いて日当たりや風通しをよくします。株仕立ての場合は充実した幹を3〜4本残して、余分なひこばえを元から切り取ります。

仕立て方と実をつけるコツ

仕立て方

1本仕立てか株仕立てにします。次々にひこばえが発生するので、1本仕立てにする場合はひこばえを元から切り取ります。庭植えは放任すると数年で5ｍ程度の高さになります。樹高を低く仕立てたい場合は、管理できる高さで主幹を切り詰めます。

実のつき方

花芽（混合花芽）が前年に伸びた枝の先端付近につき、春にそこから新梢が伸びてつけ根に花や実がつきます。枝の先端の花芽を落とさないように、剪定は間引きを中心に行います。ただし、幼木は先端を切り返して花芽を減らすと早く株が充実します。

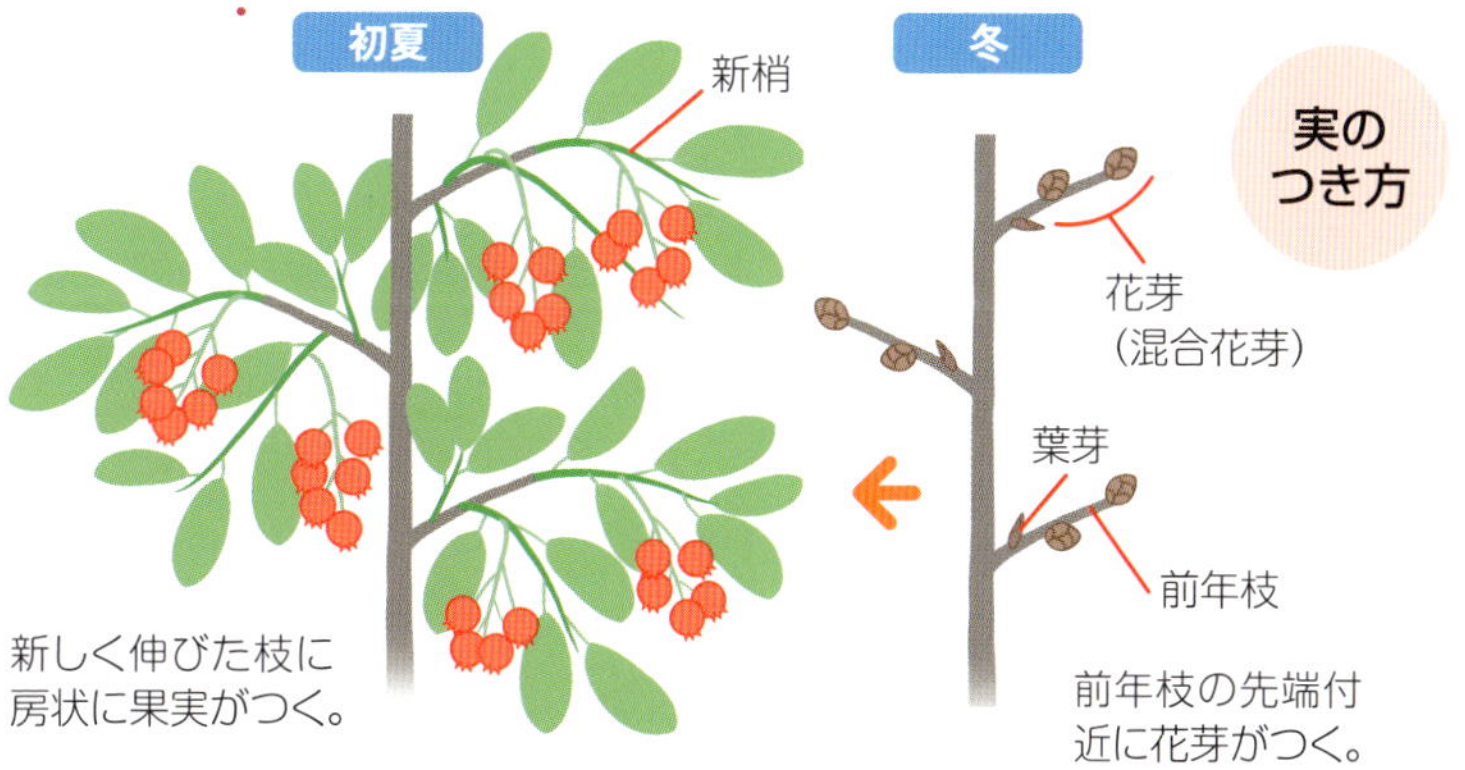

前年枝の先端付近に花芽がつく。

新しく伸びた枝に房状に果実がつく。

樹形を整える剪定

1 内向枝を間引く

株の内側に向かって伸びる枝を元から切り取る。

2 弱い枝を間引く

内側に発生する弱々しい小枝を元から切り取る。

冬季剪定

12月上旬～3月上旬

休眠期に樹形を整えます。株元のひこばえは、1本仕立ての場合はすべて、株仕立ての場合は3～4本残して切り取ります。

樹高を低く抑えたい場合は、樹冠が整うように切り返しますが、全体を切り返すと先端の花芽を落として実がつかなくなります。通常は不要な枝の間引き剪定を中心に行います。

樹形を整える剪定

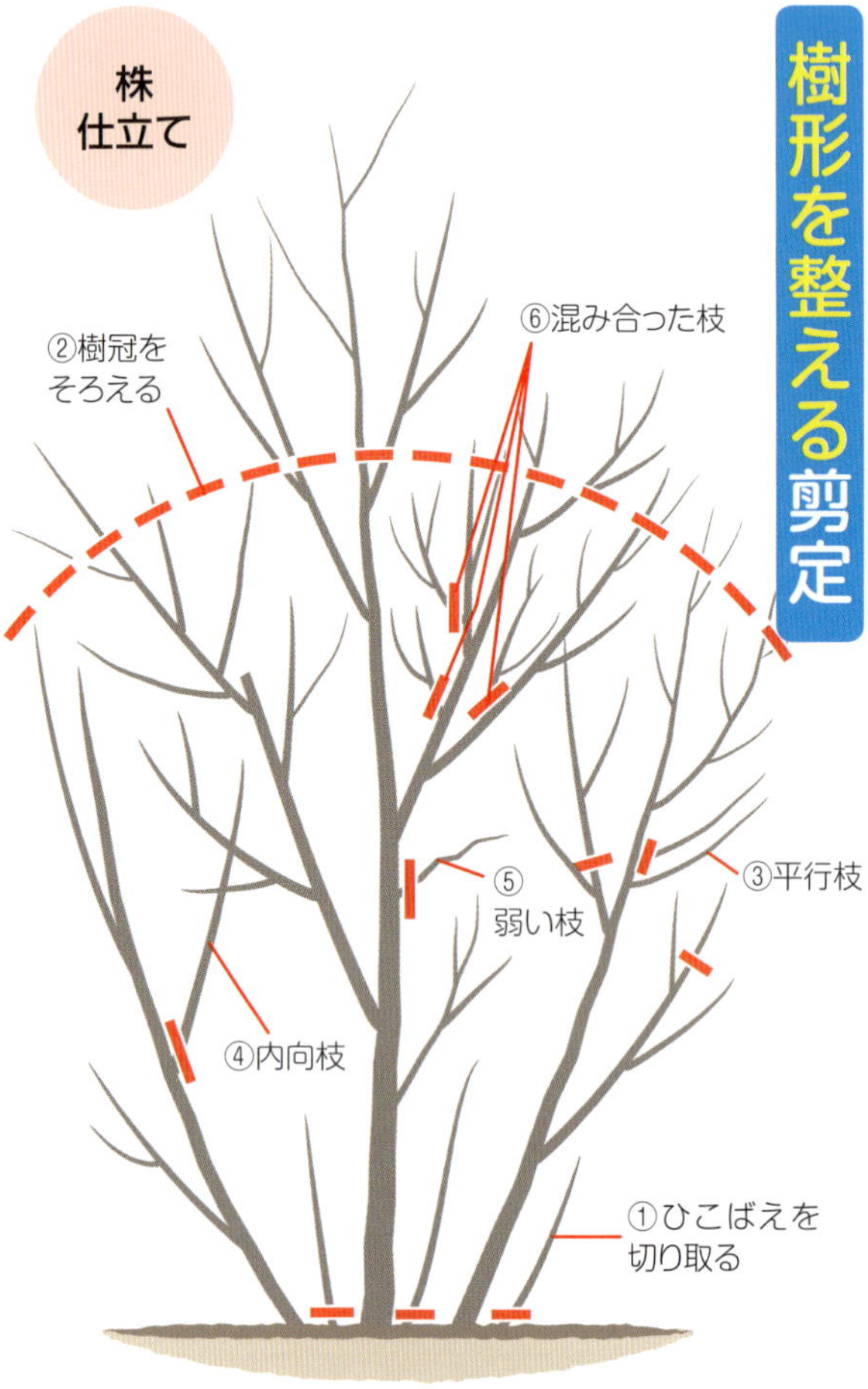

①3～4本残してひこばえを切り取る。
②樹高を低くしたい場合は、樹冠ができるだけ扇形になるように先端を切り返す。
③平行枝はどちらか1本を元から切り取る。
④株の内側に伸びる枝は元から切り取る。
⑤内部の弱々しい小枝、枯れ枝は切り取る。
⑥混み合った部分を間引く。

収穫

5月下旬～6月中旬

一房に10粒程度実がつき、赤く熟したものから手で摘み取ります。酸味が苦手な人は、赤紫色になってから収穫するとよいでしょう。日もちしないので収穫後すぐに生食するか、ジャムなどに加工します。収穫は鳥との競争です。ネットなどで鳥よけをするとよいでしょう。

春にサクラに似た花が咲く。1本で実がつくので人工授粉はしない。摘果も不要。

完熟した実から摘み取る。

実を狙うヒヨドリ。

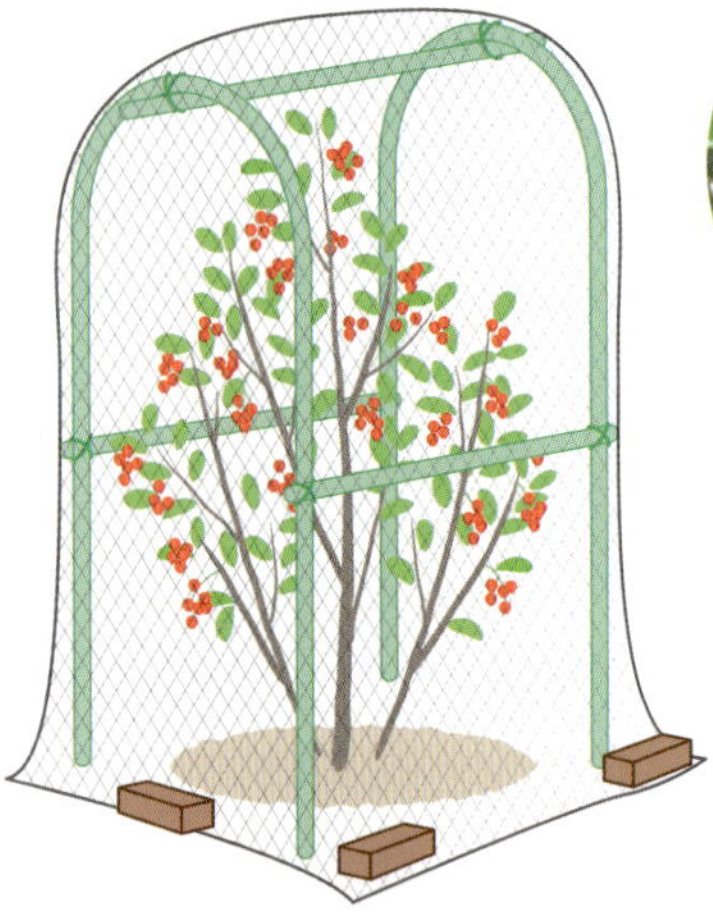

あっという間に実がなくなるので、防鳥ネットで株ごと覆うとよい。

斜め植えで早く株仕立てにする

ジューンベリーはひこばえが発生して自然に株仕立てになりますが、幼木を鉢に植えた場合、充実した株仕立てになるまでやや時間がかかります。

そのようなときは苗木を斜めに植えつけると、樹がバランスをとろうとして株元から新しい強い枝が発生し、早く株仕立てにすることができます。

鉢栽培のコツ

◆6～7号鉢に植えつけ、支柱を立てる。1～2年に1回植え替えをする。
◆高温で地熱が上がるのを嫌う。土の表面にマルチングをするとよい。
◆株仕立てにする。
◆柔らかな筆などで花の中をかき回して人工授粉をすると実つきがよい。
◆夏の西日と水切れに注意して管理する。
◆梅雨どきは雨の当たらない場所に鉢を移す。

苗木

枝は発生しているが、ひこばえは発生していない。株仕立てにするには時間がかかる。

苗木を斜めに植えつけ、½程度切り返して強い枝を発生させる。

斜めに植えつける

1年後の冬

強い枝が発生して幹が2本になった。新しい枝を切り返し、平行枝は間引く。

2年目の夏

新梢を切り返して樹形のバランスを整える。

スグリ（グーズベリー）、フサスグリ（カラント）

スグリ科スグリ属／ヨーロッパ、アメリカ中部以南／落葉低木／1.0〜1.5m

スグリの実。熟すと黄緑色から赤紫色になる。

スグリは耐暑性のあるアメリカ原産のアメリカスグリと、耐寒性に優れたヨーロッパ原産のオオスグリがあります。フサスグリは耐寒性に優れ、赤フサスグリ（レッドカラント）、黒フサスグリ（ブラックカラント）、白実フサスグリ（ホワイトカラント）があります。生食できるものもありますが、主にジャムやジュース、果実酒などに加工します。

栽培データ

日なた　半日陰　強 耐寒性　弱 耐暑性

栽培適地	中部地方以北
実がなるまで	庭植え約3〜4年、鉢植え約2〜3年
受粉樹	不要（品種による）
花芽・実のつき方	Eタイプ（スグリ）、Bタイプ（フサスグリ）（⇒p36〜37）
隔年結果	しにくい
主な仕立て方	株仕立て

ここがポイント

◎夏の西日が当たらない風通しの良い場所に植えつける

◎暖地では庭植えは夏に遮光をする。鉢植えは半日陰に移動する

◎スグリはうどんこ病（⇒p196）の発生に注意。病葉を早めに摘み取る。発生初期に殺菌剤を散布すると効果的

栽培カレンダー

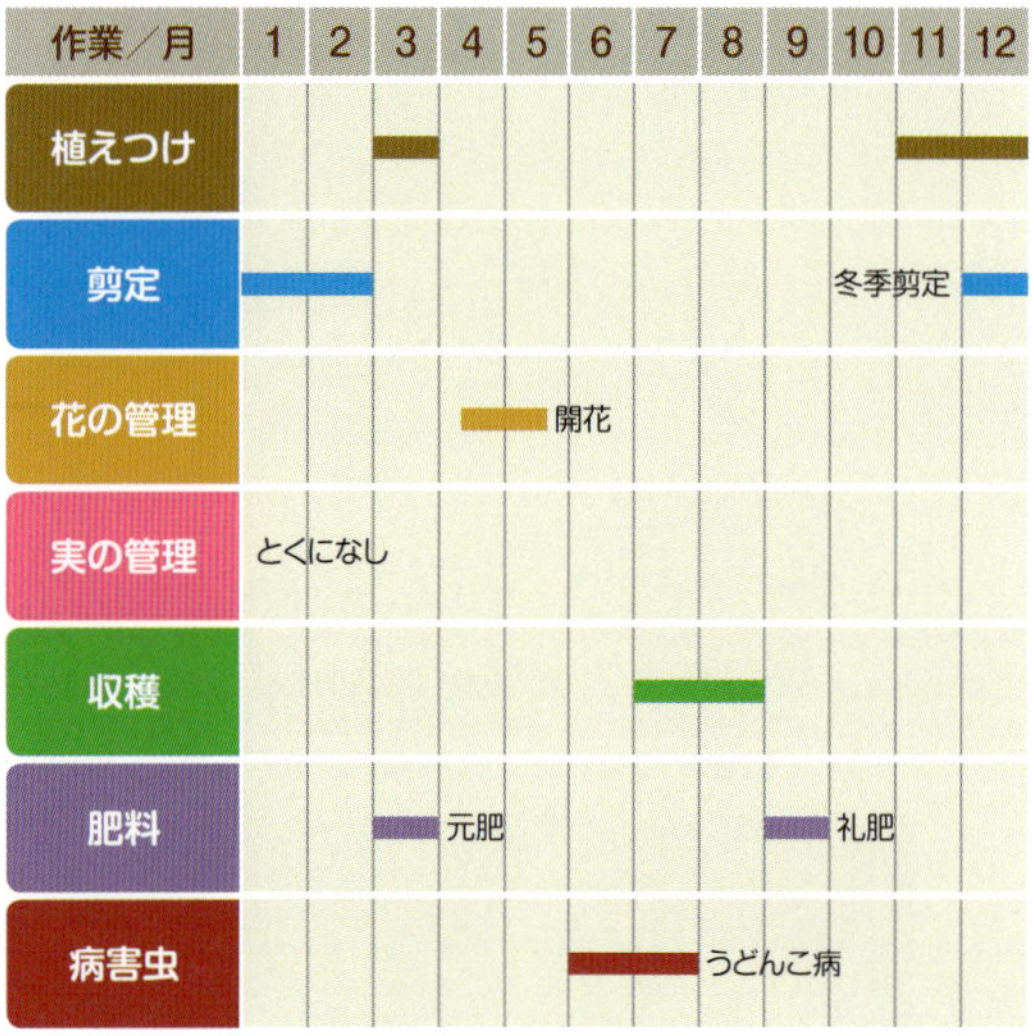

●スグリ（グーズベリー）の主な品種

品種名	特徴
オレゴン・チャンピオン	アメリカスグリ。緑黄色の小中果。酸味が少ない。暑さに強くうどんこ病に強い
ピックスウェル	アメリカスグリ。赤紫色の小中果。酸味が少ない。耐暑性がある。樹勢が強くやや開張性
グレンダール	アメリカスグリ。中果で実が赤紫色に熟す。耐暑性がある。うどんこ病に強い
ドイツ大玉	オオスグリ。緑白色の長球形の大果。冷涼地での栽培に向く。うどんこ病に弱い
赤実大玉	オオスグリ。暗赤色の大果。冷涼地での栽培に向く。うどんこ病に弱い

●フサスグリ（カラント）の主な品種

品種名	特徴
ロンドン・マーケット	赤フサスグリ。実つきが良い。果房が長く果粒が大きい。シュートが出やすい
レッド・レイク	赤フサスグリ。果房が長く果粒が大きい。酸味が強く濃厚な味
レッド・ダッチ	赤フサスグリ。果粒が小さく豊産性
チェリー	赤フサスグリ。果粒は中くらい。酸味が強く濃厚な味
ボスコープ・ジャイアント	黒フサスグリ。大果で甘味が強く、生食、ジュース、ジャムに向く。温暖地向き
ホワイト・タッチ	白実フサスグリ。透き通るような淡桃色の大きな実がつく

鉢栽培のコツ

◆5～6号鉢に植えつけ、2～3年に1回植え替える。
◆敷きワラやバークチップなどでマルチング（⇒p205）をして乾燥と地温の上昇を防ぐ。
◆雨が続くときは、雨の当たらない場所に鉢を移してうどんこ病を予防する。
◆夏は半日陰に鉢を移す。
◆枝の更新をしながら3～4本の株仕立てにする。

植えつけ

11月上旬～12月下旬、3月上旬～下旬

庭植えは休眠期に土が凍る時期を避けて植えつけます。耐寒性が強い反面、暑さに弱く、夏に西日が当たらない場所で栽培します。暖地では鉢栽培がよいでしょう。株元にバークチップや敷きワラなどでマルチングをし、乾燥と地温の上昇を防ぎます。スグリはトゲに注意します。

剪定

12月上旬～2月下旬

3～4年収穫した古い枝には良い実がつきません。休眠期に新しい枝に更新します。

弱い枝や混み合った枝も間引き、強い枝を3～4本残します。

新しく伸びた枝の先端を切り返すと花芽が多くつきます。

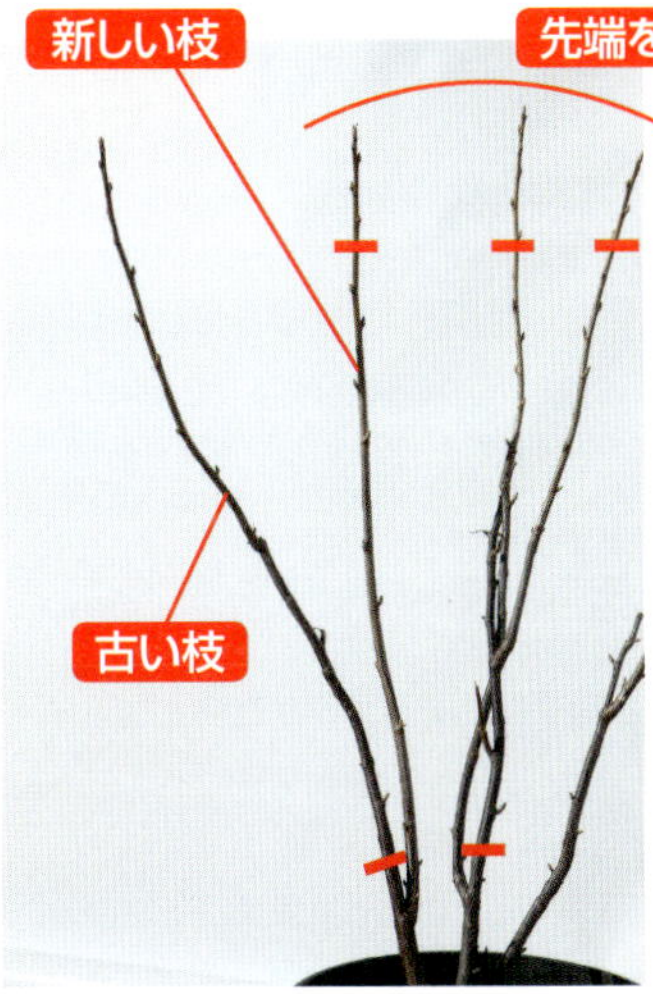

古い枝を間引いて新しい枝に更新する。新しい枝の先端を切り返して花芽をふやす。

仕立て方と実をつけるコツ

地際から次々に新しい枝が発生するので、強い枝を3～4本残して株仕立てにします。

スグリは前年枝の葉腋《ようえき》（⇒p205）に混合花芽が、フサスグリは純正花芽がついて房状に実がつきます。

実のつき方

スグリ

前年枝に混合花芽がつき、伸びた新梢に花と実がつく。

フサスグリ

前年枝に純正花芽がつき、春に開花、房状に実がつく。写真は黒フサスグリ（ブラックカラント）。

収穫

7月上旬～8月下旬

スグリは生食なら熟した実を、加工用なら未熟果も利用できます。赤フサスグリ（レッドカラント）は房ごと、黒フサスグリ（ブラックカラント）は熟した実から収穫します。

レッドカラントの実。

ブラックベリー

バラ科キイチゴ属／北アメリカ／落葉小低木／1.0～1.5m

赤から黒に色づいたら収穫する。

北米原産のキイチゴの仲間。ピンクや白の花と真っ黒に熟したフレッシュな果実が楽しめます。生育旺盛で暑さや乾燥に強く、丈夫で育てやすい果樹です。耐寒性はあまり強くありません。樹形は直立性、半直立性、茎がはうように伸びる匍匐《ほふく》性があり、フェンスやあんどん支柱などに誘引すると暴れません。トゲに注意が必要ですが、トゲなし品種もあります。

栽培データ

日なた　半日陰　弱 耐寒性　普 耐暑性

栽培適地	関東地方以西
実がなるまで	庭植え約２年、鉢植え約２年
受粉樹	不要
花芽・実のつき方	Dタイプ（⇒p37）
隔年結果	しにくい
主な仕立て方	株仕立て　あんどん仕立て　トレリス仕立て　棚仕立て

ここがポイント

◎夏季剪定で新しく伸びた強い枝を切り返して分枝させる

◎冬季剪定で結実して枯れ込んだ枝を元から間引く

◎鳥よけに果実の成熟期に防鳥ネットをかけるとよい

◎マメコガネの食害に注意し、見つけたら捕殺する

栽培カレンダー

作業／月	1	2	3	4	5	6	7	8	9	10	11	12
植えつけ			●							●	●	
剪定	●	●			● 夏季剪定	●					冬季剪定	●
花の管理				● 開花								
実の管理	とくになし											
収穫						●	●	●				
肥料			● 元肥			● 追肥			● 礼肥			
病害虫					●	●	●	● マメコガネ				

●ブラックベリーの主な品種

品種名	特徴
ボイセンベリー	早生（わせ）。交雑種。大果で比較的酸味が少ない。トゲなしとトゲありの２系統。匍匐性
マートン・ソーンレス	早生。大果で酸味が強い。濃桃色の花も人気。実つきがよい。トゲなし。樹勢が強い。半直立性
アパッチ	早生。特大果で濃厚な味。トゲあり。樹勢が強い。直立性
オセージ	早生。新品種。大果で風味が良く生食向き。トゲなし。直立性
ソーンフリー	早生。実つきが良く多収性。やや酸味が強い。トゲなし。苗木が入手しやすい。半直立性
カイオワ	早生。食べごたえのある特大果。しっかり完熟させてから収穫する。トゲあり。直立性
ジャンボ	早生。通常の1.5倍の特大果。甘酸っぱくコクがある。トゲなし。樹勢が強い。匍匐性
サテン・ブラック	晩生（おくて）。大果で香りが良い。トゲなし。樹勢が強い。半直立性
ブルノア®スイートブラック	晩生。大粒で実つきが良く丈夫で育てやすい。完熟果は特に甘くておいしい。半匍匐性

●交配種

品種名	特徴
タイベリー「メジーナ」	ブラックベリーとラズベリーの交配種。一季なり。細長い特大果で甘味、香りが強い。トゲあり

植えつけ

10月上旬～11月下旬
3月上旬～下旬

暖かい地域では10～11月、寒い地域では3月に日当たりの良い場所に植えつけます。樹勢が強く旺盛に茂るので、庭植えではフェンスやオベリスク、アーチなどの構造物に誘引します。暑さや乾燥には強いものの、寒さにあまり強くないので、寒冷地では鉢栽培がよいでしょう。

剪定

夏季剪定：5月中旬～6月下旬
冬季剪定：12月上旬～2月下旬

6月までに新しく伸びた枝の先端を切り返し、分枝をさせると翌年の収穫がふえます。弱々しい枝は元から切り取ります。

果実のついた枝は冬までに枯れ込むので元から切り取ります。新しく伸びた枝は先端を軽く切り返します。枯れ込みがあれば元から切り取ります。

夏季剪定

1年目の枝には花芽がつかないので先端を切り返して分枝させる。弱々しい枝は元から切り取って日当たりと風通しをよくする。

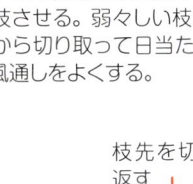

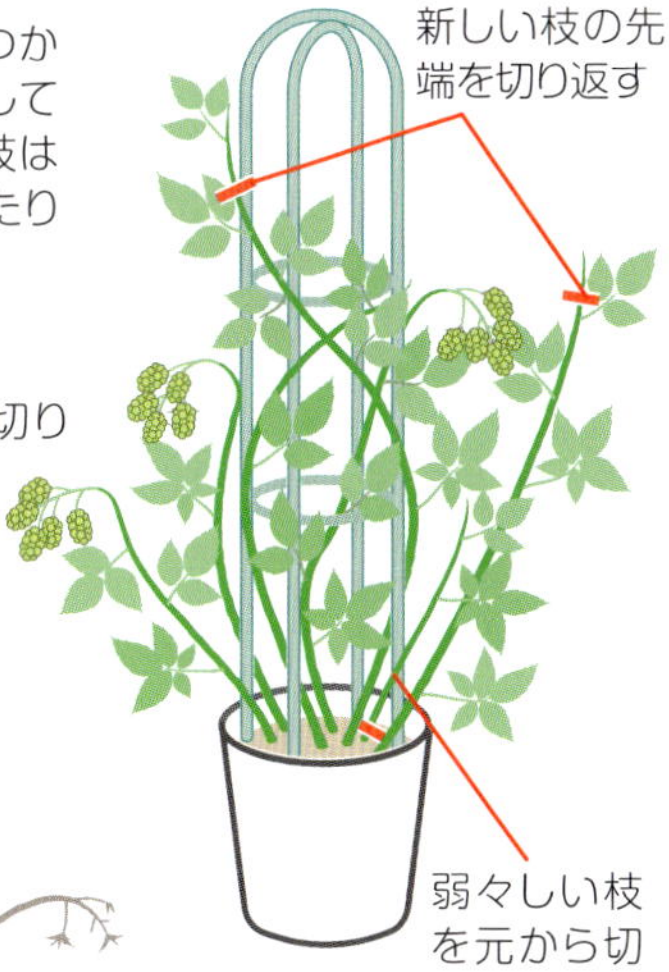

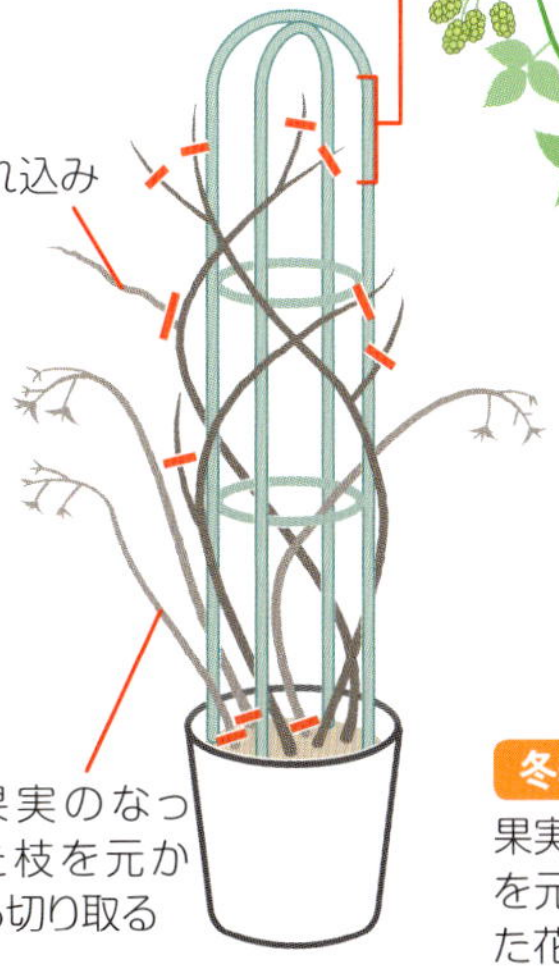

冬季剪定

果実のついた枝や枯れ込みを元から切り取る。充実した花芽があるところまで枝先を軽く切り返す。

鉢 栽培のコツ

◆6～8号鉢に植えつけ、1～2年に1回植え替える。
◆植えつけ後に先端⅓を切り返して枝数をふやす。
◆あんどん支柱かトレリスを設置して誘引する。
◆夏の水切れに注意する。敷きワラやバークチップなどでマルチング（⇒p205）をするとよい。
◆実を収穫した枝を冬に元から切り取って新しい枝に更新する。

仕立て方と実をつけるコツ

株元から次々に新しい枝が発生して株立ちになります。伸びた枝を放任すると暴れるので構造物に誘引します。

前年枝の先端付近と中間に花芽（混合花芽）がつき、そこから伸びた新梢に実がつきます。

実のつき方

前年枝の混合花芽から伸びた新梢に花と実がつく。

収穫

6月中旬～8月中旬

一度に熟さないので、黒く完熟した果実からハサミで切り取って収穫します。

日もちしないのですぐに生食するか、ジャムやジュースなどに加工します。たくさんとれたら冷凍保存もできます。収穫後に礼肥《れいごえ》（⇒p43）をすると翌年もたくさん収穫できます。

ブルーベリー

ツツジ科スノキ属／北アメリカ／落葉低木／1.0～3.0m

収穫期のハイブッシュ系の実。

品種が多く、日本では冷涼な気候を好むハイブッシュ系と、温暖な気候を好むラビットアイ系が主流です。食味はハイブッシュ系のほうが優れます。ハイブッシュ系には寒さに強いノーザンハイブッシュと、暑さに強いサザンハイブッシュがあります。１本では実がつきにくいため、開花期の合う同じ系統の異なる品種を近くに植えて人工授粉をします。

栽培データ

日なた　耐寒性：強　耐暑性：弱

栽培適地	中部地方以北（ハイブッシュ系）、関東地方～九州地方（ラビットアイ系）
実がなるまで	庭植え約２～３年、鉢植え約２年
受粉樹	必要（系統、品種による）
花芽・実のつき方	**A**タイプ（⇒p36）
隔年結果	しにくい
主な仕立て方	株仕立て

ここがポイント

◎栽培場所の気候に合った系統、品種を選ぶ
◎同系の他品種を近くに植える。特にラビットアイ系は受粉樹が必要
◎酸度未調整のピートモス（⇒p20）でpH4.0～5.0に調整して植えつける
◎乾燥による水切れ防止にマルチング（⇒p205）が効果的

栽培カレンダー

作業／月	1	2	3	4	5	6	7	8	9	10	11	12
植えつけ			━							━	━	━
剪定	━	━	━			夏季剪定	夏季剪定					冬季剪定
花の管理				摘花・人工授粉								
実の管理	とくになし											
収穫						ハイブッシュ系	ハイブッシュ系／ラビットアイ系	ハイブッシュ系／ラビットアイ系	ラビットアイ系			
肥料			元肥			追肥			礼肥			
病害虫					マメコガネ	マメコガネ	マメコガネ	マメコガネ				

●ハイブッシュ系（ノーザンハイブッシュ）の主な品種

品種名	特徴
アーリーブルー	早生（わせ）。中果で香りが良い。裂果が少なく日もちする。寒さに強い
コリンズ	早生。果実は比較的大きく、濃厚な味と香り。多収性
スパルタン	早生。大粒でそろいがよく生食、加工にも向く。比較的暑さに強い
パトリオット	早生。大粒で香りが良い。やや酸味がある。耐寒性が強い
ブルークロップ	中生（なかて）の定番。やや酸味がある。シュートの発生が少なく育てやすい
ドレイバー	中生。果実が大きく甘くパリパリした食感。日もちする

品種名	特徴
バークレイ	中生の定番。大粒で風味が良く裂果は少ないが、熟すと落果しやすい
コビル	晩生（おくて）の定番。大粒で香りが良く日もちする。酸味がある。紅葉が美しい
リバティ	晩生。大粒の実がそろってたわわに実る。甘くさっぱりした風味
ハーバート	晩生。大粒の実は香り豊かで柔らかく生食向き。やせ地でも育つ
ダロウ	晩生。大粒でそろいが良い。十分完熟させてから収穫する
オーロラ	晩生。遅くまで収穫できる。耐寒性に特に優れる

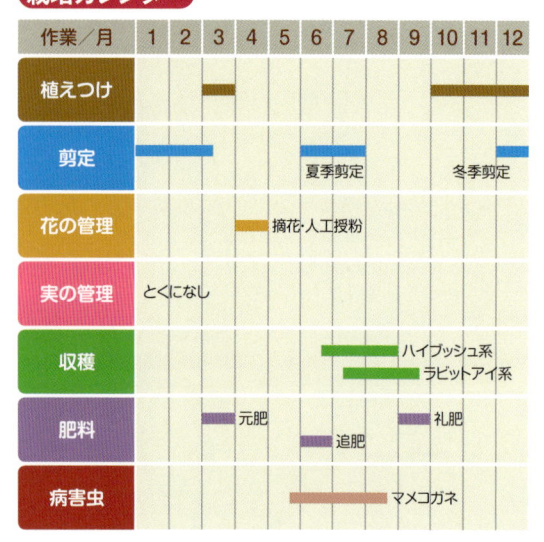

植えつけ

10月上旬～12月下旬
3月上旬～下旬

暖地では10～12月、寒冷地では3月に日当たりの良い場所に植えつけます。pH4.0～5.0の酸性の土を好むため、土に同量の酸度未調整のピートモスを混ぜます。根の張りが浅く乾燥と地温の上昇に弱いので、バークチップやワラなどでマルチングをします。

鉢栽培のコツ

◆市販の培養土1：酸度未調整のピートモス1の混合土を使用。ピートモス単用でもよいが、乾燥しやすいので水切れさせないように管理する。ブルーベリー専用の土でもよい。
◆7～8号鉢に植えつけ、2年に1回植え替える。少しずつ鉢を大きくすると大株に育ち、収穫量がふえる。
◆株元にマルチングをして保湿する。夏の乾燥と地温の上昇に注意する。
◆1～2年は花を摘み、実をつけさせずに株を充実させる。

鉢への植えつけ

1 市販の培養土に同量の酸度未調整のピートモスをよく混ぜる。

2 根鉢を軽くほぐし、30分程度水に浸けておく。

3 1の混合土で鉢に植えつける。

4 ワラやバークチップなどで土を覆い、たっぷり水やりをする。

庭への植えつけ

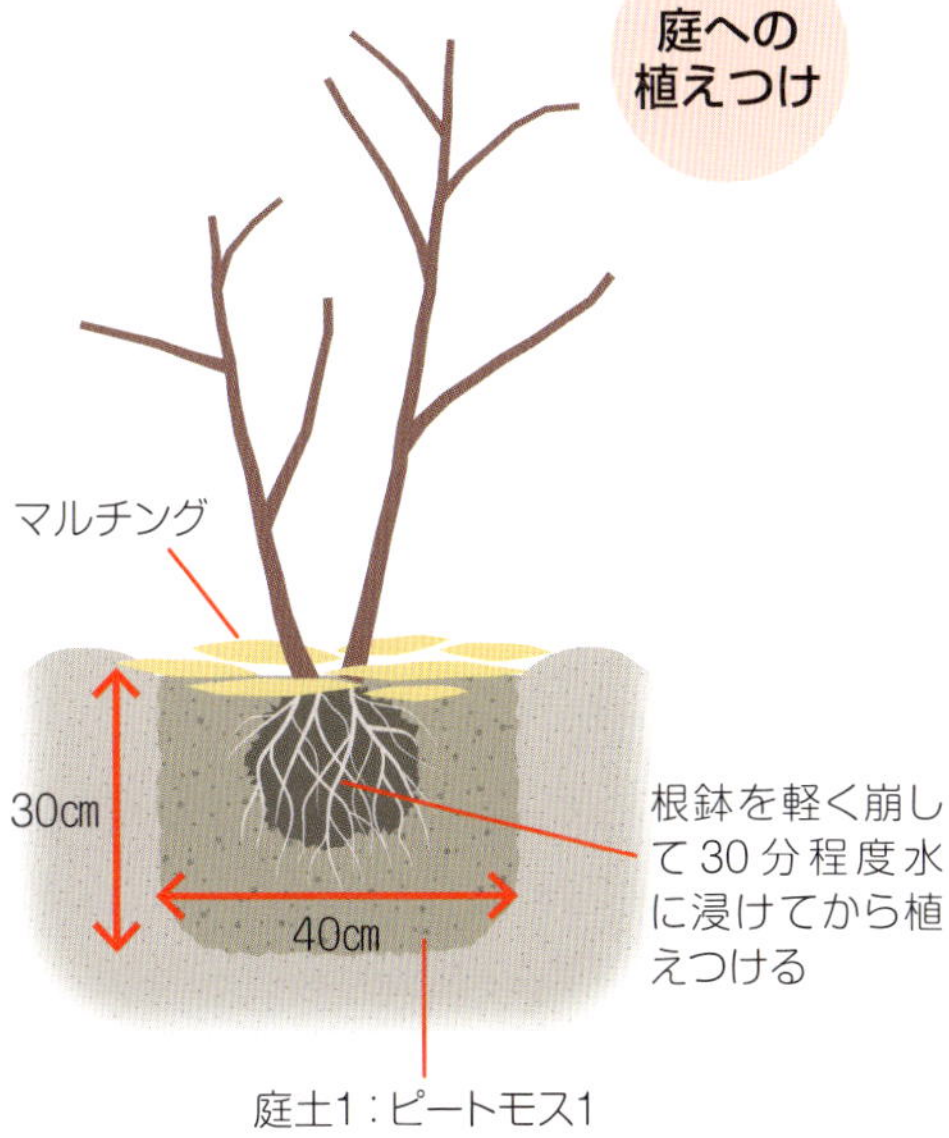

深さ30cm、幅40cm程度の植え穴を掘る。掘り上げた土とピートモスを1：1の割合で混ぜ、穴に苗木を入れて植えつける。たっぷり水やりをし、株元にマルチングをする。

●ラビットアイ系の主な品種

品種名	特徴
ウッダード	早生の定番。中果。初期の完熟果が大きくて美味。樹勢が強い。暖地向き
ブライトウェル	早生。甘味が強く果肉が柔らかい。香りも良い。実つきが良いがつけすぎると翌年の実が減る
ホームベル	中生。やや小粒で実つきの良い定番。シュートの発生が多いが育てやすい。寒さに弱い
ブルージェム	中生。中粒から大粒で味が良く果肉は固め。実つきが良い。シュートの発生が多い
ティフブルー	晩生の定番。酸味があるので完熟果を収穫する。豊産性で日もちする。耐暑性に優れる
フェスティバル	晩生。ラビットアイ系の中で特に甘味が強い。樹勢が強く作りやすい。土壌適応性に優れる

●ハイブッシュ（サザンハイブッシュ）系の主な品種

品種名	特徴
オニール	大粒でジューシー。香り、甘味が強い。近くに同系の他品種を植える
サンシャインブルー	赤い蕾（つぼみ）からピンクの花が咲く紅花品種。小粒だが実つきが良い。鉢栽培にも向く
シャープブルー	完熟すると酸味が落ちついて食べやすくなる。土壌適応性に優れる
フローダブルー	中生。中粒～大粒で風味が良い。樹勢がやや弱く鉢にも向く
ケープフェア	中生。中粒で風味が良い。樹勢が強く半直立性。鉢栽培にも向く。
サミット	中生。大粒でさわやかな酸味があり風味が良い。半直立性で樹勢は中程度

仕立て方と実をつけるコツ

仕立て方

株元から新しい枝が発生して自然に株仕立てになります。植えつけ3年目くらいに元気な枝を4～5本残し、古い枝を元から切り取ります。以降は枝の更新を繰り返し、勢いのある枝が4～5本ある状態を維持します。

実のつき方

前年枝の先端付近に花芽（純正花芽）がつき、翌春に開花、結実します。果実がついた枝先は収穫後に枯れ込むので切り取ります。幼木に花がついたら摘み取って樹を充実させます。

株仕立て

元気の良い新しい枝が発生したら、古い枝を元から切って新しい枝に更新する。常に4～5本の株立ち状にする。

実のつき方

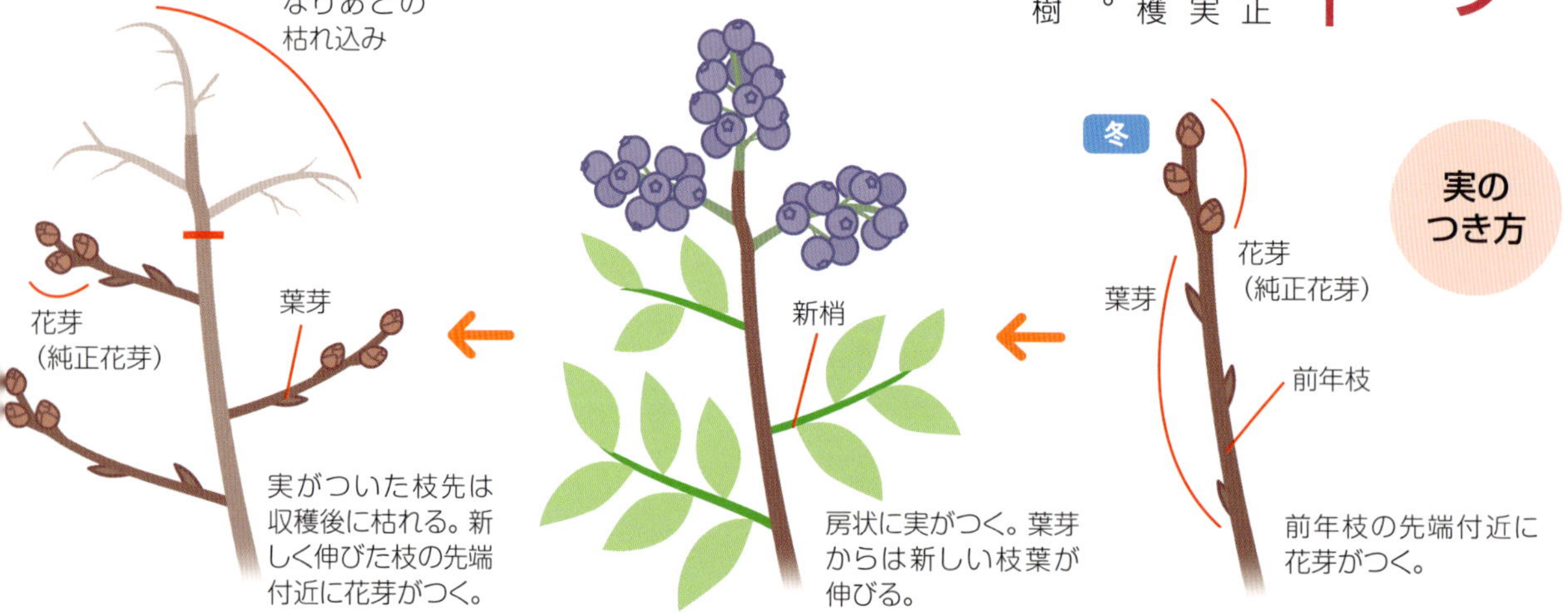
冬
花芽（純正花芽）
葉芽
前年枝
前年枝の先端付近に花芽がつく。
夏
新梢
房状に実がつく。葉芽からは新しい枝葉が伸びる。
翌年の冬
なりあとの枯れ込み
花芽（純正花芽）
葉芽
実がついた枝先は収穫後に枯れる。新しく伸びた枝の先端付近に花芽がつく。

ステップアップ

定点観測してみよう

花芽や実のつき方は、品種や樹齢、生育状態によっても異なります。自分が育てている樹の芽や実のつき方を知るには、定点観測をして記録しておくと確実です。

3月
葉芽
花芽

枝の先端付近に花芽、中間部分に葉芽がついている。

4月
新梢

花が咲き、葉芽から新梢が伸びている。この新梢に翌年花芽がつく。

夏季剪定

6月上旬～7月下旬

樹勢（⇒p204）が強いと6～7月に徒長枝やひこばえが多く発生します。枝の更新に使用しない不要なひこばえは、元から切り取って日当たりと風通しを改善し、病害虫の発生を防ぎます。

混み合った徒長枝は元から切り取り、残した徒長枝は切り返して分枝させ、翌年の収穫量をふやします。

樹形を整える剪定

1 ひこばえを間引く

株元から離れたところから発生したり、弱々しいひこばえを元から間引く。将来更新枝にするものは残す。

2 枯れ込みを切り取る

実がついて枯れ込んだ枝先や枯れ枝を切り取る。

3 徒長枝を切り返す

樹冠から飛び出した徒長枝を切り返すと、分枝して翌年の収穫量がふえる。

冬季剪定

12月上旬～3月上旬

休眠期に不要な枝を間引いて樹形を整えます。幼木は枯れ込みを取り除き、枝の先端を切り返して枝数をふやします。

成木は、新しい元気な枝があれば古い枝を元から切り取って更新し、常に勢いのある枝を4～5本維持します。

幼木の剪定

植えつけから1年目の幼木。まだ枝が少ない。切り返して分枝させ、枝数をふやす。

1 枯れ枝を切り取る

寒さや病害虫の被害で枯れ込んだ枝を切り取る。

2 先端を切り返す

枝先を⅓程度切り返して分枝させる。2年目から収穫したい場合は、先端の花芽を半分くらい残しておく。

成木の剪定

1 古い枝を更新する

新しい枝が発生していたら、古い枝を元から切って更新する。枝が太い場合はノコギリを使う。

2 徒長枝を切り返す

徒長枝を⅓～½程度切り返して分枝させ、枝数をふやす。

3 枝先の枯れ込みを切り取る

寒さなどで枯れ込んだ枝先を切り取る。できるだけ花芽を残すとよい。

4 車枝を間引く

太い枝を途中で剪定すると写真のような車枝が発生しやすい。よい枝を残して不要な枝を元から間引く。

ステップアップ

古い株の枝の更新

株が古くなると、樹勢が衰えて新しい枝が発生しにくくなります。その場合は、新しい枝が出たら切り返して分枝させ、1～2年かけて充実させます。新しい枝に花芽がついたのを確認したら、古い枝を元から切って更新します。

新しい枝が発生しているが、弱いので切り返して充実させる。

←

新しい枝を切り返したところ。花芽がついたのを確認したら古い枝を間引く。一度に間引かずに段階的に更新する。

摘花・人工授粉

4月上旬～下旬

幼木が実をつけると枝が伸びにくくなり、後の成長が悪くなります。植えつけて1～2年は、花を摘み取って樹を充実させることを優先しましょう。

成木は、花が咲いたら筆先などに同じ系統の異なる品種の花粉をつけて人工授粉をします。特にラビットアイ系は人工授粉が必要です。

中心の雌《め》しべに確実に花粉をつけて受精させる。

細い筆の先に同じ系統の異なる品種の花粉をつけ、花の中でかき混ぜる（人工授粉）。

幼木は花を摘み取る（摘花）。

収穫

ハイブッシュ系：6月下旬～8月下旬
ラビットアイ系：7月中旬～9月中旬

枝の元のほうから順に熟します。果柄《かへい》（⇒p204）のつけ根まで色づいた実を摘み取ります。乾燥させると果実にしわがよるので、結実後は水切れに注意します。鳥の被害が多い場合は6月に防鳥ネットで株ごと覆うとよいでしょう。

雨で裂果《れっか》（⇒p205）しやすい品種は、鉢植えは雨の当たらない軒下などに移動して、長く雨に当てないようにします。

ラビットアイ系。青紫色に熟した果実から摘み取る。

？ 葉が茶色く焼けてしまったのは？

ブルーベリーの葉焼けにはいくつか原因があります。一つが高温障害です。鉢植えの場合は半日陰に移すか、鉢に直射日光が当たらないように遮光します。

そのほか、水切れによる脱水症状、コガネムシによる根の障害、リン酸過剰による栄養障害なども考えられます。

葉焼けが起きたら管理方法を見直す。

？ 花が咲いても実がつかないのは？

たくさん花が咲いたのに実がつかないのは、受精不良（⇒p204）が原因です。特にラビットアイ系で多くみられます。人工授粉をして確実に受精させれば着果をふやすことができます。

ユスラウメ

バラ科サクラ属／中国北部、日本、朝鮮半島／落葉低木／2.0～3.0m

栽培データ

日なた　耐寒性 強　耐暑性 強

栽培適地	日本全国で栽培できる
実がなるまで	庭植え約2～3年、鉢植え約2～3年
受粉樹	不要
花芽・実のつき方	Bタイプ（⇒p36）
隔年結果	しにくい
主な仕立て方	3本仕立て　2本仕立て　株仕立て

サクランボ（オウトウ）に似た赤実系の果実。

バラ科の落葉果樹でサクラの仲間。春に小花が枝いっぱいに咲き、初夏に小さな果実を収穫して生食、ジャム、果実酒などに利用します。淡紅色の花が咲く赤実系と、純白の花が咲く白実系があります。赤実系のほうが一般的で、開花が早く、古くから庭木や盆栽としても親しまれています。白実系は赤実系より実が大きく、やや結実しにくいのが特徴です。

栽培カレンダー

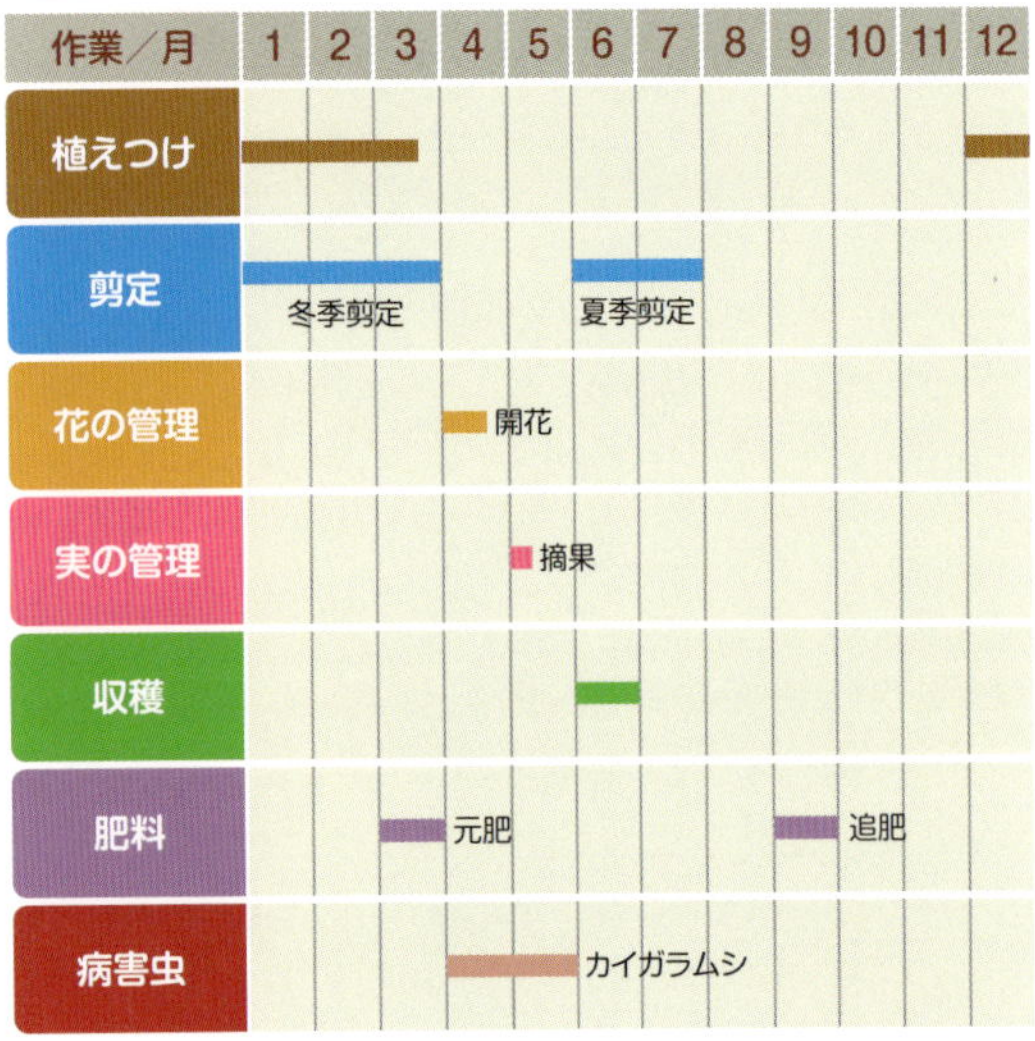

ここがポイント

◎過湿を嫌うため乾燥気味に管理する
◎小枝が多く出るので、株の内側の日当たりが悪くならないように間引き剪定をする
◎徒長枝を切り返して、実がつく短い枝（短果枝）を多く発生させる
◎着果が多い枝は摘果《てきか》する

植えつけ

12月上旬～3月中旬

落葉中の休眠期に日当たりと水はけの良い場所に植えつけます。根が細く、過湿にすると根腐れを起こします。水はけの悪い土は腐葉土などを混ぜて改良しましょう。

春にはウメに似た花が枝いっぱいに咲き、花木としても楽しめます。

鉢栽培のコツ

◆通気性の良い5～10号鉢に植えつけ、2～3年に1回植え替える。
◆植えつけ後に40～50㎝の高さで主幹を切り返し、枝が発生したら3本仕立てか2本仕立てにする。
◆夏の水切れに注意する。ただし過湿にしない。
◆先端を切り返して実のつきやすい短い枝を発生させる。
◆不要な小枝を間引いて日当たりと風通しをよくする。

仕立て方と実をつけるコツ

苗木を植えつけたら40～50㎝の高さで主幹を切り返し、元気な枝2～3本で3本仕立てか2本仕立てにします。ひこばえを生かして株仕立てもできます。

前年枝の中間に花芽(純正花芽)がつき、春に開花して結実します。短い枝（短果枝）に花芽が多くつき、花芽と葉芽が一体になった複芽（⇒p99）になることもあります。

実のつき方

前年枝の中間に花芽（純正花芽）がつく。短果枝に充実した花芽がつきやすい。

赤実系は6月頃サクランボに似た赤い小さな実が枝いっぱいにつく。

摘果

5月上旬

実が多くつきすぎると樹勢が弱まります。実が多くついている枝は、5月上旬に葉2～3枚につき1果を目安に摘果をするとよいでしょう。人工授粉は必要ありません。

4月上旬の開花。短い枝に花がつきやすい。

剪定

夏季剪定：6月上旬～7月下旬
冬季剪定：1月上旬～3月下旬

枝が混み合って日当たりが悪いと実つきが悪くなるので、夏季剪定で不要な枝（⇒p32）を間引きます。冬季剪定では不要な枝を間引き、長い枝の先端を切り返して短果枝を発生させます。

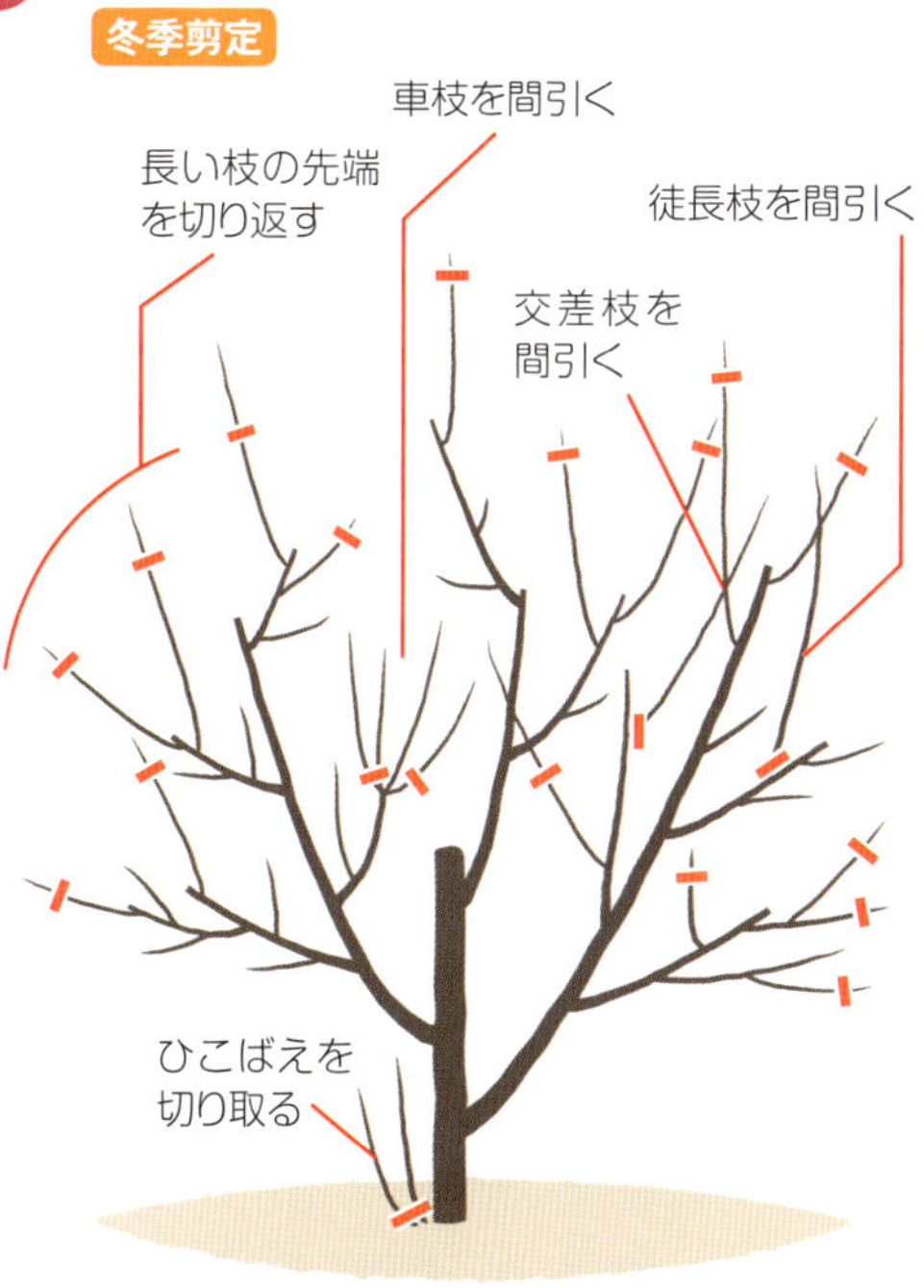

不要な枝を間引いて日当たりをよくする。長い枝の先端を切り返して花芽がつきやすい短い枝を多く発生させる。

収穫

6月上旬～下旬

赤実系のほうが白実系よりも早く熟します。赤実系は赤く色づいた実から摘み取ります。果皮が薄く日もちしないため、収穫したらすぐに生食するか、ジャムや果実酒などに加工します。

実が多くついた枝は、葉2～3枚に1果を目安に摘果をしておくとよい。

ラズベリー

バラ科キイチゴ属／北アメリカ、ヨーロッパ／落葉低木／1.0～1.5m

レッドラズベリーとも呼ばれる赤実の完熟果。

耐寒性が非常に強いですが、夏の高温と乾燥に弱く、冷涼な地域での栽培が向きます。果色は赤色、黄色、黒色があり、夏と秋に収穫できる二季なり性品種（⇒p205）が人気です。樹形は直立性と半直立性があります。同じキイチゴの仲間のブラックベリー（⇒p154）を近くに植えるとお互い病気が発生しやすくなるので、10m以上離して栽培します。

ここがポイント

- ◎乾燥防止に株元にマルチングをする
- ◎二季なり性品種は、夏の収穫後に果実がついた枝の先端部の枯れ込みを切り取る
- ◎混み合った部分、弱い枝を間引いて日当たりと風通しをよくする
- ◎梅雨時に灰色かび病（⇒p198）が発生しやすいので注意する

栽培データ

日なた　強 耐寒性　弱 耐暑性

栽培適地	関東地方以北
実がなるまで	庭植え約2年、鉢植え約2年
受粉樹	不要
花芽・実のつき方	Dタイプ（⇒p37）
隔年結果	しにくい
主な仕立て方	株仕立て、トレリス仕立て

栽培カレンダー

作業／月	1	2	3	4	5	6	7	8	9	10	11	12
植えつけ			■							■	■	
剪定	■	■				■夏季剪定	■					■冬季剪定
花の管理				■開花								
実の管理	とくになし											
収穫						■	■		■	■	■	
肥料			■元肥			■追肥			■礼肥			
病害虫					■マメコガネ	■マメコガネ、灰色かび病	■マメコガネ、灰色かび病	■マメコガネ、ハダニ	■ハダニ			

●一季なり性の主な品種

品種名	果色	特徴
グレンモイ	赤実	6～7月収穫。通常の1.5倍の特大果。トゲなし。アブラムシに抵抗性がある。直立性
グレンアンプル	赤実	7月収穫。特大果で甘味、酸味が強い。コンパクト
ファールゴールド	黄実	6～7月収穫。小粒で風味が良い。コンパクトな直立性

●四季なり性の主な品種

品種名	果色	特徴
ジョンスクエアー	赤実	6～7、9～11月。収穫期間が長く味も良い。トゲなし、暑さに強く育てやすい

●二季なり性の主な品種

品種名	果色	特徴
インディアンサマー	赤実	定番品種。6～7、9月収穫。実つき、食味が良い。樹勢が強い。直立性
ヘリテージ	赤実	7～8、9～10月収穫。秋の実はとくに味が濃く人気。直立性
サマーフェスティバル	赤実	定番品種。6～7、9月収穫。実つきが良い。直立性
マリージェーン	赤実	6、9月収穫。大粒で適度な酸味があってさわやか。日もちする
レッドジュエル	赤実	6～7、10月収穫。小粒で甘い人気品種。半直立性
サンタナ	赤実	6～7、10月収穫。実つきが良く秋の収穫量が多い。ジャム向き

植えつけ

10月上旬〜11月下旬
3月上旬〜下旬

夏の西日が当たる場所は避け、日当たりと風通しの良い場所に苗木を植えつけます。耐寒性が強く、冷涼な地域では大株に育ちます。暖地では育ちにくいので鉢植えにし、夏は涼しい場所に鉢を移すか、遮光をします。夏の乾燥に弱いので株元にマルチング（⇒p205）をします。

剪定

夏季剪定：6月上旬〜7月下旬
冬季剪定：12月上旬〜2月下旬

夏季剪定は収穫後になりあとを切り取り、枝が混み合っていたら間引いてすかします。二季なり性は春に伸びた強い枝を6月までに½に切り返すと、分枝して秋の収穫量がふえます。

冬季剪定は実がついて枯れた枝を間引き、枝の先端を切り返すと良い実がつきます。

夏季剪定

春に伸びた強い枝を½程度切り返すと秋の収穫量がふえる。ただし、すべての枝を切り返すと株が弱る。

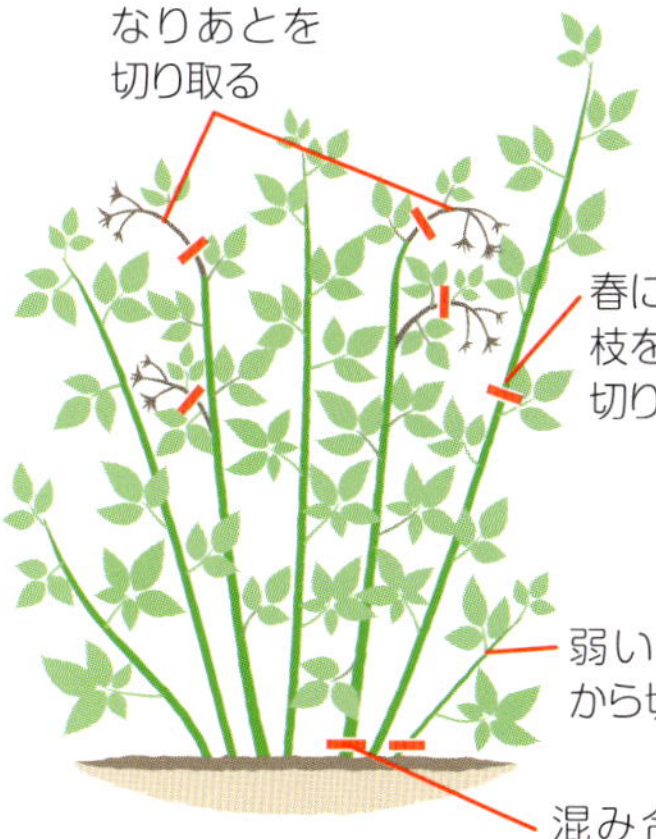
春に伸びた枝を½まで切り返す
弱い枝を元から切る
混み合っていたら収穫後の枝を間引く

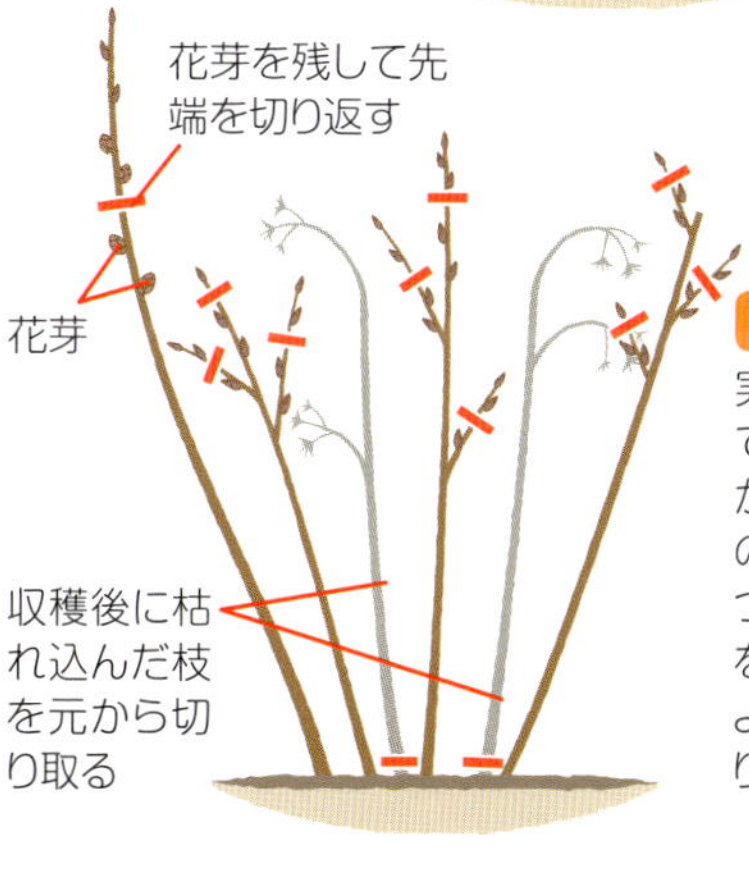

冬季剪定

実がついた枝は冬までに枯れ込むので元から切り取る。先端の花芽には良い実がつかないので、花芽をすべて落とさないように枝の先端を切り返す。

仕立て方と実をつけるコツ

株元から枝が発生して株立ちになります。直立性と半直立性があり、トレリスなどに枝を誘引するとまとまります。

前年に伸びた枝の先端から中間に花芽（混合花芽）がつき、花芽から伸びた新梢に夏に実がつきます。二季なり性は、春に伸びた枝の先端にも秋に実がつきます。

実のつき方

前年の枝または春に伸びた枝（二季なり性）

前年に伸びた枝の混合花芽から伸びた新梢に花と実がつく。二季なり性は春に伸びた枝の先端に秋も実がつく。

収穫

6月上旬〜7月下旬
9月中旬〜11月上旬

赤や濃い黄色、黒に完熟した果実から摘み取ります。熟しすぎると虫がつきます。

日もちしないのですぐに生食するか、ジャムなどに加工したり、冷凍保存します。二季なり性は秋にも収穫できます。

鉢栽培のコツ

- ◆7〜8号鉢に植えつけ、1〜2年に1回植え替える。
- ◆植えつけ後に先端を⅓切り返して枝数をふやす。
- ◆トレリスなどに誘引するとコンパクトにまとまる。
- ◆夏の西日と水切れに注意する。株元にマルチングをし、涼しい場所に移す。
- ◆実を収穫した枝を冬に間引いて新しい枝に更新する。

アケビ、ムベ

アケビ科アケビ属、ムベ属／日本、朝鮮半島、中国南部／落葉つる性（アケビ）、常緑つる性（ムベ）

五葉アケビ。アケビの果実は熟すと縦に割れる。

アケビは落葉性で、小葉が３枚の三つ葉系と５枚の五つ葉系があり、三つ葉系は品種名を明記せず「三つ葉アケビ」の名で多く流通します。ムベは常緑性でとくに品種はありません。旺盛に伸びるつるを棚やあんどん支柱に誘引して仕立てます。１株に雌花《めばな》と雄花《おばな》が分かれて咲き、アケビは近くに他品種を植えて人工授粉をします。ムベは１株で実がつきます。

栽培データ

日なた　強 耐寒性　強 耐暑性

栽培適地	東北地方以南（アケビ）、関東地方以西（ムベ）
実がなるまで	庭植え約３～４年、鉢植え約２～３年
受粉樹	必要（ムベは不要）
花芽・実のつき方	Eタイプ（⇒p37）
隔年結果	しやすい
主な仕立て方	棚仕立て　あんどん仕立て　トレリス仕立て

栽培カレンダー

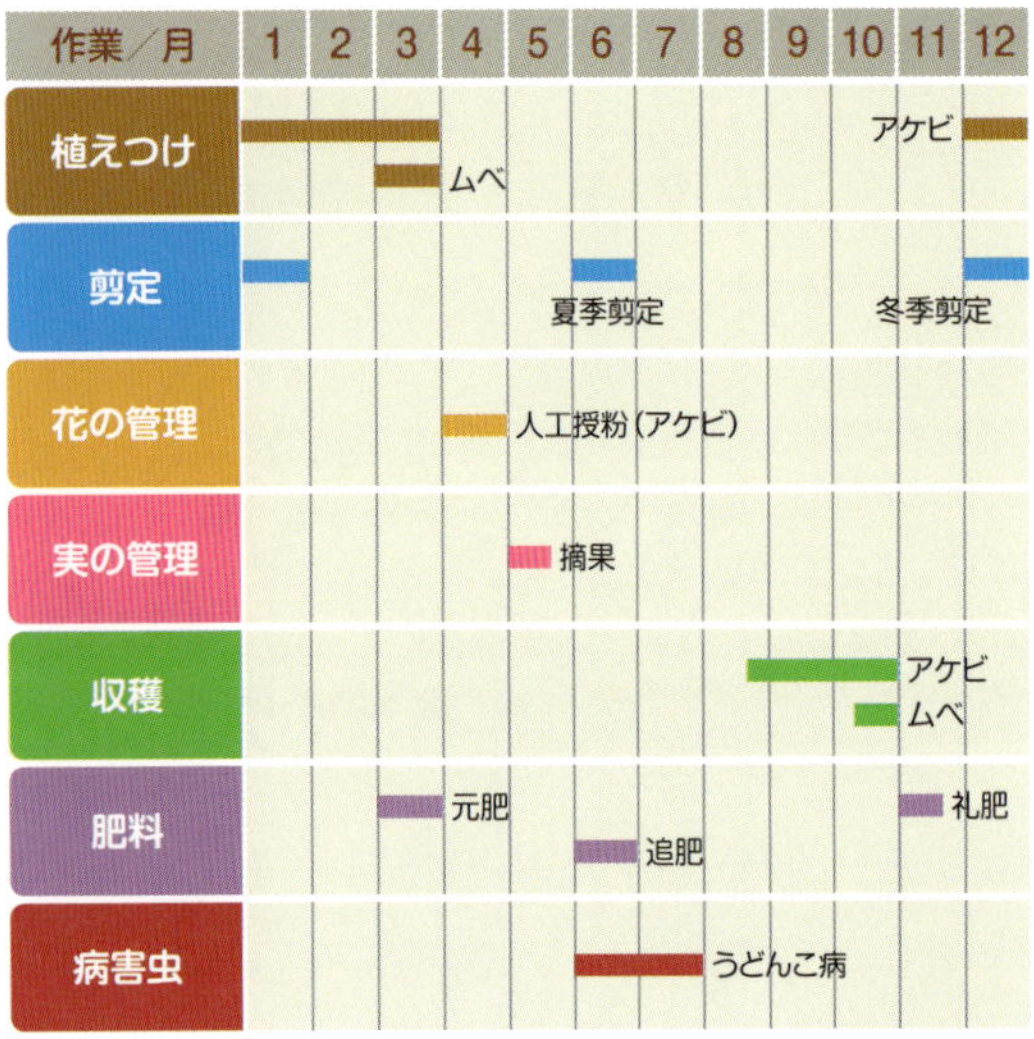

ここがポイント

- ◎ムベは寒さを避けて春に植えつける
- ◎アケビは他品種の花粉を雌花につけて人工授粉をする
- ◎花芽は前年に伸びたつるの中間付近につく。つるの先端を切り返すと、実をつける新梢がよく伸びる
- ◎開花後1か月後くらいに摘果《てきか》をする

植えつけ

アケビ：12月上旬～3月下旬
ムベ：3月上旬～下旬

落葉性のアケビは休眠期、常緑性のムベは春に日当たりの良い場所に植えつけます。夏に西日が当たる場所や乾燥する場所は避けます。アケビは1本では実をつけないため、異なる品種を近くに植えます。寒冷地ではムベは鉢植えがよいでしょう。

●アケビの主な種類、品種

種類、品種名	特徴
紫宝《しほう》	三つ葉系。早生（わせ）。果皮は淡い青紫色。実つきが良い。うどんこ病にやや強い
蔵王紫峰《ざおうしほう》	三つ葉系。中生（なかて）。果皮は淡い青紫色。うどんこ病にやや強い
ジャンボアケビ（紫水晶《むらさきすいしょう》）	三つ葉系。中生。通常の２～３倍の大果。果皮は赤紫色。受粉樹は五つ葉系がよい
紫幸《しこう》	三つ葉系。中生。大果。厚みのある濃い紫の果皮は調理に向く
五葉《ごよう》アケビ	五つ葉系。中生。三つ葉系の受粉樹に重宝する。三つ葉系と人工授粉する
バナナあけび	五つ葉系。中生。バナナに似た黄色い実がつく。果皮も食べられる。受粉樹は三つ葉系がよい

仕立て方と実をつけるコツ

旺盛につるを伸ばすので、庭植えは棚仕立てかフェンス仕立てがよいでしょう。狭い場所では鉢栽培がおすすめです。

果実は、前年に伸びたつるの中間付近に花芽（混合花芽）がつき、そこから伸びた新しいつるにつきます。つるを短く切り返して花芽を落とすと実がつかなくなります。

実のつき方
前年に伸びたつるの中間付近に花芽（混合花芽）がつく。先端の巻きづるは切り返す。
混合花芽から伸びた新しいつるに花や実がつく。
新しく伸びたつる

人工授粉・摘果

人工授粉：4月
摘果：5月上旬～中旬

どちらも雌花と雄花に分かれて咲きます。アケビは雌花が咲きにくく1本では実つきが悪いため、異なる品種の花粉をつけて人工授粉をするとよいでしょう。ムベは不要です。

開花の1か月後に、1房につき1～2果に摘果をすると大きな実が収穫できます。

アケビの花

剪定

夏季剪定：6月
冬季剪定：12月上旬～1月下旬

夏季剪定では、枯れたつるや混み合ったつるを間引いて日当たりと風通しをよくします。

冬季剪定も枯れたつるや混み合ったつるを間引き、花芽をすべて切り落としてしまわないように先端の巻きづるを切り返します。

ポイント
花芽を残す

花芽を残して巻きづるを切り返す。

枯れたつるを元から切り取る。日当たりと風通しをよくしてうどんこ病を予防する。

鉢栽培のコツ

◆7～8号鉢に植えつけ、2年に1回植え替える。
◆あんどん支柱かトレリス支柱に誘引する。
◆夏の西日を避け、水切れさせないように管理する。
◆アケビは異なる品種間で人工授粉をする。
◆1鉢5～6個に摘果する。
◆支柱がいっぱいになったらつるを切り返す。

収穫

アケビ：8月下旬～10月下旬
ムベ：10月中旬～下旬

アケビは果皮が色づいて縦に裂けたら収穫します。ムベは実が裂けないので、果皮が色づいて柔らかくなったらとりごろです。果皮も油炒めや天ぷらなどにして食べられます。

キウイフルーツ

マタタビ科マタタビ属／中国／落葉つる性

果肉が緑色の定番品種「ヘイワード」。

ニュージーランドで改良された品種が1960年代に日本に輸入されて栽培が始まりました。雌《し》雄異株《ゆういしゅ》（⇒p19）のため雌木《めすぎ》と雄木《おすぎ》で人工授粉をします。果肉が緑色のグリーンキウイの他、果肉が黄色いゴールドキウイ、中心に赤色が入るレッドキウイも人気です。収穫後は追熟が必要です。病害虫に強く無農薬栽培も可能です。

栽培データ

日なた　-7℃ 耐寒性　普 耐暑性

栽培適地	関東地方以西
実がなるまで	庭植え約４～５年、鉢植え約３～４年
受粉樹	必要
花芽・実のつき方	Eタイプ（⇒p37）
隔年結果	しにくい
主な仕立て方	棚仕立て　あんどん仕立て　トレリス仕立て

ここがポイント

- ◎雌木と開花期が合う雄木を近くに植える。両方そろえないと実がつかない
- ◎乾燥に弱いので夏に水切れさせない
- ◎冬にマイナス7℃以下になる地域は鉢植えにする
- ◎人工授粉をすると実つきがよくなる
- ◎早めに摘果《てきか》をして果実を肥大させる
- ◎休眠期に枝（つる）の整理をする

栽培カレンダー

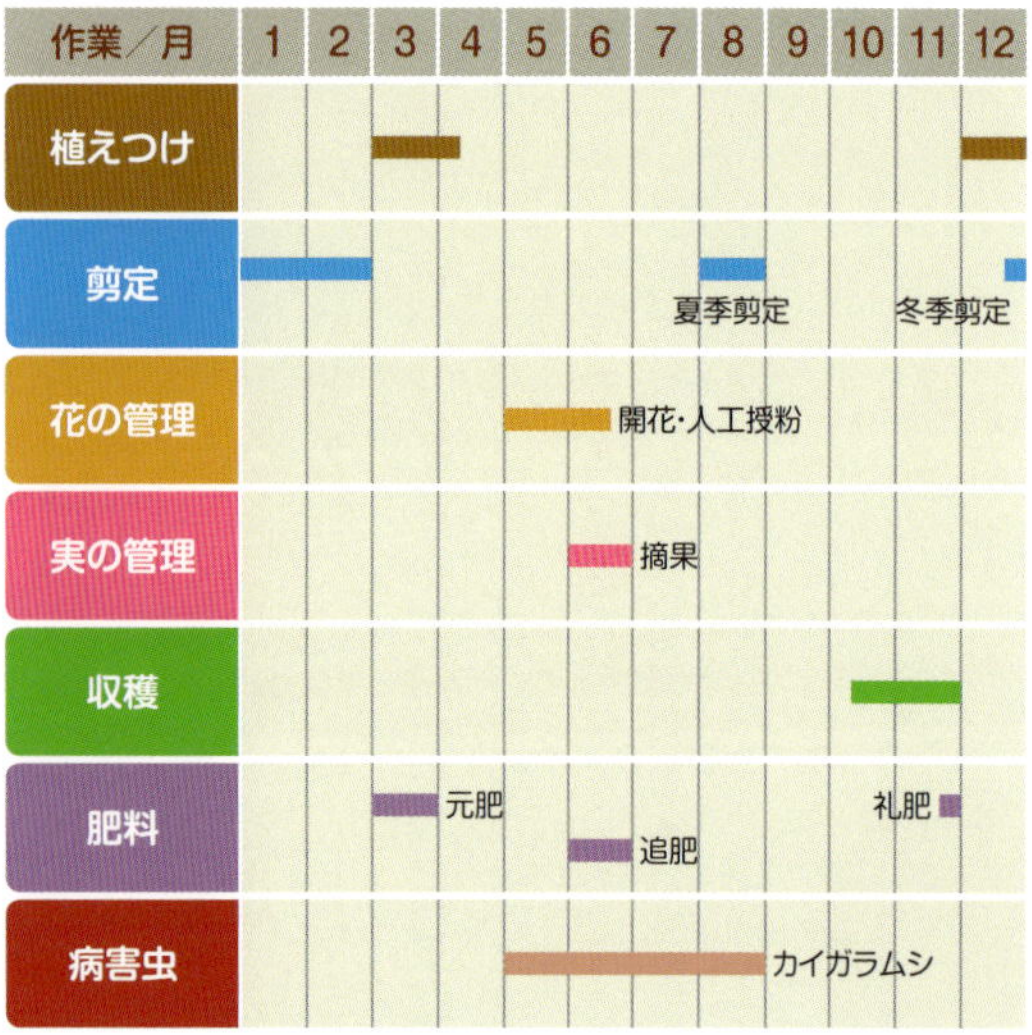

●主な雌品種

品種名	特徴
香緑《こうりょく》	早生（わせ）。国内育成品種。俵形の大果で濃厚な甘味。樹勢が強く２年目から収穫可能
ゴールデンキング	早生。甘味の強いゴールドキウイ。棚仕立てで大株にすると１株で100個程度収穫できる
センセーションアップル	早生。リンゴ形の果実は甘味が強くビタミンＣも豊富。完熟果追熟不要。受粉樹ロッキーなど
紅妃《こうひ》	早生。中心が赤色になる。まろやかで甘味が強い。受粉樹ロッキー、早雄など
ジャンボイエロー	早生。特大果のゴールドキウイ。甘味が強く酸味が少ない。受粉樹孫悟空、早雄など
ヘイワード	晩生（おくて）。卵形の大果。味が良いグリーンキウイの定番。病気に強く日もちする。受粉樹トムリなど

●主な雄品種

品種名	特徴
マツア	開花期間が長くどの雌品種の受粉樹にもなる
トムリ	ヘイワード、香緑などの受粉樹に向く。１株で７株程度受粉可能
孫悟空《そんごくう》	センセーションアップル、ジャンボイエロー、ゴールデンキングの受粉樹に向く
ロッキー	センセーションアップル、紅姫の受粉樹に向く
早雄《そうゆう》	ゴールデンキング、紅姫、センセーションアップル、ジャンボイエローの受粉樹に向く
マック	早生のゴールドキウイの受粉樹に向く

植えつけ

12月上旬～下旬
3月上旬～4月上旬

キウイフルーツは他の落葉果樹より休眠から覚めるのが早く、中間地や暖地では年内に植えつけます。寒冷地では春植えがよいでしょう。日当たりが良く強風が吹かない場所で、過湿や乾燥しすぎない土に植えつけます。

雌雄異株のため、開花期の合う雌木と雄木を必ず1本ずつそろえます（⇒p19）。冬にマイナス7℃を下回る地域では鉢で栽培します。

仕立て方と実をつけるコツ

仕立て方

枝が長く伸び、庭植えでは棚仕立てがおすすめです。鉢植えはあんどん仕立てかトレリス仕立てがよいでしょう。枝が旺盛に茂り、放任すると手がつけられなくなります。毎年冬季剪定で枝を整理しましょう。

実のつき方

前年枝の先端に葉芽、中間に花芽（混合花芽）がつきます。花芽から伸びた新しい枝のつけ根から4～5節目のところに実がつき、6～7節より先にはつきません。また、前年に実がついた節には芽がつきません。

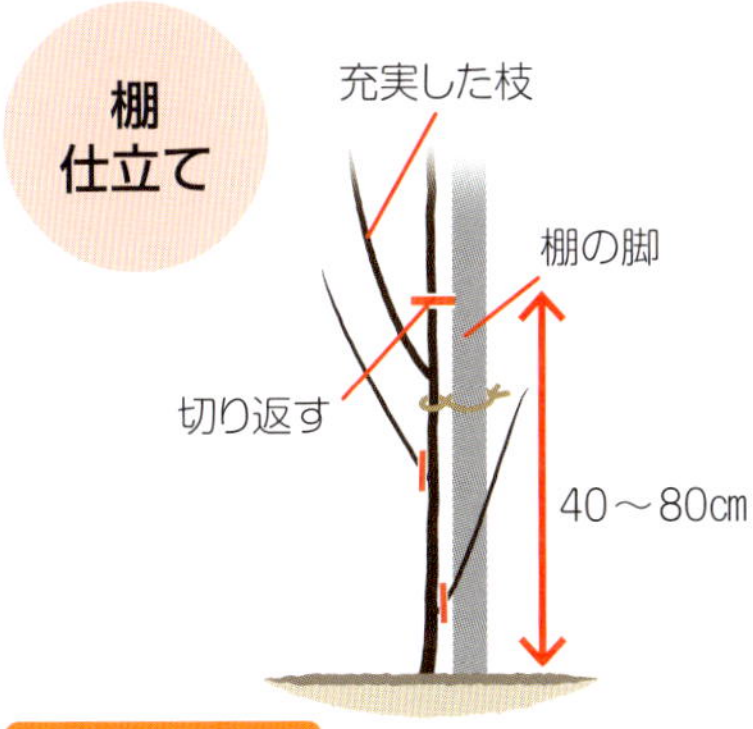

苗木の植えつけ
雌木、雄木とも苗木を植えつけたら40～80cmの高さで切り返して棚の脚に誘引する。充実した枝を1本残し、上に伸ばして棚の上に誘引する。

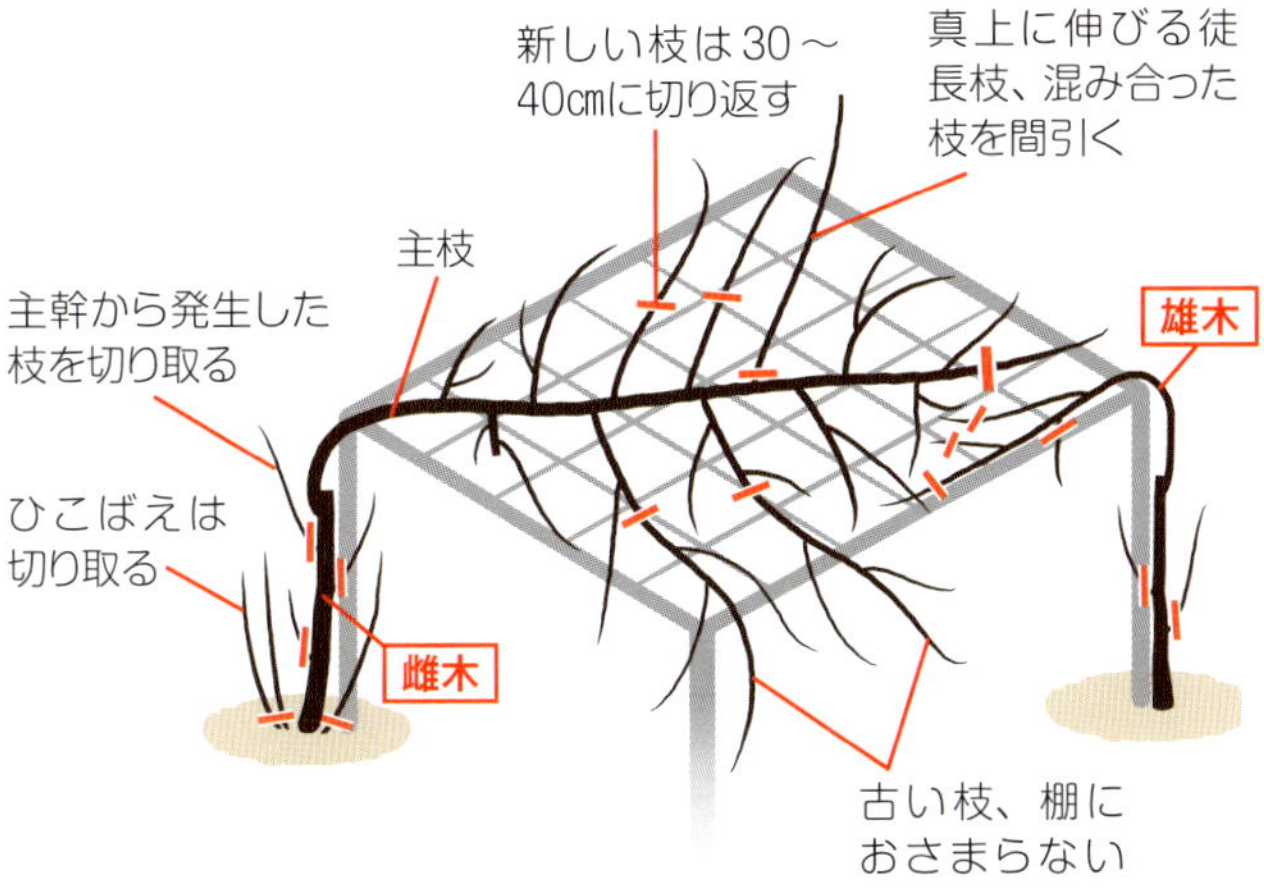

剪定と誘引
雌木は主枝を対角線状に伸ばし、左右に枝を広げる。不要な枝を間引き、新しい枝は切り返す。棚におさまらない枝も切り返して更新する。雄木は棚の隅に主枝を誘引し、枝を広げる必要はない。

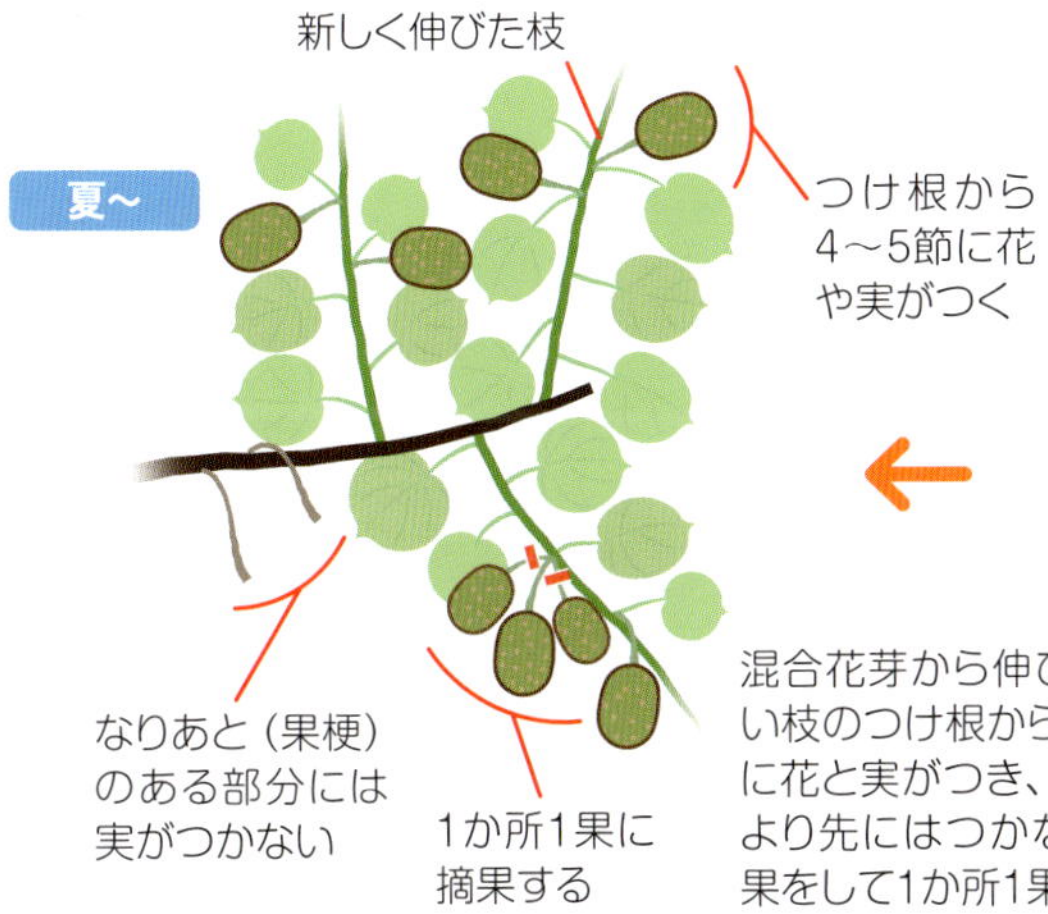

混合花芽から伸びた新しい枝のつけ根から4～5節に花と実がつき、6～7節より先にはつかない。摘果をして1か所1果にする。

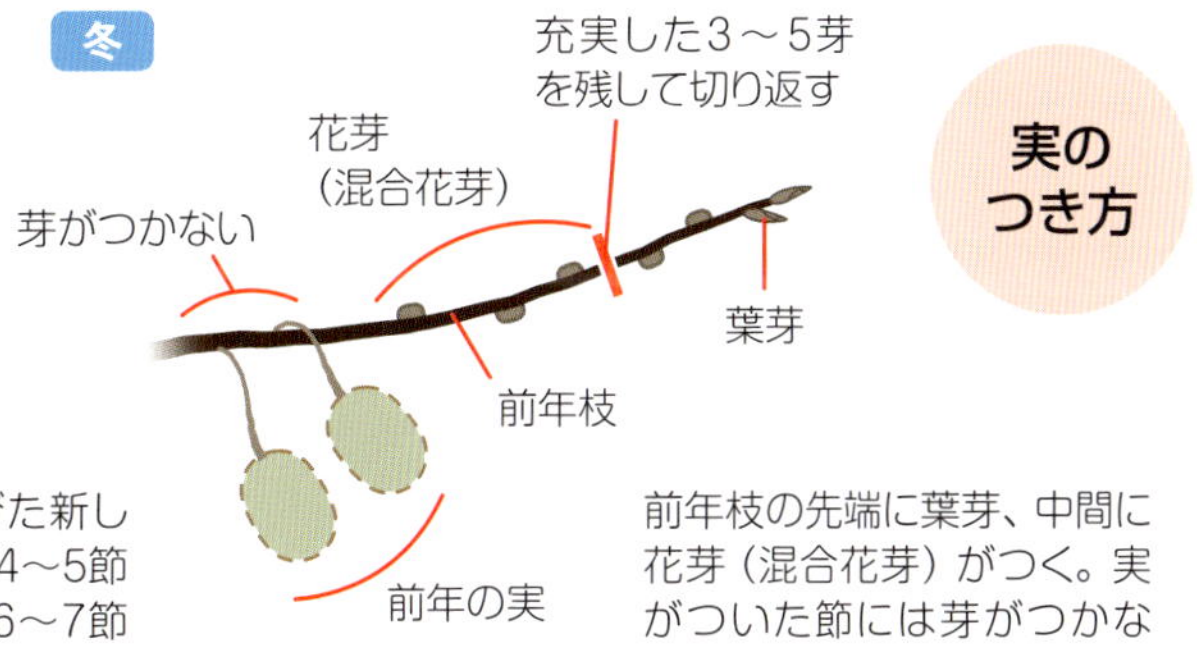

前年枝の先端に葉芽、中間に花芽（混合花芽）がつく。実がついた節には芽がつかない。充実した花芽を3～5芽残して切り返す。

夏季剪定

8月上旬～下旬

樹の勢いが強いと徒長した枝やひこばえが多く発生します。日当たりと風通しの改善、養分の分散を防いで実を充実させるために元から切り取ります。

徒長枝が伸び出した状態。

1 徒長枝を間引く

真上に勢いよく伸びる徒長枝は元から切り取る。

2 胴吹き枝を間引く

主幹から発生した胴吹き枝やひこばえを元から切り取る。

冬季剪定

12月下旬～2月下旬

キウイフルーツは春先から樹液が動くため、2月下旬までに剪定を終わらせます。混み合った古い枝や徒長枝、ひこばえを間引き、実をつけさせる枝も切り返して整理します。棚におさまらない長い枝は切り返して新しい枝に更新します。

樹形を整える剪定

1 ひこばえを間引く

株元から発生したひこばえを元から切り取る。

2 古い枝を更新する

古い枝は新しい枝があるところまで切り返して更新する。

3 徒長枝を間引く

真上に勢いよく伸びる徒長枝を元から切り取る。

ステップアップ

先端の枝を1m残すと実が充実する

先端に充実した枝を1mくらい残しておくと、先端の枝の葉が盛んに光合成を行い、下の枝にも養水分が行き渡って、下の枝についた実が充実します。

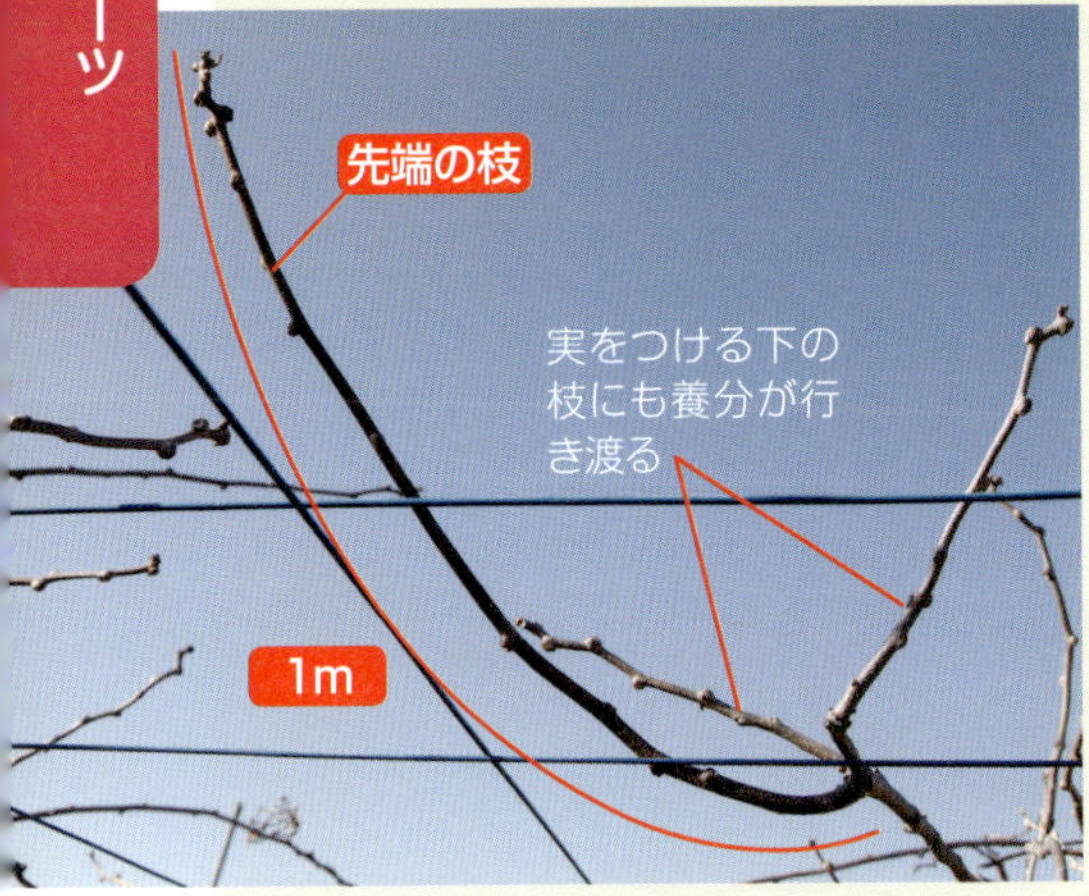

先端の枝は短く切り返さずに残しておく。

実をならせる剪定

1 新しい枝を切り返す

新しく伸びた枝はつけ根から30～40㎝の長さで切り返す。切り口から枯れ込みやすいので、芽と芽の中間で剪定する。

2 なりあとのある枝を切り返す

前年に実をつけた枝は、なりあとの上に3～5芽残して切り返す。

人工授粉

5月上旬～6月中旬

雌木と雄木を近くに植えれば虫が受粉を媒介しますが、人工授粉をすればより確実です。雌《め》花《ばな》が3～5分咲きと満開のときの2回、黄色い花粉が出ている雄《お》花《ばな》を摘み取って雌しべにこすりつけます。一つの雄花で10個くらい授粉できます。

花粉が出始めた雄花。

満開の雌花。

摘果

6月上旬～下旬

あまり生理落果（⇒p41）しないので、すべての実をつけたままにすると実が大きくなりません。早めに摘果するほど実が大きくなります。開花後1か月以内に作業しましょう。

摘果をしなかった株。実の数は多いが小さい。

ステップアップ
2回の摘果で大きな実を収穫する

1回目の摘果で1か所1果ずつにし、枝の長さに応じて2回目の摘果をするとさらに実が充実します。

長さ1ｍ以上の枝に3果、1ｍ以下の枝に1果を目安に、小さな果実や形の悪い果実を間引きます。

収穫

10月中旬～11月下旬

果皮が緑色から茶色に変色したころが収穫の目安です。果柄を持ち上げ、軽く手で引っ張って収穫します。収穫直後は固くて酸味が強いため、追熟が必要です。熟したミカンやリンゴといっしょにビニール袋に入れ、涼しい場所に2週間程度置くと早く熟します。柔らかくなって香りがしてきたら食べごろです。

1か所に3果ずつ実がつく。中央の大きな実を残し、左右の小さな実を摘み取る。

1か所1果に摘果をしたところ。2回目の摘果をするといっそう実が充実する（左上のコラム参照）。

実を持ち上げるようにして手で摘み取る。

鉢 栽培のコツ

- ◆雌木と雄木をそろえる。
- ◆8号以上の鉢に植え、あんどん支柱かトレリス支柱に伸びた枝を誘引する。植え替えは3〜4年に1回。
- ◆剪定と誘引で枝を整理して日当たり、風通しをよくする。
- ◆風で鉢が倒れて枝を傷つけないようにする。
- ◆夏の水切れに注意する。

鉢への植えつけ

1

根鉢をほぐして根についた土を落とし、30分程度水に浸けておく。鉢底に2〜3㎝の厚みに赤玉土大粒を敷き、接《つ》ぎ口を埋めないように市販の培養土で植えつける。

2

充実した芽を3〜4芽残して切り返す。枯れ込まないように芽の1㎝以上上で切り、切り口に癒合剤（⇒p35）を塗る。

3

同様にして雌木と雄木を別の鉢に植えつける。風が強い場所では仮支柱をし、新しい枝が伸びたら本支柱を立てて誘引する。

本支柱に誘引する

新芽が伸びてきたら本支柱（写真はあんどん支柱）を設置して誘引する。

剪定と誘引

2年目の冬。新しく伸びた枝を5〜6芽残して切り返し、枝数をふやす。

2年目の夏。伸びた枝の先端を切り返して枝を充実させる。

枝を誘引し直して樹形を整える。剪定と誘引を繰り返して枝数をふやし、3〜4年目から収穫できる。

ブドウ

ブドウ科ブドウ属／ヨーロッパ、北アメリカ／落葉つる性

収穫期を迎えた赤ブドウ。

生育が早く苗木を植えつけてから庭植えで2年、鉢植えは1年で収穫できます。ヨーロッパ種とアメリカ種、両者を交配した欧米雑種があり、高温多湿の日本の家庭果樹には欧米雑種とアメリカ種がおすすめです。ヨーロッパ種は雨よけをして病害虫や裂果《れっか》（⇒p205）を防ぎます。果皮の色で黒ブドウ、赤ブドウ、緑ブドウと呼び分けることもあります。

栽培データ

日なた	-20℃ 耐寒性	強 耐暑性

栽培適地	北海道地方～九州地方
実がなるまで	庭植え約2～3年、鉢植え約1～2年
受粉樹	不要
花芽・実のつき方	Eタイプ（⇒p37）
隔年結果	しにくい
主な仕立て方	棚仕立て、あんどん仕立て、トレリス仕立て

棚仕立て　あんどん仕立て　トレリス仕立て

栽培カレンダー

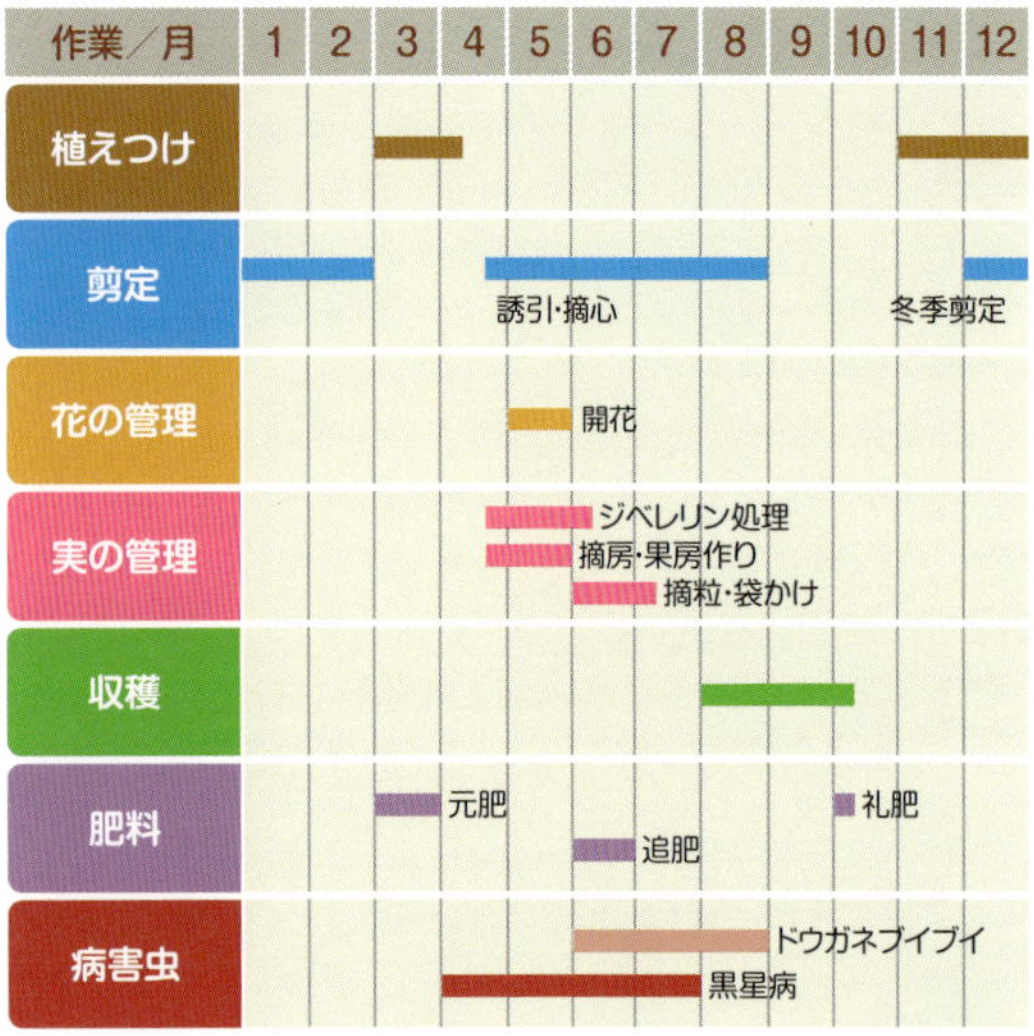

ここがポイント

◎巻きひげを切り取って病気を予防する
◎摘房《てきぼう》をして落花を防ぐ
◎大粒の品種は房作りと摘粒《てきりゅう》をする
◎鳥害、日よけ、雨よけ、病害虫の防除に摘粒《てきりゅう》後に袋をかける
◎休眠期に前年枝（⇒p205）を3芽残して切り返し、枝を更新する

●欧米雑種の主な品種

品種名	特徴
デラウェア	赤ブドウ。早生（わせ）。小粒。樹形がコンパクト。ジベレリン処理でタネなしになる
サニールージュ	赤ブドウ。早生。中粒で甘味が強く独特の香り。ジベレリン処理でタネなしになる
巨峰《きょほう》	黒ブドウ。中生（なかて）。大粒で甘味が強く酸味が少ない人気品種
ピオーネ	黒ブドウ。中生。巨峰より大粒になる。甘味が強く酸味や渋味が少ない。病気に強い
シャインマスカット	緑ブドウ。中生。大粒で皮ごと食べられる。マスカットの香り
スチューベン	黒ブドウ。中生。中粒で酸味が少なく香りが良い。栽培しやすい

品種名	特徴
マスカットベリーA	黒ブドウ。中生。中粒。房の数が多く摘房が必要。病気に強く栽培しやすい
ハニーレッド	赤ブドウ。中生。大粒で甘味が強く巨峰に似る。管理も巨峰と同じ
竜宝《りゅうほう》	赤ブドウ。中生。大粒で木は巨峰より大きくなる。香りが良く濃厚な味。病気に強い
瀬戸ジャイアンツ	緑ブドウ。中生。大粒で皮ごと食べられ、甘くてジューシー。パリパリした食感
クイーンニーナ	赤ブドウ。中生。大粒で皮ごと食べられる。甘味が強く香りが良い
安芸クイーン	赤ブドウ。中生。巨峰の枝代わりで巨峰より大粒。甘味が強く美味

●アメリカ種の主な品種

品種名	特徴
キャンベルアーリー	黒ブドウ。中生。中粒。適度な酸味と独特の香りがありジュースにも向く。病気に強い
ナイヤガラ	緑ブドウ。中生。中粒。独特の風味と甘さ。耐寒性が強く育てやすい

●ヨーロッパ種の主な品種

品種名	特徴
ネオマスカット	緑ブドウ。中生。大粒で果皮が厚く酸味が少ない。マスカットより病気に強い
甲斐路《かいじ》	赤ブドウ。晩生(おくて)。大粒。日よけ、雨よけが必要。日もちする

植えつけ

11月上旬～12月下旬
3月上旬～4月上旬

極寒期を除いた休眠期に日当たりと風通しの良い場所に植えつけます。乾燥には強いですが過湿に弱く、水はけが悪い土壌は腐葉土などを入れて改良します。雨の多い地域では鉢栽培がおすすめです。挿《さ》し木苗より接《つ》ぎ木苗のほうが値段は高いですが、病害虫に強く安心です。

仕立て方と実をつけるコツ

仕立て方

さまざまなブドウ棚が市販されているので、庭植えでは棚仕立てが手軽です。鉢植えはあんどん仕立てかトレリス仕立てにします。1年で数m枝が伸びるので冬に短く切り返し、新梢を構造物に誘引します。

実のつき方

前年枝の葉腋《ようえき》(⇒p205)のほとんどに花芽(混合花芽)がつくので、冬に3芽残して切り返します。初夏に花芽から伸びた新梢の元から3～6節に花房《かぼう》(果房《かぼう》)がつきます。長く伸びた新梢の先端は摘心《てきしん》(⇒p205)します。

棚仕立て

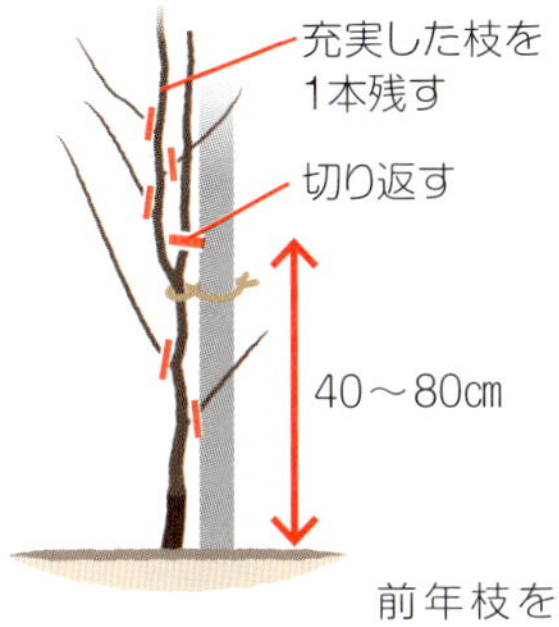

苗木の植えつけ

苗木を植えつけたら40～80cmの高さで切り返して棚の脚に誘引する。枝が発生したら充実した枝を1本残し、上に伸ばして棚の上に誘引する。

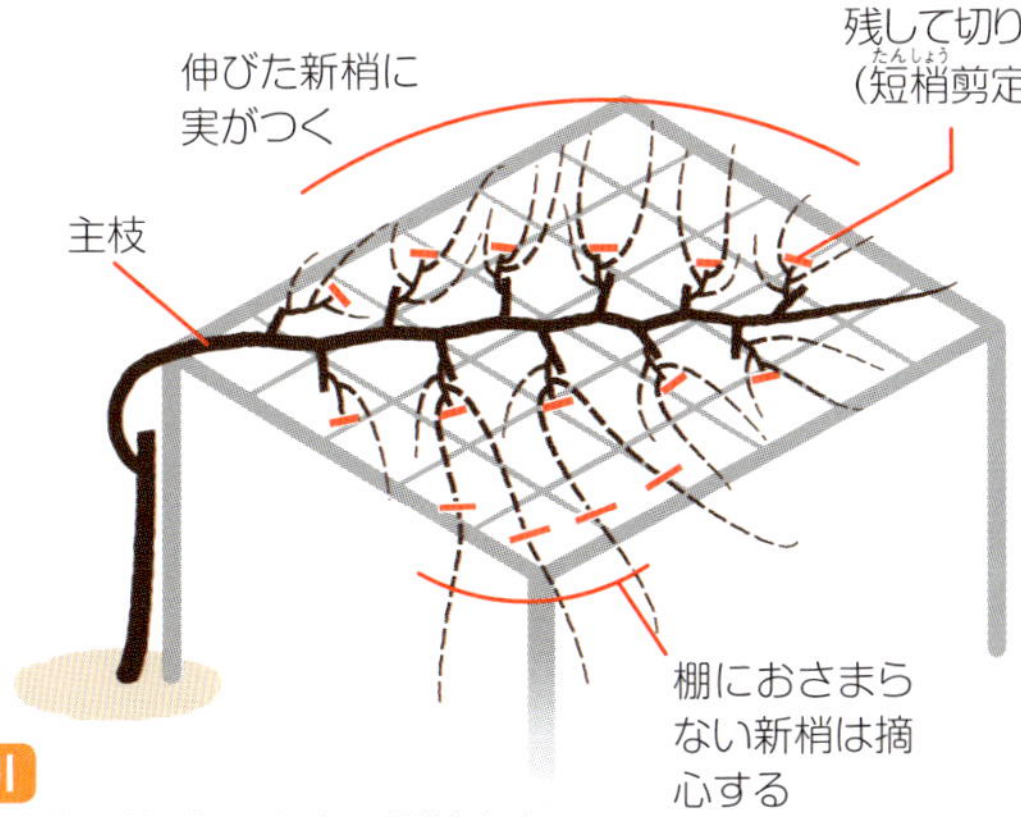
前年枝を3芽残して切り返す(短梢《たんしょう》剪定)

剪定と誘引

主枝を対角線状に伸ばし、左右に側枝を広げる。前年に伸びた枝を3芽残して切り返し、伸びた新梢を重ならないように誘引する。棚におさまらない新梢は摘心する。

実のつき方

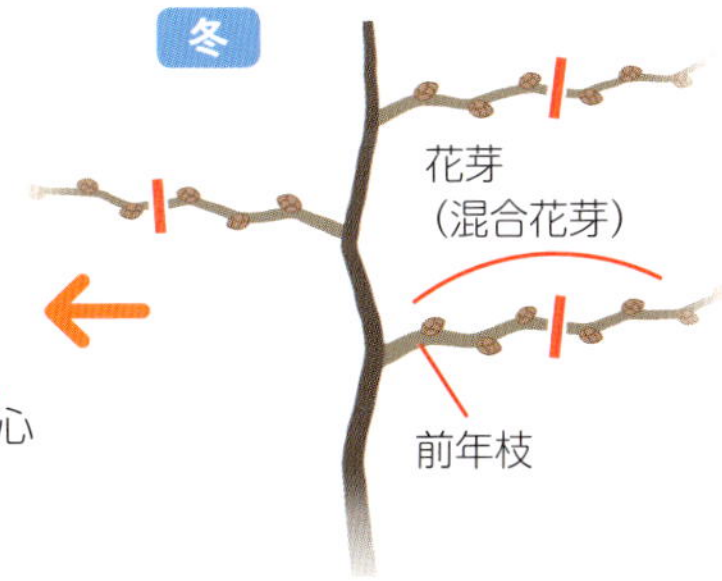

前年枝の葉腋に花芽(混合花芽)がつく。冬に3芽残して前年枝を切り返す(短梢剪定)。

混合花芽から伸びた新梢のつけ根から3～6節に花房(果房)がつく。長い新梢は先端を摘心する。

冬季剪定

12月上旬～2月下旬

ブドウの実は新しく伸びた枝（新梢）につくので、冬に前年枝を短く切り返して枝を更新しても、実がつかなくなることはありません。すでに樹形の骨格ができていれば、枝のつけ根から3芽残して剪定します（短梢《たんしょう》剪定）。骨格ができていない若い木や、枝をふやして空間を埋めたい場合は50㎝残して剪定します（長梢《ちょうしょう》剪定）。

誘引・摘心

4月下旬～8月下旬

冬に切り返した前年枝から新梢が伸びてきたら、枝同士が重なって日当たりや風通しが悪くならないように棚やあんどん支柱に誘引します。棚や支柱におさまらない長く伸びた新梢は先端を摘心します。

短梢剪定

前年枝を3芽残して切り返す。

長梢剪定

つけ根から50㎝程度の芽と芽の中間で切る。

誘引

ひもやビニールタイで棚や支柱に新梢を誘引する。どの葉にも光が当たるようにする。

摘心

長い新梢の先端を摘心する。

ステップアップ

先端の枝を長く残して養分の吸い上げをよくする

枝の先端は長梢剪定をして50㎝くらい残すと、先端の枝の葉が盛んに光合成を行い、養水分の吸い上げがよくなって下の枝が充実します。

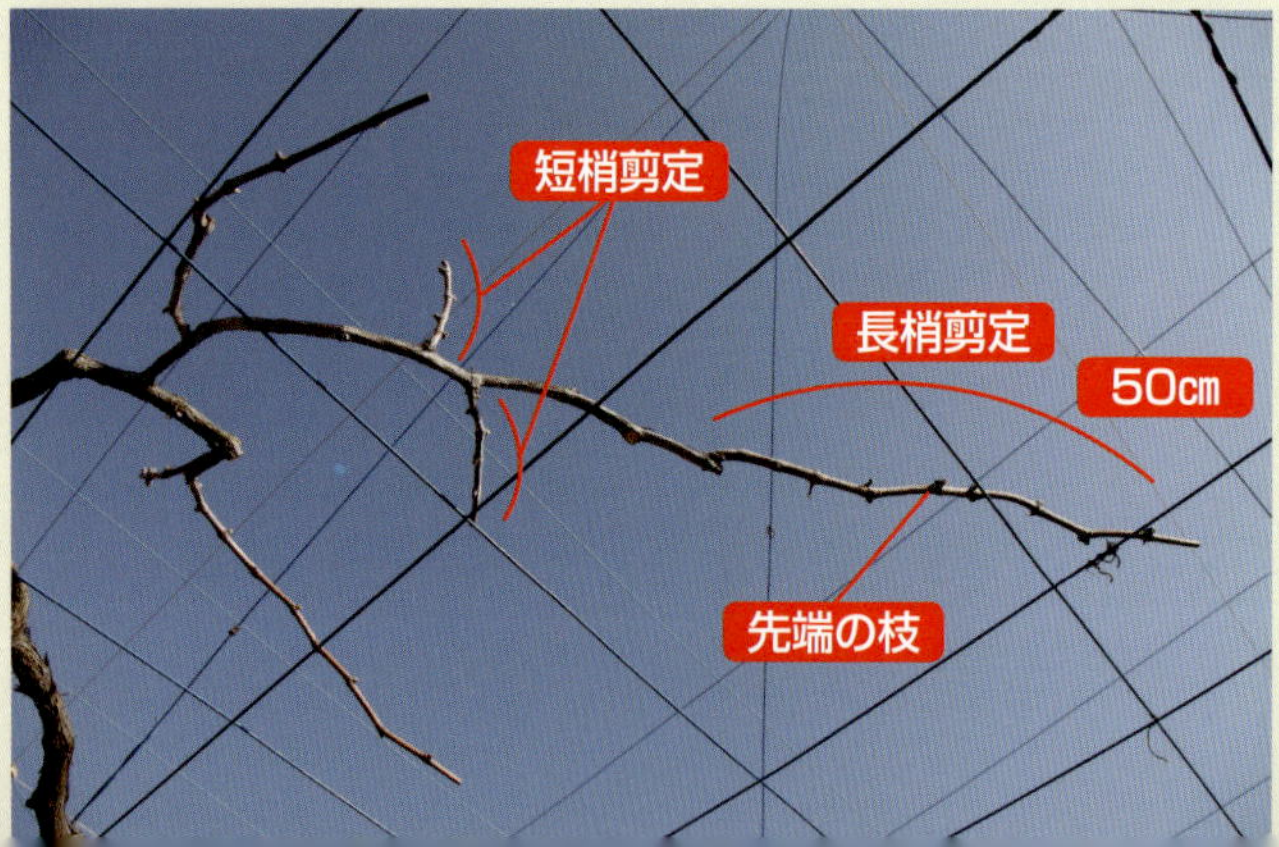

先端の枝は50㎝残す（長梢剪定）。下の枝は3芽残して切り返す（短梢剪定）。

重要 病気の予防に巻きひげを切り取る

巻きひげを放任すると構造物に絡みついて誘引しにくくなるだけでなく、枯れた巻きひげで黒とう病（⇒p197）などの病原菌が越冬して発生源となります。巻きひげが発生したらこまめに切り取りましょう。ひもなどで構造物に固定すれば、巻きひげがなくても問題ありません。

ブドウに多い黒とう病の病葉。病原菌が枯れた巻きひげなどで越冬して発生する。

巻きひげを切り取って病気を予防する。

ステップアップ ジベレリン処理でタネなしブドウを作る

「デラウェア」は代表的なタネなしブドウですが、自然の状態ではタネがあります。ジベレリン処理（⇒p204）を行ってタネなしにしています。「巨峰」「マスカット」「ピオーネ」などもジベレリン処理を行うとタネなしになり、実がつきやすくなったり、収穫時期が早くなったりします。

花房全体をジベレリン液に2秒程度浸ける。作業適期は品種によって異なる。

【デラウェア】

1回目：満開の1週間～5日前
2回目：満開の2週間後

【巨峰、マスカット、ピオーネ】

1回目：満開時
2回目：満開の2週間後

摘房・房作り（大粒の品種）

4月下旬～5月下旬

1本の新梢に複数の花房がついた場合、すべてつけたままにすると花が落ちやすくなったり（花ぶるい）、実が熟しにくくなったりします。

「デラウェア」などの小粒の品種で花房が二叉に分かれた場合は、房のどちらかを切り取ります。大粒の品種は形のよい房を選び、新梢1本につき1房に減らします（摘房）。

さらに大粒の品種は、残した房の先端とつけ根の部分を切り取り、房の中間に花の集まりを13～15段程度残すと粒が均一に肥大します（房作り）。

摘房

大粒の品種は新梢1本につき1房にする。写真は「巨峰」。

房作り

先端とつけ根部分の花の集まりを切り取り、中間部分に13～15段程度残す。写真は「巨峰」。

摘粒（大粒の品種）

6月上旬～7月上旬

大粒の品種の実が大きくなってきたら、1房30粒を目安に形や向きの悪い実や小さな実を取り除きます。この作業をしないと、実が混み合って粒が不ぞろいになったり、割れてしまったりします。

摘粒をしなかった房。実が混み合って粒の大きさがそろっていない。実が肥大すると傷がついたり割れたりする。

軸が水平の実を残し、上向きや下向きの実、小さな実、傷のある実を取り除く。房全体にバランスよく実が残るようにする。

摘粒した「巨峰」の房。軸が水平の実がバランスよく残り、実が肥大するすき間がある。

袋かけ

6月上旬～7月上旬

摘粒後、実が色づく前に専用の袋をかけて鳥の被害を防ぎます。袋かけには日焼けや雨による裂果、病気、病気予防の効果もあります。病気にかかりやすい「巨峰」「マスカット」は必ず袋をかけましょう。

房ごと専用の袋に入れて口をしっかり閉じる。

収穫

8月上旬～10月上旬

収穫時期になったら袋を少し破いて色を確認し、品種ごとの色合いに成熟した房から収穫します。タイミングがわかりにくい場合は味見をするとよいでしょう。

全体が色づいた房の果柄（かへい）をハサミで切って収穫する。

秋には紅葉も楽しめる。

ステップアップ：2番枝から2番果を収穫する

「巨峰」や「マスカット」などの大粒の品種は、新梢の葉のつけ根から新しく伸びる枝（2番枝）に2番果がつくことがあります。2番果は1番果に比べて酸味が強く、ジャムなどに加工するとよいでしょう。ただし、枝葉が混み合って日当たりや風通しが悪い場合は、葉を1枚残して切り返します。

2番枝についた2番果。

鉢栽培のコツ

◆8～10号以上の鉢に植え、あんどん支柱かトレリス支柱に誘引する。2年に1回植え替えをする。
◆小粒か中粒の品種が育てやすい。雨で裂果しやすいヨーロッパ種も鉢栽培が向く。
◆過湿にすると根腐れしやすい。乾燥には強い。
◆1鉢5～6房に摘房する。以降の房の管理は庭植え同様。

鉢への植えつけ

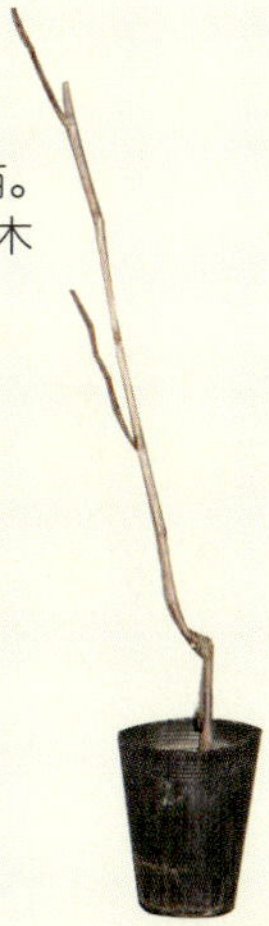

苗木
デラウェアの挿し木苗。病気に弱い品種は接ぎ木苗のほうがよい。

ポットから苗を外し、根鉢の土を落として30分程度根を水に浸けてから8～10号鉢に植えつける。

ブドウの枝は繊維が柔らかく、切り口から乾燥しやすいので、芽のすぐ上で剪定しない。切り口に癒合剤（⇒p35）を塗るとよい。

市販の培養土で鉢に植えつけ、地上から40㎝程度のところで切り返す。風が強い場所では仮支柱を立てて誘引する。

本支柱に誘引する

5月に新芽が伸びてきたら、あんどん支柱かトレリス支柱を立てて誘引する。

冬季剪定

新しく伸びた枝を4～6芽残して切り返す。枝がふえれば3芽残す短梢剪定（⇒p176）でよい。

誘引・摘心

支柱に絡みついた巻きひげをすべて切り取る。

木が若いうちは摘心をして枝を充実させる。

どの葉にも光が当たるように支柱に新梢を誘引する。伸びた新梢に実がつく。

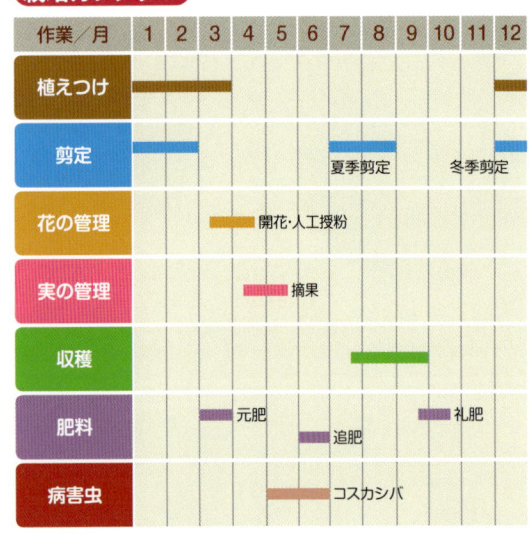

アーモンド

バラ科モモ属／アジア西南部／落葉高木／2.0～5.0m

果皮が裂けて中のタネが見えたら収穫する。

モモの仲間で、春に白からピンク色の花がいっせいに開花します。食用部分は種子の中の仁《じん》(核）で、ナッツに分類されます。1本でも実がつきますが、ハナモモや花粉が多いモモ「大久保」などを近くに植えると実つきがよくなります。モモの受粉樹にもなります。日本では高温多湿に強く、１本で結実しやすい「ダベイ」が主流です。

ここがポイント

◎基本的な性質や栽培方法はモモ（⇒p98）と同じ
◎接ぎ木苗を植えつける。タネからも栽培できるが、高温多湿に弱かったり、開花や結実しにくい場合がある
◎乾燥を好むので過湿に注意する
◎幼木、若木は霜に弱い。寒冷地では3年程度鉢で育ててから庭に植えつける

栽培データ

日なた　耐寒性 -7℃　耐暑性 強

栽培適地	北海道地方～九州地方
実がなるまで	庭植え約１～３年、鉢植え約１～２年
受粉樹	あるとよい
花芽・実のつき方	Bタイプ（⇒p36）
隔年結果	しにくい
主な仕立て方	3本仕立て　2本仕立て

栽培カレンダー

作業／月	1	2	3	4	5	6	7	8	9	10	11	12
植えつけ	━	━	━									━
剪定	━	━					━	━ 夏季剪定				━ 冬季剪定
花の管理			━	━ 開花・人工授粉								
実の管理				━	━ 摘果							
収穫							━	━	━			
肥料			━ 元肥			━ 追肥			━	━ 礼肥		
病害虫					━	━ コスカシバ						

植えつけ

12月上旬～3月下旬

休眠期に日当たりと水はけの良い場所に接ぎ木苗を植えつけます。根が過湿に弱く、水はけが悪い場合は腐葉土や堆《たい》肥《ひ》などを混ぜて土壌を改良します。雨の多い地域では鉢植えにし、雨の当たらない軒下やベランダなどで栽培するとよいでしょう。霜対策に株元にバークチップやワラなどでマルチング（⇒p205）をすると効果的です。

鉢 栽培のコツ

◆8～10号鉢に水はけの良い土で植えつけ、2～3年に1回植え替える。
◆50～60㎝で主幹を切り返して2～3本仕立てにする。
◆徒長枝やひこばえ、不要な枝を間引いて株の内部への日当たりと風通しをよくする。
◆モモやネクタリンなどの花粉で人工授粉をする。
◆葉30枚につき1果に摘果する。

仕立て方と実をつけるコツ（⇒p99モモ参照）

仕立て方

　地上50～60㎝で主幹を切り返し、支柱を立てます。枝が発生したら元気な枝を2～3本残し、2本仕立てか3本仕立てにします。樹の内部に光が当たるように、若木のうちに誘引して枝を開きます。

実のつき方

　前年枝の中間に花芽（純正花芽）がつきます。長い枝にもよく花芽がつき、春に枝いっぱいに開花しますが、すべてが結実するわけではありません。実つきをよくするには人工授粉が必要です。

冬季剪定

12月上旬～2月下旬

　枝の背から真上に伸びる徒長枝（⇒p88）や内向枝、交差枝などの不要な枝（⇒p32）の間引きを中心に行います。

　長い枝にもよく花芽がつきますが、先端から1/3～1/2程度切り返すと枝数がふえ、収穫量がふえます。

真上に伸びる徒長枝は元から間引く。

長い枝は切り返して枝数をふやす。

夏季剪定

7月上旬～8月下旬

　ひこばえや胴吹き枝（⇒p32）、徒長枝が出やすいので、発生したら間引いて養分の分散を防ぎます。枯れ枝があれば元から切り取り、株の内部への日当たりと風通しをよくします。

ひこばえや徒長枝を間引く。

人工授粉・摘果

人工授粉：3月中旬～4月中旬
摘果：4月中旬～5月中旬

　1本では実がつきにくく、花が咲いていても実がつかなかったり、落果が多くなったりします。モモやネクタリン、ハナモモなどの花粉を柔らかい筆先などにつけ、人工授粉を行います。

　摘果は開花後1か月くらいしたら、葉30枚につき1果を目安に実の数を調整します。

モモに似た花が咲く。

収穫

7月下旬～9月下旬

　果肉が割れて中の殻が見えたら収穫します。木につけたままにすると、割れ目から雨が入って腐ったり、虫が入ったりします。果肉を割って殻を取り出したら、1週間程度陰干しします。そのあとカナヅチなどで殻を割ってアーモンドを取り出し、フライパンで炒ったり、油で揚げたりします。

殻を割って種子を取り出す。

クルミ

クルミ科クルミ属／ヨーロッパ、アジア／落葉高木／5.0～10m

外果皮が裂けると自然に落果する。

堅い殻の中の子葉《しよう》を食用にします。日本にはヒメグルミ、オニグルミが自生しますが、苗木の流通はペルシャグルミを改良したシナノグルミが中心です。1本でも実がつく性質を持ちますが、雌花《めばな》と雄花《おばな》の開花温度が異なる（雄花先熟種と雌花先熟種）ので、実つきが悪い場合は雄花先熟種と雌花先熟種を混植します。

ここがポイント

◎庭植えは大木になるので広いスペースに植えつける
◎シンボルツリー（⇒p205）として1本仕立てで自然樹形を楽しむ。大きさを制限するなら3本仕立てにする
◎害虫の被害で枯れ込んだ枝を間引く
◎雄花先熟種と雌花先熟種を混植する

栽培データ

日なた　強 耐寒性　普 耐暑性

栽培適地	東北地方以南（夏に冷涼で雨の少ない地域を好む）
実がなるまで	庭植え約5～6年、鉢植え約4～5年
受粉樹	不要（品種による）
花芽・実のつき方	**C**（雌花）、**B**（雄花）タイプ（⇒p36～37）
隔年結果	しやすい
主な仕立て方	1本仕立て　3本仕立て

栽培カレンダー

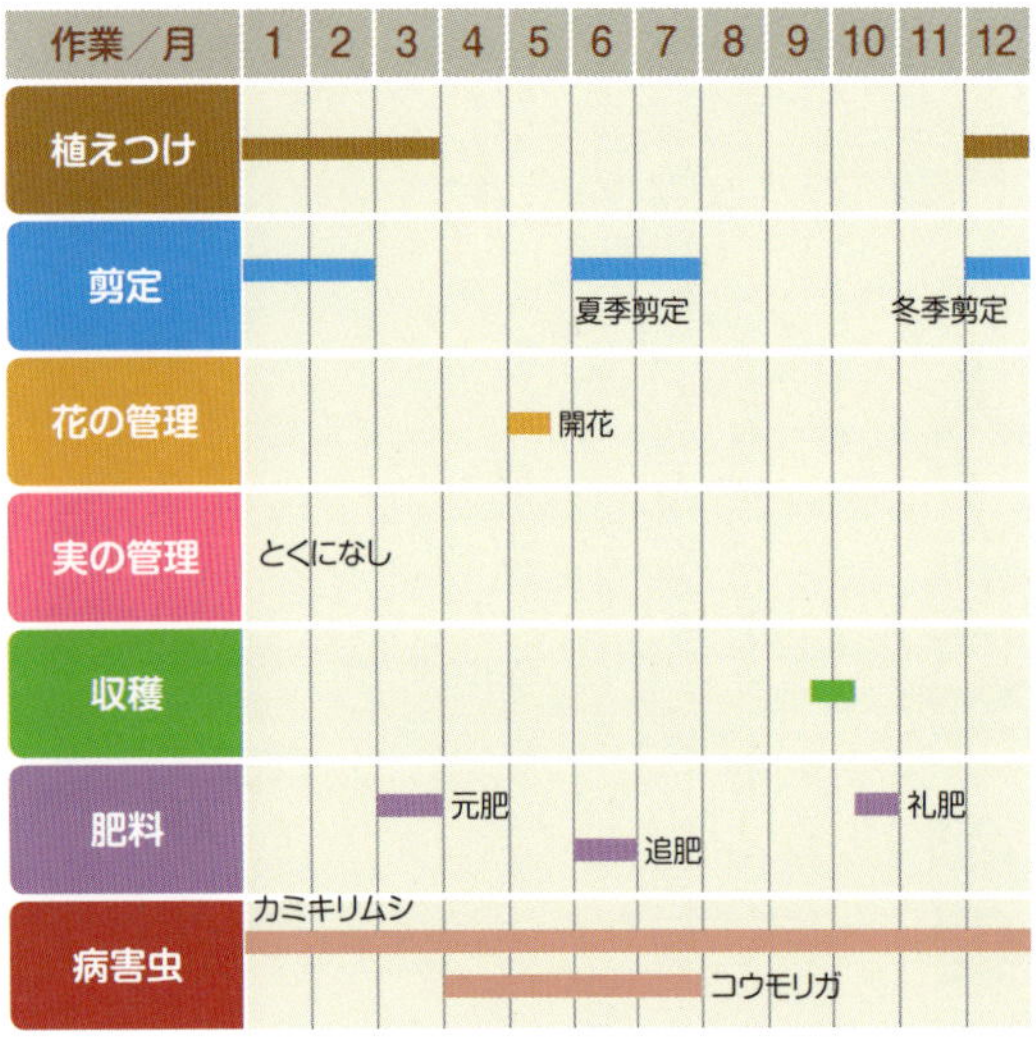

植えつけ

12月上旬～3月下旬

休眠期に日当たりと水はけの良い場所に植えつけます。夏に冷涼で雨の少ない環境を好むため、夏の西日や高温、長雨を避けて栽培します。鉢栽培では1鉢2～3果が収穫の目安です。観賞用として楽しみましょう。

●クルミの主な種類、品種

種類、品種名	特徴
清香《きよこう》	国内で最も栽培されているシナノグルミ。雄花が先に咲く雄花先熟種
豊笑《ほうしょう》	シナノグルミ。雌花と雄花がそろって咲き、実つきが良く受粉樹にも向く。雌花が先に咲く雌花先熟種
要鈴《ようれい》	シナノグルミ。殻がやや大きい。雄花が先に咲く雄花先熟種
オニグルミ	在来種。シナノグルミより小さな実が鈴なりにつく。殻が堅く子葉が小さい。雄花先熟種
ヒメグルミ	在来種。オニグルミの変種で実が小さい。苗木の流通は少ない。雄花先熟種
テウチクルミ（カシクルミ）	冷涼地向き。ペルシャグルミの変種。シナノグルミはペルシャグルミとテウチクルミの交配種

仕立て方と実をつけるコツ

仕立て方

シンボルツリーなら自然樹形を生かした1本仕立て（⇒p27）、コンパクトにするなら3本仕立て（⇒p26）にします。3本仕立ては地上50～60㎝で主幹を切り返し、枝が発生したら元気な枝を3本残して間引きます。

実のつき方

クルミは雌雄《しゆう》異花《いか》（⇒p204）で、短い前年枝の先端付近に雌花の花芽（混合花芽）がつき、雄花の花芽（純正花芽）は前年枝の中間につきます。花と実は春に伸びた新梢の先端付近につきます。

実のつき方

冬

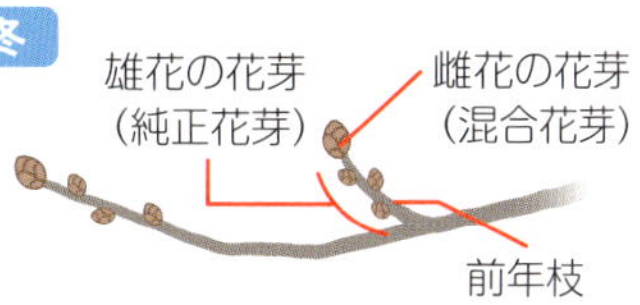

前年枝の先端付近に雌花の花芽（混合花芽）、中間に雄花の花芽（純正花芽）がつく。雌花の花芽は短い枝の先端につきやすい。

初夏

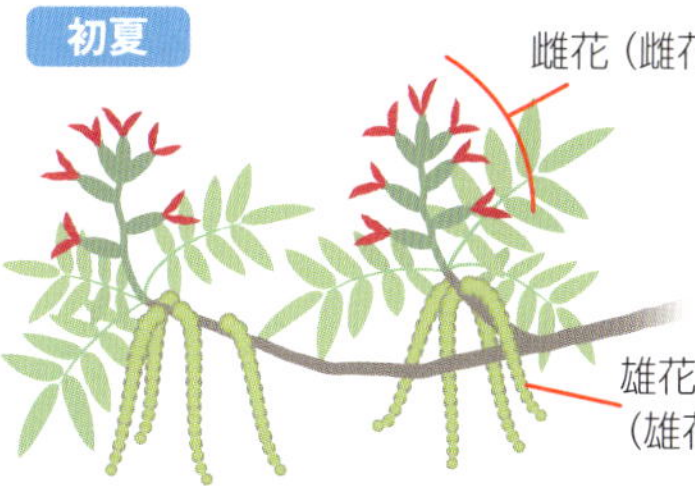

雌花の花芽から伸びた新梢の先端に雌花が咲く。雄花は前年枝の中間に咲く。雌花と雄花は開花期がずれることが多い。

秋

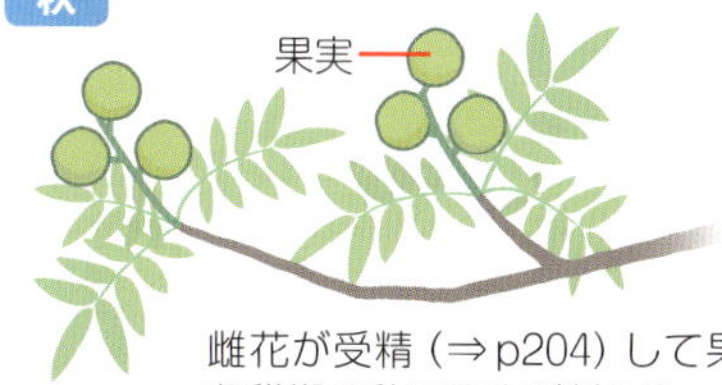

雌花が受精（⇒p204）して果実になる。収穫期の秋に果皮が割れる。

剪定

夏季剪定：6月上旬～7月下旬
冬季剪定：12月上旬～2月下旬

はじめの5年は収穫より樹形作りを優先します。樹形ができてからは、不要な枝の間引き剪定を中心に行います。害虫による食害で枯れ枝が出やすいので、見つけたら切り取って日当たりと風通しをよくします。

夏季剪定
葉のない枯れ枝を元から切る。太い木を切ったら切り口に癒《ゆ》合《ごう》剤（⇒p35）を塗る。

冬季剪定
害虫の侵入痕がある枝は中に幼虫がいたり、枯れて空洞になったりしているので元から切り取る。

収穫

9月下旬～10月上旬

果実が成熟すると果皮が割れて中の殻が見えます。自然落果したものを拾うか、棒などでたたき落として収穫します。日に当てて乾燥させてから外果皮を取り除いて保存します。

果皮が割れて中の殻が見えたら収穫適期。

アボカド

クスノキ科ワニナシ属／中央アメリカ、メキシコ／常緑高木／2.0～3.0m

栽培データ

日なた　5℃ 耐寒性　強 耐暑性

栽培適地	関東地方以西（生育適温20～30℃。関東地方以北は冬は防寒する）
実がなるまで	庭植え約3～4年、鉢植え約2～3年
受粉樹	必要（品種による）
花芽・実のつき方	Cタイプ（⇒p37）
隔年結果	しにくい
主な仕立て方	1本仕立て　3本仕立て

栽培カレンダー

作業／月	1	2	3	4	5	6	7	8	9	10	11	12
植えつけ				━	━							
剪定			━									
花の管理					━	━ 開花・人工授粉						
実の管理	とくになし											
収穫	━	━								━	━	━
肥料			━ 元肥									
病害虫	カメムシ類			━	━	━	━	━	━	━		

熟しても果皮が緑色の「フェルテ」。

耐寒性のある品種を選べば関東地方以西では庭植えも可能です。メキシコ系、グアテマラ系、西インド系の3系統があり、日本での栽培は耐寒性の強いメキシコ系か、メキシコ系とグアテマラ系の交配種がよいでしょう。品種によって雌《め》しべと雄《お》しべの開花型（A、B）が異なり、AとBの品種を栽培すると実つきがよくなります。

ここがポイント

◎大木になるので広い場所に植えつける。樹形は直立性と開張性がある

◎強剪定をすると徒長枝が多く発生する。弱剪定、間引き剪定で樹形を維持する

◎水はけと通気性の良い土に植えつける

◎最低気温が5℃を切ったら防寒をする

◎開花型の異なる品種をいっしょに栽培するか人工授粉をする

鉢 栽培のコツ

◆10号以上の大型の鉢に水はけの良い土で植えつける。

◆30～40㎝の高さで主幹を切り返す。3年程度切り返し剪定を続け、枝数をふやして樹形を作る。

◆枝を水平に誘引する。

◆戸外で管理し、最低気温が5℃を切ったら室内に取り込む。

◆開花型の異なる品種間で人工授粉をする。

●アボカドの主な品種

品種名	開花型	特徴
フェルテ	B	メキシコ系とグアテマラ系の交配種。11～1月収穫。西洋ナシに似た形で濃厚な味の人気品種。耐寒性が強い。開張性
ベーコン	B	メキシコ系とグアテマラ系の交配種。11～12月収穫。楕円形で果皮は緑色。実つきが良い。耐寒性が強い。直立性
メキシコーラ	A	メキシコ系。10月収穫。皮が薄くナッツの風味。耐寒性が強い。開張性
ズタノ	B	メキシコ系とグアテマラ系の交配種。11～12月収穫。大実で完熟しても果皮が緑色。味が良い。直立性
ハス	A	グアテマラ系。12～2月収穫。1本で結実する。楕円形で果皮は熟すと黒紫色になる。果実が日本に輸入される。開張性

※開花型

A：1日目の午前に雌しべが開花して午後閉じる。2日目の午後に雄しべが開花する

B：1日目の午後に雌しべが開花して夕方閉じる。2日目の午前に雄しべが開花する

植えつけ

4月上旬～5月下旬

遅霜の心配がなくなってから水はけと通気性の良い土に植えつけます。タネから実生苗もできますが、品種名が不明だったり、結実まで時間がかかったり、親より性質が劣ったりします。市販の接《っ》ぎ木苗を入手しましょう。根の張りが浅く倒れやすいので支柱を立てます。過湿による根腐れに注意します。

仕立て方と実をつけるコツ

1本仕立てか3本仕立てにします。最初の3年は樹形作りを優先し、地上50～60㎝で主幹を切り返します。直立性の品種は枝を水平に誘引すると樹勢が抑えられます。

花芽は前年枝の先端付近につきます。枝の先端を切り返すと花芽を落としてしまうので、樹形ができてからは不要な枝の間引き剪定を中心に行います。

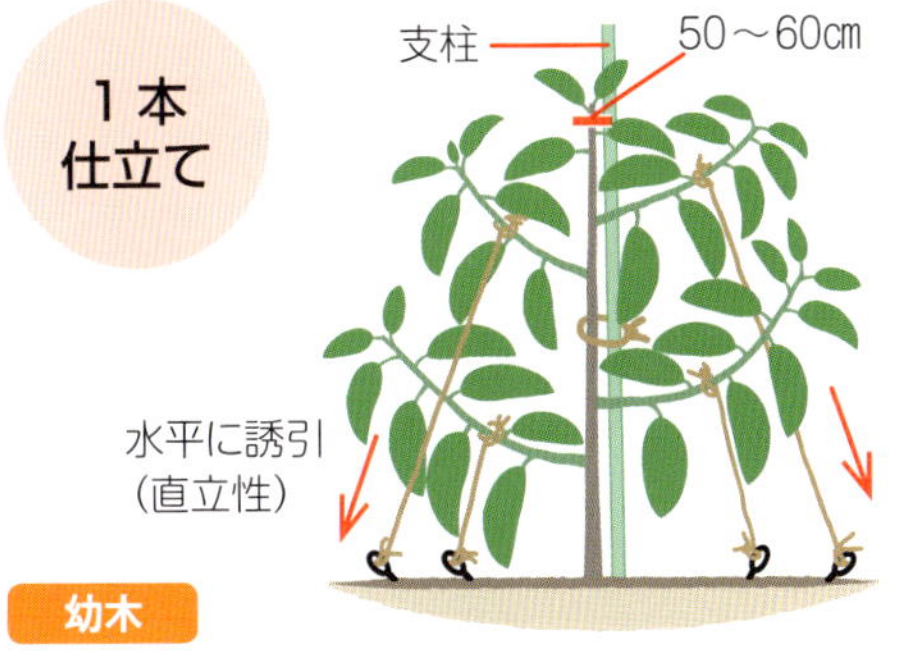

幼木は樹形作りを優先する。50～60㎝の高さで主幹を切り返し、直立性の品種は枝が発生したら水平に誘引する。

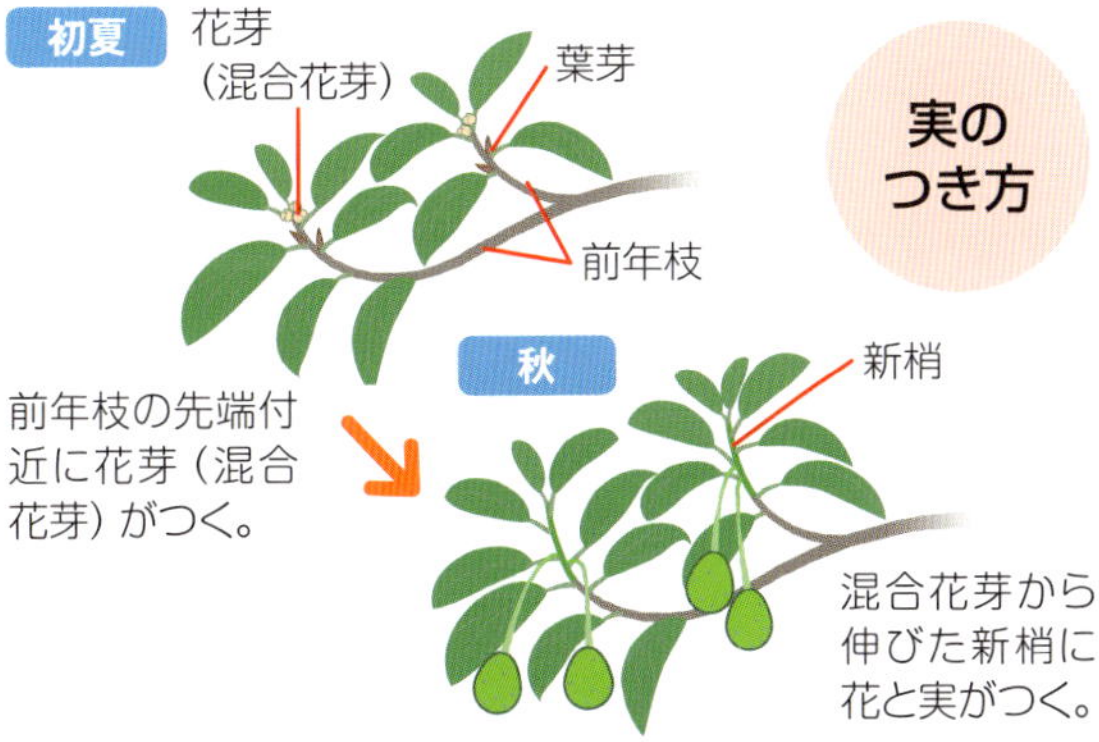

前年枝の先端付近に花芽（混合花芽）がつく。

混合花芽から伸びた新梢に花と実がつく。

剪定

3月上旬～下旬

寒さに弱いので剪定は3月に行います。幼木は切り返し剪定と誘引で樹形を作ります。樹形ができた後は、全体を切り返すと花芽を落として実がつかなくなるので、間引き剪定を中心に行います。枯れ枝や不要な枝（⇒p32）を間引いて株の内部に光と風が入るようにします。

ステップアップ 虫が少ない場所では人工授粉をする

アボカドの花は蜜が多く、ミツバチなどの虫がよく集まります。虫が多い場所の庭植えでは、人工授粉をしなくても自然に結実することが多いようです。

室内や温室、受粉を助ける虫が少なくて実つきが悪い場合は人工授粉をするとよいでしょう。異なる品種の花粉を柔らかい筆先などにつけ、雌しべの先端につけます。

「フェルテ」の雌花。べたべたした蜜にミツバチなどが多く集まる。

収穫

10月中旬～2月下旬

アボカドの収穫期の見極めは難しいですが、果皮が緑色の品種は肥大が止まってつやが鈍ったころ、紫色の品種は果皮の表面に小さな斑点《はんてん》が出たころが目安です。樹につけたままだと柔らかくならないので、20℃前後で数日～20日間程度追熟させ、柔らかくなってから食べます。

パッションフルーツ

トケイソウ科トケイソウ属／ブラジル／多年生常緑つる性

紫色種は熟すと果皮が紫色になる。

常緑のつる性の多年草で、花が時計の文字盤に似ていることからクダモノトケイソウとも呼ばれます。最近はグリーンカーテンの素材としても人気です。紫色種と黄色種、両者の交雑種があり、黄色種は1本では実がつきにくく受粉樹が必要です。13℃以下になると生育が停止し、30℃以上の高温期は花は咲いても結実しません。暖地以外では鉢で栽培します。

ここがポイント

- ◎暖地以外では鉢植えにして室内で冬越しさせる
- ◎あんどん支柱かトレリス（スクリーン）に誘引する
- ◎人工授粉をして確実に着果させる
- ◎実を収穫した枝を切り返す
- ◎開花期、結実期に水切れさせない
- ◎冬は水を控えめにして根腐れを防ぐ

栽培データ

日なた　0℃ 耐寒性　普 耐暑性

栽培適地	暖地では庭植え可能。それ以外の地域は鉢植え（生育適温20～30℃）
実がなるまで	約1～3年
受粉樹	不要（品種による）
花芽・実のつき方	Eタイプ（⇒p37）
隔年結果	しない
主な仕立て方	あんどん仕立て　トレリス仕立て　一文字仕立て

栽培カレンダー

作業／月	1	2	3	4	5	6	7	8	9	10	11	12
植えつけ				━	━	━						
剪定		剪定・誘引		━	━	━	━	━	━	━	━	━
花の管理			開花・人工授粉			━	━	━	━	━		
実の管理	とくになし											
収穫						━	━	━	━	━	夏果	
肥料			━ 元肥					━	━ 礼肥			
病害虫												

植えつけ（鉢）

4月上旬～6月下旬

5～7号鉢に苗を植え、日当たりの良い場所で管理します。小さな苗を大きな鉢に植えると過湿で根腐れしやすいため、1～2年に1回、一回り大きな鉢に植え替えていきましょう。室内で冬越しさせれば5年程度楽しめますが、毎年株を更新するなら庭植えも可能です。

●パッションフルーツの主な品種

品種名	特徴
エドゥリス	苗の流通量が最も多い。紫色種と黄色種があり紫色種のほうが育てやすい。黄色種は受粉樹が必要
サマークイーン	交雑種。赤味がかった紫色の小実がつく。甘味が強い。1本でも実がつく
ルビースター	交雑種。赤味がかった紫色で育てやすい。甘味と酸味のバランスが良い。1本でも実がつく
レッドマンモス	果皮が濃い赤紫で、100g近い大玉種。1本でも実がつく
新ブラック	果皮が濃い紫色になる大玉種。育てやすく1本でも実がつく
ゴールデンジャイアント	果皮が黄色の大玉種。1本では実がつきにくいので、異なる品種と人工授粉をする

仕立て方と実をつけるコツ

仕立て方

植えつけと同時にあんどん支柱かトレリス（グリーンカーテンの場合はネット）を設置して主枝を誘引します。主枝をまっすぐに上に伸ばし、わきから伸びる枝を横か下向きに伸ばすと花芽がつきやすくなります。

実のつき方

主枝の葉のつけ根から伸びる枝（新梢）の中間に花芽がついて結実します。収穫後に切り返すと再び新梢が伸びて2回目の収穫が楽しめます。ただし、秋にも実を楽しむためには20℃以上の温度が必要です。

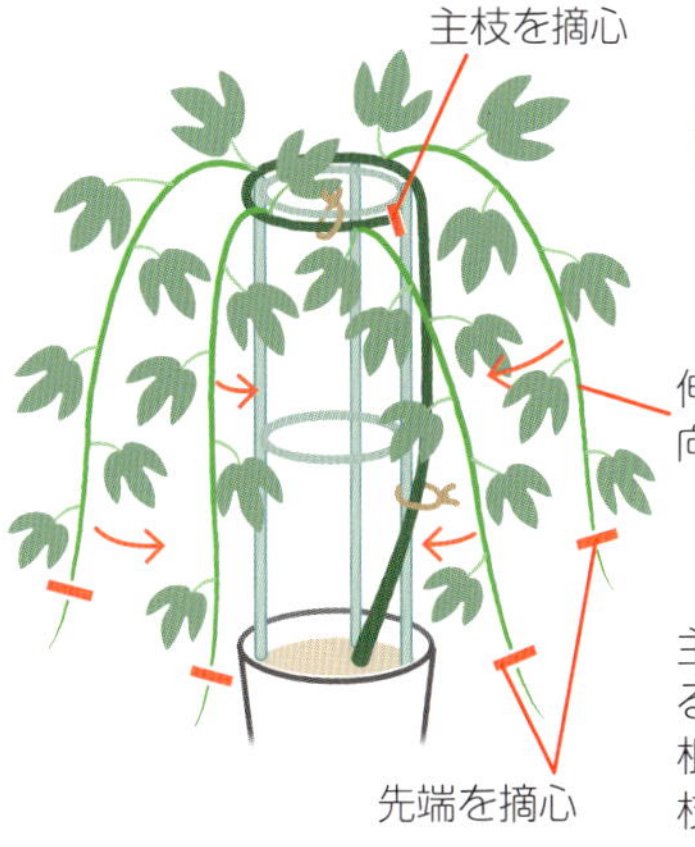

主枝を摘心すると葉のつけ根から新しい枝が伸びる。

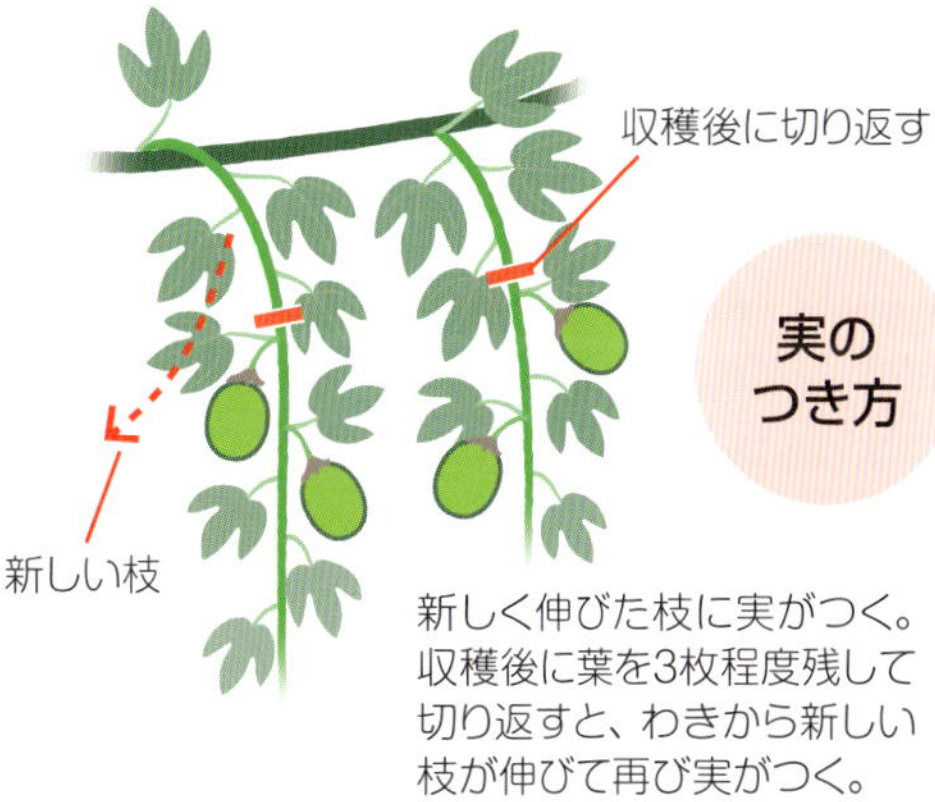

新しく伸びた枝に実がつく。収穫後に葉を3枚程度残して切り返すと、わきから新しい枝が伸びて再び実がつく。

人工授粉

6月中旬～10月下旬

1本で結実しない黄色種は異なる品種の花粉で、花粉の働きがよい午前中に人工授粉をします。紫色種も人工授粉をすると確実です。

6月から10月まで長く咲き続けますが、30℃以上の高温期は、花は咲いても実はつきません。

雄《お》しべの花粉を雌《め》しべの柱頭《ちゅうとう》につける。写真の花は花粉がまだ出ていない。紫色種は同じ株の花粉でよい。

剪定・誘引

4月上旬～12月下旬

主枝が支柱の上に達したら摘心して枝を発生させます。伸びた枝を横か下向きに誘引し、下垂させた場合は地上30cmで摘心します。一度実がついた枝には花芽がつかないので、収穫後に葉を3枚（3節）残して切り返し、新しい枝に更新します。

巻きづるで自然に絡みつくが、きれいに誘引できないので切り取る。生育には影響しない。

収穫

6月中旬～10月下旬

授粉後2か月くらいが収穫の目安です。熟すと自然に落果するので、落ちた実を拾ってもよいでしょう。落果前に収穫した場合は、果皮にしわが寄るまで室温で保存します。

©PIXTA

半分に切ってスプーンでタネごとすくって食べる。

フェイジョア

フトモモ科フェイジョア属／南米ウルグアイ、パラグアイ、ブラジル南部／常緑小高木／2.5～3.0m

収穫期の実。

西洋ナシとモモを合わせたような味と、パイナップルとバナナを混ぜたような香りがします。葉裏が白銀色の常緑の葉とエキゾチックな花の観賞価値も高く、庭木としても人気です。1本で実がつかない品種が多く、確実に実をならせるには2品種以上育てて人工授粉をします。耐寒性は強いですが、マイナス10℃を切る場合は防寒が必要です。

栽培データ

日なた　-10℃ 耐寒性　強 耐暑性

栽培適地	関東地方以西の太平洋岸（柑橘類が栽培できる地域）
実がなるまで	庭植え約4～5年、鉢植え約3～4年
受粉樹	必要（品種による）
花芽・実のつき方	Dタイプ（⇒p37）
隔年結果	しにくい
主な仕立て方	3本仕立て　2本仕立て　1本仕立て

栽培カレンダー

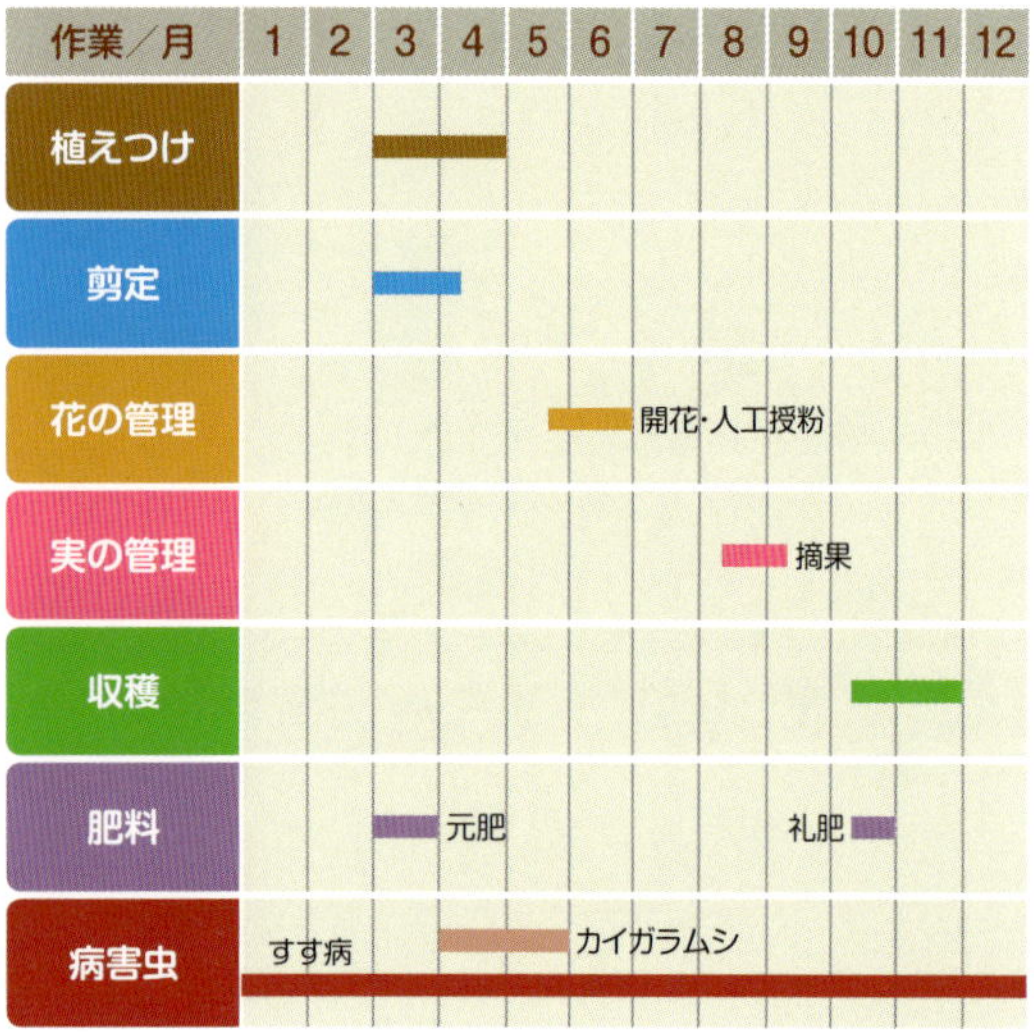

ここがポイント

◎2品種以上植えて人工授粉をする
◎枝の先端付近に花芽がつくので切り返し剪定はあまり行わず、発芽前に混み合った部分を間引く
◎夏に乾燥すると落果しやすい。マルチング（⇒p205）で乾燥を防ぐとよい
◎寒冷地では鉢栽培にして霜に当てない

植えつけ

3月上旬～4月下旬

寒さが緩んでから日当たりの良い場所に挿《さ》し木苗を植えつけます。実生《みしょう》苗は品種名が不明だったり、実がつくまでに時間がかかったりします。根の張りが浅く、植えつけ後は支柱を立てます。霜に当たると落葉するので、株元にマルチング（⇒p205）をして霜よけをします。

●フェイジョアの主な品種

品種名	特徴
ユニーク	早生（わせ）。1本でも実がつき、収穫量が多い。樹形がコンパクト。鉢栽培にも向く
ジェミニ	早生。中果。1本でも実がつくが、近くにアポロ、クーリッジなどを植えるとよい
アポロ	中生（なかて）。極大果。1本でも実がつく人気品種。甘味が強く、香りも良い。受粉樹にも向く
マンモス	中生。大果。果皮がすべらか。香りが良くジューシー。日もちはしない。受粉樹必要
トライアンフ	晩生（おくて）。中果。果皮が堅く凹凸がある。香りが良く日もちする。マンモスと相性が良い
クーリッジ	晩生。中果。1本でも実がつく。果汁が多くやや酸味がある。枝が下がりやすい。花粉が多く受粉樹に向く

仕立て方と実をつけるコツ

仕立て方

3本仕立てや2本仕立ては地上50～60㎝で主幹を切り返し、骨格になる枝を2～3本作ります。分枝して枝が混み合ったら間引きます。狭い場所では1本仕立てでもよいでしょう。

実のつき方

前年枝の先端付近から中間に花芽（混合花芽）がつき、翌年そこから伸びた新梢に花と実がつきます。切り返し剪定をすると先端の花芽を落としてしまうので、間引き剪定で樹形を維持します。

実のつき方

前年枝の先端から1～3節あたりに花芽（混合花芽）がつく。花芽と葉芽は見分けがつきにくい。

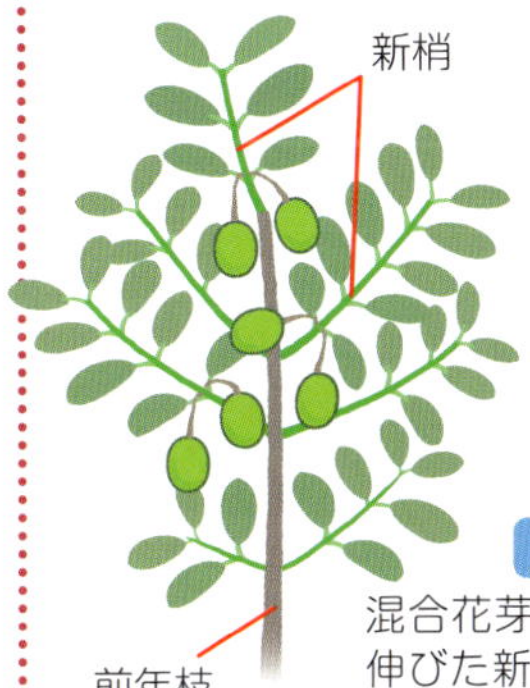

混合花芽から伸びた新梢に実がつく。

人工授粉・摘果

人工授粉：5月下旬～6月下旬
摘果：8月中旬～9月上旬

異なる品種の花を摘み、雌《め》しべに花粉をこすりつけて人工授粉をします。

生理落果（⇒p41）が止まったら、1枝2果を目安に摘果をします。枝のつけ根につく実のほうが充実するので、つけ根の実を優先的に残します。

中央に1本出ているのが雌しべ。肉厚の花弁はエディブルフラワー（⇒p204）としても楽しめる。

剪定

3月上旬～4月上旬

柑橘《かんきつ》類と同様に春の発芽前に剪定をします。分枝して枝が混み合うので、内向枝や交差枝、枯れ枝、徒長枝などの不要な枝（⇒p32）を抜き、日当たりと風通しを改善します。以降も枯れ枝があれば切り取ります。

切り返し剪定をすると先端の花芽を落として実がつかなくなる。間引き剪定を中心に行う。

1 徒長枝を間引く

徒長枝を元から抜いて樹高を抑える。

2 内向枝を間引く

株の内側に伸びる枝（内向枝）を元から切り取る。

収穫

10月中旬～11月下旬

熟しても果皮が緑色のままですが、完熟すると落果するので、それを拾って収穫します。落ちた実が傷つかないようにワラなどを敷いておくとよいでしょう。1～2週間追熟させ、半分に切ってスプーンですくって食べるか、ジャムなどに加工します。

鉢栽培のコツ

◆6号以上の鉢に挿し木苗を植えつける。
◆2品種以上育てて、異なる品種間で人工授粉をする。
◆内部が混み合わないように誘引して枝を開くとよい。
◆間引き剪定を中心に行い、日当たりと風通しをよくする。
◆冬暖かい場所に鉢を移して霜に当てない。

マンゴー

ウルシ科マンゴー属／熱帯アジア／常緑高木／1.5～2.0m

栽培データ

日なた　5℃ 耐寒性　強 耐暑性

栽培適地	最低気温が5℃を下回らない温室や室内。外に出す場合は雨に当てない。実の日焼けにも注意。
実がなるまで	約3年
受粉樹	不要
花芽・実のつき方	Aタイプ（⇒p36）
隔年結果	しない
主な仕立て方	 3本仕立て

栽培カレンダー

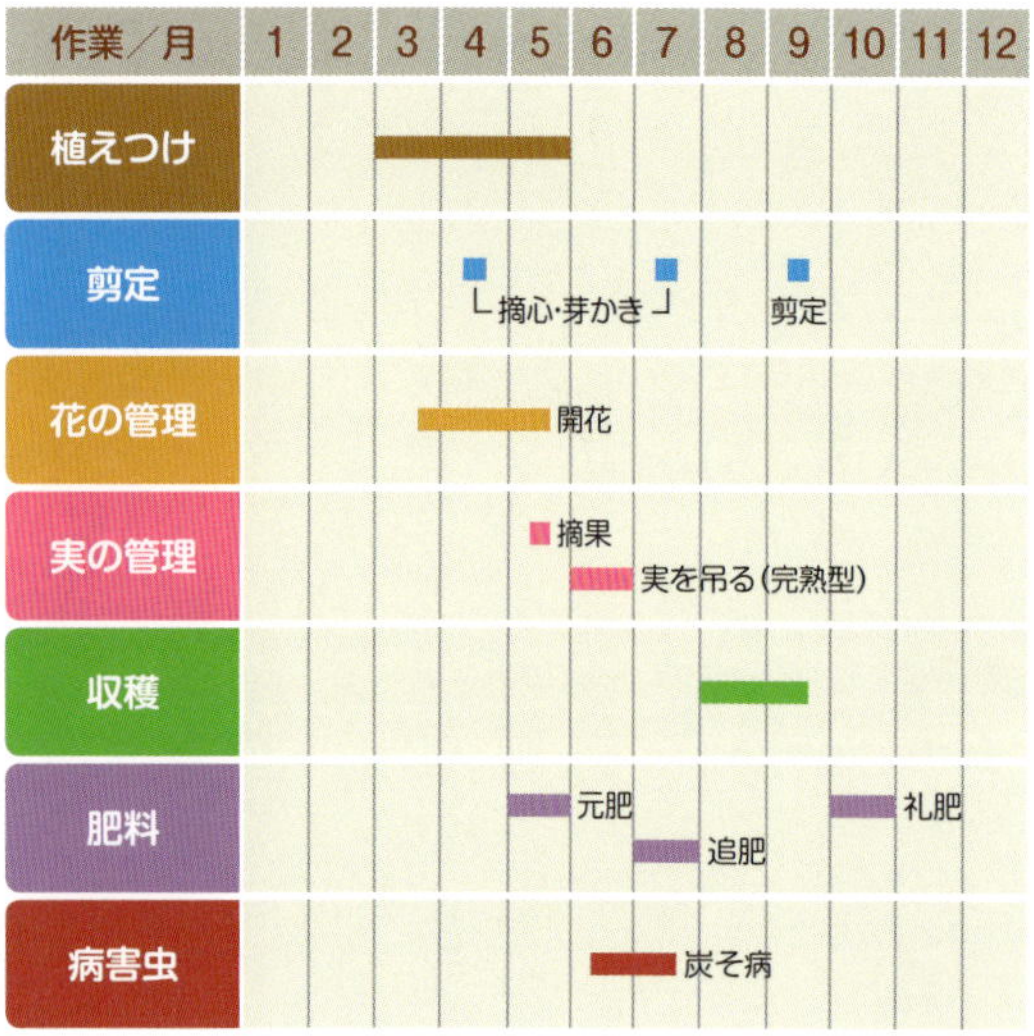

人気の「アーウィン」。熟すと落果する完熟型。

インド、ミャンマー、タイ、マレー半島などの熱帯アジアが原産です。アップルマンゴーと呼ばれる赤色系、ペリカンマンゴーと呼ばれる黄色系をはじめ多くの品種があります。日本ではアップルマンゴーが最も普及しています。寒さや雨に弱く、冬に5℃を下回らない温室や室内で鉢で栽培します。ウルシ科のため敏感な人は樹液や葉に触るとかぶれることがあります。

ここがポイント

◎接《つ》ぎ木苗を植えつける
◎1～2年目は摘心《てきしん》と芽かきを繰り返して枝数をふやす
◎摘心後に複数の芽が出るので、充実した2芽を残して他をかき取る（芽かき）
◎開花中に水切れさせない
◎完熟型は実をネットで吊って落果による傷を防ぐ

●マンゴーの主な品種

品種名	特徴
アーウィン	代表的なアップルマンゴーで最も普及している。花つきが良く育てやすい。完熟型
キーツ	大玉で濃厚な甘味の人気種。果皮が薄緑色で熟しても落果しない。追熟型
キンコウ	大玉で濃厚な甘味。台湾で育成された品種で実つきが良い。追熟型
王文6号	台湾で育成されたアーウィンとキンコウの交雑種。甘味が強く日もちもする。追熟型
カラバオ	フィリピンのマンゴー。ペリカンマンゴーと呼ばれる黄色系。完熟型
ケント	アップルマンゴー。実つきが良く育てやすい。甘味と酸味のバランスが良い。追熟型

植えつけ（鉢）

3月上旬～5月下旬

接ぎ木苗を10号以上の鉢に深植えにならないように植えつけます。幹の太い苗木のほうが早く実をつけます。水はけの良い土を好みますが、開花中に水切れさせると実がつかなくなります。乾燥防止にマルチング（⇒p205）をし、過湿に気をつけてこまめに水やりをします。

仕立て方と実をつけるコツ

仕立て方

地上50㎝の高さで主幹を切り返し、元気な枝3本で骨格を作ります。できるだけ水平に枝を誘引すると実つきがよくなります。最初の1～2年は樹作りを優先し、摘心と芽かきを繰り返して枝数をふやします。

実のつき方

摘心後に伸びる新梢の先端に花芽（純正花芽）がつき、花芽から伸びた花房に数千から一万個以上の小花がつきます。2月に最初の花芽がつきますが、温度が足りない時期の花は、開花しても結実しないことがあります。

主枝3本で骨格を作り、摘心と芽かきで12本まで分枝させてから実をつけさせる。

実のつき方

花芽 新梢の先端についた花芽（純正花芽）。

花房 無数の小花が1か月近く次々に咲き続ける。この時期に水切れさせないことが大切。

果実の肥大 結実した実が少しずつ大きくなる。最終的に1枝1果に摘果する。

花と実の管理

花の管理：3月中旬～5月中旬
実の管理：5月中旬～6月下旬

開花中はときどき花房をゆすって受粉を助けます。咲き終わった花を落として病気を防ぐ効果もあります。

実が親指大になったら1枝1果に摘果をし、完熟型の品種は実をネットに入れて支柱などに吊ります。

収穫

8月上旬～9月中旬

開花後90～100日程度で完熟します。完熟型はネットの中に実が落ちたら収穫します。完熟後は品質がすぐに落ちるので2～3日以内に食べましょう。

追熟型は完熟しても落果しません。果皮の色がそれぞれの品種の完熟した色に変わったら、ハサミで切り取って収穫し、室温で1週間程度追熟させてから食べます。

剪定

9月中旬

収穫後に実がついた枝や新梢を半分程度まで切り返し、翌年実がつく新梢を発生させます。樹勢が強い場合は浅め、弱い場合は深めに調節すると樹勢が安定します。剪定が遅れると花芽がつかなくなるので、収穫後すぐに作業します。

主な果樹の病害虫と対処法

日頃から果樹をよく観察して、病気や害虫を見つけたら放置せずに早めに対処しましょう。早期発見、早期防除が、無農薬や減農薬でおいしい果樹を収穫する秘訣です。

果樹名	病害虫名	発生時期	症状	対処法	主な適用薬剤（商品名（成分名））
イチジク	疫病《えきびょう》	6～9月	果実に暗紫色のくぼんだ病斑ができ、白いカビが発生して腐敗、落果する。葉には黒褐色の斑点ができ、大きくなって落葉する	堆肥や腐葉土を入れて水はけをよくする。株まわりにバークチップや敷ワラなどを敷き、泥はねによる感染を防止する	STダコニール1000（TPN）
	そうか病	6～10月	果実にできた灰褐色の斑点がくっついてかさぶた状になる。葉に褐色の小さい斑点を生じ、葉が奇形になって落葉する	細かい傷から感染しないよう風当たりの強い場所で栽培しない。不要な枝を剪定して枝葉をすかす。病葉を取り除く	トップジンM水和剤（チオファネートメチル）
	胴枯《どうがれ》病	6～10月	樹皮に淡紅色のくぼんだ病斑ができ、表面がざらざらする。幹や枝を取り巻くように亀裂が広がり、上の部分が枯れる	水はけを改良する。太い枝を切断したら切り口に癒合剤を塗る。幹を傷つける害虫を退治する	トップジンMペースト（チオファネートメチル）
	カミキリムシ類	夏～秋	幼虫が幹や枝に侵入して内部が空洞化する。食入部の穴からおがくず状のフンが出る。成虫は樹皮をかじる	樹皮に産卵痕を見つけたらつぶす。フンが出ている穴に針金などを挿して幼虫を刺殺する。成虫は捕殺する	ガットサイドS（MEP）
ウメ	黒星《くろほし》病	5～7月	果実に暗緑色の斑点ができ、果実の肥大とともに2～3㎜の黒い病斑になる。新梢や葉柄、葉脈に病斑が出る	剪定で日当たりと風通しをよくする。病斑のある果実や剪定枝、落ち葉は焼却するか土に深く埋めて処分する	トリフミン水和剤（トリフルミゾール）
	うどんこ病	3～6月	葉や果実が粉をかけたように白くなり、病斑部が橙色から黒色になる。光合成が阻害されて品質や収量が落ちる	剪定で日当たりと風通しをよくする。落ち葉で菌が越冬するので、集めて処分する。チッ素肥料を与えすぎない	ベニカマイルドスプレー（還元澱粉糖化物）
	縮葉《しゅくよう》病	4～5月	展開前の若葉が赤く変色して縮れ、展開後には火ぶくれ状になる。病斑部は白いカビで覆われて落葉する	枝葉の表面に付着して越冬して新芽に感染するので、落葉期に防除を行う。発病した葉は見つけ次第摘み取って処分する	OAT石灰硫黄合剤（石灰硫黄合剤）
	アブラムシ類	4～5月	若い葉や新梢から吸汁し、葉が巻いたり縮れたりして光合成が阻害される。新梢は伸びが悪くなり、枯れることもある	剪定で混んだ枝を除いて日当たりと風通しを改善する。世代交代が早く大量発生するので、見つけ次第防除する	スミチオン乳剤（MEP）
	ケムシ類	4～5月	若齢幼虫は多量の糸を吐き、小枝の分岐部に白いテントのような巣を作る。老熟幼虫が分散して葉を食害する	剪定して巣を作られないようにする。卵塊や巣を取り除く。成長すると農薬が効きにくいので発生初期に防除する	ベニカ水溶剤（クロチアニジン）
	カイガラムシ類	5～6月	赤褐色の球体の虫が枝に集中的に発生して吸汁し、落葉したり枝が枯れたりする。排泄物を栄養源にこうやく病が発生する	剪定で混んだ枝を除いて風通しをよくする。歯ブラシなどでこすり落とすか、枝ごと切り取って処分する	スプレーオイル（マシン油）
オリーブ	梢《しょう》枯《こ》病	夏～秋	新梢や苗木の先端が赤色や灰色に変色して枯れ、黒い小さな斑点ができる。葉では黄色く変色して円形の病斑ができる	枯死した部分の3㎝程度下から切り取って処分する。チッ素肥料が多いと出やすいので与えすぎに注意する	トップジンM水和剤（チオファネートメチル）
	炭《たん》疽《そ》病	夏～秋	未熟果に緑色、熟果に褐色の斑点ができる。熟果の斑点は不規則な形に広がり、色が明るく粘りけをもつ。新梢にも発生する	病斑のある枝や枯れ枝から伝染する。発生初期の枝や枯れ枝は取り除いて処分する。剪定で日当たりと風通しをよくする	ペンコゼブ水和剤（マンゼブ）
	オリーブアナアキゾウムシ	3～11月	幼虫が地面から40㎝以下の幹の樹皮の下から内部に食入する。多発すると樹が衰弱する。株元に木くずが出る	木くずを見つけたら食入部を探し、穴に針金などを入れて刺殺する。成虫は夜行性で昼は雑草に潜むので除草をする	スミチオン乳剤（MEP）

果樹名	病害虫名	発生時期	症状	対処法	主な適用薬剤（商品名（成分名））
オリーブ	ヘリグロテントウノミハムシ	5～10月	幼虫が葉の内部を食害して透けた痕が残る。成虫は不規則に葉を食い荒らし、テントウムシに似るが飛ばずに跳ねて移動する	成虫が越冬する株元の落ち葉を処分する。食入痕のある葉を取り除く。大量発生はしないので幼虫、成虫を捕殺する	なし
	コウモリガ	8～10月	幼虫が地際の樹皮を一周して食べ、内部に侵入して樹勢が弱ったり枯れ込んだりする。食入部に木くずとフンの大きな塊ができる	雑草が幼虫の食料や卵の越冬場所になるので、株元の除草をする。フン塊を取り除き、食入穴に針金などを入れて刺殺する	なし
カキ	炭疽病《たんそ》	6～9月	果実にできた黒い斑点が大きくなって丸くくぼむ。新梢でも黒い斑点ができ、先端が枯れる。葉脈と葉柄に黒い病斑ができる	病斑のある枝を除き、強めに剪定して軟弱な徒長枝を発生させない。水はけや風通しを改善し、チッ素肥料を与えすぎない	ベンレート水和剤（ベノミル）
	落葉病《らくよう》	7～9月	葉にできた淡褐色の病斑が葉脈に囲まれた多角形型になり、褐色から黒色になる。多発すると落葉したり未熟果が落果する	樹勢が弱いと発生しやすい。堆肥や肥料で土壌改良して樹勢を保つ。落ち葉で越冬するので、焼却するか土深くに埋める	オーソサイド水和剤80（キャプタン）
	カキノヘタムシガ	6～10月	幼虫が芽を食害し、果実のヘタのつけ根から食入して中身を食い荒らす。落果する前に別の果実に移動して被害が拡大する	12～2月に粗皮削りをし、樹皮に潜む幼虫ごと処分する。秋に主幹にこもを巻いておびき寄せ、春前にこもごと処分する	スミチオン乳剤（MEP）
	アザミウマ類	4～7月	幼虫が新葉、成虫が果実を吸汁する。葉は萎縮して内側に巻き込み、果実にリング状の黒や褐色の斑点が生じる	成虫の越冬場所である樹皮を削って処分する。巻葉を除去する。マツやスギの樹皮でも越冬するので防除する	ベニカ水溶剤（クロチアニジン）
	カイガラムシ類	春～秋	白色をした円形～楕円形の幼虫、成虫が枝に集団で発生し、吸汁して樹勢が衰える。二次被害としてすす病が発生する	剪定で混んだ枝を除いて風通しをよくする。歯ブラシなどでこすり落とすか枝ごと切り取る	日農スプレーオイル（マシン油）
カリン	赤星病《あかぼし》	4～5月	若葉の表に赤褐色の斑点ができ、裏に淡黄色の毛のような突起ができる。7月以降に黒褐色の斑点になり、腐って落葉する	ビャクシン類の樹木の葉から感染するので、周辺にある場所は定植しないか、春先にあわせて防除する	トリフミン水和剤（トリフルミゾール）
	ごま色斑点《はんてん》病	春～秋	葉に褐色の丸い病斑が多数でき、中央が黒くなり落葉する。果実や新梢にも発生し、果皮や樹皮に黒い斑点ができる	落ち葉や枝の病斑で越冬するので、剪定時に取り除いて処分する。庭木のベニカナメで多発するのであわせて防除する	STダコニール1000（TPN）
	モモシンクイガ	6～9月	幼虫が果実内部に食い入り果肉を食害する。被害を受けた部分は正常に肥大せずに変形する	幼虫が侵入している果実を取り除く。成虫が飛来する前に袋かけを行い、果皮に産卵されないようにする	アディオン水和剤（ペルメトリン）
柑橘類《かんきつ》	そうか病	4～6月	幼果に突起したいぼ状の病斑が粗いかさぶた状になる。新葉にも発生し、いぼ状の病斑ができる。若木で発生しやすい	夏秋梢が主な伝染源になる。被害枝を切り取って処分する。病果も放置せずに処分する	Zボルドー（銅）
	かいよう病	春～秋	葉には黄い縁の赤褐色の斑点、果実と枝は水じみのような褐色の病斑ができてコルク化する。果実ではネーブルオレンジやレモンに多い	すり傷から感染しやすいので、風の強い場所を避ける。チッ素過多にしない。病気を媒介するミカンハモグリガを防除する	Zボルドー（銅）

かいよう病

ネーブルオレンジの果実にできた病斑。品質が劣化する。

カイガラムシ類

カキの枝で越冬する成虫。剪定時に見つけたら取り除く。

オリーブアナアキゾウムシ

幹にできた幼虫の食入痕。放置すると枯れることもある。

黒星病

ウメの枝に発生した黒い斑点状の病斑。

果樹名	病害虫名	発生時期	症状	対処法	主な適用薬剤（商品名（成分名））
柑橘《かんきつ》類	黒点病	夏〜秋	果実に小さな黒い斑点や水滴が流れた跡のような黒い斑点ができ、果皮全体が赤褐色になる。枝にも黒い病斑ができる	病原菌は枯れ枝で越冬する。剪定時に取り除いて処分する。剪定で日当たりをよくして枯れ枝がでないようにする	ICボルドー（銅）
	すす病	周年	葉、枝、果実に黒いすすがつく。果実は外観を損ねるが味に影響はない。光合成が阻害されて樹勢が落ちる。ほぼ周年発生する	カイガラムシやアブラムシなどの排泄物で繁殖するので、剪定や薬剤散布でそれらの害虫を防除する	なし
	カイガラムシ類	春〜秋	白い綿状の幼虫と成虫が枝葉から吸汁し、枯れたり葉が変形したりする。よく動き被害が広がりやすい。二次被害ですす病が発生する	歯ブラシなどでこすり落とすか枝ごと切り取って処分する。剪定で混み入った枝を除く。庭木などもあわせて防除を行う	日農スプレーオイル（マシン油）
	アゲハ類	3〜10月	幼虫が葉を外縁から食害し、主脈だけ残して葉肉を食べ尽くす。成長するにつれ食欲旺盛になり、次々に葉を食害する	見つけ次第捕殺する。成虫が飛来して産卵するので、周辺に柑橘類がある場合はあわせて防除を行う	モスピラン水溶剤（アセタミプリド）
	ミカンハモグリガ	春〜秋	幼虫が若い葉や枝、果実の内部を食害して生育を妨げる。葉に筆跡のような食害痕が残る。被害部からかいよう病が発生する	被害を受けた枝葉を取り除く。新梢がだらだらと伸長していると発生しやすいので、チッ素肥料を与えすぎないようにする	モスピラン水溶剤（アセタミプリド）
	カメムシ類	春〜秋	果実の被害部が斑点状に褐変する。着色前の幼果は早く色づいて落果し、着色後は奇形果になる。被害部は皮がむきにくくなる	柑橘以外の樹木にも寄生するので、周辺樹木も剪定や防除を行う。集合フェロモンで仲間を呼ぶので見つけ次第防除する	モスピラン水溶剤（アセタミプリド）
	ハダニ類	3〜10月	幼虫と成虫が葉と果実を吸汁して色が抜け、白っぽいかすり状になる。多発すると葉では樹勢が衰え、実は見た目が悪くなる	高温乾燥を好むので剪定で混んだ枝を除き、風通しをよくして熱がこもらないようにする。葉裏に水をかける	アカリタッチ乳剤（プロピレングリコールモノ脂肪酸エステル）
キウイフルーツ	花腐《はなくされ》細菌病	4〜5月	花弁が褐変して開花前に落花するか、果軸が湾曲して果実の肥大が悪くなる。幼果の内部が褐変して落果することもある	剪定で日当たり、風通しを改善する。土壌改良して水はけをよくする。被害花や果実を見つけ次第処分する	アグレプト水和剤（ストレプトマイシン）
	かいよう病	2〜6月	葉に不規則な形の淡黄色の縁の病斑ができ、内側に巻いて落葉する。枝や幹では感染部から冬や春に粘質液が出る	被害を受けた枝を切り取る。低温や強風で幹や枝が傷つくと発生するので植え場所に注意する。病葉を処分する	アグレプト水和剤（ストレプトマイシン）
	灰色かび病	6〜7月	落ちた花弁が葉に付着して2〜3㎝の大きな褐変病斑ができる。果実では貯蔵中に発病し、軟化して腐る	剪定で日当たり、風通しをよくする。落ちた花弁を取り除く。雨で果実が濡れているときには収穫しない	ベルクート水和剤（イミノクタジンアルベシル酸塩）
	果実軟腐《なんぷ》病	6〜12月	収穫後の果実の追熟中に発生する。部分的に軟化し、皮をむくと黄緑色の円形の病斑がある。樹になっている果実でも発生する	樹上の枯れ枝や巻つるから感染するので、剪定時に取り除く。剪定で日当たりと風通しをよくする	STダコニール1000（TPN）
	クワシロカイガラムシ	5〜8月	白い殻を持つ幼虫と成虫が枝や幹に密集し、吸汁して樹を弱らせる。成虫が果実に寄生すると果皮が黒く変色する	剪定で枝ごと取り除くか、歯ブラシなどでこすり落とす。モモ、カキ、ブドウなどにも寄生するのであわせて防除する	コルト顆粒水和剤（ピリフルキナゾン）

ハダニ類

被害で葉がかすり状になったレモン。

ミカンハモグリガ

ウンシュウミカンの葉の食害痕。光合成が阻害される。

アゲハ類の幼虫

ハッサクの葉についた4齢幼虫。刺激で臭角を出す。

カイガラムシ類

排泄物ですす病を併発したキンカンの葉。

果樹名	病害虫名	発生時期	症状	対処法	主な適用薬剤（商品名（成分名））
クリ	胴枯《どうがれ》病	春～秋	幹の樹皮が赤褐色になり少しへこむ。次第に鮫肌になり、感染部が幹を一周すると上が枯死するが落葉はしない	施肥で樹勢を保つ。虫害や凍害で幹を傷つけないようにし、被害箇所を切り取る。剪定後は切り口に癒合剤を塗る	トップジンM ペースト（チオファネートメチル）
	炭疽《たんそ》病	6～9月	イガが褐変し、果実の頂部が黒く腐って灰白色のカビが生える。葉に不整形の暗褐色、新梢に黒褐色の病斑ができる	混んだ枝を剪定して日当たりと風通しをよくする。病原菌は枝や芽で越冬するので、病斑のある枝を処分する	ベンレート水和剤（ベノミル）※実のみ
	クリタマバチ	6～7月	展葉が始まる前に幼虫が芽の内部に寄生して虫こぶをつくる。虫こぶのできた芽は枝葉が伸びず、開花や結実が阻害される	虫こぶは見つけ次第取り除く。適切な剪定と施肥を行って樹勢を維持し、樹を丈夫に育てる	トラサイドA乳剤（マラソン・MEP）
	クリフシダニ	5～10月	吸汁により葉の表裏に小さないぼ状の虫えいが多数あらわれる。被害がふえると葉全体が黄色くなり落葉する	高温乾燥を好むので、剪定時に混んだ枝を除き、風通しをよくして熱がこもらないようにする	なし
	モモノゴマダラノメイガ	春～秋	幼虫が最初はイガを、成長すると果実を食い荒らす。果実に小さな穴をあけ、糸でつづられた白い大粒のフンを出す	樹皮の割れ目で越冬するので、樹皮が荒れないよう適切な施肥を行う。被害果を処分する。早期に薬剤散布を行う	スミチオン水和剤（MEP）
	アブラムシ類	春～秋	体長5㎜程度の黒い虫が枝から樹液を吸う。新梢が伸びず、苗木では枯れる場合もある。排泄物にすす病が発生する	幹の南側や太い枝の下に黒い卵塊を見つけたら除去する。ブナ科の樹木にも寄生するのでいっしょに防除する	オレート液剤（オレイン酸ナトリウム）
	カミキリムシ類	5～7月	幼虫が幹や枝を食い荒らす。被害が大きいと内部が空洞化して折れたり枯れたりする。成虫は樹皮をかじる	樹皮をかじって卵を産むので産卵痕を見つけたらつぶす。成虫は捕殺する。剪定枝も食害するので処分する	トラサイドA乳剤（マラソン・MEP）
サクランボ（オウトウ）	灰星《はいほし》病	5～7月	果実に褐色の斑点ができ、全体が灰色のカビに覆われてミイラ状になる。花や枝にも灰色のカビが生じて枯死する	開花期と成熟期に雨よけ栽培を行う。病果や落果を取り除く。病果に触れたら手を洗い消毒する	トップジンM 水和剤（チオファネートメチル）
	褐色《かっしょく》せん孔《こう》病	7～9月	葉に小さな紫褐色の斑点ができ、拡大して円形の病斑になる。病斑部に穴があいたり、落葉を早めて樹勢を弱める	病原菌は病葉で越冬して感染するので、落ち葉を処分する	オーソサイド水和剤80（キャプタン）
	カイガラムシ類	春～秋	白い円形の虫が集団で吸汁して樹勢が悪くなる。発生量が多いと白い粉をふいたようになって枝が枯れる	剪定で風通しをよくする。歯ブラシなどでこすり落とすか枝ごと切り取る。他のバラ科果樹や庭木も防除する	モスピラン水溶剤（アセタミプリド）
	ハマキムシ類	5～9月	幼虫が新梢や葉を糸でつづり合わせ、中に潜んで食害する。夏に果実も食害する。さまざまな落葉樹を食害する	被害葉を処分する。葉の中に隠れる前（春の幼虫の孵化期）に薬剤を散布する。周辺樹木も防除する	スミチオン乳剤（MEP）
	アメリカシロヒトリ	6～8月	若齢幼虫が集団発生し、葉脈を残して葉を食害する。分散した幼虫は樹全体の葉を食べ尽くす	成虫の発生期に卵を葉ごと処分する。巣に集まる若齢幼虫を枝葉ごと切り取り処分する	スミチオン乳剤（MEP）

アブラムシ類

クリの枝に黒い大型のアブラムシが発生する。

クリフシダニ

クリの葉にできたいぼ状の虫えい。中にダニが生息する。

クリタマバチ

クリの芽にできた虫こぶ。中に幼虫がいるので取り除く。

クワシロカイガラムシ

キウイフルーツの枝に白い小さな虫が密集して発生する。

果樹名	病害虫名	発生時期	症状	対処法	主な適用薬剤（商品名（成分名））
スグリ	うどんこ病	4〜6月	葉、新梢、果実が粉をかけたように白くなり、病斑部は黒色に変色する。葉は落葉し、新梢は伸長が悪くなる	剪定して日当たりと風通しをよくする。落葉で越冬するので、集めて処分する。チッ素肥料を与えすぎない	ベニカ マイルドスプレー（還元澱粉糖化物）
	ハダニ類	5〜10月	葉裏から吸汁して色が抜け、白いかすり状になって落葉する。光合成が阻害され、新梢の伸びが悪くなる	高温乾燥を好み、水が苦手なので葉裏に水をかける。剪定で混んでいる枝を除き、風通しをよくする	アカリタッチ乳剤（プロピレングリコールモノ脂肪酸エステル）
スモモ	胴枯《どうがれ》病	春〜秋	幹や枝の樹皮が赤褐色になって少しへこみ、樹皮がざらざらして亀裂ができる。樹幹や枝に広がると上が枯死する	剪定は適切に行い、太い枝の切り口に癒合剤を塗る。樹皮を食い荒らすコスカシバなどの害虫を防除する	トップジンM ペースト（チオファネートメチル）
	ふくろみ病	4〜6月	幼果が5〜6倍に肥大し、楕円や扁平に湾曲する。果皮が黄緑色になり空洞化する。白い粉に覆われ、しおれて落果する	剪定して日当たりと風通しを改善する。被害を受けた果実を処分する	トレノックスフロアブル（チウラム）
	カイガラムシ類	春〜秋	白い円形の幼虫、成虫が集団で発生し吸汁して樹勢が衰える。発生量が多いと枝が白い粉をふいたようになり、やがて枯れる	剪定で混んだ枝を除いて風通しをよくする。他のバラ科果樹や庭木も防除する。歯ブラシなどでこすり落とすか枝ごと切り取る	日農 スプレーオイル（マシン油）
ナシ	赤星《あかぼし》病	4〜6月	若い葉の表に赤褐色の斑点ができ、裏に淡黄色の突起があらわれる。病斑部が黒褐色になり腐って落葉する。果実にも発生する	ビャクシン類の樹木の葉から感染するので、周辺にある場合は定植しないか、ビャクシン類も春先に防除を行う	トリフミン（トリフルミゾール）
	黒星《くろほし》病	4〜8月	果実に黒色の丸い病斑ができ、すす状のカビが生えて浅くへこむ。裂果の原因にもなる。若葉の葉柄や葉脈にも発生する	日当たりと風通しを改善する。落ち葉を放置しない。徒長枝の先端付近の花芽で越冬するので必ず剪定を行う	ベンレート水和剤（ベノミル）
	輪紋《りんもん》病	7〜9月	果実に同心円状の病斑ができ、果皮の下が軟化したりする。枝では皮目や葉柄跡に柔らかい丸いイボができる	イボと周囲の樹皮を削り取って処分する。袋かけをして感染を防ぐ。収穫後にも病斑が広がるので見逃さない	トップジンM 水和剤（チオファネートメチル）
	アブラムシ類	4〜5月	若い葉や新梢から吸汁する。葉が巻いて縮れ、光合成が阻害される。新梢は伸長が止まって枯れることもある	剪定で日当たりと風通しをよくする。世代交代が早く大量発生するので、見つけ次第防除する	スミチオン乳剤（MEP）
	カメムシ類	5〜9月	幼虫、成虫が果実を吸汁して被害箇所が陥没し、周辺がスポンジ化して食味が落ちる。マツ、サクラ、ケヤキなどから飛来する	周辺樹木を剪定する。集合フェロモンを出して仲間を呼び寄せるため、見つけ次第防除する	スミチオン乳剤（MEP）
ビワ	灰斑《はいはん》病	夏〜秋	葉にできた斑点が淡褐色から灰白色になる。病斑が拡大すると葉が破れて落葉する。果実は感染部が黒く変色し、軟化して腐る	前年の病斑や落ち葉で越冬するので処分する。剪定で混んでいる枝を除き、日当たりと風通しをよくする	ベンレート水和剤（ベノミル）
	ケムシ類	6〜9月	若齢幼虫は葉を集団で食害して小さな穴がたくさんあく。成長すると分散して葉全体を食べる。多発すると果実にも発生する	葉裏の卵塊を取り除く。リンゴやクリにも発生するのであわせて防除する。幼虫は毒を持つ毛虫なので素手で触らない	デルフィン顆粒水和剤（BT）

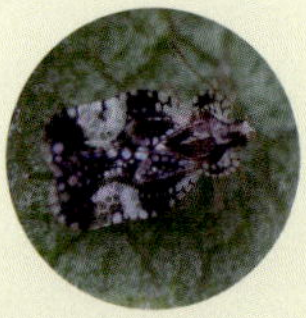

ナシの葉裏についたナシグンバイの成虫。

どんな虫？
→グンバイムシ

翅（はね）が相撲の軍配に似ていることが名前の由来。成虫や幼虫が葉裏から吸汁します。見つけたら捕殺するか適用のある薬剤を散布します。

赤星病

ナシの若い実に発生した突起状の病斑。

赤星病

ナシの葉の表にできた赤い斑点（右）と葉裏の突起（左）。

果樹名	病害虫名	発生時期	症状	対処法	主な適用薬剤（商品名（成分名））
ブドウ	黒とう病	4～7月	若葉に褐色～黒褐色の斑点ができて穴があく。葉がゆがんだり裏側に巻いたりする。幼果、新梢、巻きひげにも感染する	枝や巻きひげの病斑で越冬するので、剪定時に取り除いて処分する。長雨の多い年は雨よけ栽培を行う	トップジンM水和剤（チオファネートメチル）
	べと病	夏～秋	葉に淡黄色の斑点ができ、病斑の裏面に白いカビが生えて落葉する。果実に早期発生すると花穂が枯死する	被害を受けた新梢や幼果房を見つけ次第取り除く。軟弱な枝に出やすいのでチッ素肥料を与えすぎない	フロンサイド水和剤（フルアジナム）
	うどんこ病	6～11月	葉に黄緑色の斑点ができ、白いカビがあらわれる。新梢は黒褐色の病斑になる。幼果は鉛色になり裂果や変形して硬くなる	剪定して日当たりと風通しを改善する。芽に潜んで越冬するので、剪定枝を放置せずに処分する	ベンレート水和剤（ベノミル）
	ブドウスカシバ	5～6月	幼虫がつるの内部を食害しながら先端から元に移動し、中が空洞になる。食入部は少し膨らむ。被害部分は翌春に枯れる	つるの中に幼虫を発見したら捕殺する。被害枝は成虫が飛来する5月下旬に薬剤散布を行う。被害枝を除去する	スミチオン乳剤（MEP）
	コガネムシ類	夏～秋	成虫が葉脈を残して葉を食害する。密集する性質がある。発生量が多いと果実を食害することもある	リンゴ、ナシ、モモなどもあわせて防除を行う。樹冠下が暗いと多発するので、剪定で余分なつるを取り除く	ベニカ水溶剤（クロチアニジン）
ブルーベリー	斑点《はんてん》病	5～10月	葉に灰褐色の斑点ができ、小さく不規則な形から周囲が濃色の輪紋状になる。多発すると樹勢が弱まり、果実の生長に影響する	病原菌は落ち葉と枯れ枝で越冬するので集めて処分する。混み合った枝に発生しやすいので剪定で枝を除く	ベンレート水和剤（ベノミル）
	バルデンシア葉枯《はがれ》病	5～7月	葉に褐色の斑点ができ、輪紋状の大きな斑点になって落葉する。ルーペで見ると病斑の中央に黒褐色の突起物がある	病原菌はひこばえで越冬するので剪定し、落ち葉や下草も取り除く。混んでいる枝を除き、風通しをよくする	ベンレート水和剤（ベノミル）
	クサギカメムシ	4～10月	果実に発生し、成虫が吸汁して被害箇所がへこんで変形する。ナシ、柑橘類や庭木のクサギにも発生して飛来する	周辺の果樹や庭木の防除を行い、飛来を食い止める。見つけ次第捕殺する。網目が15㎜以下の防虫ネットで株全体を覆う	なし
	イラガ類	6～9月	幼虫が葉を食害する。若齢のときは集団で葉の裏面だけ食べて表面を残す。成長すると分散して外縁から葉を全体的に食べる	幹の地際部に作る繭を冬に取り除くか、葉裏の卵塊を春に取り除く。幼虫は毒毛を持つ。防虫ネットをかけてもよい	デルフィン顆粒水和剤（BT）
	コガネムシ類	春～秋	成虫が葉を網目状に食害し、葉脈だけを残す。密集する性質があり、被害が集中的にあらわれることが多い	ほかの果樹や庭木、野菜、草花も食害する。捕殺するかフェロモントラップ（誘引剤）や防虫ネットで防除する	ダイアジノン粒剤5（ダイアジノン）※幼虫のみ
モモ	縮葉《しゅくよう》病	4～5月	若い葉に火傷ではれたような病斑ができ、生長とともに焼き餅のような肌質になる。病斑が白いカビで覆われて落葉する	病葉を摘み取って処分する。日当たりと風通しがよくなるように剪定で混んでいる枝を除く	オーソサイド水和剤80（キャプタン）
	黒星《くろほし》病	6～7月	果実表面に黒い円形の浅いくぼみができ、変形や裂果が起きる。枝では新梢に赤褐色の病斑ができる	剪定で日当たり、風通しをよくする。病斑のある枝を取り除いて処分する。果実に薬剤を散布して袋をかける	STダコニール1000（TPN）

黒星病

モモの新梢の病斑。

コガネムシ類

ブドウの葉を食害するコガネムシの仲間。

黒とう病

ブドウの葉柄の病斑。

黒とう病

ブドウの葉にできた病斑。

果樹名	病害虫名	発生時期	症状	対処法	主な適用薬剤（商品名（成分名））
モモ	灰星病《はいほし》	6〜7月	熟期や収穫後の果実が灰色のカビで覆われ、柔らかくなって腐る。枝に暗褐色のくぼんだ斑点ができる	感染した枝や落果を処分する。混み合った枝を剪定し、多発した翌年は特に注意して薬剤防除を行う	ベンレート水和剤（ベノミル）
	モモシンクイガ	5〜8月	大きくなり始めた果実に幼虫が食入して食い荒らす。フンを果実の外に大量に出して糸でつづり合わせる	成虫が果実に産卵する前に袋かけをする。被害果を処分する。ウメ、ナシ、カキ、リンゴなどもあわせて防除する	スミチオン乳剤（MEP）
	コスカシバ	6〜9月	幼虫が樹皮の下を食害し、食い入った場所からフンや樹脂が流れ出る。大量発生すると樹が弱って枯れる	剪定や施肥で樹勢を維持する。11月頃に食入部付近を木づちなどでたたいて樹皮下にいる幼虫を圧殺する	ガットキラー乳剤（MEP）
ラズベリー	灰色かび病	春〜秋	果実に灰色のカビが生えて腐る。花弁に小さな斑点ができ、褐色になって腐る。葉には水染みのような斑点が発生する	落ち葉で越冬するので集めて処分する。軟弱な枝や花を除いて風通しをよくする	フルピカフロアブル（メパニピリム）
	ハダニ類	春〜秋	葉裏から吸汁して色が抜け、全体が白っぽいかすり状になって落葉する。光合成が阻害されて新梢の伸びが悪くなる	高温乾燥を好むので、剪定で混んだ枝を除き、風通しをよくして熱がこもらないようにする。葉裏に水をかける	アカリタッチ乳剤（プロピレングリコールモノ脂肪酸エステル）
リンゴ	黒星病《くろほし》	5〜9月	果実に緑黒色の病斑ができ、カビが生えた浅いくぼみになる。病斑部が硬化して変形や裂果の原因になる。葉や枝にも発生する	剪定して日当たり、風通しをよくする。落ち葉を集めて処分する。感染した果実や葉も見つけ次第処分する	ベンレート水和剤（ベノミル）
	モニリア病	4月	葉に褐色の小さな斑点ができ、葉脈に沿って褐変が進む。葉柄から花や幼果にも広がり、萎縮させる	ミイラ状の病果で越冬する。被害を受けた葉、花、果実はすみやかに取り除いて処分する	トップジンM水和剤（チオファネートメチル）
	斑点落葉病《はんてんらくよう》	6〜9月	若い葉に2〜3㎜の褐色の病斑ができ、輪紋状に拡大し、黄色く変色して落葉する。熟果に褐色の小さな斑点ができる	落ち葉で越冬するので、落葉後に集めて処分する。剪定で混んだ枝を除き、病斑のある枝は必ず除去する	STダコニール1000（TPN）
	ゴマダラカミキリ	6〜9月	幼虫が幹や枝に侵入して内部が空洞化する。食入部の穴からおがくず状のフンが出る。寿命が長く遅い時期まであらわれる	フンが出ている穴に針金などを挿して幼虫を刺殺する。成虫は捕殺する。剪定枝にも侵入するので、放置せずに処分する	ガットサイドS（MEP）
	アブラムシ類	春〜秋（8月を除く）	若い葉の葉裏から吸汁し、内側に巻いて縮れ、光合成が阻害される。新梢は先端が萎縮して伸長が止まる	直射日光を嫌うので剪定で日当たりをよくする。ユキヤナギやコデマリで越冬し、晩秋に飛来するのであわせて防除を行う	マラソン乳剤（マラソン）
	ハマキムシ類	5〜9月	幼虫が2〜3枚の葉や新梢を糸でつづり合わせ、中に潜んで食害する。他の庭木や果樹からも飛来する	被害葉を処分する。葉の中に隠れる前の、春の幼虫の孵化期に防除する。越冬場所になる庭木の防除も行う	スミチオン乳剤（MEP）
	モモシンクイガ	5〜9月	幼虫が果実内部に入り、芯に向かってトンネル状に食害する。表面に凹凸ができるが、フンを外に出さないので識別しにくい	果実内で幼虫が生き残るので、被害果を処分する。7〜8月の成虫の産卵盛期に防除を行う	スミチオン乳剤（MEP）

マグネシム不足で葉脈間が黄色くなったブドウの葉。

葉が黄色くなったのは？
→生理障害

病気と見分けがつきにくいですが、養水分の過不足や天候不良などによって起こる障害です。葉色が変わる、生育が悪くなるなどの症状が出たら管理を見直しましょう。

アブラムシ類

リンゴの若葉の葉裏から吸汁する。

ゴマダラカミキリ

リンゴの幹に侵入した幼虫のおがくず状のフン。

◉病害虫を予防する7つのコツ

1 日当たりと風通しの良い栽培環境を保つ

日当たり、風通しの良い場所に苗木を植え、不要な枝を間引いて株の内側まで光と風が入るようにします。枯れ枝は見つけ次第切り取ります。

株の内側に光と風が入らないと病害虫の温床になる。とくに常緑の柑橘類は枯れ枝を放置しないことが病気の予防になる。

2 観察による早期発見と早期防除を心がける

病斑や害虫の食害痕、侵入痕、フン、卵などがないか、日頃からよく観察しましょう。異変があったらすぐ対処して被害の拡大を防ぎます。

アゲハ類の幼虫による食害痕。

葉に産みつけられたアゲハ類の卵。卵のうちに取り除けば葉が食べられることはない。

3 病気が発生した部位を切り取る

病気にかかった葉や枝、実を切り取って感染の拡大を防ぎます。枯れ枝や落ち葉で病原菌が越冬するので、放置せずに取り除きます。

病葉は病気が発生した部分か葉ごと切り取る。

4 病害虫に弱い果樹や品種は袋をかける

雨で病気が発生しやすい品種や、果実を食害する害虫が多い果樹は、摘果《てきか》後に袋をかけて果実を守りましょう。

袋かけには防鳥や裂果、実の日焼けを防ぐ効果もある。

5 太い枝を剪定したら切り口に癒合《ゆごう》剤を塗る

傷口からの病原菌の侵入を防ぐため、太い枝を剪定したらすぐに切り口に癒合剤（※）を塗ります。

切り口全体に癒合剤を塗布して傷口を保護する。

※殺菌剤。適用のある果樹に対して使用する。

6 肥料を与えすぎない

肥料を多く与えすぎると樹が軟弱に育ち、病害虫の発生が多くなります。とくにチッ素（⇒p42）の与えすぎに注意します。

7 マルチングで泥はねを防ぐ

土の中にいる病原菌が泥はねで葉裏などに付着して、そこから病原に感染する場合があります。株元をバークチップや敷きワラなどで覆って泥はねを防ぐと病気の予防になります。

薬剤散布のコツ

薬剤（農薬）には害虫に効く殺虫剤、病気に効く殺菌剤、病気と害虫の両方に効く殺虫殺菌剤があります。

薬剤の使用時はパッケージの裏面をよく確認して、必ず適用のある薬剤を使用します。

作物名	適用病害虫名
りんご	黒星病・赤星病、うどんこ病、モリニア病
なし	黒星病・赤星病
もも	黒星病・灰星病

適用以外の薬剤を使用すると、家庭果樹であっても農薬取締法の罰則の対象となる。必ず使用方法を守る。

散布時は帽子、ゴーグル、マスク、レインコート、長靴、手袋などを着用して薬剤が直接肌につかないようにする。

ハンドスプレータイプ

水で薄める手間が不要。鉢植えなど小さな果樹に便利。

水で薄めるタイプ

規定の倍率に水で薄めて噴霧器で散布する。庭植えの果樹など広範囲の散布に向く。

Q 庭植えの土壌改良はどのようにしたらいい？

A 樹冠に沿って溝を掘り、苦土石灰《くどせっかい》や堆肥《たいひ》を土に混ぜ込みます。

苗木の植えつけ時に必要に応じて苦土石灰でpH《ペーハー》（⇒p21）を調整し、堆肥や腐葉土などの有機物を入れて土壌を改良しますが（⇒p20～21）、栽培しているうちに雨で土が酸性に傾いたり、有機物が分解されて消耗したりします。栽培中も2年に1回程度土壌改良を行いましょう。

pHを測定して酸性に傾いていたら苦土石灰を、土が固くなっていたら堆肥や腐葉土などの有機物を投入します。枝葉の伸びが悪かったり、実つきが悪かったりする場合は、元《もと》肥《ごえ》も入れると樹勢が回復します。これらの作業は芽吹き前の3月中に行うと効果的です。

pH測定器で酸性度を測定する。果樹の好適pHに合わせて必要に応じて苦土石灰で調整する。（⇒p21）

枝葉の広がり（樹冠）と根の張り（根域）はほぼ同じなので（⇒p30）、樹冠に沿ってスコップの刃の深さ（30㎝程度）の溝を一周掘る。

1の溝に堆肥を入れる。

pHの調整が必要な場合は苦土石灰、樹勢が落ちていたら元肥（8-8-8の速効性化成肥料など。⇒p42）も入れる。

掘り上げた土と堆肥、元肥などを溝の中でよく混ぜる。

掘り上げた土を戻して溝を埋める。

作業終了。有機物を入れたことで土の通気性と排水性が改良され、根が養分や水分を吸収しやすくなって樹勢が回復する。

Q 果樹をふやすにはどのような方法がある？

A 挿《さ》し木、接《つ》ぎ木、株分け、タネまき、などができます。

■挿し木　親木と同じ性質を持つ株をふやしたり、老木を新しい株に更新することができます。休眠中の枝を利用する「休眠《きゅうみん》枝《し》挿し」と、新梢を利用する「緑《りょく》枝《し》挿《ざ》し」があります。果樹によって発根しやすいものとしにくいものがあります。

■接ぎ木　多くの果樹で行われています。丈夫で育てやすい台木（⇒p205）に、ふやしたい品種の穂木を接ぐ「切り接ぎ（枝接ぎ）」が最も一般的です。親木の性質を受け継いだ株を作ることができます。

■株分け　主に鉢栽培で行います。ひこばえが出やすい株立ち状の果樹は、植え替えの際に株を分けてコンパクトに仕立て直したり、親木と同じ株をふやすことができます。

■タネまき（実生《みしょう》）　他の方法に比べて実がつくまで時間がかかります。親と同じ性質の株は生まれませんが、親より優れた株ができる可能性もあります。

方法1 挿し木

挿し木でふやせる果樹
イチジク、キウイフルーツ、ザクロ、ビワ、ブドウ、ブルーベリー、マルメロ、ユスラウメなど

◎イチジクの休眠枝挿し 適期＝4月

1 挿し穂にする枝を用意する。冬に剪定した枝は厚めのビニール袋に入れて春まで冷蔵庫で保管しておく。

2 3～5芽つけて10～15㎝程度に枝を切り分ける。細すぎる枝や太すぎる枝は使わない。

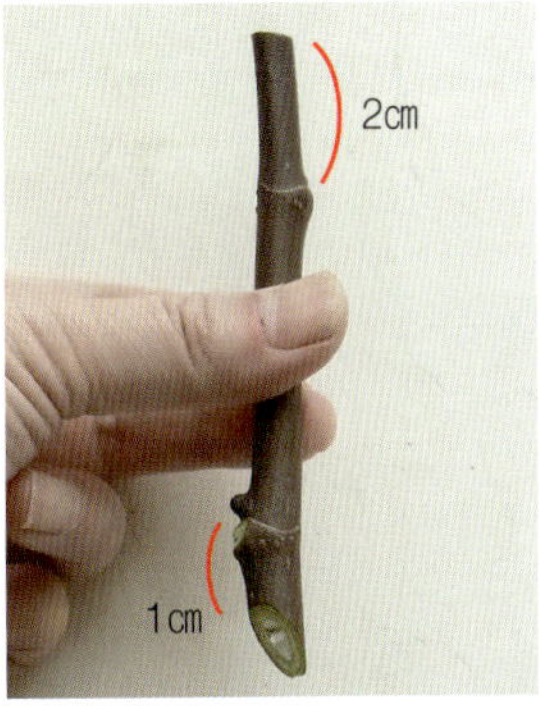

3 上部は芽から2㎝程度上を水平に、下部は芽から1㎝程度下を斜めに切り返す。

4 切り口を乾燥させないように水に挿しておく。上の切り口には癒合剤（⇒p35）を塗っておく。

5 3号程度のポリポットに挿し木用土（赤玉土小粒か鹿沼土小粒の単用でもよい）を入れ、土を湿らせる。挿し穂の⅔が埋まるように土に挿し、新芽が出るまで土を乾かさないように管理する。

方法2 接ぎ木

接ぎ木でふやせる果樹
ウメ、カキ、カリン、ナシ、ブドウ、マルメロ、モモ、リンゴなど

◎リンゴの切り接ぎ
適期＝3～4、9～10月

1 台木の準備

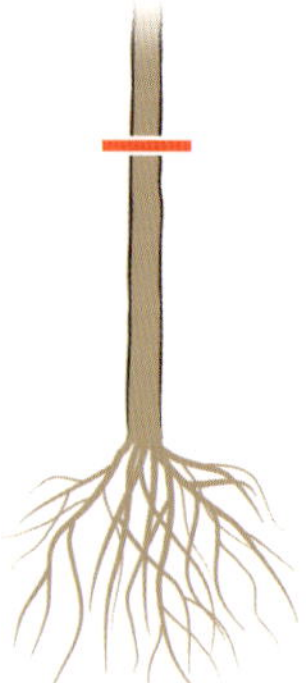

マルバカイドウなどの台木を接ぎ木したい高さで水平に切る。台木はポット植えのままでも、掘り上げた状態でもどちらでもよい。

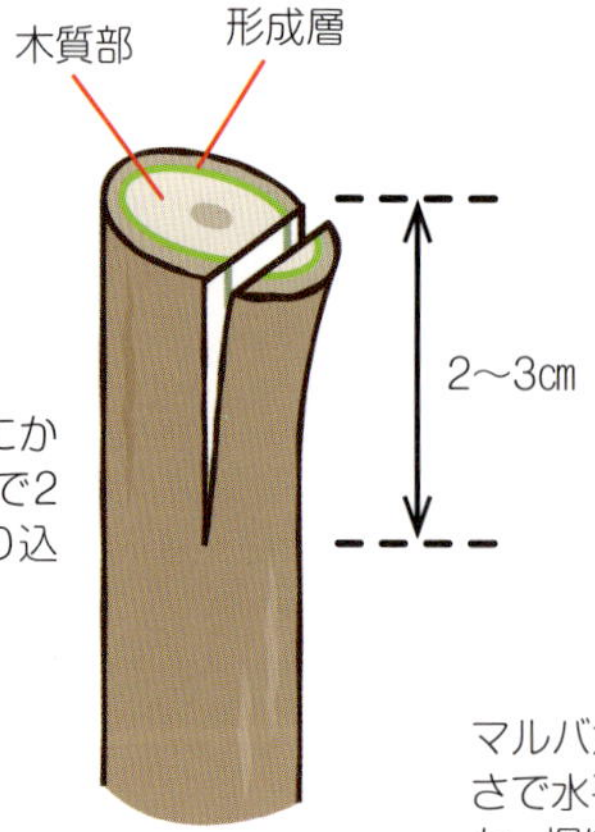

木質部にわずかにかかる程度の厚さで2～3㎝垂直に切り込みを入れる。

2 穂木を作る

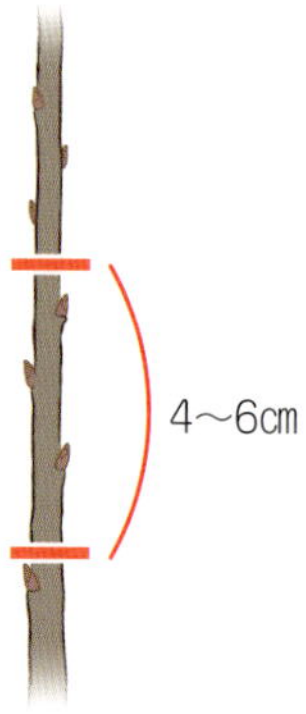

育てたい品種の枝を2～3芽つけて長さ4～6㎝に切る。台木と穂木はできるだけ同じ太さがよい。

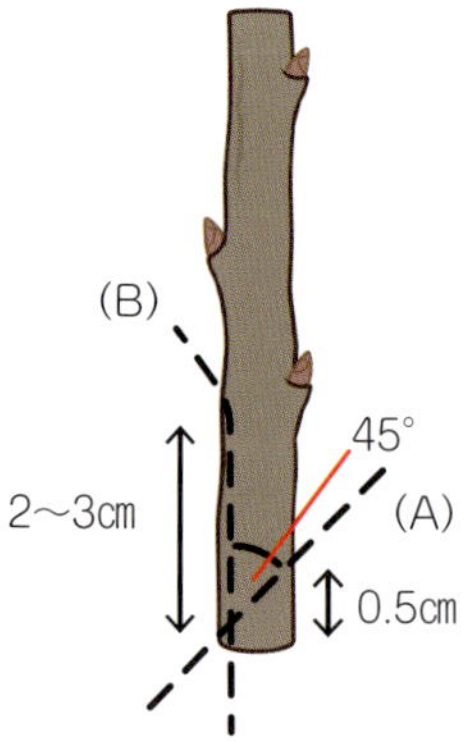

穂木の下の部分を45度の角度に斜めに切る（A）。反対側の台木に接ぐ部分は、木質部がわずかに見える程度に薄く削る。

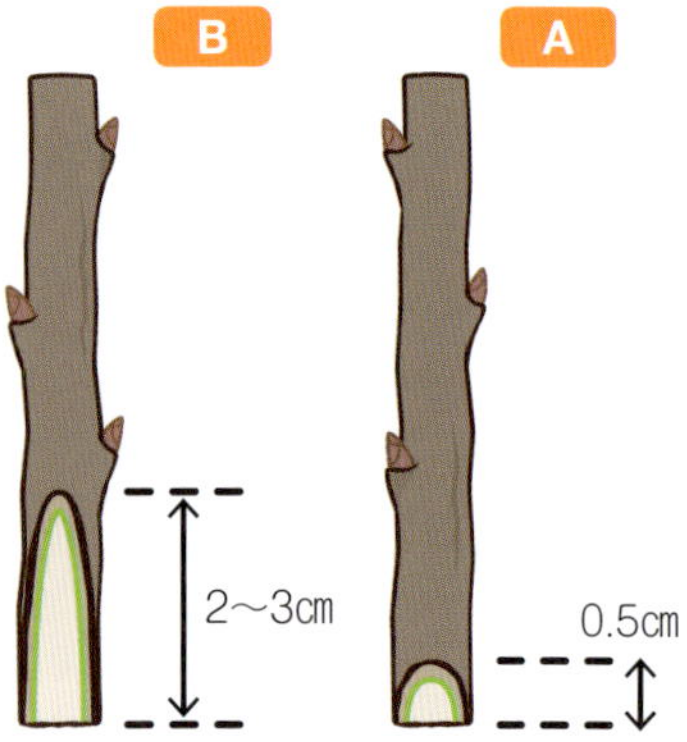

AとBの切断面。

3 台木に穂木を接ぐ

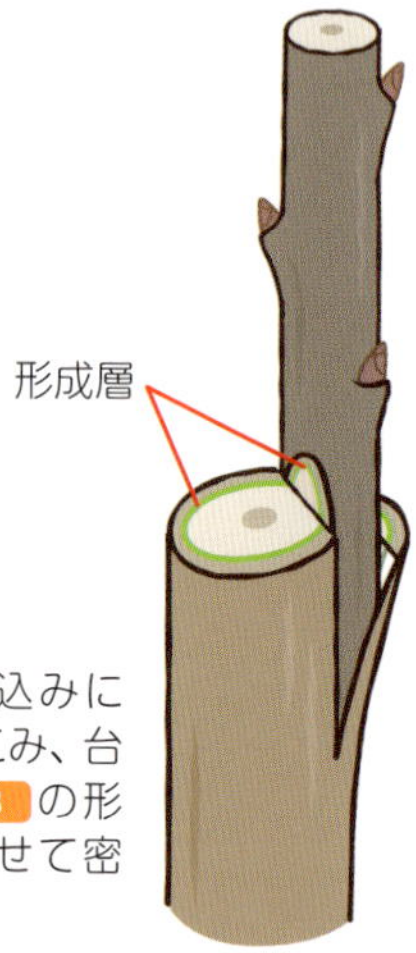

台木の切り込みに穂木をさしこみ、台木と穂木 B の形成層を合わせて密着させる。

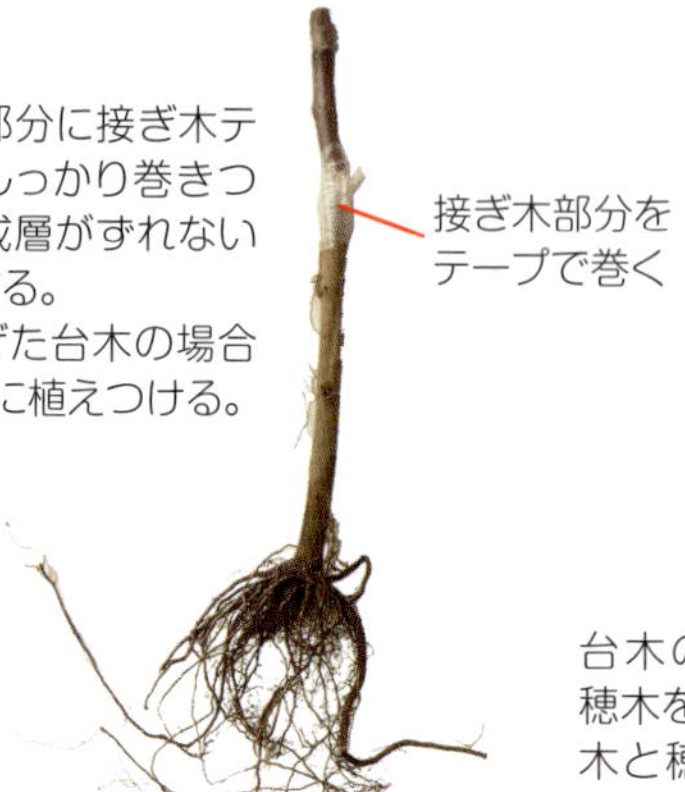

接いだ部分に接ぎ木テープをしっかり巻きつけて形成層がずれないようにする。
掘り上げた台木の場合はポットに植えつける。

台木から芽が出たり、穂木に蕾や花がついたら摘み取る。冬に庭か鉢に植えつける。

方法3 株分け

◎クランベリーの株分け（鉢）

適期＝3月

株分けでふやせる果樹

クランベリー、スグリ、フサスグリ、ブラックベリー、ラズベリーなど

1

根鉢がいっぱいになったら株分けのタイミング。鉢から株が取り出しにくい場合は、鉢の側面を叩くとよい。

2

根を傷めないように根鉢を少しずつほぐしながら土を落とす。

3

根をつけて根鉢を半分に割る。芽や根の量が多ければさらに小さく分けてもよい。

4

分けた株をそれぞれ新しい土で鉢に植えつける。（⇒p147）

方法4 タネまき

◎キンカンのタネまき

適期＝4～5月

タネまきでふやせる果樹

柑橘《かんきつ》類、熱帯果樹など

1

大きなタネを選び、水で100倍に薄めた塩素系漂白剤に3分程度漬けて消毒する。新聞紙で2～3重に包み、ビニール袋に入れて冷蔵庫でタネまき適期まで保存する。

2

市販の培養土に少しずつ水を加え、手でよく混ぜて土全体に水分を行き渡らせる。

3

3号のポリポットに**2**の土を入れる。中央に人差し指の第一関節くらいまでの深さの穴をあけ、1粒ずつタネを入れて穴を埋める。タネの厚みの2倍の土がかかるようにする。

4

タネから育てたキンカンの実生苗。25℃程度の気温を維持すれば1週間程度で発芽する。発芽するまで土を乾燥させないように管理する。実がつくまで5年程度かかる。

用語解説

⇒関連用語　参参考　同同義語

あ

●**エディブルフラワー**
食用花。果樹ではレモンやフェイジョアなど。

●**晩生（種）**【おくて（しゅ）】
収穫時期が遅い品種。⇒早生（種）、中生（種）

●**雄花先熟種**【おばなせんじゅくしゅ】
雌花より雄花が先に開花する品種。⇒雌花先熟種

●**親木**【おやぎ】
接ぎ木の穂木、挿し木の挿し穂をとる樹。

か

●**開張性**【かいちょうせい】
枝が横に広がる性質。樹形。⇒直立性

●**花芽**【かが／はなめ】
花や実のもとになる芽。⇒葉芽

●**隔年結果**【かくねんけっか】
果実がたくさんつく年とつかない年が交互に現れる性質。参なり年・不なり年、表年・裏年

●**果そう**【かそう】
リンゴやナシなどで一か所に4～5個の実がつくまとまりのこと。参花そう

●**花束状短果枝**【かそくじょうたんかし】
複数の花芽が密集した短果枝。サクランボやスモモに多い。⇒短果枝

●**果柄**【かへい】
枝と実をつなぐ柄。参花柄《かへい》 同果《か》梗《こう》

●**花房**【かぼう】
房状の花の集まり。⇒果房

●**果房**【かぼう】
花房が結実して実が房状についたもの。⇒花房

●**休眠（期）**【きゅうみん（き）】
生育に適さない冬の低温期や夏の高温期に一時的に生育を停止すること。またはその期間。参生育期

●**結果枝**【けっかし】
実がつく枝。⇒結果母枝、短果枝

●**結果習性**【けっかしゅうせい】
花芽や実のつき方。本書では5つのタイプに分けて紹介（⇒p36～37）。

●**結果母枝**【けっかぼし】
結果枝が発生する枝。⇒結果枝

●**香酸柑橘**【こうさんかんきつ】
果汁を香りづけやジュースなどにする柑橘類。ユズ、スダチ、カボス、レモン、ライムなど。

●**好適pH**【こうてきぺーはー】
生育に適したpH（土壌酸性度）。ブルーベリー、クランベリーなどは酸性土壌を好む。

●**根域制限**【こんいきせいげん】
根張りを制限して樹高や株張りを抑えること。

さ

●**雑種性**【ざっしゅせい】
交配や交雑によってさまざまな遺伝子を持った性質。雑種性が強いと、食べた果実のタネをまいても同じ実はなりにくい。

●**自家不和合成**【じかふわごうせい】
自分の花粉では受粉できない、または結実しにくい性質。実をつけさせるには別品種（受粉樹）の花粉で人工授粉をする。⇒自家和合性、受粉樹、人工授粉

●**自家和合性**【じかわごうせい】
自分の花粉で受粉する性質。1本で実がつく。⇒自家不和合性

●**四季なり性**【しきなりせい】
一定の温度を保てば季節を問わず実をつける性質。レモンなど。参四季咲き性

●**ジベレリン（処理）**【じべれりん（しょり）】
植物ホルモンの一種。ジベレリン液に花房を浸けてタネなしブドウを作る。

●**雌雄異花**【しゆういか】
1本の樹で雌花と雄花に分かれて咲く性質。

●**雌雄異株**【しゆういしゅ】
雌花だけ咲く雌品種と、雄花だけ咲く雄品種に分かれる性質。実をつけさせるには雌品種と雄品種をそろえる。参雌木、雄木

●**主幹**【しゅかん】
樹の中心となる幹。⇒主枝、側枝

●**樹冠**【じゅかん】
樹の輪郭。樹冠と根域（根の広がり）はほぼ同じ。

●**主枝**【しゅし】
主幹から発生する樹形の骨格を作る枝。

●**樹勢**【じゅせい】
樹の生育の度合い。強すぎても弱すぎても実がつきにくい。剪定や肥料でコントロールする。

●**受精**【じゅせい】
花粉の中の精細胞と、子房の中（胚珠《はいしゅ》）の卵細胞が合体して種子が形成されること。受粉しても一定の条件がそろわないと受精せず、

結実しないこともある。⇒受粉

●受粉【じゅふん】
雌しべの先に花粉がつくこと。⇒受精、受粉樹 参人工授粉

●受粉樹【じゅふんじゅ】
花粉をとるための樹。品種によって相性の良し悪しがある。参人工授粉

●新梢【しんしょう】
春以降に新しく伸びる枝。⇒前年枝 同1年枝、シュート

●シンボルツリー
家や庭の象徴となる樹。

●前年枝【ぜんねんし】
春以降に伸びた枝（新梢）が固まって2年目の枝になったもの。⇒新梢 同2年枝

●側枝【そくし】
主枝から伸びる枝。結果枝が発生する結果母枝となることが多い。⇒主枝、結果母枝、結果枝

た

台木【だいぎ】
接ぎ木の穂木を接ぐ土台となる樹。病気に強い種類や矮性の種類を使う。参接ぎ木、穂木、矮性台木、Y台

●単為結果性【たんいけっかせい】
受粉せずに実がつく性質。タネのないものが多い。カキ、ウンシュウミカンなど。

●短果枝【たんかし】
長さ10㎝程度の短い枝。良い実がつく結果枝となることが多い。

●直立性【ちょくりつせい】
枝が広がらずに上に伸びる性質。樹形。⇒開張性

●摘果（花）【てきか（か）】
樹の生長を優先させたり、実を充実させるために、幼果《ようか》や花を取り除いたり、数を減らす作業。

●摘心【てきしん】
枝の伸長を止めたり、分枝を促すために、枝の先端を切り返すこと。

●摘房【てきぼう】
充実した実をつけさせるために、花房や果房を整理する作業。ビワ、ブドウなど。

●摘蕾【てきらい】
樹の負担を減らすために蕾を取り除いたり、減らしたりする作業。

●摘粒【てきりゅう】
果房の果実を減らして粒を充実させ、美しい房を作る作業。ブドウなど。

な

中生（種）【なかて（しゅ）】
収穫時期が早生（種）と晩生（種）の中間の品種。⇒早生（種）、晩生（種）

●二季なり性【にきなりせい】
一年に2回実をつける性質。ラズベリーなど。

●根鉢【ねばち】
鉢苗やポット苗で、土と根が鉢の形に固まった状態。

は

●葉芽【はめ】
枝や葉のもとになる芽。⇒花芽

●房作り【ふさづくり】
大粒のブドウで、粒の大きさがそろった美しい房を作るために、房の整理をする作業。

●棒苗【ぼうなえ】
枝のない主幹のみの状態（棒状）で流通する苗木。⇒1年生苗

ま

●マルチング【まるちんぐ】
バークチップやワラで株元の表面の土を覆うこと。乾燥、泥はね、雑草の防止、防寒などの効果がある。

●水鉢【みずばち】
苗木を植えつけた際、株の周囲に土を盛り上げて水が貯まるスペースを作ること。根が活着するまでの間、水切れを防ぐ。

●雌花先熟種【めばなせんじゅくしゅ】
雄花より雌花が先に開花する品種。⇒雄花先熟種

や

●葯【やく】
雄しべの先端の花粉が入った袋状の器官。

●誘引【ゆういん】
枝やつるをひもなどで横に寝かせたり、支柱などに固定すること。枝を寝かせて誘引すると樹勢が抑えられ、花芽や実がつきやすくなる。

●葉腋【ようえき】
葉（葉柄《ようへい》）のつけ根の部分。芽は葉腋から伸びる。落葉後の落葉果樹では葉柄の跡や節を探す。同節

●幼果（期）【ようか（き）】
未熟で小さい果実。摘果は幼果のうちに行う。

ら

●裂果【れっか】
過乾燥後の降雨、病害虫の被害などによって果実が割れること。

わ

●早生（種）【わせ（しゅ）】
収穫時期が早い品種。⇒中生（種）、晩生（種）

車枝【くるまえだ】……**32**, 84, 122, 160
結果開始年齢【けっかかいしねんれい】……**10**, 11, 38
結果枝【けっかし】……28, 30, **204**
結果習性【けっかしゅうせい】……**36**, **204**
結果母枝【けっかぼし】……30, **204**
交差枝【こうさえだ】……**32**, 60
香酸柑橘【こうさんかんきつ】……130, **204**
好適pH【こうてきぺーはー】……**21**, **204**
高木【こうぼく】……**9**
根域制限【こんいきせいげん】……**23**, **204**
混合花芽【こんごうかが／はなめ】……**37**, 38, **39**

【さ】

挿し木（苗）【さしき（なえ）】……**16**, 17, 188, **201**
雑種性【ざっしゅせい】……16, **204**
3本仕立て【さんぼんじたて】……**26**, **28**
自家不和合成【じかふわごうせい】……**19**, 40, **204**
自家和合性【じかわごうせい】……**19**, 40, **204**
四季なり性【しきなりせい】……134, **204**
ジベレリン（処理）【じべれりん（しょり）】……**177**, **204**
弱剪定【じゃくせんてい】……33
雌雄異花【しゆういか】……67, 183, **204**
雌雄異株【しゆういしゅ】……**19**, 40, 168, **204**
主幹【しゅかん】……26, 28, **30**, 141, **204**
樹冠【じゅかん】……**30**, 118, 200, **204**
樹高【じゅこう】……**9**, 15
主枝【しゅし】……28, 29, **30**, 139, **204**
樹勢【じゅせい】……29, 33, 132, **204**
受精【じゅせい】……41, **204**
受粉【じゅふん】……**40**, **205**
受粉樹【じゅふんじゅ】……**40**, 55, 86, 87, 156, **205**
純正花芽【じゅんせいかが／はなめ】……**36**, 38, **39**
ショウガ芽【しょうがめ】……**89**
常緑果樹【じょうりょくかじゅ】……**9**, **12**, 18, 22, 24, 34
人工授粉【じんこうじゅふん】……8, 19, **40**, 41, **89**, 118, **161**
新梢【しんしょう】……13, 31, 33, 34, 36, 122, **205**
シンボルツリー……27, 182, **205**
素掘り苗【すぼりなえ】……**17**
生育サイクル【せいいくさいくる】……9, **12**
生育適温【せいいくてきおん】……**14**
盛果期【せいかき】……**11**, 30
成木（期）【せいぼく（き）】……**10**, 11, 29
生理障害【せいりしょうがい】……**198**
生理落果【せいりらっか】……12, 13, **41**, 118
前年枝【ぜんねんし】……36, **205**
側枝【そくし】……28, 29, **30**, **205**

【た】

台木【だいぎ】……16, 18, **83**, 201, **202**, **205**
棚仕立て【たなじたて】……**27**, 169, 175
単為結果性【たんいけっかせい】……56, **205**
短果枝【たんかし】……54, 65, 85, 107, **205**
短梢剪定【たんしょうせんてい】……175, **176**
チッ素（肥料）【ちっそ（ひりょう）】……**42**, 74, 75
頂腋生花芽【ちょうえきせいかが】……**38**
頂芽優勢【ちょうがゆうせい】……**31**
長梢剪定【ちょうしょうせんてい】……**176**
頂生花芽【ちょうせいかが】……**38**
直立性【ちょくりつせい】……138, 139, 164, **205**
追肥【ついひ】……13, **43**
接ぎ木（苗）【つぎき（なえ）】……8, **16**, 18, 83, **105**, 201, **202**
つる性果樹【つるせいかじゅ】……**9**, 27
低木【ていぼく】……9
摘花【てきか】……10, **41**, **161**
摘果【てきか】……8, 10, 12, 13, **41**, 49, **90**, 93, **95**, **102**, **108**, **123**, **128**, **172**, **205**
摘心【てきしん】……103, 106, 176, 179, **205**
摘房【てきぼう】……92, 93, **95**, **177**, **205**
摘蕾【てきらい】……10, **41**, **61**, **205**
摘粒【てきりゅう】……**178**, **205**
冬季剪定【とうきせんてい】……12, 13, **34**
胴吹き枝【どうぶきえだ】……**32**, 60, 84, 170
土壌改良【どじょうかいりょう】……**21**, **200**
土壌改良材【どじょうかいりょうざい】……**20**
土壌酸性度【どじょうさんせいど】
⇒pH【ぺーはー】
徒長枝【とちょうし】……**32**, 34, 84, **88**, 136, 171
トレリス仕立て【とれりすじたて】……**27**

【な】

内向枝【ないこうし】……**32**, 60
中生（種）【なかて（しゅ）】……99, 124, 125, **205**
二季なり性【にきなりせい】……164, **205**
2本仕立て【にほんじたて】……**26**, 139
熱帯果樹【ねったいかじゅ】……**9**, 16, 203
根鉢【ねばち】……22, 24, 157, **205**

【は】

裸苗【はだかなえ】……**17**
鉢苗【はちなえ】……**17**
葉芽【はめ】……36, **38**, **205**
葉焼け【はやけ】……**161**
春枝【はるえだ】……**122**, **127**, **137**
ピートモス……**20**, 147, 156, 157
ひこばえ……**32**, 34, 136, 170
複芽【ふくが】……**99**
袋かけ【ふくろかけ】……8, **90**, 95, 108, 178
房作り【ふさづくり】……**177**, **205**
平行枝【へいこうし】……**32**, 60
pH【ぺーはー】……**21**, 43, **200**
ほうき仕立て【ほうきじたて】……**117**
棒苗【ぼうなえ】……10, 16, 17, 18, **205**
穂木【ほぎ】……16, 17, **202**

【ま】

間引き剪定【まびきせんてい】……**31**, 32, **59**
マルチング……157, 199, **205**
実生苗【みしょうなえ】……16, 188, 201, 203
水鉢【みずばち】……23, 113, **205**
雌木【めすぎ】……**19**, 40
雌花【めばな】……19, **61**, 166, **172**
雌花先熟種【めばなせんじゅくしゅ】……182, **205**
元肥【もとごえ】……12, 13, 22, **43**

【や】

葯【やく】……**89**, **205**
誘引【ゆういん】……**101**, 176, 179, **205**
有機質肥料【ゆうきしつひりょう】……43
有機配合肥料【ゆうはいごうひりょう】……43
癒合剤【ゆごうざい】……31, **35**, 53, 199
葉腋【ようえき】……175, **205**
幼果（期）【ようか（き）】……41, **205**
溶成リン肥【ようせいりんぴ】……22, **43**
幼木（期）【ようぼく（き）】……**10**, 17, **28**, **159**

【ら】

落葉果樹【らくようかじゅ】……**9**, **12**, 18, 22, 24, 34, 38
リン酸【りんさん】……**42**, 75
輪状芽【りんじょうが】……**114**, **122**, **127**, **137**
礼肥【れいごえ】……13, **43**
裂果【れっか】……**81**, 161, **205**
老木（期）【ろうぼく（き）】……**11**, **29**, 41

【わ】

矮性台木【わいせいだいぎ】……104, **105**
Y台【わいだい】⇒矮性台木
若木（期）【わかぎ（き）】……**10**, 17, **29**
早生（種）【わせ（しゅ）】……99, 124, 125, **205**

※病気と害虫は192～198ページ。

果樹名索引

用語索引

監修　野田勝二（のだ・かつじ）

1968年愛知県生まれ。千葉大学環境健康フィールド科学センター・助教。農学博士。果樹園芸学、健康機能園芸学専門。柑橘類の研究のほか、園芸療法や園芸福祉に関する研究も行う。市民と協力したサスティナブルな街づくりにも積極的に参画している。
（ホームページhttp://www.h.chiba-u.jp/hortfarm/noda/members.html）

撮影 ―――――― 上林徳寛
イラスト ――――― カワキタフミコ
本文デザイン ―― 北路社
編集担当 ―――― 澤幡明子（ナツメ出版企画）
編集・執筆協力 ―― 矢嶋恵理／橋本哲弥
校正 ―――――― 橋本哲弥
写真協力 ―――― 野田勝二
江口あけみ／石田文雄／小形又男／玉崎弘志／橋本哲弥／矢嶋恵理／ピクスタ
撮影協力
○千葉大学環境健康フィールド科学センター 柏の葉キャンパス／海浜環境園芸農場
○森林果樹公園　静岡県掛川市下俣１－90　TEL:0537-23-8102
○山梨県笛吹川フルーツ公園　山梨県山梨市江曽原1488　TEL: 0553-23-4101
（ホームページhttp://fuefukigawafp.co.jp/）
○一久園／湘南グリーンサービス／広瀬善一郎

［主な参考文献］
『はじめてでもできる おいしい果樹の育て方』（野田勝二著、家の光協会）
『プロが教える おいしい果樹の育て方』（小林幹夫監修、西東社）
『果樹栽培の基礎』（杉浦明編著、農文協）
『剪定もよくわかる おいしい果樹の育て方』（三輪正幸著、池田書店）
『一年中楽しめる コンテナ果樹の育て方』（大森直樹著、西東社）
『家庭で楽しむ果樹栽培』（有賀達府、小林幹夫著、NHK出版）

本書に関するお問い合わせは、書名・発行日・該当ページを明記の上、下記のいずれかの方法にてお送りください。電話でのお問い合わせはお受けしておりません。
・ナツメ社webサイトの問い合わせフォーム
https://www.natsume.co.jp/contact
・FAX（03-3291-1305）
・郵送（下記、ナツメ出版企画株式会社宛て）
なお、回答までに日にちをいただく場合があります。正誤のお問い合わせ以外の書籍内容に関する解説・個別の相談は行っておりません。あらかじめご了承ください。

はじめての果樹《かじゅ》　仕《し》立《た》て方《かた》と実《み》をつけるコツ

2016年 3 月 4 日　初版発行
2025年 8 月 1 日　第16刷発行

監修者　野《の》田《だ》勝《かつ》二《じ》
発行者　田村正隆

Noda Katsuji,2016

発行所　株式会社ナツメ社
東京都千代田区神田神保町1-52 ナツメ社ビル1F（〒101-0051）
電話　03（3291）1257（代表）　FAX　03（3291）5761
振替　00130-1-58661
制　作　ナツメ出版企画株式会社
東京都千代田区神田神保町1-52 ナツメ社ビル3F（〒101-0051）
電話　03（3295）3921（代表）
印刷所　TOPPANクロレ株式会社

ISBN978-4-8163-5988-0

Printed in Japan